भारतीय सेना का इतिहास

अनुक्रम

अध्याय-1

वैदिककालीन सैन्य व्यवस्था

वैदिक काल की तिथि के सम्बन्ध में इतिहासकार एकमत नहीं हैं, परन्तु अधिकांश इतिहासकारों का मत है कि यह 1500 ई. पू. से लेकर 600 ई.पू. के मध्य रही होगी। भारत के इतिहास में यह काल वह समय था, जब आर्यों का भारत में आगमन तथा स्थायी निवास प्रारम्भ हुआ। ये आर्य सम्भवतः मध्य एशिया अथवा रूस के दक्षिणी भाग अथवा काला सागर के उत्तर के मैदान के निवासी थे। जनसंख्या की वृद्धि तथा परस्पर संघर्ष के कारण इनका विभाजन हुआ और इनकी अनेक शाखाएँ वहाँ से फूटीं। कुछ शाखाएँ वहाँ से पश्चिम की ओर चलकर यूरोप में पहुँच गईं और कुछ पूर्व में चलकर ईरान की ओर आ गईं। उस समय हमारी पृथ्वी देशों में विभक्त नहीं थी और अपनी आवश्यकतानुसार ये जातियाँ एक स्थान से दूसरे स्थान को जाती रहती थीं। इसी क्रम में ईरान के रास्ते ये आर्य भारत की ओर आए। ये आर्य अपने साथ एक मजबूत काठी और उत्साह लेकर कृषियोग्य भूमि और पशुओं के लिए चारागाह की खोज में आए थे।

आर्य जब भारत में आए तो सम्भवतः उनका सामना यहाँ के मूल निवासियों से हुआ होगा। भारत के इन मूल निवासियों को आर्यों ने दास, दस्यु और राक्षस आदि नामों से सम्बोधित किया। वैदिक काल के आर्य अनेक जनों (कबीला या ट्राइब) में विभक्त थे। इस युग के आर्यों के पाँच प्रमुख जन-अणु, यदु, पुरु, तुर्वषु और द्रुह्यु का ऋग्वेद में उल्लेख मिलता है। आर्यों के ये कबीले अपने हितों के लिए कभी परस्पर और कभी भारत के मूल निवासियों से निरन्तर युद्ध करते थे। ऋग्वेद में आर्यों के इन युद्धों का वर्णन है। भरत वंश के त्रुग्ऊ परिवार के प्रमुख सुदास के पिता अथवा पितामह दिवोदास का तुर्वषु, यदु और पुरु के साथ युद्ध हुआ था।

ऋग्वेद में इन्द्र को आर्यों का महान् योद्धा कहा गया है। इस काल में आर्यों में जो विद्वान् पुरुष होते थे। वे ऋषि कहलाते थे। ये ऋषि केवल धार्मिक कार्य ही नहीं करते थे, वरन् युद्धों में भाग भी लेते थे। ऋग्वेद के अनुसार ये ऋषि अथवा पुरोहित धर्म, शिक्षा और वीरता के प्रतीक थे। वशिष्ठ, भारद्वाज, और विश्वामित्र इसके उदाहरण हैं। ये पुरोहित सेना का नेतृत्व भी करते थे और इस कार्य के लिए उन्हें अस्त्र-शस्त्र, स्वर्ण, रथ तथा वस्त्र प्राप्त होते थे। ऋग्वेद में दिवोदास नाम के आर्य और शंभर नाम के दस्यु के बीच युद्ध का वर्णन प्राप्त होता है। शंभर व्यास तथा रावी नदी के बीच कांगड़ा घाटी का राजा था और उसके पास सौ पुर (किले) थे। ये पत्थर के बने होते थे। दिवोदास और शंभर का यह युद्ध लगभग 40 वर्षों तक चला। आर्यों ने उसके 99 पुरों को नष्ट करके एक उसे दे दिया।

वैदिककालीन सैन्य इतिहास की एक प्रमुख घटना दशराज्ञ युद्ध है। यह युद्ध पुरुष्णी नदी के तट पर हुआ था, जिसकी पहचान आज रावी नदी से की जाती है। भरत वंश के नेता तथा दिवोदास के पुत्र या पौत्र सुदास ने दस शत्रु राजाओं के संघ को पराजित किया, जिसमें से कुछ उत्तर पश्चिम से आए हुए थे। यह संघर्ष विश्वामित्र और वशिष्ठ नामक दो पुरोहितों और सुदास के विरोध में गठित दस राजाओं के संघ की आपसी प्रतिस्पर्धा का परिणाम था। नदी के तट का युद्ध स्थल के रूप चुनाव तथा शत्रु को नदी के पानी में ढकेल देना आर्यों की युद्ध-कला की एक प्रचलित प्रणाली थी। इस विजय के उपरान्त सुदास को अपने साम्राज्य के पूर्वी भाग में राजा भेद के आक्रमण का सामना करने के लिए लौटने को बाध्य होना पड़ा। जिसके नेतृत्व में तीन कबीलों अज, शिग्रु और यकुस का संघ था। इन नए आक्रमणकारियों को जमुना नदी के किनारे एक बड़े कत्लेआम के बाद पराजित कर दिया गया। दसराज्ञ युद्ध में भरत वंश की सफलता ने आर्य कबीलों में उसकी प्रतिष्ठा और महत्त्व को बहुत बढ़ा दिया। युद्ध, जिसमें वैदिककालीन कबीले के लोग एक-दूसरे के विरुद्ध भाग लेते थे, उनमें से जो भारत में पाए जाते थे, वे सदैव आक्रमक नहीं होते थे, परन्तु युद्ध आवश्यक था, क्योंकि विदेशी संस्कृति प्रभावकारी युद्धों के बाद ही आई। अतः ये युद्ध यहाँ लोगों की प्राचीन और साधारण आदतों में विदेशियों के हस्तक्षेप के विरोध में हुआ। परन्तु यह स्वाभाविक ही था कि यहाँ के लोग पड़ोसी भूमि से होने वाले सशस्त्र आक्रमण के विरुद्ध अपनी रक्षा के लिए उठ खड़े हुए। इस प्रकार सामूहिक रक्षा का मनोवैज्ञानिक आवेग उत्पन्न हुआ और परिणामस्वरूप शत्रुता का प्रादुर्भाव हुआ।

राजा और राजत्व

'राजन्' शब्द और उसके मूल रूप 'राज्' का शाब्दिक अर्थ 'शासक' होता है। जिसका सम्बन्ध लैटिन भाषा के Rex से है। परन्तु हिन्दू राजनीति के विद्वानों ने इसकी एक दार्शनिक व्युत्पत्ति बताई है। उनका ऐसा मानना है कि शासक को राजा इसलिए कहते हैं कि उसका कर्तव्य अच्छे शासन द्वारा अपनी प्रजा का रंजन करना अथवा उसे प्रसन्ना रखना है। राजा लोग इस शब्द का व्यवस्था सम्बन्धी अर्थ भी मानते थे और उसके अनुसार कार्य भी करते थे। कलिंगराज खारवेल ने अपने हाथी गुफा अभिलेख में कहा है कि मैं अपनी प्रजा का रंजन करता हूँ, जिसकी संख्या 35 लाख है। बौद्ध धर्म ग्रन्थों में भी इस शब्द की यही सैद्धान्तिक व्याख्या पाई जाती है। आर्य जाति की मूल और परवर्ती दोनों शाखाओं ने इस व्याख्या को ग्रहण किया था। यह राजशासन सम्बन्धी एक राष्ट्रीय व्याख्या और राष्ट्रीय सिद्धान्त था।

अपने शत्रुओं से युद्ध करने एवं उन पर विजय प्राप्त करने के लिए आर्यों ने इन्द्र को अपना राजा बनाया था, ऐसा ऋग्वेद में वर्णित है। वेदों में इन्द्र को अनार्य जातियों का विजेता, शत्रु के नगरों को ध्वंस करने वाला (पुरन्दर, पुरभेत्ता) आदि उपाधियों से विभूषित किया गया है। इन्द्र के पीछे-पीछे देवसेना गमन करती थी। यजुर्वेद के नवें अध्याय के एक मन्त्र में बताया गया है कि वैदिक आर्यों ने अपने शत्रु अनार्य लोगों के दमन हेतु अपने समाज में सर्वप्रथम राजा का निर्माण किया था। उक्त मन्त्र में यह तथ्य इस प्रकार वर्णित है, "हे इन्द्र राक्षसों के वध हेतु राजा नियुक्त करता हूँ।" एक अन्य स्थल पर अपनी रक्षा के निमित्त राजा की प्राप्ति हेतु इस प्रकार की प्रार्थना की गई है, "मैं तुझे सुत्राता राजा होने के लिए स्वीकार करता हूँ। महान क्षात्रधर्म के लिए, शत्रु रहित होने के लिए देवगण तेरा अभिषेक करते हैं।"

इस प्रकार वेदों में अनेक ऐसे प्रसंग हैं, जिससे स्पष्ट होता है कि प्रथम आर्य राजा का निर्माण युद्ध संचालन हेतु हुआ था। ऐतरेय ब्राह्मण में एक आख्यान आता है जो इस सिद्धान्त की पुष्टि का प्रमाण है कि युद्ध के संचालन हेतु ही सर्वप्रथम आर्य राजा का निर्माण हुआ था। यह आख्यान संक्षेप में इस प्रकार है–"देवासुर संग्राम हो रहा था। इस संग्राम में असुर विजयी तथा सुर पराजय को प्राप्त हो रहे थे। ऐसा देखकर सुर इस निर्णय पर पहुँचे कि उनकी पराजय का एकमात्र कारण सुरों में राजा का न होना था।" इसीलिए उन्होंने निश्चय किया कि उन्हें भी अपना राजा बनाना चाहिए और अपने इस निश्चय के अनुसार उन्होंने सोम को सर्वप्रथम

राजा बनाया। युद्ध द्वारा राजत्व की उत्पत्ति के वर्णन से तीन तथ्य सिद्ध होते हैं–

1. आर्य कबीलाई अवस्था में थे।
2. राजत्व का विचार द्रविणों से लिया गया था।
3. राजत्व का स्वरूप चयनात्मक था।

सभ्यता के राजनीतिक तत्त्व का वर्णन करते हुए बिल दुर्रान्त ने लिखा है कि वह युद्ध ही है जो प्रधान, राजा और राज्य का निर्माण करता है तथा युद्ध एक राज्य का पिता था।

वैदिक युग के आरम्भ काल में आर्य राजा का एकमात्र कर्तव्य अपने अधीन जनसमुदाय के प्राण, उसकी सम्पत्ति, स्वतन्त्रता और मान-मर्यादा की रक्षा करना था। अपने इस कर्तव्य पालन हेतु आर्य राजा युद्ध करता था। इस प्रकार उस युग में आर्य राजा के निर्माण का एकमात्र हेतु युद्ध बताया गया है। परन्तु समय के साथ-साथ उनके समाज ने भी विकास किया। समाज के विकास के साथ-साथ राजा के कर्तव्य क्षेत्र में भी उसी क्रम से वृद्धि होती गई। इसलिए उत्तर वैदिक काल के उपरान्त राजा का स्वरूप वीर योद्धा मात्र न रहा। इसलिए लोक राजा के वीर योद्धा के स्वरूप मात्र पर ही मुग्ध न रहा। ऐसी परिस्थिति में लोक के लिए राजा की उत्पत्ति का हेतु युद्ध है, इस सिद्धान्त में विशेष आकर्षण न रहा। यही कारण है कि वैदिक युग के पश्चात् ही आर्य जनता ने राज्य की उत्पत्ति के युद्ध सिद्धान्त को अनुपयोगी एवं अनावश्यक समझ कर सदैव के लिए उसका परित्याग कर दिया। परन्तु यह निर्विवाद और निश्चित है कि वैदिक युग में राजा की उत्पत्ति का यह सिद्धान्त विशेष उपयोगी एवं महत्त्वपूर्ण समझा गया और आर्य जनता के जीवन में इस सिद्धान्त का महत्वपूर्ण योगदान रहा है। इसके अतिरिक्त सामाजिक अनुबन्धवाद और दैवी सिद्धान्त सम्बन्धी विचारों का प्रतिपादन भी वैदिक साहित्य में किया गया है, परन्तु विषयवस्तु की दृष्टि से इनका विवेचन आवश्यक नहीं है।

सैनिक वर्ग (क्षत्रिय) का उत्थान

आर्यों का सभी दिशाओं में विस्तार और दास जातियों के साथ निरन्तर युद्ध में संलग्न रहने के कारण सर्वसाधारण आर्य जनता में कतिपय ऐसे वीर सैनिकों (रथी, महारथी, आदि) की सत्ता आवश्यक हो गई, जो युद्ध कला में विशेष निपुणता रखते हों। इनका कार्य था, शत्रुओं से जनता की रक्षा। क्षत अर्थात् हानि से त्राण करने वाले होने के कारण उन्हें क्षत्रिय कहा गया। क्षत्रिय सैनिकों के विशिष्ट कुल को राजन्य कहा जाता था। ऋग्वैदिक काल के प्रारम्भ में आर्य समुदाय तीन या चार

जातियों में विभक्त था। ब्राह्मण दैवीय शक्ति, क्षत्रिय राजकीय शक्ति और वैश्य व्यापारिक समुदाय का प्रतिनिधित्व करते थे। अधिकांश विद्वानों का विचार है कि इन जातियों में व्यवसाय, विवाह और खानपान प्रतिबन्धों का विकास बाद में चलकर हुआ। ऋग्वेद के पुरुष सूक्त में जातियों की उत्पत्ति विराट पुरुष के विभिन्न अंगों से बताया गई है। चौथी जाति शूद्र की वैदिक उत्पत्ति आर्यों के सामाजिक संगठन में अनार्यों या दासों के समावेश से हुई। क्षत्रियों के कर्तव्यों का वर्णन वैदिक साहित्य में मिलता है। डॉ. एस. राधाकृष्णन ने लिखा है कि क्षत्रिय आन्तरिक अव्यवस्था और बाहूय आक्रमण से समाज की रक्षा करने वाले होते थे। राज्य के सैनिक संगठन का दायित्व क्षत्रियों पर निर्भर था। ये राजनीतिक व्यवस्था के निर्धारक और नियामक होते थे। हिन्दू धर्म का उद्देश्य राज्य की सम्पूर्ण जनता को सेना में भर्ती करने का नहीं था। वैदिक काल के क्षत्रिय अथवा राजन्य का पद सम्भवतः वंशानुगत होता था। इसीलिए प्राचीन भारत की लड़ाकू जातियों सम्बन्धी सभी गलत अवधारणाओं का निराकरण आवश्यक हो जाता है। क्षत्रिय जाति के सैनिक पेशे पर एकाधिकार सम्बन्धी अवधारणा का प्रतिपादन हूवीलर महोदय ने किया है। उनका विचार है कि कुछ अपवादों को छोड़कर ब्राह्मण क्षत्रिय जाति के नहीं थे। जबकि प्राचीन भारत में युद्ध की मनोवैज्ञानिक पृष्ठभूमि पर विचार करते हुए प्रो. दीक्षितार महोदय ने लिखा है कि सैनिक जाति में होने के कारण समाज के नियमों के अनुसार, किसी अन्य व्यवसाय में जाने की मनाही होने से क्षत्रिय शान्ति से अधीर हो चुके थे और वास्तव में शान्ति की मनोवैज्ञानिक विफलता ही प्राचीन भारत में विभिन्न युद्धों का कारण बनी। फिर भी हम इस विचार से सहमत नहीं हैं क्योंकि यह यौद्धिक मनोवृत्ति न तो सम्पूर्ण प्राचीन भारतीय ऐतिहासिक काल के लिए सत्य थी, न ही अकेले भारत के लिए विलक्षण वस्तु थी।

सेना का संगठन

प्रत्येक राज्य अपने निवासियों को राज्य के शत्रुओं से सुरक्षित रखने के साधनों को जुटाए रखता है। इन साधनों में सबसे महत्वपूर्ण साधन सेना का रखना है। वैदिक साहित्य के विश्लेषणात्मक अध्ययन से स्पष्ट होता है कि प्रारम्भिक वैदिक काल में राजा कोई नियमित या स्थायी सेना नहीं रखता था। छठी शताब्दी ई.पू. के हिन्दू राज्य स्थायी सेना द्वारा अनुप्राणित नहीं थे। राजा पड़ोसी राज्यों और विरोधी कबीले से युद्ध के समय एक नागरिक सेना संगठित कर लेता था, जो अपने अस्त्र-शस्त्र स्वयं लाती थी तथा इस सेना का संचालन व्रत, गण, ग्राम और संघ नाम से विदित

उनके अपने प्रमुखों द्वारा होता था। सम्पूर्ण जनता की अनिवार्य सैनिक भर्ती नहीं होती थी। यद्यपि कैम्ब्रिज हिस्ट्री ऑफ इण्डिया में ऐसा विश्वास व्यक्त किया गया है कि कबीले के सभी लोग युद्ध में भाग लेते थे। प्रो. मैकडानल तथा कीथ का विचार है कि युद्ध के समय वैश्य क्षत्रिय नेताओं के नेतृत्व में सेना का संगठन कर लेते थे। इस सन्दर्भ में एक रोचक तथ्य यह है कि सम्पूर्ण वैदिक साहित्य में कहीं भी सेना के चार परम्परागत अंगों का उल्लेख नहीं है। जैसे–महाभारत की चतुरंगबला या चतुरंगिणी सेना।

वैदिक काल में सेना दो प्रकार की होती थी। एक श्रुत जो स्थायी होती थी तथा दूसरी आशु जो युद्ध के समय तैयार की जाती थी। अथर्ववेद में सेना को वाहिनी कहा गया है। सैनिक तीन प्रकार के होते थे। शूर, जो कि वीर होते थे, भीरु, जो कायर होते थे, और धावत जो कि युद्ध से पलायन कर जाते थे।

वैदिक कालीन सेना के दो अंग थे–

1. पत्ति (पैदल सैनिक)

2. रथीन (रथ सेना)

शतपथ ब्राह्मण में राज्याभिषेक के अवसर पर उल्लिखित 'रत्नी' में सेनानी (मुख्य सेनापति), सूत (रवाकार) का नाम राजा की सैनिक सेवा के सदस्यों के रूप में वर्णित है। घुड़सवारों और हाथियों का सेना में भर्ती का प्रचलन उत्तर वैदिक काल से प्रारम्भ हुआ। वैदिक काल में हाथी एक विशालकाय जन्तु माना जाता था तथा इसका प्रयोग युद्ध में नहीं होता था तथा युद्ध में घोड़ों के प्रयोग का भी विवरण प्राप्त नहीं होता है। डॉ. एस.सी. दास का विचार है कि वैदिक काल में घोड़ों का प्रयोग होता था। डॉ. पी.सी. चक्रवर्ती इस विचार से सहमत नहीं हैं। इस प्रकार यह स्पष्ट होता है कि पैदल और रथ सेना ही वैदिककालीन सेना संगठन के नियमित अंग थे। रथ सेना पदाति से श्रेष्ठ मानी जाती थी। प्रारम्भ में रथी ही युद्ध करता था और रथ का संचालन भी करता था, परन्तु बाद में रथी के साथ सारथि भी आ गया। इसके अतिरिक्त एक रथाकार का वर्णन भी प्राप्त होता है, जिसका कार्य रथों का निर्माण तथा उसे युद्ध योग्य बनाए रखना था। रथ पर सवार होकर युद्ध करने वाले सैनिक को योगयता के क्रम में रथी, रथीतर, रथीतम कहा गया है। रथों में एक घोड़े से लेकर सौ घोड़े तक जोते जाते थे। कहीं-कहीं गधों को भी घोड़ों के स्थान पर रथ में लगाया जाता था। युद्ध में ऊँटों के प्रयोग का भी विवरण मिलता है। प्राचीन भारत में ही नहीं, बल्कि सम्पूर्ण प्राचीन संसार में इसी प्रकार की व्यवस्था प्रचलन में थी। आर्यों अनार्यों द्वारा संघर्ष के दौरान लाई सेना के आकार के सन्दर्भ में वैदिक कवियों ने

बड़ी संख्या में युद्धों का विवरण दिया है, विशेष रूप से अनार्यों के साथ संघर्ष में जिन्हें ऋग्वैदिक युद्ध के देवता इन्द्र ने नष्ट कर दिया। जान म्योर ने ऋग्वेद के भाग 5 के मूल संस्कृत अनुवाद में सेना की संख्या का विवरण इस प्रकार दिया है।

ऋग्वेद भाग 1, 53/9 60,000

ऋग्वेद, भाग 4, 16/13 50,000

युद्ध में वीरगति प्राप्त योद्धाओं की अन्तिम क्रिया सैनिक सम्मान से की जाती थी। विजयी राजा पराजित राजा के प्रति अच्छा व्यवहार करता था।

रक्षा और विजय के सामान्य युद्धों के अतिरिक्त आर्य प्रायः पड़ोसी देशों के भू-भागों पर आक्रमण, लूट में वस्तुओं की प्राप्ति हेतु करते प्रतीत होते हैं।

सैनिक दृष्टिकोण से राजा के पथप्रदर्शक, परामर्शदाता, दार्शनिक और मित्र के रूप में पुरोहित की भूमिका काफी रोचक प्रतीत होती है। वैदिक काल में पुरोहित प्रार्थना और दैवीय शक्तियों की स्तुति द्वारा अपने राजा को युद्ध क्षेत्र में प्रोत्साहित करता था। सूत्र साहित्य के अनुसार, "युद्ध प्रारम्भ होने से पूर्व पुरोहित राजा के रथ की पश्चिम दिशा में खड़ा होकर ऋग्वैदिक मन्त्रों का उच्चारण करता था। पुरोहित राजा को, धनुष को, तीरों को, कवच को और यहाँ तक कि घोड़ों पर भी मन्त्रों का उच्चारण करता था।" सूत्र साहित्य के अनुसार राजा आदित्य अथवा उषा द्वारा निर्मित संरचना में युद्ध प्रारम्भ करता था। इस प्रकार इस सन्देह का निराकरण हो जाता है कि भारतीय धार्मिक साहित्य के विन्यास और नीति से पूर्णतया अनभिज्ञ नहीं हैं।

वैदिककालीन पैदल सेना की युद्धकला सन्दर्भ में हमारी जानकारी इतनी सीमित है कि निश्चित रूप से कुछ नहीं कहा जा सकता है। पैदल सेना परम्परागत प्रणाली के अनुरूप ही युद्ध लड़ती थी। प्रत्येक सैनिक युद्ध में विशिष्ट सैन्य संरचना के अनुरूप भाग नहीं लेता था, बल्कि शौर्य एवं अवसर के अनुरूप लड़ता था। अतः कहा जा सकता है कि सफलता प्राप्ति के लिए कोई संयुक्त प्रयास नहीं किया जाता था। अथर्ववेद में असि (तलवार) को सबसे शक्तिशाली शत्रु पर विजय प्राप्त करने वाले आयुध के रूप में प्रदर्शित किया गया है। परन्तु यदि सेना के दोनों अंगों की प्रभावकारिता की तुलना की जाए तो पैदल सेना का महत्त्व स्पष्ट रूप से कम हो जाता है। यदि युद्ध में उत्पन्न होने वाली सभी सम्भावनाओं पर विचार किया जाए तो यह स्पष्ट हो जाता है कि सैनिकों की व्यक्तिगत योग्यता को उनकी भारी संख्या की तुलना में अधिक महत्व न दिया जाता था।

आयुध

वैदिक आर्य युद्ध में विविध प्रकार के आयुधों का उपयोग करते थे। इन आयुधों का उल्लेख यत्र-तत्र प्राप्त है। वेदों का अध्ययन करने से ज्ञात होता है कि वैदिक आर्य अस्त्र और शस्त्र दोनों प्रकार के आयुधों का प्रयोग करते थे। इनके अतिरिक्त युद्ध काल में अंगरक्षक आयुधों का संक्षिप्त परिचय, जैसा वैदिक संहिताओं में प्राप्त है, अधोलिखित है।

वैदिक युग का परम उपयोगी एवं विशेष प्रचलित आयुध धनुष-बाण था क्योंकि धनुष बाण का प्रयोग रक्षात्मक और आक्रमणात्मक दोनों ही प्रकार की युद्ध कला के लिए महत्वपूर्ण था। वैदिक साहित्य में धनुष के तीरों के जहरीले तथा लौह निर्मित होने के साथ, इनके प्रक्षेपण से पूर्व दैव स्तुति तथा मंत्रोच्चारण का भी उल्लेख मिलता है। अतः यह कहना कोई अतिशयोक्ति नहीं है कि युद्ध के सबसे प्रभावी आयुध के रूप में धनुष बाण के प्रयोग का इतिहास काफी प्राचीन है और इसकी उपयोगिता आग्नेयास्त्रों के विकास के पूर्व तक निर्बाध रूप से बनी रही और यदि वास्तविकता पर दृष्टिपात किया जाए तो सम्पूर्ण प्राचीन काल में इसने सैन्य विज्ञान को धनुर्वेद की संज्ञा से प्रसिद्धि प्रदान की और इसके प्रयोग की निपुणता से ही किसी व्यक्ति की सैनिक श्रेष्ठता का मूल्यांकन किया जाता था। धनुष बाण के अतिरिक्त बल्लम, बरछा, तलवार, कुठार, वज्र, सृक, हेति, प्रहेति, पाश, असि, परशु, क्षुर, शूल, दण्ड और पत्थर फेंकने वाले यन्त्रों का भी उल्लेख मिलता है। पिनाक नामक दिव्यास्त्र का वर्णन भी मिलता है। परन्तु इनका प्रयोग रक्षात्मक और आक्रमणात्मक युद्धों में निरन्तर नहीं होता था। अथर्ववेद में शत्रु को भ्रमित करके उसकी पराजय को सुनिश्चित करने के लिए सशस्त्रीकरण और फन्दा का भी उल्लेख मिलता है। इसके अतिरिक्त अंगरक्षक आयुधों की श्रेणी में विल्मि (सिर की रक्षा हेतु), वर्म तथा कवच शरीर की रक्षा के लिए, शिप्रा (सिर की रक्षा हेतु) खादि (हाथ और पांव की रक्षा) का वर्णन मिलता है। भेड़ के ऊन के वस्त्र तथा चमड़े के वस्त्रों का भी वर्णन मिलता है।

ऋग्वेद में देव को पगड़ी बाँधे दिखाया गया है। यजुर्वेद में रुद्र को भी पगड़ी धारण किए बताया गया है। शरीर पर कवच, कंधे पर धनुष बाण लिए सैनिकों का वर्णन मिलता है अर्थात् सैनिक युद्ध में पूर्णतया सुसज्जित होकर भाग लेता था।

ध्वज

वैदिक काल में सैनिक युद्ध के समय पताकाओं का प्रयोग करते थे, ऋग्वेद में ध्वजा शब्द का प्रयोग दो बार हुआ है। यह भी सम्भव है, इन ध्वजों पर राजाओं,

सेनानी, सेनानायकों आदि के पूर्व निर्धारित अपने-अपने चिह्न अंकित रहने होंगे, जिससे वे सरलतापूर्वक पहचाने जा सकें।

दुर्ग और शस्त्रागार

वैदिक काल के लोगों ने सुरक्षात्मक दृष्टि से किलों और शस्त्रागारों के निर्माण के लिए कुछ प्रयास किया हो तो ऐसा सोचना सार्थक जान पड़ता है। असुरक्षा के उन दिनों में आर्य कबीलों को अनार्यों के शत्रुतापूर्ण आक्रमण का भय सदैव बना रहता था। जो अन्ततोगत्वा आर्यों द्वारा पराजित तथा आत्मसात् कर लिए गए। आर्यों ने विजय और आवास के लिए देश के विभिन्न भागों पर अनगिनत आक्रमण किए और हम जानते हैं कि आर्यों के प्रतिद्वन्द्वी अनार्य किलों में रहते थे। इस प्रकार यह सम्भव जान पड़ता है कि यद्यपि आर्यों के किले नहीं थे, परन्तु अनार्यों से छीने गए किलों से प्राप्त सामग्री का उपयोग आर्यों ने अपनी योग्यता के अनुसार किलों के निर्माण के लिए किया। इन किलों की प्रकृति जैसे—आकार, आकृति और सामग्री, जिससे किलों का निर्माण होता था, के विषय में निश्चित रूप से कुछ नहीं कहा जा सकता है। प्रायः किलों का निर्माण पत्थरों और धूप में सुखाई गई ईंटों से किया जाता था। किलों का निर्माण दुर्गम भू-भाग में खाई से घेरेबन्दी करके किया जाता था। इसके साथ ही साथ ऋग्वेद में गतिशील किलों का भी उल्लेख प्राप्त होता है, जिसमें किलों पर आक्रमण करने के लिए एक इंजन लगा होता था।

भारत सरकार के भूतपूर्व पुरातत्व निदेशक डॉ. मार्टिन ह्वीलर ने 1946 में 'हड़प्पा पर नई खोज' नाम से प्रकाशित अपनी रिपोर्ट में विशालकाय किलेबन्दी के अस्तित्व को स्वीकार किया है। ऋग्वेद में इन्द्र को पुरन्दर कहा गया है, जिसका अर्थ है 'दुर्गों को तोड़ने वाला'। तत्कालीन किलों के अस्तित्व के विषय में कहा जा सकता है कि कुछ किलों पर आर्यों ने अपना नियन्त्रण स्थापित कर लिया था तथा कुछ नदियों में आई बाढ़ से नष्ट हो गए। ऋग्वेद में सौ दीवारों से घिरे किले 'शतभुजी' का भी वर्णन प्राप्त होता है।

सामुद्रिक नौ-चालन

जलयान और हवाई विमान संचालन के विषय में वैदिक साहित्य के अनुशीलन और विभिन्न विद्वानों द्वारा सम्पन्न शोधों के आधार पर यह कहा जा सकता है कि प्राचीन भारतीय लोगों को समुद्री जलयानों के संचालन का ज्ञान था। उस समय के लोगों की अन्वेषक प्रवृत्ति का जातकों और अन्य ग्रन्थों में अच्छा विवरण मिलता है,

जिसके अनुसार उस समय आर्य असिरिया, बेबीलोन, अरेबिया और भूमध्य सागर के पूर्वी भागों और पूर्व के देशों के साथ व्यापारिक और वाणिज्यिक सम्बन्ध थे। इसके विपरीत कैम्ब्रिज हिस्ट्री आव इण्डिया के भाग एक के अनुसार सिन्धु नदी आर्यों के लिए समुद्र से सम्पर्क का प्राकृतिक मार्ग था, परन्तु वैदिक काल में लोगों को समुद्र तथा समुद्री यात्राओं का कोई ज्ञान नहीं था। परन्तु मैक्समूलर, मैकडोनल तथा कीथ जैसे विद्वानों का विचार है कि वैदिक आर्यों को समुद्र का ज्ञान था। एक स्थान पर तुग्र के पुत्र भुज्य की समुद्र यात्रा का वर्णन है, मार्ग में उसके जलयान नष्ट हो गए, आत्मरक्षा का कोई उपाय न देखकर, उसने अश्विन देवताओं से प्रार्थना की। अश्विन ने दयार्द्र होकर उसकी तथा उसके सहगामियों की रक्षा हेतु सौ पतवारों की नाव भेज दी। परन्तु रक्षा और आक्रमण की दृष्टि से समुद्र तथा जलयानों के उपयोग और निर्माण के विषय में कुछ निश्चित रूप से नहीं कहा जा सकता है। वैदिक ग्रन्थों के अध्ययन से स्पष्ट होता है कि समुद्र का उपयोग व्यापारिक लाभ के लिए किया जाता था, राजनैतिक लाभ के लिए नहीं।

अध्याय-2

महाकाव्यकालीन सैन्य व्यवस्था

प्रत्येक राष्ट्र का अपना एक इतिहास होता है। प्रकृति और विरोधी कबीलों के साथ कठिन संघर्ष का यह भारत का इतिहास दन्तकथाओं, परम्पराओं और मिथकों के साथ आश्चर्यजनक रूप से उलझा हुआ है। ऐसा अनुमान लगाया जाता है कि यह पौराणिक इतिहास समय के साथ वीर रस प्रधान काव्य के रूप में प्रस्तुत हुआ। भारतीय महाकाव्य का प्रारम्भ उत्तर वैदिककालीन अवतरणों के अवशेषों से हो सकता है, जो कि आख्यानों, पौराणिक कथाओं और वीर पुरुषों की प्रशंसा में गाये गीतों से भरा है। आख्यानों और गीतों के अंशों को एकत्रित करके एक निश्चित स्वरूप प्रदान किया गया और अन्ततोगत्वा महाकाव्यों की रचना हुई, जिसमें वीरों और उनमें सम्बन्धित राज्यों का गुणगान किया गया है।

रामायण और महाभारत प्राचीन भारत के दो महाकाव्य हैं। चूँकि महाकाव्यों में वेदों से अलग राजनीतिक, सामाजिक, धार्मिक और सैनिक पृष्ठभूमि का वर्णन है। अतः इस काल को महाकाव्य काल कहना उचित जान पड़ता है, अन्यथा यह नामकरण कालक्रम की दृष्टि से महत्त्वहीन हो जाएगा। रामायण और महाभारत को अपने वर्तमान स्वरूप में आने में कई सौ वर्षों का समय लगा, फलस्वरूप इसमें क्षेपक और समय-समय पर नए नए आख्यानों का समावेश होता रहा। इन दोनों महाकाव्यों की तिथि, प्राचीनता और इनमें परस्पर सम्बन्ध, आदि आयामों ने कई सुप्रसिद्ध इतिहासकारों का ध्यान अपनी ओर आकर्षित किया, परन्तु इन विवादास्पद आयामों पर आज तक कोई अन्तिम सहमति नहीं हो सकी है। दोनों महाकाव्यों में रामायण अधिक प्राचीन है, क्योंकि महाभारत में रामोपाख्यान मिलता है। उसमें रामायण के रचयिता वाल्मिकी का नामोल्लेख भी हुआ है। जबकि रामायण में न महाभारत का उल्लेख है, न उसके रचयिता महर्षि व्यास का और न महाभारत की किसी घटना अथवा उसके किसी पात्र का।

प्रत्येक परम्परागत प्राचीन ग्रन्थ की ही भाँति रामायण में भी प्रक्षेपों की सम्भावना है। इतिहासकारों का मत है कि इस महाकाव्य के प्रथम और सप्तम काण्ड पूर्णरूपेण प्रक्षिप्तांश हैं। इस प्रकार यत्र-तत्र प्रक्षेपों को छोड़कर रामायण में प्रारम्भ में केवल पांच काण्ड थे। सम्भवतः वाल्मिकी ने जब रामायण लिखी थी, उस समय राम एक महापुरुष ही माने जाते थे। रामायण के द्वितीय काण्ड से लेकर पाँचवे काण्ड तक उनका यही रूप मिलता है। परन्तु प्रथम और सप्तम काण्ड में उन्हें ईश्वरावतार के रूप में प्रतिष्ठित किया गया है। अतः यह बाद का विकास प्रतीत होता है।

महाभारत का रचनाकाल भी बड़ा विवादास्पद है। अधिकांश विद्वानों का मत है कि महाभारत का युद्ध 2000 ई. पू. और 1000 ई. पू. के बीच में हुआ था। इस युद्ध के पश्चात् ही चारणों ने इसकी घटनाओं और पात्रों की वीरता के सम्बन्ध में गीतों का निर्माण किया होगा। कालान्तर में इन्ही चारण गीतों के आधार पर महर्षि व्यास ने महाभारत को लेखबद्ध किया होगा। महाभारत को कब लेखबद्ध किया गया इस पर विद्वानों में बड़ा मतभेद है। महाभारत ग्रन्थ का सर्वप्रथम उल्लेख आश्वलायन गृह्यसूत्र में हुआ है। इसी प्रकार सांख्यायन गृह्यसूत्र, महाभारत के उपदेशकों वैशम्पायन, जैमिनि आदि का उल्लेख करता है। परन्तु इन गृह्यसूत्र का रचना काल स्वयं ही सन्दिग्ध है। इसलिए इनकी सहायता से महाभारत का रचना काल निर्धारित करना कठिन है। परन्तु इतना निश्चित है कि यह रचना काल काफी प्राचीन है। मैकडोनल महोदय का मत है कि इसकी रचना 500 ई. पू. के लगभग हुई होगी।

समय-समय पर महाभारत में अनेकानेक प्रक्षेप जुड़ते रहे और इस प्रकार आज इसमें एक लाख श्लोक हैं। मैकडोनल के मतानुसार मूल महाभारत में केवल 24,000 श्लोक थे। लगभग 700 ई. में कुमारिल ने महाभारत को एक महान् स्मृति के रूप में स्वीकार किया है। बाण भट्ट उसे एक उत्तम काव्य कृति बताता है। कम्बोडिया में प्राप्त लगभग 600 ई. का एक अभिलेख महाभारत का एक धार्मिक ग्रन्थ के रूप में उल्लेख करता है। ऐसे ही अनेक साहित्यिक तथा अभिलेख सम्बन्धी साक्ष्यों के आधार पर सर आर. पी. भण्डारकर ने यह सिद्ध किया था कि 500 ई. पू. तक महाभारत एक प्रसिद्ध धार्मिक ग्रन्थ माना जाता था। वर्तमान रूप में महाभारत में यूनानियों, शकों, पहलवों आदि विदेशी जातियों, विष्णु और शिव की उपासना, अनेक स्थानों पर मन्दिरों का और स्तूपों का वर्णन है, जिसके आधार पर मैकडोनल के अनुसार इस महाकाव्य का परिवर्धन 300 ई. पू. और 100 ई. के बीच हुआ था। डा. राधाकुमुद मुकर्जी के मतानुसार महाभारत पतंजलि के महाभाष्य तक पूर्ण हो चुका था।

इस प्रकार सम्पूर्ण रामायण और महाभारत किसी एक व्यक्ति अथवा एक काल की रचनाएँ नहीं हैं। भिन्न-भिन्न व्यक्ति भिन्न-भिन्न कालों में इन महाकाव्यों के मूल का परिवर्धन करते रहे। रामायण में अयोध्या के राजा राम और लंका के राजा रावण के मध्य हुए संघर्ष का वर्णन है। दूसरे शब्दों में आर्यों के दक्षिण भारत में प्रवेश करने को एक चित्ताकर्षक कहानी के साथ जोड़ दिया गया है। महाभारत की कहानी कुरुक्षेत्र के युद्ध पर केन्द्रित है, जो कौरवों और पाण्डवों के बीच राजनीतिक प्रभुत्व के लिए हुआ। यह एक पूर्ण गृहयुद्ध था, जिसमें भारत के अन्यान्य प्रदेशों के अधिपति भी सम्मिलित थे।

वह काल, जिसका प्रतिनिधित्व ये दोनों महाकाव्य करते हैं। युद्ध घोषणाओं और युद्धक नगाड़ों की आवाज से भरा पड़ा है। महाभारत, महाकाव्य काल की एक कानूनी तथा आध्यात्मिक पुस्तक है और युद्धकला की दृष्टि से सूचनाओं का व्यापक संग्रह है। महाकाव्यों और पौराणिक साहित्य का सावधानीपूर्वक आलोचनात्मक अध्ययन किया जाए तो यह स्पष्ट होता है कि तत्कालीन सैन्य परम्पराएँ बिना किसी व्यवधान के सम्पूर्ण हिन्दू काल तक अनवरत रूप से अस्तित्व में बनी रहीं। दूसरे शब्दों में कहा जा सकता है कि महाकाव्यकालीन सैन्य व्यवस्था पर ही उत्तर हिन्दूकालीन सैन्य व्यवस्था आधारित थी, जिसमें परिस्थितियों के अनुरूप पुनर्निर्माण किया गया। अठारह पुराण, जो प्राचीन भारत की सैन्य व्यवस्था में क्षत्रिय वर्ण की प्रमुखता को मूर्त रूप प्रदत्त करते हैं, सैन्य विषयों की जानकारी के उपयोगी स्रोत हो सकते हैं। पुराणों में अग्नि पुराण से युद्ध में प्रयोग की जाने वाली अस्त्र प्रणालियों के सन्दर्भ में व्यापक जानकारी प्राप्त होती है। महाकाव्यकालीन वृतान्तों और पौराणिक परम्पराओं का महत्व अविश्वसनीय है, परन्तु उन्हें पूर्णतया कपोलकल्पित वृतान्त समझना उचित नहीं है। इस काल से सम्बन्धित कुछ खुदाइयों से ऐसे प्रमाण उपलब्ध हो रहे हैं। उदाहरण के लिए महाभारत का युद्ध लड़ने वाले एक परिवार की राजधानी हस्तिनापुर में अभी हाल में खुदाई की गई थी, जिससे मालूम पड़ता था कि इसका एक भाग लगभग 800 ई. पू. में गंगा के किनारे पर बसा हुआ था, जो बाढ़ में बह गया था। पुराणों में बताया गया है कि यह घटना युद्ध के तत्काल बाद हस्तिनापुर में राज्य करने वाले राजा के सातवें उत्तराधिकारी के शासन काल में हुई थी। इससे महाभारत युद्ध का समय लगभग 900 ई. पू. ठहरता है।

यूरोपीन विद्वानों ने भी पौराणिक परम्पराओं ऐतिहासिक महत्व को स्वीकार किया है। वी. ए. स्मिथ का कहना है कि पौराणिक साहित्य में महत्त्वपूर्ण और प्रामाणिक ऐतिहासिक परम्पराओं का विवरण दिया है।

वैदिक काल से महाकाव्यों एवं पौराणिक साहित्य में वर्णित काल तक हमें देश की सामाजिक संरचना में एक परिवर्तन दिखाई पड़ता है, जिसमें क्षत्रियों या लड़ाकू जाति के सदस्यों का पूर्ण आधिपत्य था, जो राज्य की रक्षा और प्रशासन में भाग लेता था। वह चातुर्वर्ण को संरक्षण प्रदान करता था और युद्ध कर्म भी करता है। धर्म के निमित्त युद्ध करना क्षत्रिय के लिए श्रेयस्कर माना गया था। क्षत्रियों के साथ ही प्राचीन वैदिककालीन उच्च वर्ग का प्रतिनिधित्व करने वाले और युद्ध में अपने कबीले को नेतृत्व करने वाले परिवार भी अपने शानदार स्तर को बनाए हुए थे। महाकाव्य काल में क्षत्रिय शब्द उन सभी व्यक्तियों के लिए प्रयुक्त होता था, जो सामन्ती प्रमुखों और सैनिक परिवारों से सम्बन्ध रखते थे, परन्तु यह क्षत्रिय शब्द के व्यापक अर्थ को नहीं प्रस्तुत करता है। दूसरे शब्दों में यह ब्रिटिश इतिहास के नवाबों या सामन्तों की तरह था। ये राज्य, जनता और धर्म की रक्षा करते थे। इनमें सैनिक मनोवृत्ति जन्मजात होती थी।

रामायणकालीन सैन्य व्यवस्था

सेना का संगठन

वैदिक काल की दो अंगों वाली सेना रामायण काल में चार अंगों वाली अर्थात् चतुरंग बल सेना में परिवर्तित हो चुकी थी। कालान्तर में यह चतुरंग बल सेना षडंगबल हो गई, जिसमें कोष तथा मंत्रणा विभाग का भी समावेश हो चुका था। इस काल में राजा अपनी सेना का सर्वोच्च सेनापति होता था। उसके अधीन अनेक मन्त्री तथा सैनिक अधिकारी होते थे। राजा युद्ध परिषद की सहायता से अपने सैनिक विभागों की देख-रेख करता था। सैन्य विभाग एक रक्षा मंत्री के अधीन होता था। रक्षा मंत्री को युद्ध परिषद में अपने पक्ष की तथा शत्रु पक्ष की समस्त सूचनाएँ प्रस्तुत करनी पड़ती थीं, जिसके आधार पर युद्ध परिषद राजा सेनापति प्रहस्त के अधीन चार सचिव थे, जो उसके सहयोद्धा भी थे। राम ने भी रावण से युद्ध पूर्व विभीषण के आने पर जो सभा बुलाई, उसमें सेना के सम्बन्ध में विचार-विमर्श हुआ। इसी प्रकार रावण ने भी युद्ध परिषद की बैठक बुलाई। सेनापति राजा के आदेशानुसार कार्य करता था तथा राजा युद्ध परिषद के निर्णयानुसार कार्य करता था। युद्ध की घोषणा और सन्धि करने का पूर्ण अधिकार राजा को था।

रामायणकालीन चतुरंग बल रथ, गज, अश्व और पैदल चार विभागों से बनी हुई थी। इस काल में रथ सेना का महत्व बहुत बढ़ गया था। सेना के बड़े-बड़े सेनापति

रथों पर बैठकर युद्ध करते थे। वाल्मिकी ने राम-रावण के रथ युद्ध का विस्तृत वर्णन किया है। इस युद्ध में राम-रावण द्वारा एक दूसरे के विरुद्ध विभिन्न प्रकार के अस्त्र-शस्त्रों का प्रयोग किया गया। दोनों के रथों के सारथियों ने भिन्न प्रकार गति और प्रत्यागति से रथों का संचालन कर अपनी यौद्धिक कुशलता का परिचय दिया।

रथ युद्ध में सारथी की भूमिका का महत्व इस तथ्य से पता चलता है कि राम के सारथी मातलि ने राम को रावण द्वारा विपर्यस्त देखकर उन्हें ब्रह्मास्त्र प्रयोग करने की सलाह दी। रथ में अश्वों का प्रयोग किया जाता था, परन्तु रावण पुत्र इन्द्रजीत के रथ में खच्चर जोते जाते थे।

इस काल में गज सेना के अस्तित्व और महत्व का कोई विशेष प्रमाण हमें रामायण में नहीं मिलता है, परन्तु युद्ध में अश्वों का प्रयोग होने लगा था। कम्बोज तथा सिन्ध प्रदेश के अश्व उत्तम समझे जाते थे। घोड़ों के अलग-अलग नाम रखे जाते थे।

रामायण काल में पदाति सैनिक का महत्व बहुत अधिक था। पदाति सैनिक हर प्रकार की भूमि में तथा हर ऋतु में युद्ध करने में सक्षम होता था। एक कुशल धनुर्धर अनेक योद्धाओं का सामना कर सकता था। पशुराम अकेले ही अपने दिव्यास्त्रों के प्रयोग से बड़ी से बड़ी सेना को रोक देते थे। पैदल सैनिक दो प्रकार के होते थे—तलवार और बर्छी से लड़ने वाले तथा धनुषबाण से युद्ध करने वाले।

नौ सेना के सम्बन्ध में अयोध्याकाण्ड में निषादराज की नाविक सेना का वर्णन मिलता है। रावण की सेना में दुर्मुख नामक राक्षस समुद्र में भी युद्ध करने के लिए तैयार रहता था। नौ सैनिक संघर्ष के बारे में स्पष्ट रूप से कुछ कहना सम्भव नहीं है क्योंकि इस समय भारत न तो राजनीतिक रूप से संगठित था और न ही उसकी सीमाएँ समुद्र पार तक फैली हुई थीं।

सेना में सैनिकों के अतिरिक्त अनेक दल हुआ करते थे जो कि सेना की सहायता किया करते थे। इनमें भूमि उपदेशज्ञ दल, सूत्र कर्म विशारद दल, नाव आदि प्रस्तुत करने वालों का दल, श्रम जीवी, यंत्रज्ञ, मार्ग रक्षक और वृक्ष तक्षक दल, सूपकार दल, मार्ग ज्ञाता दल, कुम्भकार दल, कम्बल बनाने वाले, मद्यकार, धोबी, दर्जी तथा नट आदि शामिल होते थे। अश्वों की देखभाल के लिए अश्वबन्ध तथा हाथियों की देखभाल के लिए कुंजरग्रह नियुक्त होते थे।

सम्पूर्ण सेना चार श्रेणियों में बँटी हुई थी। 1. मित्र बल (मित्र राजाओं की सेना), 2. आटविक बल (जंगली जनजातियों की सेना), 3. भृत बल (वेतन भोगी सेना), 4. द्विषद बल (शत्रु पक्ष को छोड़कर आई हुई सेना) सम्पूर्ण सेना इकाइयों में बँटी

होती थी। सेना की सबसे बड़ी इकाई को अक्षौहिणी कहा जाता था। चित्रकूट जाते समय भरत की अक्षौहिणी सेना में 9000 हाथी, 60,000 रथ, 1 लाख अन्य सैनिक थे।

इस काल में सैनिक समाज के सभी अंगों से भर्ती किए जाते थे। ब्राह्मण सैनिकों का भी उल्लेख प्राप्त होता है। सेना में प्रतिष्ठित वंशों के कुलपुत्र महत्त्वपूर्ण पदों पर नियुक्त किए जाते थे। रावण तथा राम की सेना में बहुत से कुलपुत्र थे। लंका तथा किष्किन्धा में प्रत्येक वयस्क पुरुष सैनिक होता था। दूसरे शब्दों में अनिवार्य सैन्य सेवा के आधार पर गठित नागरिक सेना का अस्तित्व दिखाई पड़ता है।

सेना के प्रधान को सेनानी, सेनापति, सेनाध्यक्ष या सेनानायक कहा जाता था। सेनापति राजा के आदेशानुसार युद्ध का संचालन करता था। राजा और सेनापति युद्ध परिषद के परामर्शानुसार कार्य करते थे। राम और सुग्रीव ने लंका पर चढ़ाई से पूर्व हिन्द महासागर के तट पर युद्ध परिषद का आह्वान किया था। सेनापति के अधीन कई उच्चपदस्थ अधिकारी होते थे, जिन्हें बलाध्यक्ष या यूथपति कहा जाता था।

सेना के सम्मुख भाग को 'मूर्धन', दक्षिण एवं वाम भाग को पार्श्व एवं केन्द्र को 'कुक्षि' या 'उरस' कहा जाता था। राम की सेना के दक्षिण पार्श्व का नेतृत्व गए, गवय और गवाक्ष जैसे निर्भीक वानर कर रहे थे तथा वाम पार्श्व का नेतृत्व बंध और गंधमादन नामक अमित बलशाली वानर कर रहे थे। राम, लक्ष्मण और सुग्रीव सेना के उरस अर्थात् केन्द्र में रह कर सेना का नेतृत्व कर रहे थे, सेना का पृष्ठ भाग जामवन्त और सुषेण सम्भाल रहे थे। समुद्र तट पर पड़ाव डालने पर वानर योद्धा मयन्द और द्विविद प्रहरी योद्धा का कर्तव्य सम्भालने लगे। सेना संस्थापन की इस अनोखी कुशलता से उस युग की उन्नत युद्ध-कला का आभास मिलता है। और आधुनिक युग के युद्ध कला विशेषज्ञ भी आश्चर्यचकित रह जाते हैं। आसन्न युद्ध को देखकर लंका में भी चार राक्षस सेनानियों पर चार द्वारों की रक्षा का भार पड़ा। रावण ने अमात्यों के साथ मंत्रणा कर, यह आदेश दिया कि प्रहस्त पूर्व द्वार पर रहेगा, महापार्श्व और महोदर दक्षिण द्वार पर, इन्द्रजीत पश्चिम द्वार पर और शुक-सारण उत्तर द्वार पर रहेंगे। उसके बाद फिर उन्होंने कहा नहीं मैं स्वयं उत्तर द्वार पर रहूँगा। विरुपाक्ष सेना सहित लंका के मध्य भाग की रक्षा करेंगे।

वानर सेना में केवल पैदल सैनिक ही थे। इनके पास शारीरिक शक्ति के अलावा नख और दांत ही एक मात्र अस्त्र थे। साधनहीन समाज के व्यक्ति होने के कारण युद्ध में इनके पास शिला और वृक्षों के अतिरिक्त कोई अस्त्र न था। इन्हीं से सुग्रीव

और बालि आपस में लड़े थे, किन्तु फिर भी हम यह देखते हैं कि साधनहीन पिछड़े हुए लोग होने पर भी इनका सैन्य संगठन सांग्रामिक आवश्यकता पूरी करने के लिए पर्याप्त था। इनकी सेना में नायक, सेनापति, बलाध्यक्ष, चिकित्सक, दल, सुत्र कर्म विशारद दल, त्वाष्टा दल आदि थे। नल नील अपने युग के श्रेष्ठ इंजीनियरों में थे, जिन्होंने समुद्र पर पुल बाँधा था। सुषेण अपने युग का श्रेष्ठ चिकित्सक था। हनुमान, जाम्बवान, सुग्रीव और अंगद अपने युग के माने हुए योद्धा थे। इन्हें गुप्तचर विभाग के कार्यों में भी दक्षता प्राप्त थी।

सैनिक शिक्षा और प्रशिक्षण

रामायण काल की सैनिक शिक्षा और प्रशिक्षण में हमें आश्रमों (शिक्षा केन्द्रों) की महत्त्वपूर्ण भूमिका दिखाई पड़ती है। अनेक बड़े-बड़े ऋषि मुनियों के आश्रम होते थे, जहाँ सामान्य शिक्षा के साथ ही साथ न केवल सैनिक शिक्षा दी जाती थी बल्कि अनेक प्रकार के अस्त्र-शस्त्रों का निर्माण भी किया जाता था। प्रयाग में भरद्वाज मुनि का आश्रम सैनिक शिक्षा के लिए प्रसिद्ध था। मलद प्रदेशों में ऋषि विश्वामित्र का आश्रम था, जो आधुनिक बक्सर के पास स्थित था। यह आश्रम उच्चतर सामरिक शिक्षा के लिए विख्यात था। यहाँ पर शिक्षार्थी को युद्ध सम्बन्धी समस्त शस्त्रास्त्रों के संचालन तथा युद्ध कला में सैनिकों को निपुण बनाया जाता था। इसके साथ ही यहाँ नवीन प्रकार के आयुधों का निर्माण भी किया जाता था। राम के गुरु सुधन्वा का आश्रम धनुर्वेद और अर्थशास्त्र की शिक्षा के लिए प्रसिद्ध था। अगस्त्य मुनि का आश्रम नवीन प्रकार के अस्त्र-शस्त्रों के निर्माण तथा शिक्षा के लिए प्रसिद्ध था।

ज्ञान-विज्ञान की विभिन्न अंगों की शिक्षा के साथ रण विद्या, आयुध ज्ञान, रथ संचालन आदि विधाएँ इन आश्रमों मे सिखाई जाती थी। अगस्त्य आश्रम में ज्ञान के विभिन्न विभाग थे। ब्रह्म स्थान, अग्निस्थान, विष्णु स्थान, महेन्द्र स्थान, विवस्वान स्थान, सोम स्थान, भगस्थान, कौवेर स्थान, धातृ स्थान, विधातृ स्थान, वायुस्थान, वरुण स्थान आदि। विष्णु स्थान में राजनीति, अर्थशास्त्र, पशुपालन तथा कृषि आदि विषयों पर शिक्षा दी जाती थी। महेन्द्र स्थान में आक्रमण और रक्षात्मक आयुधों का ज्ञान प्रदान किया जाता था। गरुड़ स्थान में यातायात, यान आदि के ज्ञान उपलब्ध होते थे। कार्तिकेय स्थान में शिक्षार्थी को गुल्म, पत्ति, वाहिनी आदि के संचालन की शिक्षा दी जाती थी। कौवेर स्थान में जलस्तम्भन, जल संस्तरण, पोत संचालन आदि की विद्या सिखाई जाती थी।

अगस्त्य आश्रम रामायण युग में भय और आदर का विषय हो गया था। इस आश्रम में इतने विध्वंसात्मक शस्त्र तैयार होते थे कि राक्षसराज रावण के हृदय में सदा आतंक बना रहता था। इस आतंक से मुक्ति पाने के लिए राक्षसों की एक बड़ी छावनी यहाँ कायम हुई थी।

अनुशासन—सैनिक अनुशासन बड़ा कठोर था। सुग्रीव ने अपने बिखरे हुए सैनिकों को एकत्रित करने का आदेश देते हुए यह कहा था कि जो सैनिक आज्ञा पाने के दस दिन के अन्दर उपस्थित नहीं होगा उसका वध कर दिया जाएगा। लंका पर आक्रमण करते समय भी सुग्रीव ने यह कहा था, जो सैनिक रणक्षेत्र छोड़कर भागेगा या आदेश के अनुसार नहीं लड़ेगा, उसे मृत्युदण्ड मिलेगा। राम भी बड़े कठोर अनुशासक थे। वे भीमकोप नाम से वानर सेना में परिचिति थे। वानर सेना उनसे भयभीत थी।

समुद्र तट पर वानर सेना के पड़ाव डालने पर छावनी से किसी भी सैनिक के बाहर जाने पर कड़ी रोक लगा दी गई थी। प्रत्येक बलाध्यक्ष को यह कठोर आज्ञा थी कि वह अपनी टुकड़ियों पर तीक्ष्ण दृष्टि रखे और अपना स्थान न छोड़े।

सेना का प्रयाण

सेना के प्रयाण का समय और प्रकृति को दो प्रकार का बताया गया है, मन्द और तीव्र। जब आक्रमणात्मक उपकरण अपर्याप्त हों या शान्ति के लिए सन्धि वार्ता जारी हो, तब सेना धीमी गति से प्रयाण करती थी। इसके अतिरिक्त अन्य सभी अवसरों पर सेना तीव्र गति से प्रयाण करती थी। सुदूर प्रदेशों के लिए राजाओं के समराभियान हेतु शरदकाल को उत्तम माना जाता था। वर्षा काल में युद्ध करने में बहुत सी कठिनाइयों का सामना करना पड़ता है। समीपवर्ती स्थानों के लिए प्रयाण ग्रीष्ण ऋतु में भी होते थे।

सेना के प्रस्थान से पूर्व मार्ग को ठीक करने के लिए, शिविर स्थापित करने, मार्ग में अवरोध उत्पन्न करने वाले कूप, जलाशय को पाटने तथा निर्जल स्थलों में कूप आदि तैयार करने के लिए उपयुक्त व्यक्ति भेजे जाते थे। निर्जल स्थानों में कूप वापी तैयार कर घाट बना दिए। पड़ाव पर शिविर स्थापित किया जाता था तथा शिविर के चारों ओर खाइयाँ बना कर उसे दुर्ग का रूप दिया जाता था। खाद्य सामग्री तथा अन्य आवश्यक सामग्री एक दल के सुपुर्द थी, जिसका स्थान आज आपूर्ति विभाग ने ले लिया है। सेना के पीछे व्यापारी, स्त्रियाँ तथा दास वर्ग रहते थे, जैसे आजकल कैम्प फालवर रहते हैं। दशरथ के साथ युद्ध क्षेत्र में कैकेयी गई थी।

समराभियान के समय शुभ और अशुभ निमित्तों पर बड़ा ध्यान दिया जाता था। योद्धा शुभ और अशुभ लक्षणों से भली-भाँति परिचित थे। रामायण के अरण्य काण्ड में सर्ग 23 तथा सर्ग 25 में इन निमित्तों पर बड़ा विचार किया गया है। सेना यात्रा के समय आकश में धूसर वर्ण मेघ का छा जाना, रथ के घोड़े का अपने आप गिर पड़ना, सूर्य के चारों ओर श्याम घेरा बन जाना, गिद्ध का रथ की ध्वजा पर बैठना, मांसाहारी पक्षियों का भयंकर शब्दा करना, गीदड़ का पूर्व दिशा में फैं-फैं करना, कंक, गौमायु तथा गिद्ध का रोने लगना, प्रचण्ड वायु का बहना, बिना रात के जुगनू का चमकना, उल्कापात होना, पृथ्वी का कांपना, योद्धा की वाम भुजा कर फड़कना आदि पराजय सूचक अशुभ संकेत थे। दक्षिण भुजा का बारम्बार स्पन्दन, सैनिकों का मुख प्रसन्न दिखना, शस्त्रों का चम-चम करना, हाथी-घोड़ों का उत्तेजित होना आदि शुभ लक्षण थे। स्वप्न में पीले दांत वाली स्त्रियों का गृह स्थित वस्तुओं से हंस-हंस कर बातें करना, घरों की बलि-सामग्री को कुत्तों का खाना, लाल चरण वाले पीले कबूतर का गृह में घुसना, गृह में रहने वाली सारिका का अन्य पक्षियों से लड़ाई में हार कर गिरना, मृग पक्षी का सूरज की ओर मुँह कर रोना, वाम वाहु नेत्र तथा पीठ का स्मन्दन, हाथी का वाम पद को छूना, वृक, शृंगाल, शार्दूल, विडाल, गर्दभ, शशक का बाईं ओर से दाहिनी ओर जाना, वराह और हरिण का दाहिनी ओर से बाईं ओर जाना आदि पराजय सूचक लक्षण थे।

यद्यपि ज्ञात प्रदेशों में कूच करते समय पड़ाव आदि की व्यवस्था पूर्व निर्धारित होती थी, अज्ञात प्रदेशों में पैर रखने से पूर्व काफी सावधानी बरती जाती थी। सुरक्षा की दृष्टि से सेना की एक टुकड़ी को आगे भेज दिया जाता था, जिसका कार्य यह देखना होता था कि मार्ग निरापद है या नहीं और यात्रा पथ के दोनों ओर शत्रुओं की कोई गतिविधि तो नहीं है। राम-रावण युद्ध में राम के पक्ष में इस अग्रगामी टुकड़ी का नायक नील था, जो अपने सांग्रामिक अनुभव तथा इस क्षेत्र की भौगोलिक विशेषताओं से पूर्णरूपेण परिचित था। अगले पड़ाव पर सेना को विशुद्ध अन्न-जल मिले इसका भी यह टुकड़ी प्रबन्ध करती थी क्योंकि शत्रु के गुप्तचरों द्वारा अन्न-जल विषाक्त कर दिए जाने का भी सन्देह रहता था।

गुप्तचर व्यवस्था

युद्ध और शान्ति दोनों की कालों में गुप्तचरों और कूटनीतिक प्रतिनिधियों तथा दूतों और राजदूतों को नियुक्त करके सूचनाएँ एकत्र करने की प्रणाली प्रचलन में थी। नागरिक और सैनिक जासूसी आधुनिक शैली में जानी और प्रयोग की जाती

थी। सैनिक जासूसी की प्रारम्भिक रूपरेखा तत्कालीन साहित्य में पाई जाती है। अन्तर्राज्यीय सम्बन्धों को बनाए रखने के लिए दूतों का उपयोग किया जाता था। अन्तिम उपाय के रूप में ही युद्ध छेड़ा जाता था।

आक्रमणकारी सेनापति के लिए शत्रु राज्य के दुर्गों, प्रवेश मार्गों, नगर द्वारों की स्थिति, शत्रु सेना की संख्या, बल, आयुध और गतिविधि आदि की जानकारी प्राप्त कर लेना अत्यावश्यक था। ऐसी सूचनाएँ प्राप्त करने के लिए गुप्तचरों को नियुक्त किया जाता था।

रामायण में तीन प्रकार के दूतों के बारे में उल्लेख है। प्रथम राजा के प्रति भक्ति और प्रेम के कारण जो व्यक्ति अनचाहा और दुष्कर कार्य करे, वह पुरुषोत्तम है। दूसरे, किसी कार्य में नियुक्त व्यक्ति जब अपने मनमाने ढंग से उस कार्य को करता है जिससे राजा को उसके प्रति प्रेम या स्नेह न उत्पन्न हो तो उस व्यक्ति को मध्यम न कहते हैं। तीसरे, जो व्यक्ति किसी कार्य पर नियोजित हो और उस कार्य को उचित ढंग से नहीं करता हो, उसे पुरुषाधम कहा जाता था। राजनीतिक तथा कूटनीतिक सम्बन्ध बनाए रखने में ये दूत बड़े कुशल थे।

युद्ध से पूर्व राम ने अंगद को रावण के पास इसी मंशा से भेजा था कि शत्रु पक्ष को आसन्न आक्रमण के बारे में मालूम हो जाए और उसकी सेना के बारे में सारी ज्ञातव्य बातें वह जान आएँ। रावण ने अपने दो मन्त्री और सारण को राम सेना का बल और उसी गतिविधि जानने के लिए भेजा था। उन्होंने वानरों की सेना में वानरों का छद्म वेश धारण का प्रवेश किया, परन्तु वे पकड़ लिए गए और राम ने अपना सन्देश उन्हीं के माध्यम से भेज दिया। बेवकूफ, अन्ध और बधिर की नकल करने वाला गुप्तचर वृत्ति के लिए श्रेष्ठ माना जाता था। उन्हें पहले दूसरे कार्यों में लगाया जाता था और जब वे अपनी विश्वस्तता का परिचय दे देते थे, तभी उन्हें गुप्तचर के काम में नियुक्त किया जाता था।

आयुध

महाभारत के वनपर्व में रामोपाख्यान से हमें ज्ञात होता है कि रावण शक्ति, शूल और खड्ग से लड़ा, लक्ष्मण और इन्द्रजीत बाणों से। राक्षस घूम्राक्ष बाणों तथा गदा से लड़ता था। राम-रावण युद्ध में रावण के पक्ष से धनुष-बाण से लड़ने वालों की संख्या बहुत कम थी।

तलवारें तीन प्रकार की होती थी—असि, खड्ग और ऋष्टि। असि लम्बी, खड्ग छोटी और ऋषि दुधारी तलवार थी। धनुष को 'कोदण्ड' कहा जाता था। वाण 'तूणी'

या 'कलाप' में रखे जाते थे। वज्र लोहे का डंडा, मुगदर लोहे का हथौड़ा, परश्वध युद्ध की कुल्हाड़ी, शूल, बर्छा और त्रिशूल तीन फल वाला बर्छा, शक्ति घंटी लगी एक प्रकार का भयानक माला, अशनि गदा और परिध लोहे के कांटों से जुड़ा हुआ दण्ड था। रामायण में जिन अन्य आयुधों का उल्लेख मिलता है–उनमें शतघ्नी, पाश, पद्दिश, तोमर, मुसल और क्षेपणी (गुलेल) आदि है।

विश्वामित्र ने राम-लक्ष्मण को अपने बक्सर स्थित आश्रम में लाकर जिन द्विव्यास्त्रों का ज्ञान कराया, उन आयुधों का विवरण निम्न प्रकार से प्रस्तुत किया जा सकता है।

(क) चक्र–दण्ड चक्र, धर्म-चक्र, काल चक्र, विष्णु चक्र और इन्द्र चक्र।

(ख) अस्त्र–शैवास्त्र, ब्रह्मशिर, ऐषिक, नारायण, आग्नेय, वायव्य, हयशिरो, नाम और क्रौंच।

(ग) गदा–मोदकी और शिक्षरी।

(घ) पाश–धर्मपाश, काल पाश और वरुण पाश।

(ड) अशनि–शुष्क तथा आर्द्र।

(च) शक्ति–कंकाल और कपाल।

(छ) वैद्याधर–दमित, मोहन, प्रस्वापन, प्रशमन, सौम्य वर्षण, शोषण, संताप, विलापन, दुर्द्धर्ष और कन्दर्पदमित।

(ज) गान्धर्व–दमित, मोहन, प्रस्वापन, प्रशमन, सौम्यवर्षण, शोषण, संताप, विलापन, दुर्द्धर्ष और कन्दर्पदमित।

(झ) पैशाच–तापन, सौमन, संवर्त्त, तामस, महाबल, पौसल, सोम, दारुण और मानवा।

अध्याय-3

भारतीय-यूनानी युद्धकला और झेलम का युद्ध

600 ई. पू. का भारत बौद्ध धर्म से पूर्व का भारत था। इस समय उत्तर भारत सोलह महाजनपदों तथा दस गणराज्यों में विभक्त था। ये सोलह महाजनपद–काशी, कोशल, अंग, मगध, वज्जि, मल्ल, चेदि, वत्स, कुरु, पँचाल, मत्स्य, अस्सक, अवन्ति, गान्धार, कम्बोज और शूरसेन थे। दस गणराज्य–कपिलवस्तु, सुसंगिरी, अल्लकप्प, केसपुत्र, रामगाम, पावा, कुशीनारा, पिप्पलिवन, मिथिला, वैशाली थे। कालान्तर में बुद्ध के जीवन काल में भारत में चार राज्य रह गए थे। ये राज्य अवन्ति (उज्जैनी), वत्स (कौशाम्बी), कोशल (अयोध्या) और मगध (राजगिरी और पाटलिपुत्र) थे। मगध में चार प्रमुख शासक विम्बिसार, अजातशत्रु, शिशुनाग और काकवर्ण हुये, जिन्होंने मगध का बहुत साम्राज्य विस्तार किया। सिकन्दर के आक्रमण के समय मगध पर महापद्मनन्दधन का शासन था।

इस समय उत्तरी पश्चिमी भारत तीन राजतन्त्रों (कुरु, तक्षशिला, अभिसार) तथा बीस गणराज्यों में विभक्त था। इनमें कट और मालव मुख्य थे। इन सभी राज्यों में राजनीतिक एकता का नितान्त अभाव था और ये परस्पर निरन्तर युद्धरत रहते थे।

इसी काल में भारत की उत्तरी पश्चिमी सीमा से विदेशी आक्रमण प्रारम्भ हो गए थे। प्रथम विदेशी आक्रमण 558 ई. पू. से 530 ई. पू. के मध्य ईरान के शासक साइरस का हुआ, जिसने गान्धार तक विजय प्राप्त की। भारत पर दूसरा विदेशी आक्रमण डेरियम प्रथम का 518 ई. पू. में हुआ, जिसने पंजाब और सिन्ध तक विजय प्राप्त की। ईरान के शासक डेरियस प्रथम के पुत्र जरक्सिस प्रथम ने भारत पर आक्रमण किया या नहीं, इस पर मतभेद है। परन्तु डियोडोरस के अनुसार जरक्सिस प्रथम की सेनायें 486 ई. पू. से 465 ई. पू. के मध्य जब यूनान पर आक्रमण करने गईं। तो उस सेना में गान्धार के सैनिक धनुष-बाण लिए हुए थे।

ये भारतीय सैनिक सूती वस्त्र धारण करते थे तथा बेंत के बने धनुषों का प्रयोग करते थे। इनके बाणों के नोक लोहे के बने होते थे। सिकन्दर के आक्रमण के समय इन विदेशी आक्रमणों का कोई प्रभाव नहीं दिखाई पड़ता है। लोग समय के साथ बाह्य आक्रमणों को भूल चुके थे।

यूनानी युद्धकला

भारतीय युद्धकला के इतिहास में सिकन्दर का भारत पर आक्रमण तथा पोरस के साथ उसका युद्ध पहली घटना थी, जिसका हमें लिखित विवरण प्राप्त होता है। यह युद्ध हमें यूनानी और भारतीय युद्धकला की विस्तृत जानकारी देता है। इस युद्ध के विस्तृत अध्ययन के पूर्व यह आवश्यक है कि हम सिकन्दर और उसके द्वारा लाई गई यूनानी युद्ध की संक्षिप्त जानकारी प्राप्त करें।

इस युद्ध के विषय में सम्पूर्ण जानकारी सिकन्दर के समकालीन और उत्तरकालीन यूनानी विद्वानों अरिस्टो बुलस, डियोडोरस, कर्टिअस, प्लीनी, एरियन, आदि की रचनाओं में मिलती है। सिकन्दर का जन्म 6 जुलाई, 6 अगस्त या 6 अक्टूबर 356 ई. पू. में मेसेडोनिया के राजा फिलिप के यहाँ हुआ। उसने प्रारम्भिक शिक्षा अरस्तु से ग्रहण की। 336 ई. पू. में वह मेसेडोनिया का राजा बना।

सिकन्दर को अपने पिता से एक विशाल सेना और युद्ध कला विरासत में मिली थी। उस काल में मेसेडोनिया की सेना विश्व की सर्वश्रेष्ठ सेनाओं में से एक थी। मेसेडोनिया की सेना की इकाई फैलेन्क्स थी।

फैलेन्क्स का संगठन निम्नवत् था–

1 फाइल = 16 सैनिक
2 फाइल = 1 डाइलोकी
2 डाइलोकी = 1 टेटार्की
2 टेटार्की = 1 टैक्सिस
2 टैक्सिस = 1 पेन्टेकोनार्की
2 पेन्टेकोनार्की = 1चिलियार्की
2 चिलियार्की = 1 मेरीर्की
4 मेरार्की = 1 फैलेन्गार्की
4 फैलेन्गार्की = 1 फैलेन्क्स

इस प्रकार एक फैलेन्क्स में 16-16 सैनिकों की 1024 फाइल होती थीं। 4 फैलेन्गार्की के पास-पास खड़े होने पर एक फैलेंक्स बन जाता था।

प्रयाण के समय यह फासला तीन फुट हो जाता था और आक्रमण के समय ये कन्धे से कन्धा मिला देते थे। इस प्रकार एक फैलेन्क्स में 16384 सैनिक होते थे। इन सैनिकों के पास 21 फुट लम्बा एक सरिस्सा, एक छोटी तलवार तथा गोल ढाल होती थी। आगे के छः पंक्ति के सैनिकों के सरिस्से आगे तथा पीछे के दस के उपर की ओर होते थे। सैनिकों के शरीर कवज से ढँके रहते थे। हर फैलेन्क्स के साथ उसकी संख्या के आधे (8192) के बराबर हल्के शस्त्रधारी पैदल सैनिक होते थे। ये तीर फेंकने वाले, भाला फेंकने वाले तथा गोला फेंकने वाले होते थे। हल्की पैदल सेना की संख्या के आधे अर्थात् 4096 घुड़सवार सैनिक होते थे। 180 घुड़सवार सैनिकों का एक स्क्वेड्रन बनता था। ये अश्वारोही सैनिक तलवार तथा भाला लिए रहते थे। इसके अतिरिक्त पत्थर का गोला फेंकने वाले आयुध भी होते थे। रथ सेना भी होती थी। युद्ध भूमि में फैलेन्क्स निम्न व्यूह रचना में खड़े होते थे।

इस फैलेन्क्स सेना के युद्ध करने की पद्धति इनके अनुशासन में निहित होती थी, फैलेन्क्स जब आक्रमण करता था तो ऐसा प्रतीत होता था कि लोहे का दृढ़ जन समूह चला आ रहा है तथा इसके सम्मुख सेना टिक नहीं पाती थी। परन्तु इस फैलेन्क्स में भी कुछ कमियाँ थीं। इसमें कोई आरक्षित सेना नहीं होती थी तथा गतिशीलता की कमी थी।

सिकन्दर ने इस सैन्य विरचना में कुछ सुधार किया। उसने एक फैलेक्स को चार फैलेन्गार्की के स्थान पर 8 फेलेन्गार्की में विभक्त किया। ये फैलेन्गार्की थोड़ी-थोड़ी दूरी पर खड़े होते थे। उसने अश्वारोही सैनिकों की संख्या भी बढ़ाई। इस प्रकार उसने फैलेन्क्स को गतिशीलता प्रदान की।

सिकन्दर ने सर्वप्रथम मेसेडोनिया के आस-पास के राज्यों को जीतकर अपना एक सुदृढ़ राज्य बनाया। इसके पश्चात् 334 ई. पू. में पूरब की ओर अपनी विजय यात्रा के लिए निकला। अनेक छोटे-बड़े राज्यों को जीतता हुआ, मार्ग में सैनिक चौकियाँ बनाता हुआ, जिससे मेसेडोनिया से उसकी संचार व्यवस्था बनी रहे, 331 ई. पू. में वह अरबेला के मैदान में पहुँचा और ईरान के शासक डेरियस द्वितीय को पराजित किया। यहाँ उसने एक नये समरतन्त्र का प्रयोग किया जिसे तिर्यक आक्रमण कहा जाता है। इसके उपरान्त आगे बढ़कर जब वह वैक्ट्रिया पहुँचा तो गान्धार का शासक शशिगुप्त उससे आकर मिला और यहाँ से आगे बढ़ कर मार्च 326 ई. पू. में नावों के पुल की सहायता से सिन्धु नदी पार करके तक्षशिला पहुँचा। तक्षशिला के शासक आम्भी ने सिकन्दर का स्वागत किया। सिकन्दर ने तक्षशिला को अपना आधार बनाया।

झेलम का संग्राम (326 ई. पू.)

उत्तरी पश्चिमी सीमा से भारत के मैदानों में प्रवेश करने वाले विदेशी आक्रमणकारियों द्वारा लड़े गए अनेक युद्धों में से झेलम का संग्राम पहला है जिसका इतिहास में अभिलिखित विवरण मिलता है। होगार्थ का विचार है कि यूनानियों द्वारा झेलम नदी पार करना प्राचीन युद्ध कला की सबसे अद्वितीय संक्रिया है।

सिकन्दर (एलेक्जेण्डर) की सबसे महत्त्वपूर्ण इस मुहिम का प्रारम्भिक बिन्दु तक्षशिला था और यहाँ यह मान लेना उचित प्रतीत होता है कि जब सिकन्दर अपनी सेना के साथ यहाँ विश्राम कर रहा था, तब उसने तक्षशिला निवासियों से इस देश की प्रकृति के बारे में पूरी जानकारी प्राप्त की, परन्तु इस सन्दर्भ में कुछ भी अभिलिखित नहीं है कि सिकन्दर ने तक्षशिला से झेलम के तट तक किस मार्ग का अनुसरण किया? प्लिनी के अनुसार सिकन्दर के सर्वेक्षकों द्वारा तक्षशिला से झेलम तक के बीच की दूरी 120 रोमन मील (110.5 मील) मापी गई थी। स्ट्रैबो के अनुसार झेलम के लिए प्रयाण की दिशा लगभग दक्षिण की ओर थी।

तक्षशिला से प्रस्थान करने से पूर्व सिकन्दर ने झेलम और चिनाब नदियों के बीच स्थित पोरस के साम्राज्य के विषय में जानकारी प्राप्त की, जो आक्रमणकारी का विरोध करने के लिए झेलम नदी के पूर्वी तट पर स्थित मार्गों पर कब्जा किए हुए था। सिकन्दर ने अपने एक सेनापति कोयनस को आदेश दिया कि वह सिन्धु नदी के नावों के पुल को तोड़ दे तथा छोटी नावों को दो भागों में तथा बड़े पोतों को तीन भागों में विभक्त कर स्थल मार्ग से झेलम नदी के तट पर पहुँचे। सिकन्दर ने स्वयं सेना को लेकर तक्षशिला के पाँच सहस्र सैनिकों के स्वामी अम्भी के साथ झेलम की ओर प्रस्थान किया। झेलम नदी काफी चौड़ी थी और उसके पूर्वी किनारे पर पोरस ने घाटों की सुरक्षा के लिए अपने हाथी तैनात कर रखे थे। उसने नदी कैसे पार की? इसका विवरण प्रस्तुत करने से पूर्व, यह विश्लेषण महत्त्वपूर्ण प्रतीत होता है कि कहाँ से नदी को पार करना सम्भव था?

सिकन्दर का झेलम की ओर प्रयाण

इस बारे में जानकारी के स्रोत अपर्याप्त हैं। एरियन ने नदी पार के स्थान का विवरण इस प्रकार दिया है।

''झेलम के किनारे से एक अन्तरीप बाहर निकला हुआ था। जहाँ से नदी एकदम मुड़ गई थी और यह स्थान विभिन्न प्रकार के वृक्षों से भरा हुआ था और इसके ठीक सामने नदी के बीच में वृक्षों से युक्त एक द्वीप था। इस स्थान से नदी

पर करने का प्रयास भी पूरी तरह छिप जाता था। सिकन्दर ने इसी स्थान से अपनी सेना सहित नदी पार करने का निश्चय किया। यह अन्तरीप और द्वीप मुख्य पड़ाव से 17.5 मील की दूरी पर था।''

इसी सन्दर्भ में कर्टियस लिखता है कि नदी के बीच में एक वृक्षयुक्त टापू था और यह स्थान छिप कर घात लगाने के लिए उपयुक्त था। इसके अतिरिक्त किनारे से दूर पर एक गहरी खाईं थी, जिसमें सिकन्दर न केवल पैदल सैनिकों, बल्कि अपने आदमियों और उनके घोड़ों को भी छिपा सकता था।

इस संक्षिप्त जानकारी के आधार पर चार परिकल्पनाएँ बनाई गईं। प्रथम, परिकल्पना रणजीत के फ्राँसीसी जनरल सर एलेकसेण्डर बर्नस और मोन्सियूर कोर्ट द्वारा निर्मित है कि सिकन्दर ने झेलम के तट पर अपना पड़ाव डाला। इस परिकल्पना के आधार पर 1848 में जनरल जैम्स एबोट ने सुझाव दिया कि सिकन्दर तक्षशिला से नीचे की ओर आधुनिक ग्राण्ड ट्रंक रोड के साथ झेलम के तट तक पहुँचा। जहाँ नदी एकदम मुड़ सी गई थी। परन्तु वहाँ पर न तो कोई अन्तरीप है और न ही गहरी खाई। यहाँ से 10 मील ऊपर भूना गया और वहाँ से नदी पार की और नदी के पूर्वी किनारे तथा पब्बी पहाड़ियों के बीच अपना युद्ध लड़ा।

दूसरी परिकल्पना 1863 में जनरल अलेक्जेण्डर कनिंघम ने प्रस्तुत की, जिसके अनुसार सिकन्दर ने आधुनिक ग्राण्ड ट्रंक रोड से दक्षिण की ओर प्रस्थान करके साल्ट रेंज को पार करता हुआ झेलम नदी पर स्थित जलालपुर पहुँच और वहाँ से 8 मील ऊपर दिलावर पहुँचा, जहाँ पर एक द्वीप है और नदी भी थोड़ी मुड़ी हुई है। परन्तु वहाँ पर कोई अन्तरीप या गहरी खाई नहीं है। इसके बाद उसने दिलावर के निकट झेलम नदी पार की और झेलम के पश्चिमी किनारे पर स्थित अपने मुख्य पड़ाव की सीध में नदी के पूर्वी तट पर किसी स्थान पर युद्ध किया।

सन् 1931 सर ओरेल स्टीन ने इस भू-भाग का सर्वेक्षण करने के उपरान्त उपरोक्त दोनों परिकल्पनाओं को अस्वीकार कर दिया। क्योंकि नदी और लगभग 1300 फुट ऊँची पब्बी पहाड़ियों के बीच घाटी है और जिस समय यह युद्ध लड़ा तब से लेकर आज तक इनके स्वरूप में बहुत परिवर्तन नहीं हुआ। अतः ऊबड़-खाबड़ नदी नालों और खाईयों से पूर्ण इस क्षेत्र में इतनी बड़ी सेना को तैनात करना सम्भव नहीं था। यद्यपि दूसरी परिकल्पना इस समस्याओं का निराकरण करती है तथा स्टीन इसे ध्यान में रखते हुए लिखते हैं कि चूँकि सिकन्दर के समय से विभिन्न प्राचीन और उपयोग में आने वाले मार्ग तक्षशिला से साल्ट रेंज होते हुए चकवाल, अरा और नन्दना दर्रों से गुजर कर हरनपुर तक जाते हैं। यही वह मार्ग

था जिसका अनुसरण 1014 में मुहम्मद गजनवी तथा 1519 जहीरुद्दीन मुहम्मद बाबर ने किया था। यहाँ झेलम नदी पर आज एक रेलवे पुल बना हुआ है। इस प्रकार यही वह मार्ग था जिसका सिकन्दर ने अनुसरण किया। यह स्ट्रैबों के कथन से भी मिलता है कि सिकन्दर ने तक्षशिला से दक्षिण दिशा की ओर प्रयाण किया और यह मार्ग प्लिनी के कथन से भी मिलता है कि तक्षशिला और झेलम के बीच की दूरी 110.5 मील थी। इसके विपरीत ग्राण्ड ट्रंक रोड से झेलम नदी की दूरी 80 मील है। हरनपुर अब झेलम के निकट बड़ा गाँव है तथा झेलम नदी लगभग आधी मील की चौड़ाई में एक ही धारा में बहती है। सर औरेल स्टीन का विचार है कि यही वह स्थान था जहाँ सिकन्दर ने अपना पड़ाव डाला था और पुनः सुझाव देते हैं कि वह 17.5 मील धारा के प्रतिकूल दिशा में चलकर जलालपुर पहुँचा। इस स्थान पर नदी थोड़ी मुड़ गयी है। तथा यहीं पर पूर्व उल्लिखित अन्तरीप भी है। जलालपुर से ठीक पूर्व मं कन्दारकस नाला है जिसे स्टीन ने कर्टिअस द्वारा उल्लिखित गहरी खाई के रूप में स्वीकार किया है।

झेलम नदी पर्वतों से निकलकर जिस स्थान को स्पर्श करती है उसे सम्भवतः अन्तरीप के रूप में वर्णित किया जा सकता है। झेलम नदी की उत्तरी शाखा जहाँ कन्दारकस नाला हलकीवानी नाले में मिलता है, उसे अप्रैल से अगस्त तक पार नहीं किया जा सकता है। यही पर झेलम नदी के प्रवाह मार्ग में स्थित अन्य द्वीपों में सबसे बड़ा अंडमाना द्वीप विशेष रूप से ध्यान देने योग्य है। 1932 में यह द्वीप 6 मील लम्बा और 1.5 मील चौड़ा तथा वृक्षों से युक्त था।

इस प्रकार स्टीन की परिकल्पनाओं में स्ट्रैबो, प्लिनी, कर्टिअस और एरियन द्वारा वर्णित सभी तथ्य समाहित हो जाते हैं, सिवाय इस तथ्य के कि "इस स्थान पर नदी एकदम मुड़ गयी थी।" यह सम्भव है कि टालम नदी के थोड़े घुमाव को भूल से अन्तरीप के रूप में उच्चरित कर दिया हो क्योंकि निकट से निरीक्षण करने के लिए वह कभी भी नदी के किनारे नहीं गया था। अतः स्टीन की परिकल्पना के आधार पर जलालपुर को निकन्दर द्वारा नदी पार करने के सम्भावित स्थान के रूप में स्वीकार किया जा सकता है।

चौथी परिकल्पना प्रो. बी. ब्रिल्योर ने 1933 में प्रस्तुत की जिसके अनुसार, सिकन्दर ने ग्राण्ड ट्रंक रोड के रास्ते झेलम पहुँचकर पड़ाव डाल दिया और मंगला के किले से ढाई मील नीचे एक स्थान पर नदी पार की और झेलम नदी के बाएँ ओर तट से 15 मील नीचे उतर कर पोरस से युद्ध किया। स्टीन ने अपने पुरातत्व अभिलेख में इस परिकल्पना का भी खण्डन किया है।

यह कल्पना की जाती है कि सिकन्दर ने हरनपुर में अपना शिविर लगाया, जिसके ठीक सामने झेलम नदी के पूर्वी किनारे पर पोरस का शिविर था, जिसे बड़ी संख्या में अपने हाथियों के साथ देखा जा सकता था। यूनानी इतिहासकारों में पोरस की सेना की संख्या पर मतैक्य नहीं है, उनके द्वारा दी गयी संख्या का विवरण अधोलिखित है-एरियन के अनुसार, पोरस की सेना में 4000 घुड़सवार, 30,000 पैदल, 300 रथ और 200 हाथी थे। डियोडोरस के अनुसार 3000 घुड़सवार, 50,000 पैदल, 1000 रथ और 130 हाथी थे। कर्टिअस घुड़सवारों की संख्या का कोई उल्लेख न करते हुए लिखता है कि पोरस की सेना में 30,000 पैदल और 300 रथ और 85 हाथी थे।

झेलम नदी पार करने की संक्रिया

सभी घाट पिकेट्स और हाथियों द्वारा सुरक्षित होने के कारण सिकन्दर ने महसूस किया कि उसके घोड़े न तो तैर कर और न ही बेड़ों द्वारा नदी पार जा सकते थे, क्योंकि जब वे पानी में होते थे या अपने बेड़ों पर हाथियों के चिंघाड़ने का सामना नहीं कर सकते थे और उत्तेजित हो जाते थे।

छोटी टुकिड़याँ नदी पार करने योग्य सभी स्थानों की टोह लगाने के लिए भेजी गई, सिकन्दर ने अपनी सेना को विभिन्न दलों में विभाजित किया और नदी के बहाव के साथ नीचे एवं नदी के बहाव के विपरीत ऊपर की ओर प्रयाण किया और नदी पार करने का स्थान ढूँढ़ निकाला। इसके बाद कर्क संक्रान्ति से थोड़े पहले वर्षा प्रारम्भ हुई और नदी में पानी बढ़ गया। उसने पड़ाव में सभी दिशाओं से खाद्य सामग्री एकत्रित करने का आदेश दिया, ताकि पोरस को यह विश्वास दिलाया जा सके कि वह सूखे मौसम तक वहीं रुके रहना चाहता है। ठीक इसी बीच उसने नीचे और ऊपर नाव की सहायता से नदी की टोह ली और चमड़े के तम्बुओं में घास-फूस भर कर बेड़ों में बदलने का आदेश दिया। जैसा कि एरियन ने लिखा है कि पोरस सदैव इस ताक में लगा रहता था कि कहीं सिकन्दर तीव्र गति से ऐसे किसी मार्ग से नदी को पार न कर ले, जो उसके निरीक्षण में न हो।

सिकन्दर अपनी सेना को नदी के साथ बहाव की विपरीत दिशा में प्रातः ले जाता था और सायं काल वापस ले आता था। उसकी इस कार्रवाई के कारण नदी के दूसरे किनारे पर पोरस के हाथी भी दौड़ते थे। कुछ दिनों के बाद पोरस को विश्वास हो गया कि सिकन्दर का नदी पार करने का अभी कोई इरादा नहीं है और उसने अपने हाथी वापस बुला लिए और नदी के पूर्वी किनारे पर स्काउटों को तैनात

कर दिया। सिकन्दर ने इस कार्यवाही के साथ अपनी नावों को तथा चमड़े की मश्कों को नदी पार करने के लिए निर्धारित स्थान तक पहुँचा दिया जिसकी सूचना पोरस को नहीं मिल सकी।

जब सिकन्दर पोरस को यह विश्वास दिलाने में सफल हो गया कि सिकन्दर द्वारा रात में नदी पार करने के प्रयास से भयभीत होने की आवश्यकता नहीं है, जब उसने छल युक्ति का अनुसरण किया। उसने झेलम नदी के किनारे पर सैन्य टुकड़ियों की पूरी एक शृंखला निर्मित कर दी, जो एक दूसरे को देख और सुन सकते थे और उन्हें आदेश दिया कि वे अपनी मशालें प्रज्ज्वलित दशा में रखें, जबकि नदी पार करने की वास्तविक तैयारी को पड़ाव पर अन्तिम स्वरूप प्रदान किया जा रहा था।

सिकन्दर की योजना को स्पष्ट करने से पूर्व उसकी सेना के प्रमुख जनरलों के नामों को सूचीबद्ध करना आवश्यक जान पड़ता है, क्योंकि सिकन्दर ने अरबेला के संग्राम के उपरान्त अपने सैन्य नेतृत्व एवं संगठन में अनेक परिवर्तन किए गए थे। सहायक अश्वारोही सेना को श्रेणियों के आधार पर पाँच भागों में संगठित किया गया, जिसका नेतृत्व क्रमशः हिफेस्टन, परडिकास, क्रेटरस, कोयनस, और डिमेट्रिअस के अधीन था। फैलेन्क्स बटालियनों की संख्या छः से बढ़ाकर सात कर दी गई, जिनका नेतृत्व क्रमशः एन्टीजीनस, मेलेगर, पोलीपरचोम, अलसितास, अट्टालस, गार्गिआस, और क्लीट्स के अधीन था।

पोरस द्वारा पूरी शक्ति से रक्षित झेलम नदी को पार करने की सिकन्दर की योजना बहुत ही रोचक एवं युक्तियुक्त है। Turning Force की गतिविधियों से पोरस को अनभिज्ञ रखकर आश्चर्यचकित करने के उद्देश्य से सिकन्दर ने Turning Force को छोटी-छोटी टुकड़ियों में विभक्त होकर रात के समय नदी पार करने का आदेश दिया। इन प्रतीयमान परस्पर विरोधी आवश्यकताओं की पूर्ति के लिए सिकन्दर ने पोरस की तुलना में पर्याप्त सैन्य शक्ति के साथ क्रेटरस को हरनपुर में ही छोड़ने का निश्चय किया और Turning Force को दो टुकड़ियों में गठित किया। प्रथम अग्रगामी टुकड़ी का नेतृत्व सिकन्दर स्वयं कर रहा था जिसे जलालपुर के पास से नदी को पार करना था और पार्श्वदल को जलालपुर व हरनपुर के बीच पूर्व निश्चित घाट पर स्थान ग्रहण करना था। इसके उपरान्त जब वह अग्रिम दल के साथ नदी पार करके धारा की दिशा में आगे बढ़ कर विभिन्न घाटों की रक्षा में संलग्न भारतीय सेना को वहाँ से हटने के लिए बाध्य कर देगा, तब पार्श्व दल नदी पार करके उसके साथ मिल जायेगा। उपर्युक्त व्याख्या एरियन के विवरण के

आधार पर टार्न महोदय ने प्रस्तुत की है। सिकन्दर ने झेलम नदी के पश्चिम किनारे पर स्थित मुख्य पड़ाव पर क्रेटरस के नेतृत्व में लगभग 3000 घुड़सवार और 8000 पैदल सैनिकों के दल को रुकने का आदेश दिया, जिसमें तक्षशिला के 5000 भारतीय सैनिक भी थे। इस दल को नदी पार करने के लिए उत्तर की ओर बढ़े या भागने का आदेश दिया।

परन्तु सिकन्दर ने कहा कि यदि पोरस अपनी सेना के एक भाग के साथ मेरा सामना करने के लिए आगे बढ़े और एक भाग को पड़ाव पर ही छोड़ दे और उसके साथ एक भी हाथी हो, तब तुम अपने स्थान पर रुके रहोगे, फिर भी यदि पोरस अपने सभी हाथियों के साथ मेरे विरुद्ध बढ़े तब तुम पूरी सेना सहित नदी पार करना। क्योंकि वे केवल हाथी ही हैं जो घोड़ों को नदी पार कराने की दृष्टि से खतरनाक हैं, शेष सेना के लिए हाथी कोई कठिनाई नहीं उत्पन्न कर सकते थे।

Turning Force के अग्रिम दल में अधोलिखित टुकड़ियाँ शामिल थीं–

1 रायल स्कवाड्रन में 300 आदमी,
2 हिफेस्टन, परडिकास, कोयनस और डिमेट्रिअस के नेतृत्व में 4000 सैनिकों की सहायक घुड़सवार सेना की श्रेणियाँ,
3 धनुर्धर अश्वारोही 1000,
4 हिपास्पिस्ट के रूप में 3000 पैदल,
5 क्लीट्स एन्टीजीनस की बटालियन के 3000,
6 एग्रीएनियन 1000, धनुर्धर, 2000 और भालों से लैस 1000 सैनिक शामिल थे।

इस सेना के अतिरिक्त एरियन ने लिखा है कि इसमें बैक्ट्रिआ, सिन्ध और सीथियन घुड़सवार भी थे। इस अग्रिम दल में कुल लगभग 5000 घुड़सवार और 10,000 पैदल सैनिक थे।

सिकन्दर की सेना Truning Force के पार्श्वदल में मेलेगर, अट्टालस, गार्गीआस के अश्वारोही और पैदल सैनिक थे। इस टुकड़ी ने हरनपुर और जलालपुर के बीच कहाँ स्थान ग्रहण किया और उनकी संख्या कितनी थी? इस सम्बन्ध में कोई भी निश्चित जानकारी नहीं है परन्तु सम्भवतः इसमें 500 घुड़सवार और 5000 पैदल सैनिक थे।

पड़ाव एवं नदी पार करने के स्थान पर सभी तैयारियाँ पूर्ण हो जाने के उपरान्त एवं पोरस को अपनी सुरक्षा व्यवस्था की अभेद्यता का विश्वास दिलाने के बाद, सिकन्दर ने गोपनीय तरीके से नदी के पश्चिमी किनारे से कुछ हट कर प्रयाण

किया। एरियन लिखता है कि सिकन्दर ने नदी पार करने में प्रयुक्त सभी उपकरणों को विशेषकर चप्पू वाले पोतों, नावों तथा बेड़ों को कन्दारकस नाले में छिपा दिया था।

एक रात सेना ने पोतारोहण प्रारम्भ किया। उसी समय तूफानी वर्षा और बादलों की गरज ने Turning Force की गतिविधियों से उत्पन्न आवाज को ढँक लिया और घुड़सवार सेना बेड़ों पर और पैदल सेना अपनी नावों और पोतों में सवार होकर झेलम नदी के मध्य स्थित द्वीप पर पहुँच गई, परन्तु जैसे ही अग्रिम दल नदी के पूर्वीभाग में स्थित नाले को पार करने के लिए आगे बढ़ा पोरस के स्काउटों ने देख लिया और वे इस समाचार के साथ सरपट पोरस की ओर भागे। दूसरी ओर सिकन्दर को जब यह पता चला कि नदी के पूर्वी तट पर आसानी से नहीं पहुँचा जा सकता है, क्योंकि द्वीप के पूर्वी भाग में स्थित पतली सी नदी पर्वतों से आए हुए वर्षा के जल के कारण एक उफनती हुई प्रचंड धारा बन कर पूर्वी किनारे से टकरा रही थी, जिससे नदी के पूर्वी किनारे का निचला सिरा डूब गया था और ऊँचे किनारे की काफी जमीन कट कर बहने लगी थी।

सिकन्दर का धैर्य किसी भी विपदा से नहीं टूटा। उसने अग्रिम दल का नेतृत्व करते हुए अपनी नाव को सबसे पहले आगे बढ़ाया और उसके पीछे उसकी सम्पूर्ण सेना ने नावों, पोतों और बेड़ों पर सवार होकर नदी के पूर्वी भाग को पार किया। यूनानी इतिहासकारों ने लिखा है कि यदि रात को वर्षा नहीं हुई होती तो नदी के पूर्वी भाग को पार करना सरल था, परन्तु अब जलमग्न तट पर छाती भर पानी में तैर कर पहुँचे और घोड़ों के सिर्फ सिर दिखाई दे रहे थे। इस संक्रिया के क्रियान्वयन में केवल एक नाव चट्टान से टकरा कर डूब गई, परन्तु शेष नदी पार करने में सफल रही। इस समय सूर्य निकल आया था। वर्षा थम गई थी और रात का संकट समाप्त हो चुका था। सिकन्दर को दृढ़ संकल्प और परिश्रम का यह प्रतीकात्मक पुरस्कार प्राप्त हुआ।

नदी पार करने की इस असाधारण संक्रिया के कुछ बिन्दुओं पर विचार किया जाना प्रासंगिक जान पड़ता है।

सर्वप्रथम आधारभूत तथ्य यह है कि लगभग 5,000 घुड़सवार और 10,000 पैदल सेना ने झेलम के संग्राम के दिन के कुछ समय पहले ही कैसे नावों, पोतों और बेड़ों पर चढ़ाया गया? ऐसा अनुमान लगाया जाता है कि सेना का आरोहण प्रातः तीन बजे पूरा हो गया और युद्ध शाम के छः बजे समाप्त हुआ। इस सम्पूर्ण संक्रिया में कुल 15 घण्टे का समय लगा।

कई मीलों की मार्च के बाद "हलकीवानी" जलान्तराल तक पहुँचना, नदी के बीच स्थित टापू पर अवरोहण, नदी के छिछले भाग की खोज, जिसे पैदल पार किया जा सके, नदी के पूर्वी भाग को पार करना और वहाँ पर सेना को क्रमबद्ध करना और अन्ततोगत्वा एक छोटी सी झड़प और वहाँ से सम्भवतः पाँच छः मील यात्रा के बाद युद्ध शुरू हुआ। इन सम्पूर्ण संक्रियाओं संचालन अनुमानित 15 घण्टों में कैसे सम्भव हुआ?

इसके साथ ही एक अन्य प्रश्न जिसका कोई उत्तर नहीं है कि झेलम नदी के तट पर पहुँचने के कुछ सप्ताहों भीतर ही सिकन्दर के 15,000 पैदल और 5000 अश्वारोही सेना को नदी पार उतरने के लिए पर्याप्त संख्या में नावों, पोतों और बेड़ों को किस प्रकार एकत्रित एवं निर्मित कराना सम्भव हुआ? इन प्रश्नों के उत्तर में हम सभी कह सकते हैं कि यूनानी सेना का सम्मिलित प्रयास अद्वितीय था। यद्यपि पोतों की संख्या अज्ञात है फिर भी वे बड़ी संख्या में थी। विश्व सैन्य इतिहास में नदी या जल को पार करने की कुछ संक्रियाओं में से एक 1066 ई. के विजेता विलियम की इंग्लिश चैनेल पार करने की संक्रिया की समानता सिकन्दर द्वारा झेलम नदी पार करने की संक्रिया से की जा सकती है, जिसमें यह निश्चित रूप से ज्ञात है कि विलियम ने अपने 2000 नाइटों, उनके घोड़ों और अपने 3000 पैदल सैनिकों को इंग्लिश चैनेल पार कराने के लिए 350 खुली नावों का निर्माण करवाया या प्राप्त किया था।

जब सिकन्दर की अश्वारोही सेना से झेलम नदी के पूर्वी तट पर अवरोहण किया, तब उसने धनुर्धर अश्वारोही सेना को अग्रिम रक्षक दल के रूप में रखा और उनके नेतृत्व में अपना युद्ध विन्यास किया। दाहिने भाग की ओर हिफेस्टन, परडिकास, कोयनस एवं डिमेट्रिअस को और सेल्यूकस के नेतृत्व में फैलेन्क्स की दो बटालियनें, जिनमें एग्रीएनियन एवं भालों से लैस सैनिक थे, को बाईं ओर तैनात कर युद्ध विन्यास किया।

चूँकि सिकन्दर का स्वयं ऐसा विश्वास था कि वह अश्वारोही सेना की दृष्टि से शत्रु की तुलना में श्रेष्ठ है। अतः उसने सहायक घुड़सवार सेना को अग्रिम पंक्ति में नियुक्त करने का निश्चय किया, जिसका पृष्ठ भाग तुर्रानी धनुर्धरों से रक्षित था। तब तक पैदल सेना से नदी को पार कर लिया और उसने धीमी गति से अश्वारोही सेना का अनुसरण किया।

पोरस की द्विविधा

सिकन्दर की सेना के अवरोहण और युद्ध विन्यास में निश्चय ही कई घण्टे लगे होंगे। अतः पोरस के पास इस संकट का सामना करने की योजना बनाने का पर्याप्त समय था। उसने सोचा यदि वह Turning Force का सामना करने के लिए आगे बढ़ता है तो वह हरनपुर घाट पर अपना नियन्त्रण खो देगा। ऐसी स्थिति में पोरस की दुविधा को फुलर महोदय ने बड़े ही तर्कसंगत तरीके से स्पष्ट किया है।

1. यदि पोरस क्रेटरस के विरुद्ध बना रहता है या उस पर आक्रमण करता है तो सिकन्दर उसके पृष्ठ भाग पर आक्रमण करेगा।

2. यदि पोरस सिकन्दर के विरुद्ध बढ़ता है तो क्रेटरस उसके पृष्ठ भाग पर आक्रमण करेगा।

3. यदि पोरस क्रेटरस के विरुद्ध बना रहता है परन्तु अपने दाएँ पार्श्व को पीछे की ओर घुमाता है तो सिकन्दर पृष्ठ भाग पर आक्रमण करेगा।

4. यदि पोरस सेना की एक टुकड़ी क्रेटरस के विरुद्ध छेड़ देता है और सिकन्दर के विरुद्ध बढ़ता है तब सिकन्दर या तो उसके दाहिनी ओर से घूम कर पृष्ठ भाग पर आक्रमण कर सकता है या तो उसके बाएँ भाग पर आक्रमण कर सकता है और क्रेटरस के लिए उसके पृष्ठ भाग पर आक्रमण हेतु मार्ग प्रशस्त कर सकता है।

5. यदि पोरस दक्षिण दिशा की ओर पीछे हटता है तो सिकन्दर अपनी अश्वारोही सेना के साथ रोकेगा और क्रेटरस उसके पृष्ठ भाग पर आक्रमण करेगा।

6. यदि पोरस पूरब दिशा की ओर हटता है तो सिकन्दर अपनी अश्वारोही सेना के साथ रोकेगा और क्रेटरस पीछे से आक्रमण करेगा।

युद्ध की संक्रिया

पोरस ने युक्तियुक्त कार्य किया परन्तु बहुत देर से किया। टालमी के अनुसार उसने अपने एक पुत्र को 2000 अश्वारोही और 120 रथों के साथ भेजा। यद्यपि यह ज्ञात नहीं है कि उसने उसे क्या आदेश दिया? क्योंकि उसे जो सेना प्रदान की गई वह टोही दल की अपेक्षा अधिक शक्तिशाली थी। फिर भी यह कल्पना की जा सकती है कि उसका लक्ष्य आक्रमणकारी को नदी के पानी में धकेल देना था।

जब पोरस का बड़ा पुत्र दिखाई दिया जो सिकन्दर को पहले लगा कि उसकी सेनाएँ भारतीय सेना की अग्रिम दल है और इसे अपनी धनुर्धर अश्वारोही सेना द्वारा रोक सकता है। सिकन्दर ने सैन्य विरचना से पूर्व अपनी अश्वारोही सेना का नेतृत्व करते हुए उसे मुख्य सेना के साथ जोड़ दिया। परन्तु जैसे ही उसे अपने

स्काउट से इस सेना की शक्ति के बारे में सूचना मिली, उसने उसे नष्ट कर देने का निश्चय किया। सिकन्दर की अश्वारोही सेना द्वारा की गई कार्यवाही में पोरस का पुत्र अपने 400 अश्वारोही सैनिकों सहित मारा गया और उसके सभी रथ झेलम नदी के किनारे की गीली मिट्टी में धंस गए और उन पर अधिकार कर लिया गया। यद्यपि यह अभिलिखित नहीं है, फिर भी सम्भवतः मेलेगर, अट्टालस और गार्गीआस ने इसके बाद नदी पार की और एण्टीजीनस एवं क्लीट्स के साथ मिल गए।

यद्यपि युद्ध किस स्थल पर हुआ यह निर्धारित नहीं किया जा सकता है। फिर भी स्टीन की धारणा ठीक हो सकती है कि सिकन्दर ने जलालपुर के निकट नदी पार का यह स्थान नूरपुर गाँव से पाँच या छः मील दक्षिण पश्चिम में था, जो कि झेलम नदी के बाएँ किनारे दक्षिण-पश्चिम की ओर मलकवाल और मिआनी गाँव के बीच एक खुले स्थान में स्थित था। नूरपुर के निकट ही स्थित है, सिकन्दरपुर, परन्तु स्टीन ने उस स्थान नाम का पंजाब में बहुत प्रचलित होने कारण उसे कोई महत्व नहीं दिया है।

जब भगोड़े सैनिकों ने सिकन्दर द्वारा एक शक्तिशाली सेना के साथ नदी पार करने और उसके पुत्र के मारे जाने की सूचना पोरस को दी तो पोरस किंकर्तव्यविमूढ़ हो गया कि क्या करे? क्योंकि इस समय क्रेटरस हरनपुर के निकट से झेलम नदी पार करने का प्रयास कर रहा था। अन्त में उसने कुछ हाथियों के साथ एक सेना को क्रेटरस का सामना करने के लिए छोड़कर शेष सेना के साथ सिकन्दर का सामना करने के लिए आगे बढ़ा और एक ऐसा स्थान प्राप्त किया जो दलदल रहित और समतल था। इसी स्थान पर उसने अपनी सेना का युद्ध विन्यास किया। यदि उसके पुत्र के साथ नष्ट सेना को कम कर दिया जाय तो उसके साथ 3600 घुड़सवार 30,000 पैदल 180 रथ और 200 हाथी थे जिनको उसने निम्न प्रकार से तैनात किया।

पोरस की सेना की प्रथम पंक्ति में 100-100 फुट की दूरी पर हाथी तैनात थे ताकि वे सम्पूर्ण पैदल सेना के सम्मुख एक पंक्ति बनायेंगी और सभी बिन्दुओं से सिकन्दर की अश्वारोही सेना को भयभीत करेंगे। किसी भी दशा में उसने यह कल्पना नहीं कि कोई भी शत्रु हाथियों द्वारा रिक्त स्थान से आक्रमण करने का साहस करेगा। अश्वारोही सेना द्वारा आक्रमण तो निश्चित रूप से नहीं होगा। इस अग्रिम पंक्ति के पीछे पैदल सैनिक तैनात थे चूँकि पैदल सैनिक हाथियों के पीछे रिक्त स्थानों भरते हुए दूसरी पंक्ति का निर्माण कर रहे थे। अधिक संख्या के कारण वे हाथियों

की पंक्ति के अलावा दाएँ एवं बाएँ पार्श्व की ओर निकले हुए थे, जिनका सम्मुख भाग हाथियों द्वारा रक्षित नहीं था। पैदल सेना के दोनों पार्श्वों पर अश्वारोही सैनिक तैनात थे और अश्वारोही सेना के सम्मुख दोनों पार्श्वों पर रथ तैनात थे।

प्लूटार्क के अनुसार जब सिकन्दर पोरस के पुत्र के साथ युद्धरत था तब वह अपनी पैदल सेना से मात्र बीस फर्लांग आगे था। एरियन के अनुसार इस मुठभेड़ के कुछ ही बाद उसने पोरस को अपनी सेना का युद्ध विन्यास करते हुए देखा। सिकन्दर ने अश्वारोही सेना को रुकने का आदेश दिया ताकि पैदल सेना भी उसके पास पहुँच सके। वास्तव में पोरस को पुत्र की पराजय और मृत्यु का समाचार मिलने, प्रारम्भिक पराजय से उबरने और अपना मोर्चा परिवर्तित करने के लिए दो-तीन घण्टे का समय मिल गया होगा। जब पैदल सैनिक सिकन्दर के पास पहुँचे तब उसने उन्हें रुकने का आदेश दिया और जब वे विश्राम कर रहे थे तब तक उसने अपनी कार्य योजना निश्चित कर ली।

एरियन लिखता है कि सिकन्दर जब अपने शत्रु की सेना की व्यूह रचना का परीक्षण कर रहा था तो उसने देखा कि शत्रु का अग्रभाग हाथियों द्वारा ढँका हुआ था। अतः उसने शत्रु पर सामने से आक्रमण करने के सभी विचारों को त्याग दिया और संख्या की दृष्टि से श्रेष्ठ अश्वारोही सेना के साथ पोरस के बाएँ भाग पर तिरछे आक्रमण करने का निश्चय किया। सिकन्दर ने शीघ्रता के साथ अपनी सेना का विन्यास किया। उसने अपनी सम्पूर्ण अश्वारोही सेना को दाहिने भाग की ओर एकत्रित किया। उसकी सेना के मध्य भाग में पैदल सैनिक थे। सबसे पहले हल्के शस्त्रों से लैस पैदल सैनिक (एग्रीएनियन) फिर सेल्यूकस के अधीन (हाईस्पिट्स) फिर एंटीजिनीज, क्लेइट्स मेलेइगर, अट्टालस, और गार्गिआस के अधीन फ्लेंक्स की पाँच बटालियनें थीं और अन्त में हल्के शस्त्रों से लैस पैदल सैनिकों का एक दल सेना का बायाँ पार्श्व निर्मित कर रहा था।

भारतीय सेना सुरक्षात्मक दृष्टिकोण से निष्क्रिय समूह के रूप में शत्रु की गतिविधियों का अवलोकन करती रही। दूसरी ओर सिकन्दर ने आक्रमण कर पहल कर दी और इस प्रकार आक्रमण करने तथा समय पड़ने पर आगे पीछे हटने और युद्ध की अनिश्चित परस्थितियों के अनुरूप अपनी सामरिकी में परिवर्तन करने का लाभ उसे मिला। सिकन्दर की योजना पोरस के मध्य भाग जो कि हाथियों द्वारा रक्षित तथा पदाति सैनिकों द्वारा समर्थित है, पर आक्रमण न किया जाय। इसलिए उसने भारतीय मध्य भाग के विरुद्ध अपने फैलेन्क्स को निश्चल खड़ा रखा जिससे कि वे किसी अन्य पक्ष की सहायता के लिए न जा सके।

सिकन्दर ने अपनी तीरन्दाज अश्वारोही टुकड़ी को आदेश दिया कि वह आगे बढ़ कर परोस के बाएँ पार्श्व पर स्थित घुड़सवार टुकड़ी पर तीरों से आक्रमण करे, जिससे वे अपनी स्थिति से बाहर निकल सके। फिर सिकन्दर ने कोयनस को आदेश दिया कि वह अपनी अश्वारोही टुकड़ी के साथ पोरस के दाहिनी ओर बढ़े और जब वह देखे कि पोरस की बाएँ भाग की अश्वारोही सेना अपनी स्थिति के बाहर निकल चुकी है और दाहिने भाग की अश्वारोही सेना भागकर बाएँ भाग की अश्वारोही सेना की सहायता के लिए आ गई और सिकन्दर पोरस की अश्वारोही टुकड़ी पर सामने से आक्रमण कर रहा हो तो वह तुरन्त तेजी से भाग कर पोरस की अश्वारोही सेना पर बाजू से आक्रमण करे।

इसी बीच भारतीय रथ सेना अपने साथियों की सहायता के लिए बड़ी तेजी से आगे बढ़ी। कर्टिअस लिखता है कि पहले तो कुछ यूनानी पैदल सैनिक इस धावे से कुचल गए, परन्तु उबड़-खाबड़ मैदान, फिसलन, दलदल के कारण लगने वाले झटकों के कारण रथारोही सैनिक गिर पड़े। कुछ घोड़े भी घबड़ा गए थे और उन्होंने रथ को न केवल पानी भरे गड्ढों वरन नदी में ले जाकर डुबो दिया। इस प्रकार भारतीय सेना का यह अंग अनुपयोगी सिद्ध हुआ और सेना के अंग के रूप में शीघ्र ही इनका अस्तित्व समाप्त हो गया।

सिकन्दर तथा कोयनस द्वारा जैसे ही भारतीय अश्वारोही सेना को खदेड़ा गया, वैसे ही फेलेन्क्स ने आगे बढ़कर भारतीय सेना के मध्य भाग को निर्मित कर रही हाथियों तथा पदाति सैनिकों पर आक्रमण कर दिया और तब युद्ध का सबसे हिंसक चरण शुरू हुआ। पोरस के हाथी आक्रमणकारी यूनानी पदाति सैनिकों के विरुद्ध आगे बढ़े और विशालकाय पशुओं द्वारा भीषण आक्रमण यूनानी सैनिकों के लिए एक बिल्कुल नया तथ्य था, जिनके विरुद्ध युद्ध का उन्हें कोई अनुभव नहीं था। एरियन लिखता है कि यद्यपि फैलेन्क्स की संरचना सघन थी, परन्तु फिर भी हाथी जिधर मुड़े भीतर की ओर सैनिकों को कुचलते हुए चले गए। कुछ यूनानी सैनिकों को इन हाथियों ने सूड से उठाकर जमीन पर पटक दिया या फिर पाँव के नीचे कुचल दिया। इस आक्रमण से यूनानी सेना की अग्रिम पंक्ति में भगदड़ उत्पन्न हो गई, परन्तु शीघ्र ही सिकन्दर लघुभार दल के प्रयोग के सामरिक परिवर्तन द्वारा स्थिति पर नियन्त्रण स्थापित करने में सफल हुआ।

कर्टिअस युद्ध के इस भाग का वर्णन करते हुए लिखता है कि इन पशुओं ने बहुत घबड़ाहट और भय पैदा कर दिया। इनकी अद्‌भुत चिंघाड़ से न केवल घोड़े, बल्कि आदमी भी घबड़ा गए और सैनिक पंक्ति में बिखराव उत्पन्न होने लगा।

इसी समय सिकन्दर ने हाथियों के विरुद्ध लघु शस्त्र भार वाले एग्रीएनियन एवं थ्रेसियन दल को आगे बढ़ाया। यह दल नजदीकी युद्ध कला में छोटे-छोटे दलों में विभक्त होकर युद्ध करने में बहुत कुशल था। इन दलों ने हाथियों तथा महावतों पर तीरों और बर्छी से बौछार कर दी, इस प्रकार फैलेन्वस को सम्भलने का अवसर मिला।

हाथियों के आक्रमण से यूनानी फैलेन्क्स में उत्पन्न अव्यवस्था को देखकर भारतीय अश्वारोही सेना जो अब तक हाथियों के पीछे थी, ने आगे बढ़कर सिकन्दर की अश्वारोही सेना के बाएँ भाग पर धावा बोला, किन्तु यूनानी सैनिकों ने जो कि शक्ति और सैन्य अनुशासन दोनों में ही श्रेष्ठ थे, भारतीय सेना पर दूसरी बार विजय प्राप्त की और उन्हें हाथियों के पीछे पुनः खदेड़ दिया। अब तक सिकन्दर की सारी घुड़सवार सेना एक कमान के अन्तर्गत एकत्रित हो गई। इस सेना ने भारतीय सेना की, जो अपने ही बीच में फँस गए थे, भारी तबाही मचा दी। सारे हाथी एक संकरी जगह में अव्यवस्थित रूप से एकत्रित हो गए थे। इन हाथियों ने घूम-घूम कर मित्र और शत्रु का समान रूप से संहार किया। कुछ हाथी घायल हो गए और वे इस तरह पागल हो गए थे कि जैसे हाथी बिना महावत के मैदान में इधर-उधर भटक रहे हों और उसके रास्ते में जो भी आता, उस पर हमला कर देते थे और अब उनके शिकार मुख्य रूप से भारतीय सैनिक ही थे। दूसरी ओर यूनानी सैनिक खुले मैदान में थे और वे समयानुसार आक्रमणात्मक कार्यवाही करते थे। जब हाथी सामने से धावा बोलता था तो यूनानी हट जाते थे और जब वह पीछे लौटता तब उस पर तीरों और भालों की वर्षा कर देते थे। भारतीय सेना इन पशुओं के बीच फँस गई थी इसलिए उनकी उन्मत्तता के कहीं अधिक शिकार हुए। अन्त में बुरी तरह थक कर ये हाथी चिंघाड़ते हुए पीछे लौटे, किन्तु उनका मुँह अभी भी शत्रु की ओर ही था। ऐसा प्रतीत होता था मानो कोई पानी का जहाज पीछे की ओर आ रहा हो।

अब तक भारतीय घुड़सवार सेना लगभग नष्ट हो चुकी थी, किन्तु सर्वाधिक क्षति भारतीय पैदल सेना की हुई। भारतीय पैदल सेना भारी हिंसा की शिकार हुई, क्योंकि भारतीय पैदल सेना के भारी भरकम धनुष का एक सिरा गीली होने के कारण जमीन पर टिका कर नहीं प्रयोग में लाये जा सके और दूसरी ओर यूनानी सैनिकों के भाले भारतीय सैनिकों की तलवारों की तुलना में कहीं अधिक लम्बे थे। युद्ध के अन्तिम चरण में संघर्ष को जारी रखने के उद्देश्य से पोरस अपनी शेष सेना को एकत्रित कर और आसपास की सेनाओं का समूह बनाकर कुछ हाथियों

को लेकर आगे बढ़ा, कुछ समय तक यह लड़ाई चलती रही। यूनानी सैनिक कभी आगे बढ़ते और हाथियों से घबड़ा कर दूर भागते और जब भारतीय सैनिक बुरी तरह घायल हो चुके थे या थक चुके थे, तब सिकन्दर ने उचित समय पर भारतीय सेना को अपने घुड़सवारों के साथ घेर लिया। उसने अपने सैन्य दलों के मध्य परस्पर सहयोग एवं संगठन की दृष्टि से यह आदेश दिया कि पैदल सैनिक अपनी ढालों के साथ सुसंगठित सैन्य दल के रूप में आगे बढ़ें और अब यूनानी सैनिक पोरस की शेष बची सेना पर प्रत्येक दिशा से आक्रमण कर रहे थे। यूनानी घुड़सवार सेना की घेरेबन्दी में जहाँ कहीं जगह दिखाई दी वहीं से भारतीय सैनिक निकल भागने की कोशिश करने लगे। यह लड़ाई का आठवाँ घण्टा था। पोरस तब तक लड़ता रहा जब तक उसका एक भी सहयोगी बचा था। अब तक उसके दो लड़के और अधिकांश बहादुर मित्र मारे जा चुके थे। जैसे ही यूनानी सैनिक उसकी ओर बढ़े उसने हाथी के ऊपर रखे भालों के संग्रह से भाले फेंकना शुरू कर दिया, परन्तु अब वह शत्रु सैनिकों का एकमात्र लक्ष्य था। अतः उसे आगे पीछे कुल नौ घाव लगे थे, जिनमें दाहिनी भुजा पर लगा घाव काफी घातक था। बहुत अधिक खून बह जाने के कारण वह शिथिल हो गया था। उसके हाथ से भाले फिंकने क बजाय, गिर पड़ते थे। अन्त में उसने हाथी का मुँह मोड़ा और लौटने लगा, इसके बाद वह मूर्च्छित होकर हौदे पर गिर पड़ा। एक अन्य विवरण के अनुसार जब पोरस गिर पड़ा तब उसका चतुर हाथी स्वतः लौट पड़ा।

इस समय तक क्रेटरस नदी पार कर 3000 सैनिकों की फैलेन्क्स बटालियन लेकर आ चुका था। उसके ताजे सैनिकों के दलों ने भागती हुई भारतीय सेना का पीछा किया। सिकन्दर ने आदेश दिया कि शत्रु को थोड़ी भी छूट न दी जाय। सभी लोगों को मार दिया जाय चाहे वे लड़ रहे हों या नहीं, चाहे निःशस्त्र हो या युद्ध बन्दी के रूप में आत्मसमर्पण कर रहे हों।

पोरस बन्दी बना लिया गया, परन्तु सिकन्दर ने उदार नीति के तहत उसे मित्र बना लिया। ग्रीको रोमन लेखक बताते हैं कि जिस साहस और विश्वास के साथ पोरस उपस्थित हुआ, उससे सिकन्दर आश्चर्यचकित हुआ, उसने पोरस से पूछा कि वह किस प्रकार के व्यवहार की आशा करता था? अदम्य साहस और निःसंकोच के साथ पोरस ने उत्तर दिया ''नृपोचित व्यवहार की''। और दूसरी बार पूछे जाने पर पोरस ने निःसंकोच कहा कि उसे जो कहना था, उसने सब कुछ उसी एक वाक्य में कह दिया। इस निर्भीकता पूर्ण उत्तर से सन्तुष्ट होकर सिकन्दर ने न केवल उसको उसका राज्य लौटा दिया, वरन् उसे आस पास के राज्यों का स्वामी

बना दिया। ऐसा प्रतीत होता है कि सिकन्दर ने इस महत्त्वपूर्ण संग्राम की स्मृति में एक मुद्रा का प्रचलन किया, जिस पर पोरस के हाथी का पीछा करते हुए, उसको उछलते हुए अश्व पर प्रदर्शित किया गया है।

परिणाम

दोनों पक्षों के हताहतों की संख्या का उल्लेख करते हुए एरियन लिखता है कि भारतीय सेना के 20,000 पैदल और 3,000 घुड़सवार मारे गए और उनके सभी रथ नष्ट हो गए और जीवित हाथी पकड़ लिए गए, दूसरी ओर यूनानी सेना के 80 पैदल, 10 धनुर्धर अश्वारोही और 220 अश्वारोही मारे गए, जिसमें 20 सहायक अश्वारोही सेना के सैनिक भी थे। भारतीय पक्ष के मारे गए लोगों में पोरस के दो पुत्र, उसका नाती स्पटिक, उस क्षेत्र का गर्वनर जहाँ युद्ध लड़ा गया, हाथियों के सेनापति और रथों के सैनिक अधिकारी सम्मिलित थे। परन्तु दूसरी ओर डियोडोरस द्वारा दी गई संख्या अधिक वास्तविक प्रतीत होती है। उसके अनुसार भारतीय सेना के 12,000 से अधिक व्यक्ति मारे गए और 1,000 व्यक्ति बन्दी बना लिए गए जिसमें 85 हाथी भी थे। दूसरी ओर यूनानी सेना के 280 अश्वारोही सैनिक तथा 700 पैदल सैनिक इस युद्ध में मारे गए।

पोरस की पराजय के कारण

उत्तरी पश्चिमी सीमा पार कर भारत में प्रवेश करने वाले विदेशी आक्रमणकारियों के विरुद्ध लड़ा गया झेलम का संग्राम भारतीय इतिहास का प्रथम संग्राम था, जिसका लिखित विवरण ग्रीक लेखकों ने दिया है। इस ऐतिहासिक युद्ध में सिकन्दर की विजय हुई। डियोडोरस के अनुसार लगभग 12,000 भारतीय जिसमें पोरस के दो पुत्र भी थे, इस युद्ध में मारे गए तथा पोरस स्वयं 9,000 सहयोगियों के साथ बन्दी बना लिया गया। भारतीय वीरता में कम नहीं थे जैसा कि यूनानी लेखकों ने भी स्वीकार किया गया। पोरस की पराजय किसी साहस की कमी के कारण नहीं हुई। प्लूटार्क ने लिखा है कि जिस साहस और निपुणता के साथ पोरस शक्तिशाली यूनानी सैनिकों के विरुद्ध लड़ा वह प्रशंसा का पात्र है।

सिकन्दर और पोरस की पहली भेंट जब कारी के मैदान में हुई तो पोरस की व्यूह रचना और हाथियों को देखकर सिकन्दर ने विस्मित होकर कहा कि मैं अपने साहस के समक्ष एक खतरा देखता हूँ। मेरा संघर्ष जंगली जानवरों और असाधारण जीवट के व्यक्तियों से पड़ा है। प्लूटार्क ने भारतीयों की वीरता का उल्लेख करते

हुए लिखा है कि अद्भुत शौर्य से लड़ते हुए भारतीयों ने दिन की आठवीं घड़ी तक सिकन्दर की सेना को आगे नहीं बढ़ने दिया, परन्तु युद्ध के दिन के पूर्व हुई वर्षा ने पोरस के भाग्य का फैसला कर दिया। यूनानी इतिहासकारों ने स्वीकार किया है कि यूनानी सैनिकों ने आठ वर्षों के निरन्तर युद्धों में कभी इतने वीर कुशल सैनिकों का सामना नहीं किया था, जो लड़ने की दृष्टि से एशिया की अन्य जातियों से बढ़कर थे। परन्तु फिर भी जहाँ तक पोरस की पराजय के कारणों का प्रश्न है इस सन्दर्भ में निम्न बातें कही जा सकती हैं।

1. यूनानी मध्य एशिया से आए थे और झेलम के युद्ध से पहले वे कई युद्ध जीत चुके थे। उनके साथ यह विचार जुड़ चुका था कि उनका उद्देश्य पूरे विश्व की विजय करना है। इस पृष्ठभूमि में उनका मनोबल बहुत ऊँचा था जो कि पोरस के विरुद्ध युद्ध करते समय उनको दृढ़ इच्छा शक्ति प्रदान करता था।

2. सिकन्दर ने तक्षशिला से झेलम की ओर प्रयाण करने से पूर्व ही पोरस की सेना की संख्या, हथियार, प्रशिक्षण के बारे में समस्त जानकारी प्राप्त की। दूसरी ओर पोरस की गुप्तचर व्यवस्था इतनी कुशल नहीं थी। पोरस के गुप्तचर दस्ते सिकन्दर द्वारा नदी पार करने की योजना की जानकारी नहीं प्राप्त कर सके और जब पोरस के यूनानियों द्वारा नदी पार करने की सूचना मिली तब उसने अपने पुत्र के नेतृत्व में सिकन्दर का प्रतिरोध करने के लिए जो सेना भेजी, वह इतनी छोटी थी कि सिकन्दर की सेना का सामना नहीं कर सकी। पोरस की यह सामरिक भूल उसके पराजय का एक प्रमुख कारण बन गई।

3. सिकन्दर की घुड़सवार सेना बहुत गतिशील थी तथा वह शत्रु को घेरने की कला में निपुण थी। दूसरी ओर पोरस के पास भी एक संगठित अश्वारोही सेना थी, परन्तु परम्परागत आयुधों के प्रयोग के कारण सिकन्दर की धनुर्धर अश्वारोही सेना के सम्मुख टिक नहीं पाई।

4. सिकन्दर की तुलना में अधिक सेना के बावजूद पोरस ने आरक्षित सेना नहीं रखी, परिणामस्वरूप बदलती हुई परिस्थितियों में उसके लिए शत्रु का देर तक सामना करना सम्भव नहीं हो सका। इतना ही नहीं, किसी निश्चित योजना और लक्ष्य के अभाव में वह सुनियोजित यूनानी सेना का सामना नहीं कर सका।

5. इतिहासकर स्मिथ का विचार है कि भारतीय तीरन्दाज सिकन्दर के तीरन्दाजों की तरह कुशल और निपुण नहीं थे और वर्षा के कारण जमीन पर फिसलन होने से वे अपने धनुषों का समुचित उपयोग नहीं कर सके। क्योंकि भारतीय धनुर्धर

अपने धनुष को जमीन पर टिका कर फिर उसे बाएँ पैर के अंगूठे से दबाकर तीर का प्रक्षेपण करते थे।

6. कर्टिअस ने लिखा है कि हाथी पोरस की सेना के महत्त्वपूर्ण अंग थे, परन्तु जब सिकन्दर के सैनिकों ने हाथियों के पैर, सूड़ और आँखों एवं महावतों को अपना निशाना बनाया तो सेना के इस महत्त्वपूर्ण अंग में भगदड़ मच गई और ये विशालकाय पशु जिधर भी मुड़े उधर अपने ही सैनिकों को कुचलते चले गए। इस प्रकार हाथी भारतीयों की पराजय के प्रमुख कारण बन गए।

7. भाग्य एवं संयोग ने भी पोरस का साथ नहीं दिया, क्योंकि युद्ध पूर्व रात में हुई वर्षा ने जहाँ एक ओर सिकन्दर द्वारा नदी पार करने की गतिविधियों के लिए छिपाव का अवसर प्रदान किया, वहीं दूसरी युद्ध मैदान में फिसलन और कीचड़ के कारण भारतीय धनुर्धर तथा रथ सेना अनुपयोगी सिद्ध हो गई और वे अपनी सेना को कोई सहयोग नहीं प्रदान कर सके।

पोरस की पराजय के चाहे जो भी कारण रहे हों परन्तु इतना अवश्य कहा जा सकता है कि राजनीतिक विघटन के वातावरण में पोरस ही एकमात्र शासक था जिसने विश्व विजयी सेना का दृढ़तापूर्वक सामना किया। इसीलिए झेलम में पराजय के बावजूद यूनानी सैनिक भारतीय सैनिकों की वीरता से इतने प्रभावित हुए कि उन्होंने भारत में और आगे बढ़ने से इन्कार कर दिया और सिकन्दर को बाध्य होकर भारत से वापस लौटने का निर्णय करना पड़ा।

सिकन्दर द्वारा प्रयुक्त युद्ध के सिद्धान्त

झेलम के संग्राम में यूनानी सेना का नेतृत्व अपने युग का सबसे बड़ा जनरल तथा सम्पूर्ण संसार के सैनिक इतिहास का एक महानतम सेनानायक सिकन्दर महान कर रहा था। यूनानियों द्वारा अभिलिखित युद्ध कला का गहन अध्ययन करने के पश्चात् इस संग्राम में सिकन्दर द्वारा प्रयोग किए गए आधुनिक युद्ध के सिद्धान्तों के प्रयोग का विवरण निम्नवत् प्रस्तुत किया जा सकता है।

1. लक्ष्य का चुनाव और निर्वाह—किसी भी युद्ध का यह प्रथम सिद्धान्त होता है कि सेनानायक युद्ध के लक्ष्य को निर्धारित करे और उसकी प्राप्ति के लिए अन्त तक यत्न करता रहे। सिकन्दर ने इस सिद्धान्त का काफी हद अनुसरण किया। यूनान से अपनी विजय यात्रा प्रारम्भ करके सिकन्दर विभिन्न साम्राज्यों, राजाओं और जातियों को पराजित करता हुआ तक्षशिला पहुँचा और आम्भी के आत्मसर्मपण से प्रभावित होकर उसने पोरस तथा अन्य भारतीय शासकों के पास आत्मसर्मपण

का राजनीतिक प्रस्ताव भेजा, परन्तु पोरस द्वारा इन्कार करने पर उसने उसे पराजित करने का लक्ष्य तक्षशिला में ही निश्चित कर लिया और इस लक्ष्य की प्राप्ति हेतु उसने झेलम की ओर प्रयाण किया, नदी पार की और पोरस से युद्ध कर उसे पराजित कर दिया। जबकि पोरस ने यूनानियों को येन केन प्रकारेण नदी पार करने से रोक कर उन्हें वापस लौट जाने के लिए बाध्य करने को अपना लक्ष्य बनाया।

2. मनोबल—मेसेडोनिया से झेलम तक सिकन्दर की सेना लगातार विजय प्राप्त करती हुई पहुँची थी। अतः उसकी सेना का मनोबल बहुत ऊँचा था और वे प्रत्येक कठिनाई का बड़े ही धैर्य और साहस के साथ सामना कर रहे थे। सिकन्दर की सेना झेलम नदी पार करते समय जब नदी के बीच वृक्ष युक्त टापू पर पहुँच गयी, परन्तु इसी समय तेज वर्षा के कारण नदी का पूर्वी हिस्सा, पर्वतों से बह कर आए जल के कारण प्रचण्ड धारा बन कर पूर्वी किनारे से टकरा रही थी। इस समय सिकन्दर की सेना में भय और घबड़ाहट बढ़ गयी जब उन्हें पता चला कि पूर्वी तट तक नहीं पहुँचा जा सकता है। परन्तु सिकन्दर का धैर्य किसी भी विपदा से नहीं टूटा। उसने अपने सैन्य दल को प्रोत्साहित किया और स्वयं सबसे पहले अपनी नाव को आगे बढ़ाया और पूर्वी किनारे पर पहुँच गया। उसकी सेना ने भी उसका अनुसरण किया और छाती तक पानी में पैदल चल कर उस पार पहुँचे। अतः हम कह सकते हैं कि मनोबल ही वह तत्व था जिसके कारण सिकन्दर अपनी सेना सहित नदी पार करने में सफल हो सका। दूसरी ओर यूनानी सेना के नदी पार करने तथा पोरस के पुत्र के मारे जाने की खबर सुनकर निश्चय ही पोरस और उसके सैनिकों का मनोबल काफी गिर गया होगा।

3. सुरक्षा—सुरक्षा की दृष्टि से सिकन्दर द्वारा अपनाई गई युद्ध नीति बहुत ही महत्त्वपूर्ण है। उसने सेना को दो भागों में विभक्त कर, एक भाग को पड़ाव में छोड़ दिया और दूसरे भाग का नेतृत्व स्वयं करता हुआ कुशलतापूर्वक नदी को पार किया। सिकन्दर की सम्पूर्ण व्यवस्था इतनी सुगठित और गुप्त थी कि पोरस के गुप्तचरों को उसकी जरा भी भनक नहीं लगी। जबकि सिकन्दर के पास पोरस की सेना और उसके संगठन के विषय में पूरी जानकारी थी। इससे भारतीय पक्ष की सुरक्षा सम्बन्धी उपायों की कमी पर भी प्रकाश पड़ता है। सिकन्दर की सेना की नदी पार करने की योजना, और उसमें प्रयुक्त साजो-सामान को इतना सुरक्षित रखा गया कि नदी के पूर्वी किनारे पर विद्यमान पोरस और उसकी सेना तथा गुप्तचरों को इस सन्दर्भ में कोई जानकारी नहीं मिल सकी। अतः हम कह सकते हैं कि सिकन्दर ने सुरक्षा के सिद्धान्त का कुशलतापूर्वक पालन किया।

4. आक्रमणात्मक कार्यवाही—युद्ध के इस सिद्धान्त का भी सिकन्दर ने सफलतापूर्वक प्रयोग किया। तक्षशिला से चलकर सिकन्दर ने झेलम के तट पर पोरस के पड़ाव के सामने अपना शिविर लगाया और झेलम नदी पार कर पोरस पर आक्रमण की पहल कर विजय प्राप्त की, जबकि पोरस की सेना सुरक्षात्मक दृष्टिकोण से निष्क्रिय समूह के रूप में यूनानी सेना की गतिविधियों का अवलोकन करती रही और नदी पार कर यूनानी सेना पर आक्रमण करने का कोई प्रयास नहीं किया। जबकि सिकन्दर ने आक्रमण की पहल की और युद्ध की बदलती स्थितियों के अनुरूप अपनी सामरिकी में भी परिवर्तन करने का लाभ उठाया। उसने पोरस की अश्वारोही सेना को अपनी सुरक्षात्मक स्थिति को छोड़कर आगे बढ़ने का प्रलोभन दिया और जब पोरस की दाएँ भाग की अश्वारोही सेना के बाएँ भाग पर पहुँची तब उसने मजबूत अश्वारोही सेना के साथ आक्रमण कर उन्हें पराजित कर दिया।

5. गतिशीलता और लचक—यूनानी अश्वारोही सेना और फेलेन्क्स छोटी-छोटी टुकड़ियों में विभक्त थे, जिसके कारण उनकी सेना में गतिशीलता और लचक अधिक थी। इसके साथ ही उसकी सेना के हाइपास्पिट्स और एग्रीएनियन हल्के शस्त्रों से लैस थे, जिसके कारण उनका संचारण तीव्रगति से होता था। उसके सैनिकों के कवच भी हल्के होते थे। कोयनस द्वारा पोरस दाएँ पार्श्व पर आक्रमण के लिए आगे बढ़ना और बीच से मुड़कर बाएँ पार्श्व पर एकत्रित पोरस की अश्वारोही सेना पर आक्रमण करना, सिकन्दर की सेना की गतिशीलता और लचक का अनूठा उदाहरण है। इसी प्रकार पोरस की गज सेना के आक्रमण के समय एग्रीएनियन सैनिकों ने आगे बढ़ कर प्रत्याक्रमण करना गतिशीलता और लचक का दूसरा उदाहरण प्रस्तुत किया।

6. आश्चर्य—शत्रु पर ऐसे समय और स्थान पर आक्रमण करना जिसकी कल्पना उसने योजना में न की हो तो वह आश्चर्यचकित हो जाता है। फुलर ने आश्चर्य के सिद्धान्त के विषय में लिखा है कि आश्चर्य प्रत्येक संक्रिय की सफलता की कुँजी, विजय प्राप्ति का रहस्य और युद्ध की आत्मा होता है। सिकन्दर ने पोरस की सेना को रणनीति, सामरिक और तकनीकी तीनों ही प्रकार से आश्चर्यचकित कर दिया। सिकन्दर ने खूब सोच-विचार कर अपनी रणनीति का निर्धारण किया। सिकन्दर ने पड़ाव वाले स्थान पर प्रतिदिन नदी के बहाव के विपरीत तथा अनुकूल दिशा में सैन्य दलों को संचालित करता और नदी पार करने का झूठा प्रदर्शन करता था। इस प्रकार वह पोरस को यह विश्वास दिलाने में सफल हो गया कि यूनानी सेना नदी नहीं पार करना चाहती है और निराश होकर वापस लौट जाना चाहती है।

इसके परिणामस्वरूप पोरस की रक्षा पंक्ति में शिथिलता आ गई और उसने हाथियों के स्थान पर स्काउटों को तैनात कर दिया। इसी बीच सिकन्दर ने पड़ाव के स्थान से 17.5 मील ऊपर की ओर से जहाँ नदी दो भागों में विभक्त थी, गुप्तरूप से नदी पार करके पोरस को आश्चर्यचकित कर दिया। सिकन्दर ने पोरस के हाथियों के विरुद्ध अपने एग्रीएनियन टुकड़ी को आगे बढ़ाया जो कि नजदीकी युद्ध कला में बहुत निपुण थे और इस दल ने पोरस के हाथियों के महावतों, आँखों और सूँड़ों को अपना निशाना बनाया। इस सामरिकी से पोरस की सेना आश्चर्य चकित हो गई। इसी प्रकार सिकन्दर की सेना के फेलेन्क्स की सैन्य विरचना और उनके 21 फुट लम्बे सरिसा एवं नवीन आयुधों का प्रयोग कर पोरस की सेना को तकनीकी दृष्टि से भी आश्चर्यचकित कर दिया।

युद्ध के इन प्रमुख सिद्धान्तों के अतिरिक्त अन्य सिद्धान्तों के प्रयोग को भी स्पष्ट किया जा सकता है। सिकन्दर की अश्वारोही सेना और पैदल सेना के बीच उत्कृष्ट सहयोग भी देखने को मिलता है। इसके साथ ही सिकन्दर के सैनिकों, अधिकारियों, गुप्तचरों और संचार व्यवस्था बनाये रखने वाले दलों के बीच परस्पर तालमेल सिकन्दर की उच्च प्रशासनिक प्रतिभा का प्रतीक था। इस प्रकार यह कहा जा सकता है कि सिकन्दर एक वीर, साहसी, चतुर, योग्य और दूरदर्शी सेनानायक था। वह अपनी साहसपूर्ण योजनाओं और उनका कुशलतापूर्वक संचालन करके सदैव विजयी होता रहा, जिससे उसके सैनिकों का मनोबल बहुत ऊँचा रहता था तथा वे सिकन्दर के नेतृत्व में पूर्ण विश्वास करते थे। यही उसकी सफलता का मूल मन्त्र था।

अध्याय-4

कौटिल्य का युद्ध दर्शन

चौथी शताब्दी ई.पू. में मगध में महापद्म नामक व्यक्ति ने शिशुनाग का वध करके नन्द वंश की स्थापना की। इस महापद्म ने 28 वर्षों तक राज्य किया। उसकी मृत्यु के उपरान्त उसके आठ पुत्रों ने 12 वर्षों तक राज्य किया। सिकन्दर के भारत पर आक्रमण के समय उसका आठवाँ पुत्र घननन्द मगध पर राज्य कर रहा था। सिकन्दर के एक सेनापित कर्टिअस के अनुसार उसके पास एक विशाल सेना थी, जिसमें 2,00,000 पैदल, 20,000 अश्वारोही, 2000 रथ तथा 4000 हाथी थे। इतिहासकारों के अनुसार घननन्द और उसकी प्रजा के बीच अच्छे सम्बन्ध नहीं थे। इसी मगध राज्य में विष्णुगुप्त अथवा कौटिल्य अथवा चाणक्य नामक व्यक्ति था, जो नन्द द्वारा अपमानित किए जाने पर तक्षशिला चला गया और आगे चलकर चन्द्रगुप्त के द्वारा नन्द का वध कराकर मौर्य राज्य की स्थापना कराई। वह चन्द्रगुप्त मौर्य का प्रधानमन्त्री बना। उसकी मृत्यु कब हुई? यह सुनिश्चित नहीं है। कौटिल्य के द्वारा अर्थशास्त्र नामक एक ग्रंथ की रचना की गई, जिसका ज्ञान तब हुआ जब 1905 में मैसूर दरबार के पुस्तकालय में तन्जौर के एक पंडित ने एक हस्तलिखित पाण्डुलिपि प्रस्तुत की और दरबार का प्रोत्साहन प्राप्त कर 1909 में श्यामा शास्त्री ने उसे प्रकाशित कराया। भारतीय शोधकर्ताओं का यह अनुमान है कि अर्थशास्त्र की रचना 321 ई. पू. से 300 ई. पू. के बीच हुई।

प्राचीन भारतीय इतिहास का कोई भी वर्णन चाहे वह राजनीतिक, सामाजिक, आर्थिक हो या सैनिक, कौटिल्य के अर्थशास्त्र के बिना अधूरा जान पड़ता है, जिन्हें सामान्यतया चन्द्रगुप्त मौर्य के प्रधानमन्त्री के रूप में जाना जाता है। अर्थशास्त्र की रचना की एक तिथि एक विवाद का विषय है। यह पुस्तक शासनकला, कानून और सैन्य व्यवस्था आदि विषयों पर व्यापक दृष्टिकोण प्रस्तुत करती है। अर्थशास्त्र

में सैन्य विषय और युद्ध कला की विधियों, कूटनीति और समूचा सैन्य संगठन आदि विषयों का बहुत सुन्दर सैद्धान्तिक विवेचन किया गया अर्थात् यह औपचारिक रूप से एक भारतीय चिन्तक द्वारा लिखा गया शास्त्र है, परन्तु इसमें कोई सन्देह नहीं है कि यह नागरिक और सैनिक प्रशासन की वास्तविकताओं पर आधारित है। इसकी रचना में पूर्ववर्ती अर्थशास्त्रों से सामग्री ली गई है जिसे कौटिल्य ने स्वीकार भी किया है। अर्थशास्त्र में जो रूपरेखा प्रस्तुत की गई है, वह मगध के साम्राज्य काल का प्रतिनिधित्व करती है, विशेष रूप से तब जब हम इस तथ्य को याद रखते हैं कि मौर्य काल की प्रशासनिक व्यवस्था का जो वर्णन यूनानी राजनयिक मेगस्थनीज ने किया है वह कौटिल्य के अर्थशास्त्र के विवरण से समता रखता है।

प्राचीन भारतीय राजनीतिक दर्शन के आचार्यों ने राज्य का स्वरूप सप्तांग, सप्तात्मक अथवा सप्त प्रकृति युक्त निर्धारित किया है। उनका मत है कि राज्य के सात अंग अथवा राज्य की सात प्रकृतियाँ होती हैं, जिनके संयोग से राज्य का निर्माण होता है। आचार्य कौटिल्य ने भी राज्य के सप्तांग स्वरूप को स्वीकार किया है और राज्य के इन सात अंगों को राज्य की सात प्रकृतियों की संज्ञा दी है। इन्होंने क्रमशः 1. स्वामी (राजा) 2. आमात्य 3. जनपद 4. दुर्ग 5. कोष 6. दण्ड (सेना) 7. मित्र नाम से सम्बोधित किया है। महाभारत, मनु, मानवधर्म शास्त्र, शुक्रनीति, कामन्दक, सोमदेव सूरि आदि विचारकों ने अपनी रचनाओं में राज्य के सप्तांग स्वरूप को ही स्वीकार किया है।

आधुनिक मतानुसार, भूगोल, जनसंख्या, सरकार, अन्य राष्ट्रों से सम्बन्ध बनाने की इच्छा, संप्रभुता और सभ्यता एवं संस्कृति राज्य के आवश्यक अंग हैं। यदि आधुनिक घटकों की सप्तांग से तुलना की जाय तो प्रतीत होता है कि राजा और आमात्य केन्द्रीय शासन या राजत्व के संचालक होते थे, दुर्ग, सेना और कोष शासन सामग्री थे। आचार्य कौटिल्य ने राजा और राज्य की सुरक्षा व्यवस्था के महत्व को स्वीकार करते हुए दुर्ग और कोष को सप्तांग के क्रम में सेना से पहले स्थान प्रदान किया है। राजा की सुरक्षा एवं राजकीय कार्यों के संचालन की दृष्टि से दुर्ग और कोष को राज्य का आवश्यक अंग माना गया, परन्तु सप्तांगों में मित्र की गणना विलक्षण सी लगती है। मित्र को आधार मानकर आचार्य कौटिल्य ने अन्तर्राज्यीय सम्बन्धों के निर्धारण और संचालन हेतु मण्डल सिद्धान्त को प्रतिपादित किया। इतिहास ने सिद्ध कर दिया है कि राजा का अस्तित्व उपयुक्त मित्रों के सहयोग पर निर्भर होता है। जनता की गणना सप्तांगों में नहीं दिखाई देती है। सम्भवतः इसका

कारण यह है कि जनता और राज्य का स्वयं सिद्ध और अविच्छेद सम्बन्ध था।

इससे स्पष्ट होता है कि प्राचीन भारत के लगभग सभी चिन्तकों ने सात अंगों की सावयवी एकता में विश्वास व्यक्त किया। दूसरे शब्दों में हम कह सकते हैं कि ये सात अंग, राज्य रूपी शरीर के सात अवयव हैं और ये परस्पर निर्भर हैं। यदि एक भाग भी विकारग्रस्त हो जाय, तो सम्पूर्ण राज्य विकृत हो जायेगा। कौटिल्य राज्य के सावयवी सिद्धान्त में उस प्रकार विश्वास करता था जिस प्रकार प्लेटो या अरस्तु करते थे।

राजा—सभी राजनीतिक चिन्तकों की ही भाँति आचार्य कौटिल्य ने भी सात अंगों में सर्वोपरि और सबसे महत्त्वपूर्ण स्थान राजा को ही प्रदान किया है। कौटिल्य के अनुसार राजा राज्य की धुरी होता है। कौटिल्य ने संक्षेप में राजा को राज्य बताया है। एक अन्य स्थल पर राजा को ही काल या युग निर्माता बताया है। यदि राजा सशक्त और सक्षम है तो वह राज्य के अक्षम और निर्बल तत्वों को भी सुदृढ़ बना सकता है। इतिहासकारों का ऐसा मानना है कि कौटिल्य के चिन्तन का केन्द्र राजा है और उनका सम्पूर्ण युद्ध दर्शन इसी केन्द्र पर आवृत्त है। कौटिल्य ने राजा की योग्यता, उसके गुण, ज्ञान, प्रतिभा, कर्तव्य एवं स्थिति आदि का बड़े विस्तार से विवेचन किया है। राजा के गुणों पर प्रकाश डालते हुए कौटिल्य ने लिखा है कि राजा उच्च कुलीन, धर्मनिष्ठ, सत्यवादी, कृतज्ञ, बलवान, उत्साही, दृढ़प्रतिज्ञ, विनयशील, मृदुभाषी, कार्यकुशल, स्पष्ट वक्ता, न्यायशील, तर्क-वितर्क में प्रवीण, तत्वज्ञाता, शास्त्र एवं शस्त्र में पारंगत, सन्धि-विग्रह के सम्यक् ज्ञान वाला, प्रजापालक, शत्रु की दुर्बलताओं को समझने वाला और राजकोष में वृद्धि करने वाला होना चाहिए। इतना ही नहीं आचार्य कौटिल्य ने राजा की समस्त दिनचर्या तक का व्यवस्थित विवरण भी दिया है।

कौटिल्य ने राजा की शिक्षा को अनिवार्य बताया है। अशिक्षित व्यक्ति को राजपद के अयोग्य बताया है। राजा के लिए अपेक्षित गुणों के साथ ही साथ उसकी जीवनचर्या, कार्य व्यापार आदि पर भी व्यापक प्रकाश डाला है। यद्यपि राजा राज्य की सभी सर्वोच्च सत्ताओं का केन्द्र था, फिर भी कौटिल्य ने लिखा है कि राजा का प्रमुख कर्तव्य यह है कि वह प्रजाहित में शासन करे।

आमात्य—एक पहिये की गाड़ी की भाँति राजकार्य भी बिना सहायता एवं सहयोग नहीं चलाया जा सकता है। इसलिए राजा को चाहिए कि वह योग्य आमात्यों की नियुक्ति कर उनके सुझावों को स्वीकार करे।

आचार्य कौटिल्य ने अपने पूर्ववर्ती सभी राजनीतिक चिन्तकों के विचारों का

उल्लेख करते हुए, आमात्य की नियुक्ति के सम्बन्ध में लिखा है कि आचार्य भरद्वाज का मत है कि राजा अपने सहपाठियों को आमात्य नियुक्त करे, क्योंकि वह उसकी हृदय की पवित्रता और कार्यक्षमता से सुपरिचित होता है। आचार्य विशालाक्ष इसे उचित नहीं मानते क्योंकि सहपाठी आमात्य राजा का तिरस्कार कर सकता है। इसलिए आमात्य उनको बनाना चाहिए जो गुप्त कार्यों में राजा का साथ देते रहे हों।

आचार्य पराशर के अनुसार, जो व्यक्ति प्राणघातक आपत्तियों में राजा की रक्षा करे, उनको आमात्य नियुक्त करना चाहिए।

आचार्य पिशुन के अनुसार, आमात्य पद उन्हीं व्यक्तियों को दिया जाना चाहिए जो विशिष्ट राजकीय कार्यो को विशिष्ट योग्यता के साथ सम्पादित कर दें, क्योंकि इससे उनकी बुद्धि की परीक्षा हो जाती है। जबकि आचार्य कौणपदन्त उक्त मत को उचित नहीं मानते क्योंकि ऐसे लोग आमात्योचित गुणों से शून्य होते हैं। आमात्य पद वंशानुगत परम्परा से जिन्हें प्राप्त रहा हो, उन्हें ही इस पद पर नियुक्त करना चाहिए, क्योंकि वे उसकी सम्पूर्ण रीति-नीति से अवगत होते हैं।

आचार्य वातव्याधि की मान्यता है कि इस प्रकार के आमात्य राजा का सब कुछ अपने अधीन कर स्वतन्त्र वृत्ति वाले हो जाते हैं। इसलिए नीति कुशल राजा नये व्यक्तियों को ही आमात्य पद पर नियुक्त करे। नये आमात्य दण्डधारी राजा को प्रेम का दूसरा रूप समझ कर उसकी कभी भी अवमानना नहीं करते हैं।

आचार्य बाहुदन्ती पुत्र इन्द्र के अनुसार, कुलीन, बुद्धिमान, विश्वासपात्र, वीर और राजभक्त को आमात्य बनाया जाना चाहिए।

आचार्य कौटिल्य के मतानुसार, भारद्वाज से लेकर बाहुदन्ती पुत्र इन्द्र तक की विचार परम्परा अपने-अपने स्थान पर उचित है। परन्तु किसी भी व्यक्ति की सामर्थ्य कार्य की सफलता पर निर्भर करती है और उसकी यह कार्य क्षमता बुद्धि-विधा के बल पर ही आंकी जा सकती है। अतः आचार्य कौटिल्य का अभिमत है कि आमात्य नियुक्त करने के पूर्व राजा को चाहिए कि वह प्रामाणिक, सत्यवादी एवं आप्त पुरुषों के द्वारा उनके निवास स्थान तथा उनकी आर्थिक स्थिति का, सहपाठियों के माध्यम से उसकी योग्यता तथा शास्त्र ज्ञान का, नये-नये कार्यों में नियुक्त कर उसकी बुद्धि, स्मृति और चतुराई का, व्याख्यानों एवं सभाओं के माध्यम से उनकी वाक्‌पटुता एवं प्रतिभा का, आपत्तियों से उनके उत्साह, प्रभाव तथा सतर्कता का, पड़ोसियों के माध्यम से उनके शील, बल, स्वास्थ्य, गौरव, अप्रमाद तथा स्थिर वृत्ति का पता लगाये और उसके मधुर भाषी तथा द्वेष रहित प्रकृति की राजा स्वयं परीक्षा

करने के उपरान्त ही किसी व्यक्ति को आमात्य पद पर नियुक्त करे।

राजा को चाहिए कि वह उच्च कुल, उच्च विचार, शास्त्रों का ज्ञाता तथा अनुभवी व्यक्ति को आमात्य बनाये। अपने निकट सम्बन्धी और सहपाठियों में से किसी को भी आमात्य न बनाये। मन्त्री की निष्ठा की परीक्षा समय-समय पर करता रहे। उसने इस परीक्षा के लिए कई उदाहरण भी दिए हैं जैसे-राजा, राज्य पुरोहित को अपमानित करके हटा दे अथवा सेनापति को पदच्युत कर दे। वह पदच्युत पुरोहित, आमात्य को राजा के विरुद्ध होने के लिए प्रेरित करे अथवा पदच्युत सेनापति आमात्य को राजा की हत्या के लिए प्रेरित करे। जो आमात्य इस प्रकार की परीक्षा में भी सफल हो उसे ही आमात्य बनाया जाय।

जनपद

आचार्य कौटिल्य का विचार है कि राजा को दूसरे देश में मनुष्यों को बुलाकर अथवा अपनी आबादी को बढ़ाकर पुराने या नये जनपदों की स्थापना करे। प्रत्येक जनपद में कम से कम सौ घर और अधिक से अधिक पाँच सौ घर वाले ऐसे गाँव बसाये जहाँ प्रायः शूद्र तथा किसान अधिक हों। एक गाँव दूसरे गाँव से कोस या दो कोस से अधिक दूरी पर नहीं होना चाहिए, जिससे वे शान्ति या आपद काल में एक दूसरे को सहयोग और सहायता कर सकें। बसाये गए गाँवों की सीमा निर्धारित की जानी चाहिए।

आठ सौ गाँवों के बीच एक 'स्थानीय', चार सौ गाँवों के समूह में एक 'द्रोणमुख', दो सौ गाँवों के बीच में एक ''कार्वटिक'' और दस गाँवों के समूह में एक ''संग्रहण'' नामक स्थानों की विशेष रूप से स्थापना करे। आचार्य कौटिल्य कृषकों को खेती के प्रोत्साहन, कृषकों के कल्याण एवं स्वास्थ्य, सिंचाई, पशुधन वृद्धि और निर्वाह हेतु राजा को पिता के समान धन अवश्य खर्च करते रहने का सुझाव देता है। वानप्रस्थ के अतिरिक्त कोई दूसरा सन्यासी जनपद में नहीं रहना चाहिए इसी प्रकार राजभक्त जनसंघ तथा सहकारी संस्थाओं के अतिरिक्त दूसरी संस्था या संघ राज्य में न स्थापित होने पाए जो, विद्रोह या फूट का कारण बने। गाँवों में नाट्य, विहार तथा क्रीड़ा शालाओं को वर्जित बताया है, क्योंकि इससे कृषि कार्य में विघ्न उत्पन्न होता है। राजा को गाँवों की रक्षा हेतु शत्रुओं, जंगली जातियों, जंगली जन्तुओं, व्याधियों एवं अकाल, व्यापारिक मार्गों की असुरक्षा का परिशोधन करे। जनपद का अर्थ राज्य क्षेत्र और उसमें निवास करने वाली जनता दोनों से है। अतः किसी भी जनपद में दुर्ग खेती योग्य पर्याप्त भूमि, वन, हाथियों के वन, चारागाह, खनिज

पदार्थ और प्रजा में कर देने की क्षमता होनी चाहिए। जनपद में पानी की पर्याप्त मात्रा होनी चाहिए।

दुर्ग

सभी अर्थशास्त्रों और नीति-शास्त्रों में दुर्ग का वर्णन किया गया है, परन्तु आचार्य कौटिल्य की किले-बन्दी की अवधारणा सबसे विलक्षण है। आचार्य कौटिल्य ने राज्य के सप्तांगों में दुर्ग को भी स्थान प्रदान किया है। इसमें कोई सन्देह नहीं है कि यह सप्तांगों से सबसे महत्त्वपूर्ण अंग नहीं है, फिर भी यह सेना, मित्र तथा कोष की तुलना में अधिक महत्त्वपूर्ण था। दुर्ग राज्य का वह अंग है, जिसमें कोष और सेना दोनों को सुरक्षित रखा जाता था। आचार्य कौटिल्य ने सेना अर्थात् आक्रमण के स्थान पर दुर्ग अर्थात् रक्षा को अधिक महत्व दिया है, क्योंकि आपद काल में या युद्ध क्षेत्र में शत्रु से पराजित होने की स्थिति में सेना और राजा की रक्षा की दृष्टि से दुर्ग को स्वर्ग के समान बताया गया है। आचार्य कौटिल्य द्वारा राजधानी की किलेबन्दी का जो वर्णन किया है, उसे पढ़कर मेगस्थनीज द्वारा पाटिलिपुत्र किले का जो वर्णन किया गया है, जिसे एरियन ने उद्धृत किया है, की कल्पना साकार हो उठती है।

दुर्ग ही वह स्थान होता था, जहाँ से एक राजा कूट युद्ध, अपने समर्थक राज्यों पर नियन्त्रण, युद्धोपरान्त सेना का पुनर्गठन, मित्रों का स्वागत और शत्रु को निकाल बाहर करने सम्बन्धी कार्रवाइयों का सफलता पूर्वक संचालन कर सकता है। दुर्ग के अभाव में कोष पर शत्रु का अधिकार हो जाता है। राजा और राज्य की रक्षा एवं अस्तित्व की दृष्टि से दुर्ग की महत्ता को सभी राजनीतिक विचारकों ने स्वीकार किया है। मनुस्मृति और युक्ति कल्पतरु में लिखा है कि दुर्ग के परकोटे पर तैनात एक धनुर्धर युद्ध में शत्रु के सैकड़ों सैनिकों के बराबर होता है और एक सौ धनुर्धर दस हजार शत्रुओं के बराबर होते हैं। युक्ति कल्पतरु में राजा भोज का स्पष्ट विचार है कि एक राजा की वास्तविक शक्ति दुर्ग में निहित होती है। एक राजा बहुत ही कम सेना होने के बावजूद अपने दुर्ग की अपराजेयता के कारण अधिक शक्तिशाली हो जाता है। सोमदेव ने अपनी रचना नीति वाक्यामृत में किलेबन्दी के महत्व पर प्रकाश डालते हुए लिखा है कि दुर्ग के बिना राजा की दशा ठीक उसी प्रकार आश्रय विहीन हो जाती है, जिस प्रकार समुद्र के बीच जहाज के डूबने पर उस पर बैठे पक्षी की हो जाती है। एक अन्य विचारक ने दुर्ग विहीन राजा की तुलना विषविहीन सर्प से की है।

किलेबन्दी के महत्व पर अपनी प्रारम्भिक टिप्पणी के उपरान्त कौटिल्य ने दुर्गों का वर्गीकरण उनकी अवस्थिति के आधार पर किया। उनके अनुसार दुर्गों को चार प्रमुख वर्गों में विभक्त किया जा सकता है।

1. औदक (जल दुर्ग)
2. पर्वत (पहाड़ी दुर्ग)
3. धान्वन (मरुस्थलीय दुर्ग)
4. वन दुर्ग (जंगल दुर्ग)

चारों ओर पानी से घिरा हुआ टापू के समान, गहरे तालाबों से आवृत्त स्थल प्रदेश 'औदक दुर्ग' कहलाता है। बड़ी-बड़ी चट्टानों अथवा पर्वत की कन्दराओं के रूप में निर्मित दुर्ग 'पर्वत दुर्ग' कहलाता है। जल तथा घास आदि रहित अथवा सर्वथा ऊसर भूमि में निर्मित दुर्ग 'धान्वन दुर्ग' होता है। इस प्रकार चारों ओर से दलदल से घिरा हुआ अथवा सघन झाड़ियों से परिवृत दुर्ग 'वन दुर्ग' कहलाता है।

उपरोक्त विभिन्न प्रकार के दुर्गों में आचार्य कौटिल्य ने पर्वत दुर्ग को सर्वाधिक महत्व दिया है क्योंकि वह औदक, मैदानों में स्थित कृत्रिम दुर्ग और वन दुर्ग की तुलना में अपराजेय एवं सुरक्षित होता है। इसके साथ ही साथ पर्वत दुर्ग आक्रमणकारी सेना के विरुद्ध आक्रमणात्मक कार्रवाई जैसे-शत्रु पर पत्थर, गर्म तेल, क्षेपास्त्र, पेड़ तथा अन्य वस्तुओं को फेंकने की दृष्टि से एक ऊँचा प्लेटफार्म उपलब्ध कराता है और यदि किले की रक्षा में संलग्न सेना की टुकड़ी पराजित हो जाती है तो दूसरी टुकड़ी बिना शर्त के पलायन कर सकती है।

विभिन्न प्रकार के दुर्गों के तुलनात्मक महत्व को स्पष्ट करने के उपरान्त आचार्य कौटिल्य राजा को सुझाव देता है कि उसे साम्राज्य की सीमाओं की चारों दिशाओं में युद्धोचित प्राकृतिक दुर्गों का निर्माण कराये। वास्तुविद्या के विद्वान् जिस प्रदेश को श्रेष्ठ बताए, वहीं पर नगर बसाना चाहिए अथवा किसी नदी के संगम, बड़े-बड़े तालाबों के किनारे या कमलयुक्त जलाशयों के तट पर किलेबन्द नगर बसाये जा सकते हैं।

नगर के चारों ओर एक-एक दण्ड की दूरी पर तीन खाइयाँ खोदी जायँ। ये खाइयाँ क्रमशः 14,12 और 10 दण्ड चौड़ी होनी चाहिए और उससे चौथाई या आधी गहरी होनी चाहिए। खाई की दीवारें तथा तलहटी पत्थरों से मजबूत और चौरस बनी होनी चाहिए। इनमें जल भरने तथा निकलने का मार्ग होना चाहिए। इन खाइयों में कमल के फूल, घड़ियाल आदि जन्तु होने चाहिए। खाई से चार

दण्ड की दूरी पर छः दण्ड ऊँची तथा ऊपर की चौड़ाई से दो गुनी नींव एक प्राकाट बनाया जाय। इसके निर्माण में खाइयों से निकली हुई मिट्टी को काम में लाया जाय। इनके चारों ओर कांटेदार तथा विषैली झाड़ियाँ लगी होनी चाहिए। प्राकार के ऊपर बाहर हाथ से लेकर चौदह, सोलह, अट्ठारह, सम संख्याओं अथवा पन्द्रह, सत्रह, आदि विषम संख्याओं में अथवा अधिक से अधिक चौबीस हाथ ऊँची दीवार होनी चाहिए। यह दीवार चौड़ाई से दो गुनी ऊँची होनी चाहिए तथा इसका ऊपरी भाग इतना चौड़ा हो कि उस पर एक रथ दौड़ सके। प्राकार के आगे तीस-तीस दण्ड की दूरी पर ऐसी अट्टालिकायें बनाई जायँ, जिनकी लम्बाई, चौड़ाई, ऊँचाई प्राकार के बराबर हो। ऊँचाई के अनुपात से उसमें सीढ़ियाँ भी हों। दो अट्टालिकाओं के बीच चौड़ाई से डेढ़ गुनी लम्बी प्रतोली नामक एक दो मन्जिली इमारत बनाई जाय। अट्टालिका और प्रतोली के बीच इन्द्र कोष नामक एक विशिष्ट स्थान बनाया जाय जिसमें तीन धनुर्धारी बैठ सकें। उसके आगे छिद्र युक्त एक ऐसा तख्ता हो जिससे अन्दर से बाहर देख सके और निशाना लगा सके, परन्तु बाहर से अन्दर न देखा जा सके। प्राकार के साथ ही एक ऐसा गुप्त मार्ग हो जो अट्टालिका, प्रतोली और इन्द्र कोष को जोड़ता हो। प्राकार के साथ ही एक ऐसा गुप्त मार्ग हो जो अट्टालिका, प्रतोली और इन्द्र कोष को जोड़ता हो। प्राकार की बाहरी भूमि में खूँटे, त्रिशूल, गड्ढे, कीले, जहरीले पानी के घड़े आदि बना देने चाहिए, जिससे शत्रु के लिए दुर्ग तक पहुँचना कठिन हो जाय।

दुर्ग का द्वारा बनाने के लिए प्राकार के दोनों भागों डेढ़ दण्ड लम्बा और चौड़ा एवं एक चबूतरा बनाया जाय। उसके ऊपर प्रतोली के समान पन्द्रह हाथ से लेकर अट्ठारह हाथ ऊँचे छः खम्भे बना कर दुर्ग का द्वार बनाया जाय। खम्भों की मोटाई ऊँचाई का छठा हिस्सा होना चाहिए। मोटाई से दो गुना भाग भूमि में गाड़ दिया जाय। द्वार के निर्माण के लिए पाँच दण्ड से लेकर आठ दण्ड की परिधि नहीं होनी चाहिए। द्वार का ऊपरी बुर्ज दो हाथ लम्बा होना चाहिए। फाटक के बीच पाँच हाथ का एक छोटा दरवाजा होना चाहिए। पूरा द्वार इतना बड़ा हो जिसमें चार हाथी एक साथ प्रवेश कर सकें। इसके साथ ही साथ आचार्य कौटिल्य ने दुर्ग में गलियारों और अन्य भवनों के निर्माण का विस्तार से वर्णन किया है। और साथ ही विभिन्न प्रकार की सामग्रियों के संग्रह का सुझाव दिया है जो कि वर्षों तक उपयोग में लाने के लिए पर्याप्त हों। नई सामग्री की आवक होने पर पुरानी सामग्री को बदल देना चाहिए।

कोष

राजा और राज्य के लिए कोष की महत्ता पर अपने विचार व्यक्त करते हुए आचार्य कौटिल्य ने लिखा है कि राज्य की समस्त गतिविधियों के सुचारु रूप से संचालन, बाह्य आक्रमण, अकाल एवं अन्य दैवीय आपत्तियों के समय व्यय करने हेतु धन की आवश्यकता पड़ती है। अतः राजा को अपने पूर्वजों द्वारा संग्रहित कोष में स्वर्य धर्मानुसार अर्थ संग्रह करना चाहिए। कोष का सम्बन्ध राजा की वित्तीय व्यवस्था से था। कौटिल्य ने लिखा है कि जो राजा कोष संग्रह से उदासीन रहता है उस राजा की राजलक्ष्मी शीघ्र ही राज्य छोड़कर चली जाती है और वह विनाश के गर्त में डूब जाता है।

सैन्य संगठन

कौटिल्य सदैव स्थायी सेना के पक्ष में थे और उनका मानना था कि सेना को वेतन और युद्ध सम्बन्धी सभी साजो सामान की आपूर्ति राज्य द्वारा की जानी चाहिए। कौटिल्य ने लिखा कि सेना ऐसी होनी चाहिए जिसमें वंशानुगत, स्थाई एवं वश में रहने वाले सैनिक भर्ती हों, जिनके स्त्री-पुत्र राजवृत्ति को पाकर पूरी तरह सन्तुष्ट हों, युद्ध के समय जिनको आवश्यक साजो-समान से लैस किया जा सके, जो कभी पराजित न होता हो, दुःख को सहने वाला हो, युद्ध कला का ज्ञाता और विभिन्न प्रकार के आयुधों के प्रयोग में दक्ष, राजा के लाभ-हानि का हिस्सेदार हो और उसमें क्षत्रियों की अधिकता हो। रथ, अश्व, गज और पैदल चार अंगों की परम्परागत सेना के अतिरिक्त आचार्य कौटिल्य ने सेना को छः वर्गों में विभक्त किया है, जो सम्भवतः सेना के संग्रह के क्षेत्रों या स्त्रोतों पर आधारित है। इस धारणा के अनुसार सेना का निर्माण छः अवयवों से किया जाता था।

1. **मौलबल**—वंशानुगत स्थाई सेना

2. **भृत बल**—वेतन भोगी सेना

3. **श्रेणी बल**—यह व्यापारियों की सेना थी, या वह सेना थी, जिसमें सैनिक अल्पकाल के लिए धन प्राप्ति हेतु सैन्य सेवा स्वीकार करता था, या वह सेना होती थी जो अनिवार्य सैन्य सेवा के आधार पर आवश्यकता पड़ने पर संग्रहीत की जाती थी, सेना के इस अंग पर इतिहासकारों में मतैक्य नहीं है।

4. **मित्र बल**—मित्र राजा की सेना

5. **अमित्रबल**—शत्रु राजा की सेना,

6. **अटवी बल**—जंगल में निवास करने वाली जातियों से बनी सेना।

सेना के उपरोक्त वर्गों में से सर्वाधिक महत्व मौल बल को दिया गया है। गुणात्मक आधार पर दूसरा स्थान भृत बल, तीसरा श्रेणी, चौथा मित्र और अन्तिम स्थान अटवी बल को दिया गया है। आचार्य कौटिल्य ने इस वर्गीकरण के समर्थन में पर्याप्त तर्क प्रस्तुत किए हैं। उनके अनुसार, मौल बल, भृत बल की तुलना में अधिक महत्त्वपूर्ण होता है, क्योंकि सेना का यह अंग अस्तित्व के लिए राजा पर निर्भर होता है। भृत बल, श्रेणी बल की तुलना में अधिक महत्त्वपूर्ण होता है क्योंकि वे राजा के आज्ञाकारी होते हैं, उसके समीप होते हैं, और सदैव प्रयाण के लिए तैयार रहते हैं। श्रेणी बल, मित्र बल से बेहतर होता है क्योंकि वे राजा के ही राज्य क्षेत्र से जुड़ा होता है, उनका लक्ष्य समान होता है और लाभ-हानि की भागीदार होती है जबकि मित्र सेना के सैनिकों के साथ ये बातें नहीं लागू हैं। इसी प्रकार मित्र बल को अमित्र बल और अटवी बल से बेहतर बताया है। अन्तिम दोनों वर्गों को केवल लूट-मार करने के योग्य बताया है।

आचार्य कौटिल्य ने सेना के संगठन को छः भागों में विभक्त किया है– 1. पैदल 2. रथ 3. अश्वारोही 4. गज सेना 5. नौसेना 6. आपूर्ति विभाग।

पैदल सेना–आचार्य कौटिल्य ने अर्थशास्त्र में गज सेना को अश्वारोही और पैदल सेना की तुलना में अधिक महत्व दिया है। पैदल सेना के कार्यों का वर्णन करते हुए लिखा है कि इनका प्रमुख कार्य सेना के सभी अंगों के शस्त्रों को ढोना, पानी लाना और खुदाई करना होता है। इससे यह स्पष्ट होता है कि कौटिल्य ने, पैदल सेना को सेना की मजबूत और महत्त्वपूर्ण इकाई के रूप में नहीं स्वीकार किया है। परन्तु युद्ध में विजय पाने के लिए पैदल सेना की संख्या की एक महत्त्वपूर्ण भूमिका थी। बड़े-बड़े पत्थरों और टुकड़ों, विरल रूप से लगे हुए वृक्षों से युक्त मैदान पैदल सेना के लिए उत्तम होता है। युद्ध व्यूह रचना में कवचधारी पैदल सैनिकों को अग्रभाग में और धनुर्धारी सैनिकों को पीछे के दोनों भागों में खड़ा किया जाना चाहिए।

रथ सेना–आचार्य कौटिल्य ने अर्थशास्त्र में रथाध्यक्ष का वर्णन किया है, जिस पर रथों का उत्तरदायित्व होता था। उसको चाहिए कि वह नये-नये रथों का निर्माण कराये और जीर्ण हो जाने पर उनकी मरम्मत करवाये। कौटिल्य ने छः प्रकार के रथों का वर्णन किया है, जिनमें तीन प्रकार के रथ प्रयोग में लाये जाते थे– 1. शिक्षा के समय 2. शत्रु की ओर प्रयाण के समय 3. युद्ध के समय।

अपनी सेना की रक्षा करना, शत्रु आक्रमण को रोकना, शत्रु सेना को तितर-बितर करना, भयभीत करना, भयंकर आवाज करना आदि रथ सेना के कार्य थे। रथ में अनेक रक्षात्मक और आक्रमणात्मक आयुध लगे होते थे। समतल, ठोस, साफ-सुथरी,

रेत, कीचड़ और खाई से रहित भूमि रथ सेना के लिए उत्तम होती है। कौटिल्य का विचार है कि युद्ध क्षेत्र तक रथों को खीचने वाले घोड़े अलग तथा युद्ध के समय प्रयोग के घोड़े अलग होने चाहिए।

अश्वारोही सेना—अश्वारोही सेना का अध्यक्ष अश्वाध्यक्ष होता है। चूँकि सैनिक दृष्टि से घोड़े महत्त्वपूर्ण होते थे। अतः उनकी खरीद, पालन-पोषण, रख-रखाव, नस्ल की उन्नति आदि पर व्यापक विचार व्यक्त किया है। गंधार, कम्बोज और अरब देशों के घोड़े अच्छे होते हैं। अतः घोड़ों की खरीद के समय घोड़ों को पहचानने वाला, पशु चिकित्सक और वित्त विभाग के प्रतिनिधियों का पूरा दल जाना चाहिए।

कौटिल्य के अनुसार शत्रु के विरुद्ध दौड़ने, घेरने, दूर हटने, पीछा करने, शत्रु के पड़ाव को नष्ट करने, सैनिकों को एकत्रित करने, मोड़ने, घेरेबन्दी, छिट-पुट कार्रवाई करने, सामने, पार्श्व और पृष्ठ भाग पर आक्रमण, बिखरे हुए सैनिकों की रक्षा, शत्रु पर आक्रमण की पहल और भागती सेना का पीछा करना एवं बिखरी हुई अपनी सेना को संगठित करना अश्वारोही सेना के प्रमुख कार्य हैं। जो घोड़े स्वस्थ होने के बावजूद युद्धोपयोगी ने हों, उन्हें नगर तथा जनपद के निवासियों की घोड़ियों में नस्ल पैदा करने के लिए सांड़ बना देना चाहिए।

घोड़ों के द्वारा बनी व्यूह रचना में कवचधारी घोड़ों को बीच में, कवच रहित घोड़ों को आगे और पीछे रखना चाहिए।

गज सेना—आचार्य कौटिल्य ने लिखा है कि शत्रु सेना का विनाश हाथियों पर निर्भर होता है। युद्ध में राजा की विजय मुखर रूप से हाथियों पर निर्भर होती है। बहुसंख्यक प्राचीन राजनीतिक और सैनिक विचारकों ने युद्ध में प्रशिक्षित हाथियों की सेना के कार्यों का प्रतिपादन किया है। कौटिल्य के अनुसार, गजसेना का प्रमुख कार्य निम्न है—1. प्रयाण करती सेना के सेना-मुख दल के रूप में 2. मार्ग, पड़ाव और नदियों पर घाट बनाने में 3. सेना प्रयाण मार्ग के अवरोधों जैसे-वृक्षों और झाड़ियों को साफ करना 4. दुर्ग की दीवारों, फाटकों और अट्टालिकाओं को ध्वस्त करना 5. शत्रु सेना को नष्ट करना और तितर-बितर करना। जिस क्षेत्र में जल का अभाव हो, वहाँ गज सेना का प्रयोग नहीं करना चाहिए।

नौ सेना—आचार्य कौटिल्स ने नौ विभाग के अध्यक्ष "नवाध्यक्ष" के कार्यों का वर्णन किया है। शत्रु की नावें जब प्रादेशिक जल सीमा का उल्लंघन करें या जलयान, जब बन्दरगाह, नगर कानूनों और प्रथाओं का अतिक्रमण करें तो उन्हें नष्ट कर देना चाहिए। नौ सेना का सैनिक कार्यों के लिए प्रयोग के उदाहरणों की कमी है, परन्तु यूनानी इतिहासकारों ने चन्द्रगुप्त मौर्य के संगठन में नौ सेना के

विभाग का भी वर्णन किया है और लिखा है कि चन्द्रगुप्त मौर्य की सेना में 800 जहाज थे।

यातायात तथा आपूर्ति विभाग

सेना की विभिन्न आवश्यकताओं को पूरा करना और सेना के लिए सभी प्रबन्ध करने का दायित्व पशु विभाग का अध्यक्ष और आयुधागाराध्यक्ष का होता था। युद्ध संगीतज्ञ भी इसी विभाग के अधीन होते थे। इसी विभाग के अधीन घोड़ों के सईस, चिकित्सक और ज्योतिषी भी होते थे।

आयुधा

आचार्य कौटिल्य ने आयुधों (रक्षात्मक एवं आक्रमणात्मक) पर पूरा एक अध्याय लिखा है। आयुधों के निर्माण और रख-रखाव का दायित्व आयुधागाराध्यक्ष का होता था। युद्ध में प्रयोग के लिए नाना प्रकार के यन्त्रों, चक्र, आयुध, आवरण और अन्य उपकरणों को तैयार कराने की जिम्मेदारी आयुधागाराध्यक्ष की होती थी, वह आयुधागार में विभिन्न आयुधों का संग्रह, निर्माण और सुरक्षित संग्रहण के लिए जिम्मेदार होता था। हथियारों की सुरक्षा पर विशेष ध्यान दिया जाता था। कौटिल्य ने लिखा है कि बार-बार आयुधों के स्थान को परिवर्तित करें और धूप तथा हवा लगने का प्रबन्ध करें। जो हथियार नमी, भाप, गर्मी, सर्दी, कीड़ों से खराब हो जाने वाले हैं, उनको अन्यत्र रखें। उनका वर्गीकरण जाति, लक्षण, प्रमाण, प्राप्ति मूल्य तथा गुण के अनुसार करें।

आक्रमणात्मक और रक्षात्मक आयुधों का वर्गीकरण निम्न प्रकार से किया गया है–

आक्रमणात्मक आयुघ

(क) स्थित यन्त्र–(एक स्थान पर रखकर) प्रयोग में आने वाले आयुध

1. **सर्वतोभद्र**–पत्थर फेंकने की गाड़ी।
2. **जामदग्न्य**–तीर छोड़ने की बड़ी मशीन।
3. **बहुमुख**–किले की चोटी से तीर छोड़ने का स्थान
4. **विश्वासघाती**–दुर्ग के द्वारा पर लगी बल्ली जिसे शत्रु पर गिराया जाता था।
5. **संघाटी**–आग लगाने की बड़ी बल्ली।

6. **पर्जन्यक**–आग बुझाने का यन्त्र
7. **अर्धबाहु**–इस तरह की दो लाटें, जिन्हें आवश्यकता पड़ने पर शत्रु पर गिराया जाता था।
8. **ऊर्ध्वबाहु**–ऊँचे स्थान पर रखी लाट।
9. **यानक**–पहिये पर लगी बल्ली।

(ख) चल यन्त्र (गतिशील आयुध)

1. पाँचालिक–कील युक्त लकड़ी का तख्ता जिससे शत्रु के आगे बढ़ने को रोका जाता था।
2. देव दण्ड–कील युक्त लम्बा बाँस।
3. सूकरिका–दीवारों, बुर्जों की रक्षा में प्रयुक्त ऊन या रूई से भरा चमड़े का थैला।
4. मुसल–नुकीली छड़ी।
5. हस्ति वारक
6. मुद्गर
7. गदा
8. शतघ्नि–कांटे दार लाट
9. त्रिशूल
10. चक्र।

(ग) नुकीले मुख वाले हथियार–शक्ति, भिंडिपाल, शूल, तौमर, कपर्ण

(घ) धनुष

(ङ) वाण

(च) तलवार

रक्षात्मक आयुध

युद्ध में आत्मरक्षा के लिए विविध प्रकार के कवच प्रयोग में लाये जाते थे। इनके अन्तर्गत शरीर को ढँकने वाली लौह जालिका, सिर, धड़ और बाजुओं को ढँकने वाला कवच, नगोदरिक (दस्ताना)। ये कवच लोहे या चमड़े से बनाये जाते थे। इसके साथ ही विभिन्न प्रकार की ढालों का वर्णन प्राप्त होता है।

व्यूह रचना

आचार्य कौटिल्य का विचार है कि पैदल, घुड़सवार, रथ और सेना को युद्ध के लिए और पड़ाव के लिए उपयुक्त भूमि का होना अत्यन्त आवश्यक है। मरुस्थल, जंगल, घाटी या मैदानों में युद्ध के लिए प्रशिक्षित पैदल-सेना और खाई या ऊँचाई, दिन अथवा रात में युद्ध करने के लिए प्रशिक्षित सेना और नदी, पहाड़, गीली जमीनों या तालाबों आदि में युद्ध के लिए प्रशिक्षित अश्वारोही और गज सेना के लिए अनुकूल युद्ध क्षेत्र और ऋतु का होना अति आवश्यक है।

आचार्य कौटिल्य का मत है कि जब दो शत्रु सेनाओं का आमना-सामना हो तो उन्हें निश्चित रूप से व्यूह की रचना कर युद्ध करना चाहिए। व्यूह की रचना करना एक सेनापति की अनिवार्य योग्यता होती है। आचार्य कौटिल्य के अनुसार व्यूह रचना चार प्रकार की होती है—

1. दण्ड 2. भोग 3. मण्डल 4. असंहत

इनमें से प्रत्येक अनेक प्रकार होते हैं। दण्ड व्यूह 17 प्रकार का, भोग 5 प्रकार का, मण्डल व्यूह दो प्रकार का और असंहत व्यूह छः प्रकार का होता है।

आगे, पीछे तथा बीच में समान रूप से नियुक्त सेना के व्यूह को दण्ड व्यूह कहते हैं। दोनों पार्श्वों से आक्रमण करने को प्रदर दण्ड व्यूह कहते हैं। जब पीछे की सेना मुड़कर शत्रु पर आक्रमण करे तो उसे दृढ़ दण्ड व्यूह कहते हैं। सेना का वेग से शत्रु सेना के बीच घुस जाना तो असह्य व्यूह कहा जाता है।

जब दोनों पार्श्वों और पृष्ठ भाग में उपयुक्त सेना रखकर मध्य भाग द्वारा आक्रमण किया जाता है उसे श्येन दण्ड व्यूह कहते हैं। इन चार व्यूह रचनाओं के सर्वथा विपरीत व्यूहों को क्रमशः चाप, चापकुक्षि, प्रतिष्ठ और सुप्रतिष्ठ कहा जाता है। जब सेना के भाग धनुष के समान हों तो उसे संजय व्यूह और बीच से शत्रु पर आक्रमण कर उसमें प्रवेश करने को विजय व्यूह कहते हैं। विजय व्यूह, जिसका पिछला भाग दो गुना हो उसे विशाल विजय व्यूह कहते हैं। जब सेना का अग्र भाग, दो पृष्ठ भाग और मध्य भाग तीनों बराबर हो उसे चमू मुख कहते हैं। इसके विपरीत झषास्य व्यूह होता है। सेना का ऊँची जगह से आक्रमण करना है उसे सूची व्यूह कहलाता है। जब आगे, पीछे, मध्य तीनों स्थानों में दो व्यूह को तिरछा खड़ा किया जाय तो उसे वलय व्यूह कहते हैं। इसी प्रकार चार दण्ड व्यूहों को दुर्जय व्यूह कहते हैं।

आगे पीछे विषम संख्या में बनाया गया व्यूह भोग व्यूह होता है। यह सर्पकारी

और गोमुत्रिका दो प्रकार का होता है, जब इसका मध्य भाग दो भागों में विभक्त होकर व्यूह दण्डाकर हो जाता है तो उसे शकट व्यूह और इसका विपरीत मकर व्यूह कहलाता है। सेना के सभी भागों से मिलकर बनी शकट व्यूह रचना को पारिपतन्तक व्यूह कहते हैं। जिस व्यूह में आगे, पीछे और मध्य भाग एक साथ मिल जाय उसे मंडल व्यूह कहते हैं। चारों ओर से आक्रमण सर्वतोभद्र व्यूह होता है, जब उस व्यूह में आठ सेनायें मिलकर आक्रमण करें तो वह दुर्जय व्यूह कहलाता था। जब आगे, पीछे और पार्श्व की सेनायें स्वतन्त्र रूप से युद्ध करें तो असंहत व्यूह कहलाता था। यह बज्र, गोधा, उद्यानक या काक पक्षी और अर्धचन्द्रिका का व्यूह कहते हैं। इसके अतिरिक्त अरिष्ठ, अचल और अप्रतिहत् व्यूह का वर्णन भी कौटिल्य करता है।

गुप्तचर विभाग

सेना को सफलता शत्रु की शक्ति का ठीक-ठीक अनुमान कर उस पर प्रबल आघात करने से मिलती है। शत्रु की शक्ति के विषय में जानकारी प्राप्त करने के माध्यम गुप्तचर थे। मौर्य काल, जिसका प्रतिनिधित्व अर्थशास्त्र करता है, में गुप्तचर विभाग बहुत उन्नत था। अर्थशास्त्र में इस विभाग का विस्तार से वर्णन किया गया है। गुप्तचर, आमात्यों और राज कर्मचारियों पर निगरानी रखने और पौर तथा जनपद के लोगों के विचारों का पता लगाने के लिए नियुक्त किए जाते थे। दूसरे शब्दों में कह सकते हैं कि नागरिक और सैनिक दोनों प्रकार की जासूसी प्रचलन में थी।

गुप्तचर विदेशों में नियुक्त किए जाते थे, पड़ोसी देश, शत्रु देश तथा अन्य विदेशी राष्ट्रों की गति, नीति, विचार, भाव आदि का पता लगाने के लिए गुप्तचर सदा प्रयत्नशील रहते थे। गुप्तचर विभिन्न छद्मवेश धारण कर काम करते थे।

1. कापटिक छात्र–विद्यार्थी के वेश में।
2. उदास्थित–संन्यासी व वैरागी के छद्मवेश में प्रज्ञा और सदाचार से युक्त गुप्तचर।
3. गृहपतिका–किसान के वेश में।
4. तापस–मुण्ड या जटाधारी तपस्वी साधु के वेश में।
5. वैदेहक–व्यापारी।

इसके अलावा कुब्ज, किरात, मूक, बधिर, जड़ आदि होने का बहाना कर बहुत से गुप्तचर अपना कार्य करते थे। इस विभाग में विधवा ब्राह्मणी और वैश्यायें भी नियुक्त होती थीं।

ये सभी गुप्तचर दो वर्गों में विभक्त होते थे, प्रथम वे जो एक स्थान पर रह

कर कार्य करते थे, संस्था कहलाते थे और दूसरे वे जो घूम-घूम कर कार्य करते थे, संचार कहलाते थे। परस्पर अपरिचित तीन गुप्तचरों द्वारा लाये गए समाचार यदि एक ही तरह से मिलें तो उन्हें ठीक समझना चाहिए। अतः विजिगीषु राजा को चाहिए कि वह शत्रु, मित्र, मध्यम तथा उदासीन राजाओं और उनके अधीन मन्त्री, पुरोहित, सेनापति आदि अठ्ठारह प्रकार के अधीनस्थ कर्मचारियों के निकट, सभी स्थानों पर अपने गुप्तचरों को नियुक्त करे। साम्राज्य के अन्तर्गत किलों में व्यापार करने वाले लोगों को, किले की सीमा पर सिद्ध तपस्वियों को, अन्य स्थानों पर कृषक तथा उदास्थित पुरुषों और राज्य की सीमा पर चरवाहों को गुप्तचर के रूप में नियुक्त करना चाहिए। अतः हम कह सकते हैं कि आचार्य कौटिल्य के काल में नागरिक, सैनिक और राजनयिक तीनों ही स्तरों पर गुप्तचरी का प्रचलन था।

युद्ध

आचार्य कौटिल्य ने तीन प्रकार के युद्ध बताये हैं–

1. प्रकाश युद्ध 2. कूट युद्ध 3. तुष्णीम युद्ध

क्षत्रिय धर्म के अनुसार उचित और नैतिक उपायों से समस्त समाज का समर्थन पाकर प्रकाश्य रूप से जो युद्ध किया जाता था, उसी को प्रकाश युद्ध कहा जाता था। दोनों विरोधी पक्ष युद्ध की घोषणा के बाद अपनी-अपनी तैयारी करते थे। इसके विपरीत कूटयुद्ध का प्रयोग गुप्तरूप से शत्रु को भ्रमित करके नष्ट करने के लिए किया जाता था। आचार्य कौटिल्य का अभिमत है कि प्रकाश युद्ध का सहारा तभी लेना चाहिए, जब उसकी सेना सब प्रकार से सुसंगठित हो, बाहृय तथा आन्तरिक विपत्तियों से मुक्त हो और शत्रु पक्ष हर प्रकार से दुर्बल हो। अन्यथा उसे कूट का सहारा लेना चाहिए। कूटयुद्ध में परम्परागत युद्ध धर्म के नियमों का पालन करना आवश्यक नहीं होता है। शत्रु का नाश ही इसका प्रमुख उद्‌देश्य है। तुष्णीम युद्ध में गुप्तचरों तथा अन्य लोगों की सहायता से शत्रु के विभिन्न पदाधिकारियों की हत्या करा दी जाती थी। इस युद्ध में वेश्याओं और विष कन्याओं का प्रयोग कर राजा या राजकुमारों को मरवा दिया जाता था। अर्थशास्त्र के दशम् अधिकरण में शत्रु के नाश के लिए माया तथा मन्त्रों के प्रयोग की विधियों का विस्तार से वर्णन किया गया है। इसी अधिकरण में शत्रु के नाश के लिए माया तथा मन्त्रों के प्रयोग का भी सविस्तार निर्देश किया गया है, परन्तु इसके साथ ही कौटिल्य ने लिखा है कि कूट युद्ध के उपायों का प्रयोग दुष्ट और अधार्मिक राजा के समूल नाश के लिए किया जाना चाहिए दूसरों के लिए नहीं।

मित्र

अर्थशास्त्र में राज्य के सप्तांग का अन्तिम अंग मित्र है। कौटिल्य के अनुसार विपदा, अशान्ति और विस्तार की दृष्टि से विजिगीषु राजा के मित्रों का होना अति आवश्यक है। मित्र राज्य ऐसा होना चाहिए जिससे वर्षों से मैत्रीपूर्ण सम्बन्ध चले आ रहे हों, स्थाई हों, अपने वश में रह सके और जिनसे विरोध की सम्भावना न हो और समय आने पर शीघ्रता के साथ बड़े पैमाने पर युद्ध की तैयारी करने में समर्थ हो।

मण्डल सिद्धान्त

कौटिल्य ने अन्तर्राज्यीय सम्बन्धों के निर्धारण हेतु मंडल सिद्धान्त का प्रतिपादन अपने ग्रन्थ अर्थशास्त्र में किया है। इस सिद्धान्त के अनुरूप राजा का लक्ष्य राज्य की सुरक्षा के साथ उनका विस्तार भी है। फलतः कौटिल्य एक आक्रामक और विस्तारवादी विदेशनीति का प्रतिपादन करता है।

कौटिल्य, मण्छल सिद्धान्त का केन्द्र विजिगीषु (राजा) को मानता है। जो राजा आत्मसम्पन्न, द्रव्यप्रकृति सम्पन्न और नीति का आश्रय लेने वाला होता है उसे विजिगीषु (राजा) की संज्ञा दी गई है। इस प्रकार विजिगीषु का आशय उस शासक से है, जो साम्राज्य विस्तार की इच्छा और चक्रवर्ती सम्राट की महत्वाकांक्षा की प्राप्ति के लिए सतत प्रयत्नशील हो ऐसे राजा को मण्डल का केन्द्र मानकर आचार्य कौटिल्य ने विजिगीषु के अग्रवर्ती और पृष्ठवर्ती शासकों के साथ सम्बन्धों के निर्धारण की परिकल्पना प्रस्तुत की है। इस परिकल्पना का मूल इस तथ्य में निहित है कि विजिगीषु (राजा) के चारों ओर के सीमावर्ती राजा अरि कहलाते हैं और अरि प्रकृति राजाओं की सीमा से लगे राजा मित्र कहलाते हैं।

विजिगीषु (राजा) की विजय-यात्रा में आगे क्रमशः अरि, मित्र, अरिमित्र, मित्रामित्र और अरिमित्रामित्र, ये पाँच राजा आते हैं। इसी प्रकार उसके पीछे क्रमशः पार्ष्णिग्राह (पीठ का शत्रु), आक्रंदा, पार्ष्णिग्राहासार और आक्रंदासार ये चार राजा होते हैं। इसके अतिरिक्त दो और राज्य होते हैं। एक वह जिसकी सीमा विजिगीषु तथा अरि दोनों के समीप हो और जो दोनों में से किसी की भी सहायता कर सकता हो उसे मध्यमा कहते हैं। दूसरा वह जिसकी सीमा विजिगीषु या अरि या मित्र या किसी भी राज्य की सीमा से न मिलती हो और जो सबसे समर्थ हो, उसे उदासीन कहते हैं। इस प्रकार इन बारह राज्यों का एक मण्डल बनता है।

आक्रांदासार-पार्ष्णिग्राहासार-आक्रंदा-पार्ष्णिग्राह-विजिगीषु-अरि-मित्र-अरिमित्र-अरिमित्रमित्र विजिगीषु, मित्र और मित्रा-मित्र राज्य की तीन प्रकृति हैं। इन तीनों की अलग-अलग आमात्य, जनपद दुर्ग, कोष और सेना, पाँच प्रकृतियों और राजा सहित कुलयोग अठारह प्रकृतियों का एक मंडल होता है। अरि, मध्यमा और उदासीन आदि के मंडलों का यही क्रम आवर्ती होगा। इस प्रकार चार मंडलों में बारह राज प्रकृतियाँ और साठ अन्य प्रवृत्तियाँ मिलकर बहत्तर प्रकृतियाँ कही जाती हैं। कौटिल्य के अनुसार जिस राज्य की सीमा विजिगीषु की सीमा से मिलती है वह अरि (शत्रु) होगा। इसी प्रकार अरि से जिस राज्य की सीमा मिलेगी, वह अरि का अरि (शत्रु) होगा। अतः विजिगीषु का मित्र होगा। इस प्रकार मण्डल में मित्र, मित्रामित्र, आक्रंदा तथा आक्रंदासार विजिगीषु के मित्र होंगे तथा अरि, अरिमित्र, अरिमित्रामित्र, पार्ष्णिग्राह तथा पार्ष्णिग्राहासार विजिगीषु के शत्रु होंगे।

आचार्य कौटिल्य ने मण्डल में स्थित बारह राजाओं या शासकों को दृष्टि पथ में रखते हुए अपनी विदेशनीति को निर्धारित करने और क्रियान्वित करने के उपायों (तत्वों) का उल्लेख किया है। प्राचीन आचार्यों से सहमति व्यक्त करते हुए विदेशनीति में षटगुणों के सिद्धान्त का ही प्रतिपादन किया है। विदेशनीति के निर्धारण की ये विधायें क्रमशः 1. सन्धि 2. विग्रह 3. आसन 4. यान 5. संश्रय 6. द्वैधीभाव के नाम से प्रसिद्ध हैं।

(क) 1. दो राज्यों (राजाओं) का कुछ शर्तों पर मेल (सन्धि)
2. शत्रु का कोई अपकार करना (विग्रह)
3. उपेक्षा करना (आसन)
4. चढ़ाई करना (यान)
5. आत्म समर्पण करना (संश्रय)
6. सन्धि विग्रह दोनों से काम लेना (द्वैधी भाव) कही जाती है।

(ख) 1. शत्रु की तुलना में दुर्बल तो सन्धि,
2. शत्रु की तुलना में बलवान तो विग्रह
3. शत्रु की तुलना में समान बल तो आसन,
4. शत्रु की तुलना में सर्वशक्ति सम्पन्न तो यान,
5. शत्रु की तुलना में आसक्त तो संश्रय,
7. यदि शत्रु से सहायता की अपेक्षा हो तो द्वैधी भाव को अपनाना चाहिए।

उपरोक्त नीतियों में से किस नीति का क्रियान्वयन किया जाना चाहिए, इस पर अपने विचार व्यक्त करते हुए आचार्य कौटिल्य ने लिखा है कि राजा को उसी

नीति का पालन करना चाहिए, जिसमें अपनी प्रगति और विकास तथा शत्रु की अवनति एवं विनाश हो सके। जिस नीति से अपनी क्षति और शत्रु की कोई क्षति न हो उसका कदापि पालन नहीं किया जाना चाहिए। इस प्रकार तुलनात्मक रूप से लाभ और हानि का अनुपात और दीर्घकालिक हित को ध्यान में रखते हुए ही अपनी नीति का क्रियान्वयन करना चाहिए।

विजिगीषु राजा को सर्वप्रथम अपनी शक्ति का सही मूल्यांकन करने के उपरान्त ही षटगुण नीति का क्रियान्वयन करना चाहिए।

सन्धि—विदेश नीति सम्बन्धी इस विधा पर अपने विचार व्यक्त करते हुए आचार्य कौटिल्य ने लिखा है कि अपने से शक्तिशाली और बराबर शक्ति वाले राजाओं के साथ सन्धि और इसके विपरीत दशा में विग्रह कर देना चाहिए। आचार्य कौटिल्य ने शक्ति की तुलना के आधार पर शक्तिशाली, बराबर शक्तिवाले और दुर्बल शक्ति वाले राजा के प्रति विजिगीषु की सन्धि की प्रकृति को छः प्रकार का बताया है।

जब पराजित राजा सेना तथा धन लेकर आत्मसमर्पण करे तो अमिष सन्धि, सेनापति या राजकुमार को सेवा में भेजकर सन्धि की जाती थी तो पुरुषान्तर सन्धि या आत्मरक्षण सन्धि, जब स्वयं और सेना में से एक ही सेवा करेगी तो अदृष्ट पुरुष सन्धि कहा है। इन तीनों सन्धियों का एक अन्य नाम दण्डोपतन सन्धि भी है।

जब धन देकर बन्धकों को मुक्त कराया जाय तो उसे परिक्रय सन्धि और धन की अदायगी किश्तों में हो तो उपग्रह सन्धि और जब धन अदायगी की किस्त का स्थान और समय निश्चित हो तो इसी उपग्रह सन्धि को प्रत्यय सन्धि कहते हैं। इसी सन्धि को कन्यादान सन्धि और सुवर्ण सन्धि के नाम से भी जाना जाता है। जिसमें सम्पूर्ण धनराशि तुरन्त अदा करनी हो उसे कपालसन्धि कहा गया है। इन चारों प्रकार की सन्धियों को कोषो पतन सन्धि कहा जाता है।

जब भूमि का एक भाग देकर सन्धि की जाय तो आदिष्ट सन्धि, अनउपजाऊ भूमि देकर सन्धि की जाय तो उसे उच्छिन्न सन्धि, जब भूमि की पैदावार के बदले भूमि को छुड़ा लिया जाय तो अपक्रय सन्धि और पैदावार के अतिरिक्त भी अदा करना पड़े तब प्रदूषण सन्धि कहते हैं। इन चारों में भूमि देने के कारण देशोपतन सन्धि के नाम से जाना जाता है।

विग्रह—आचार्य कौटिल्य का मत है कि जब शत्रु राजा और उसके राज्य के अंग दुर्बल तथा निष्क्रिय और आपदा के कारण शक्तिहीन हो गए हों और राज्य

की रक्षा में असमर्थ हों तो विग्रह करके चढ़ाई (यान) कर देना चाहिए। इसके साथ ही साथ जब विजिगीषु राजा की राजनीति, प्रशासनिक, आर्थिक और सैनिक दृष्टि से सुदृढ़ हो तथा दुर्ग एवं राजधानी की सुरक्षा व्यवस्था सुदृढ़ हो तो शत्रु पर आक्रमण कर देना चाहिए।

आसन—आसन शब्द के तीन पर्यायवाची शब्द क्रमशः स्थान, आसन और उपेक्षण हैं। किसी जगह चुप बैठे रहना और उपाय करते रहना आसान कहलाता है। किसी उपाय का प्रयोग न करना उपेक्षण कहलाता है।

आसन दस प्रकार के हैं—1. स्वस्थान 2. उपेक्षा 3. मार्गरोध 4. दुर्ग साध्य 5. राष्ट्रविकिरण 6. रमणीय 7. निकटासन 8. दुरमार्ग 9. प्रलोपासन और 10. पराधीन

प्रो. दीक्षितार ने अपनी पुस्तक "WAR IN ANCIENT INDIA" में लिखा है कि बहुत से विद्वानों ने आसन का अर्थ तटस्थता से लगाया है, परन्तु शत्रु के विरुद्ध किसी मोर्चे पर स्थिर होकर प्रतीक्षा करना ही इस शब्द की उचित व्याख्या लगती है। क्योंकि आचार्य कौटिल्य ने मंडल में विभिन्न राजाओं की स्थिति को अरि, मध्यम और उदासीन तीन श्रेणियों में विभक्त किया है और आक्रमण क्षेत्र से दूर स्थित होने के कारण उदासीन पर आक्रमण का उल्लेख नहीं मिलता है।

यान—जब शत्रु राजा प्रजा कल्याण के अयोग्य, अराजक, अत्याचारी और अन्यायी हो तो उसके विरुद्ध यान कर देना चाहिए। साथ ही साथ यह ध्यान रखना चाहिए कि अपनी सैन्य शक्ति सुदृढ़ हो तथा स्थान और काल के अनुकूल हो।

यान कई प्रकार का होता है जैसे-संधानज (मित्र शक्ति के साथ प्रयाण), पार्श्वनिरोध (पीछे से आक्रमण), मित्र विग्रहिणी (मित्र और शत्रु की शक्ति में फूट के बाद यान), द्वन्द्वज (अपनी सुरक्षा को स्थिर रखते आक्रमण), निव्यजि - (अपराजेय सेना का युद्ध के लिए प्रयाण), कुल्य (अधीनस्थ सामन्तों के साथ यान), एक शत्रु पर आक्रमण के बहाने दूसरे पर अचानक बिजली की तरह टूट पड़ने को शीघ्र गामिनी कहते हैं।

संश्रय—षड्गुण नीति का पंचम अंग संश्रय का शाब्दिक अर्थ है लगाव या आश्रय। जब राजा यह अनुभव करता है कि वह अपने प्रजा की रक्षा करने में समर्थ है। तो वह शक्तिशाली राजा का संश्रय ग्रहण करता है। यदि शत्रु राजा से शक्तिशाली राजा न हो तो शत्रु का ही आश्रय लेना चाहिए। दो शक्तिशाली राजाओं के संघर्ष में अपेक्षाकृत अधिक शक्तिवान का ही आश्रय लिया जाना चाहिए। यदि दोनों का ही आश्रय लेना आवश्यक है तो कपाल संश्रय का ही सहारा लिया जाना

चाहिए। जब संश्रय देने के लिए कई राजा इच्छुक हों तो जिसकी आमात्य आदि प्रकृतियाँ अनुकूल हों उसी का आश्रय लेना चाहिए। परन्तु आचार्य कौटिल्य का विचार है कि रक्षा का कोई उपाय न हो और विनाशु सुनिश्चित हो तभी आश्रय का सहारा लिया जाना चाहिए, क्योंकि आश्रय ग्रहण करने वाला अपनी राजनीतिक स्वतन्त्रता खो देता है और जब किसी का आश्रय न प्राप्त हो तो दुर्ग का आश्रय लेना चाहिए।

द्वैधी भाव–यह विदेश नीति की छठी नीति है जिसका अर्थ है शत्रु के विरुद्ध दुतरफा चाल। डा. श्याम शास्त्री ने इसे एक से शान्ति और दूसरे से युद्ध में लिप्त रहना बताया है। परन्तु यह व्याख्या अपूर्ण प्रतीत होती है। श्री मूलम की टीका में इस शब्द का अर्थ है कि केवल शब्दों द्वारा दो शत्रुओं में विश्वास पैदा करना, किन्तु गुप्त रूप से उन्हें नष्ट करने का प्रयास करना।

परवर्ती साहित्य में पाँच प्रकार के द्वैधी भाव का उल्लेख किया गया है–

1. मिथ्या-चित्र (न चाहते हुए भी मैत्री भाव का अभिनय करना)
2. मिथ्या वचर संज्ञा–(कहना कुछ सोचना कुछ)
3. मिथ्या कारण–(उपकार के नाम पर अपकार करना)
4. उभय वेतन–(शत्रु से छिपकर धन प्राप्त करना और अपने स्वामी की सेवा में बने रहना)
5. युग्म प्राभृतक–(दूसरे के नाम शक्ति संग्रह, परन्तु वास्तव में वह अपने लक्ष्य की प्राप्ति के लिए हो)।

आचार्य कौटिल्य का विचार है कि जब सन्धि और विग्रह में समान लाभ हो तो सन्धि का ही अनुसरण करना चाहिए। आसन और यान में समान लाभ की दशा में आसन ही अपनाना चाहिए। इसी प्रकार यदि संश्रय और द्वैधीभाव में समान लाभ की आशा हो तो द्वैधीभाव को ही ग्रहण करना चााहिए।

विदेश नीति सम्बन्धी षड्गुण नीति का पालन साम, दाम, भेद और दण्ड चार उपायों द्वारा किया जाता है।

1. साम–किसी भी विरोधी राजा से मैत्री भाव बनाये रखने की नीति को साम नीति कहते हैं। यह दो प्रकार की होती है - सत्य और असत्य। सत्य साम का प्रयोग शुद्ध चित्त राजा के विरुद्ध और असत्य साम का प्रयोग अधार्मिक राजाओं के विरुद्ध होता था। दूसरे शब्दों में कह सकते हैं कि विरोधी को लाभ और हानि दोनों पक्षों को स्पष्ट रूप से देखकर उसे अनुकूल करने की नीति साम होती है।

2. दाम—कूटनीति का दूसरा अंग दाम है, जिसमें शत्रु या विग्रही को धन देकर वश में लेना। कौटिल्य ने अपने से निम्न कोटि के राजाओं के प्रति इस नीति के प्रयोग की सिफारिश की है। शत्रु के भय के कारण भी दाम नीति का प्रयोग करना चाहिए। प्राचीन काल में विदेशनीति के एक आयाम के रूप में वैवाहिक सम्बन्ध स्थापित करने की परम्परा भी दाम नीति का ही परिणाम होती थी। इसीलिए इसे दान नीति भी कहा जाता है। अतः राजनीतिक उद्देश्य की प्राप्ति के लिए आर्थिक शक्ति का प्रयोग दाम कहलाता है।

3. भेद—भेद की नीति का अभिप्राय है शत्रु और उसकी प्रकृतियों के बीच भेद उत्पन्न करना। अर्थशास्त्र में भेद की विभिन्न प्रक्रिया हैं, जिनके द्वारा राजा और उसकी प्रकृतियों के बीच अविश्वास और असन्तोष तथा मतभेद और फूट पैदा कर उसे शक्तिहीन बना देना चाहिए। कौटिल्य ने शक्तिशाली शत्रु के विरुद्ध भेद का प्रयोग करने का सुझाव दिया है।

4. दण्ड—दण्ड का अभिप्राय सीधे बल प्रयोग की नीति से नहीं है बल्कि यह एक कूटनीतिक युद्ध की प्रक्रिया है। क्योंकि इसका प्रयोग युद्ध प्रारम्भ से पूर्व युद्ध की धमकी का प्रयोग अन्तिम उपाय के रूप में किया जाता है। जब साम, दाम, भेद का एक साथ या अलग-अलग प्रयोग असफल हो गया हो तभी दण्ड का सहारा लिया जाना चाहिए।

आचार्य कौटिल्य ने राज्य प्राप्ति से लेकर उसके संचालन एवं समृद्धि तथा विकास का व्यापक दर्शन अपनी रचना में प्रस्तुत किया है। इसके साथ युद्ध नीति, युद्धकला, सेना का संगठन, अस्त्र-शस्त्र कूटनीति, आर्थिक नीति, रक्षा और आक्रमण के विषय में जिस दूरदर्शिता और आश्चर्यजनक प्रतिभा का परिचय दिया, उसका प्रमाण इस तथ्य में निहित है कि उनके विचारों का अनुसरण न केवल प्राचीन और मध्य काल में हुआ, बल्कि वर्तमान समय में भी राज्य-राष्ट्र की नीतियों का आधार सदियों पूर्व प्रतिपादित सिद्धान्तों में खोजा जा सकता है।

अध्याय-5

मौर्यकालीन युद्धकला

भारत के राजनीतिक, सामाजिक, आर्थिक इतिहास में मौर्य काल का विशेष महत्त्व है। मौर्य साम्राज्य की स्थापना के साथ ऐतिहासिक जानकारी प्राप्त करने के लिए अनेक स्रोतों से प्राप्त साक्ष्यों की प्रचुरता हो जाती है। कौटिलीय अर्थशास्त्र, मुद्राराक्षस, पुराण, मालविकाग्निमित्रम, रजतरंगिणी, पतंजलि का महाभाष्य, बौद्ध और जैन साहित्य, ग्रीक यात्रियों के यात्रा विवरण, चीनी यात्रियों के यात्रा विवरण और पुरातात्विक साक्ष्यों आदि से मौर्य साम्राज्य की जो रूपरेखा तैयार होती है, वह बहुत ही स्पष्ट विवरणात्मक और नवीन परिवर्तनों की द्योतक है। इसके अतिरिक्त मौर्य साम्राज्य का एक और महत्त्व है। भारत के राजनीतिक एकीकरण का जो कार्य हर्यक वंशीय नरेशों ने प्रारम्भ किया था, उसे मौर्यों ने पूर्ण किया। इनके समय में भारतवर्ष का अधिकांश भाग एक सुदृढ़ राजनीतिक सूत्र में बंध गया।

326 ई. पू. सिकन्दर की सेनायें जब पंजाब के विभिन्न राज्यों में विध्वंसक युद्धों में व्यस्त थीं। इस समय मगध पर नदं वंश का शासक घनानंद शासन कर रहा था। यह कहना कठिन है कि देश की रक्षा के अवसर पर नन्द सम्राट यूनानियों को पीछे हटाने में समर्थ होता या नहीं। मगध के शासक के पास विशाल सेना अवश्य थी, किन्तु देश की रक्षा हेतु आवश्यक अपेक्षित जन सहयोग उसे प्राप्त नहीं था। यूनानी लेखकों (कर्टिअस, डियोडोरस तथा प्लूटार्क) के अनुसार महापद्म उग्रसेन के बेटे की सेना में 2 लाख पैदल, 20 हजार घुड़सवार, 2 हजार रथ और 3,4 या 6 सौ युद्ध के लिए प्रशिक्षित हाथी थे। बौद्ध ग्रंथ मिलिन्दपञ्हो में मगध में सत्ता परिवर्तन की क्रान्ति की भयंकरता का वर्णन है जिसमें भट्टशाल को नदंराज की विशाल सेना का सेनापति बताया गया है तथा युद्ध में विहतों की संख्या 100 कोटि सैनिक, 10,000 हाथी, 1 लाख घोड़े और 5000 रथी थे।

इस समय देश को एक ऐसे व्यक्ति की आवश्यकता थी जो मगध साम्राज्य की रक्षा तथा वृद्धि करे, विदेशी आक्रमण से उत्पन्न संकट को दूर करे और देश के विभिन्न भागों को एक शासन सूत्र में बाँध कर चक्रवर्ती सम्राट के आदर्श को चरितार्थ करे। शीघ्र ही राजनीतिक मंच पर एक ऐसा व्यक्ति प्रकट भी हुआ। इस व्यक्ति का नाम था चन्द्रगुप्त। जस्टिन आदि विद्वानों ने इसे सेन्ड्रोकोट्टस कहा है। विलियम जोन्स पहले विद्वान् थे, जिन्होंने सेन्ड्रोकोट्टस की पहचान भारतीय ग्रन्थों के चन्द्रगुप्त से की है। यह पहचान भारतीय इतिहास के तिथिक्रम की आधार बन गई है।

चन्द्रगुप्त मौर्य के प्रारम्भिक जीवन के सम्बन्ध में ऐतिहासिक साक्ष्यों की व्याख्या को लेकर विद्वानों में मतैक्य का अभाव है। कुछ विश्लेषणकर्ताओं ने ब्राह्मण ग्रन्थों, विष्णु पुराण की मध्यकालीन टीका तथा 10वीं शताब्दी की घुण्डिराज द्वारा रचित मुद्राराक्षस की टीका के आधार पर चन्द्रगुप्त को शूद्र माना है। चन्द्रगुप्त के प्रारम्भिक जीवन के सम्बन्ध में ब्राह्मण, बौद्ध एवं जैन परम्पराओं में अनुश्रुतियों के आधार पर केवल इतना ही कहा जा सकता है कि वह किसी कुलीन घराने से सम्बन्धित नहीं था। विदेशी वृत्तान्तों एवं उल्लेखों पर दृष्टिपात करने के बावजूद भी स्थिति कुछ अस्पष्ट ही बनी रहती है।

चन्द्रगुप्त मौर्य के प्रारम्भिक जीवन के पुनर्गठन का आधार भी किवदंतियाँ एवं परम्परायें ही अधिक हैं और ठोस प्रमाण कम है। इस सम्बन्ध में प्रायः प्रत्येक भारतीय साक्ष्य किसी न किसी रूप में चाणक्य और चन्द्रगुप्त के योग का उल्लेख करता है। प्रायः जिस ग्रन्थ में भी नन्दराज अथवा चन्द्रगुप्त का उल्लेख हुआ है, उसमें चाणक्य का नाम भी विद्यमान है। यूनानी लेखों को छोड़कर प्रायः सभी ग्रन्थ नंद वंश का विनाशक चाणक्य को ही मानते हैं। परन्तु अभाग्य से इस युग पुरुष की भी प्रारम्भिक जीवनी का ज्ञान ब्राह्मणेतर ग्रन्थों में प्राप्त कथाओं के अतिरिक्त नहीं मिलता है। सम्पूर्ण भारतीय साक्ष्यों के विवेचन के आधार पर इस काव्य का सारांश इस प्रकार प्रस्तुत किया जा सकता है कि नंद द्वारा अपमानित किए जाने पर चाणक्य ने उसे समूल नष्ट करने का प्रण किया। संयोग वश उसकी भेंट चन्द्र गुप्त से हो गई और वह उसे तक्षशिला ले गया। महावंश की टीका के अनुसार चाणक्य ने छः सात वर्षों तक उसे खूब शिक्षा दीक्षा दी थी। यूनानी लेखकों प्लूटार्क, जस्टिन के वर्णनों के आधार ऐसा प्रतीत होता है कि जिस समय सिकन्दर ने भारत पर आक्रमण किया था उस समय चन्द्रगुप्त पश्चिमी भारत में ही विद्यमान था। प्लूटार्क के अनुसार उसने स्वयं सिकन्दर को नंद के

ऊपर आक्रमण करने के लिए प्रोत्साहित किया था, परन्तु वह सफल न हो सका। इतना ही नहीं उसके धृष्टतापूर्ण व्यवहार से क्रुद्ध होकर सिकन्दर ने उसे मार डालने की आज्ञा दी थी, परन्तु उसने भाग कर अपनी जान बचाई। कदाचित चन्द्रगुप्त सिकन्दर की सहायता से मगध-राज्य हस्तगत करना चाहता था, परन्तु उसकी योजना सफल न हो सकी। यह भी प्रासंगिक जान पड़ता है कि चाणक्य ने चन्द्रगुप्त को यूनानी सैन्य संगठन और युद्ध कला का ज्ञान प्राप्त करने के लिए सिकन्दर के पास भेजा हो, जिसका उपयोग उसने सेल्यूकस और मगध के विरुद्ध सफलतापूर्वक किया।

इस विषय पर मतभेद है कि चाणक्य और चन्द्रगुप्त ने पहले मगध जीता या पंजाब से यूनानियों को निकाल बाहर किया। इसका प्रमुख कारण यह है कि यूनानियों ने एकमात्र पंजाब विजय का उल्लेख किया है और भारतीय ग्रन्थों ने एकमात्र मगध विजय का। डा. स्मिथ और डा. राय चौधरी का मत है कि पहले मगध जीता गया। यह मत, भारतीय ग्रंथों महावंश टीका, परिशिष्ट पर्वन, मुद्राराक्षस आदि में दिए गए कथानकों के आधार पर उचित नहीं है। यूनानी लेखकों से भी यही प्रकट होता है कि चन्द्रगुप्त की प्रारम्भिक कार्रवाइयों का क्षेत्र पश्चिमी भारत ही था। कदाचित् चन्द्रगुप्त ने शिक्षा-दीक्षा तक्षशिला में ही प्राप्त की होगी, क्योंकि उस समय यह भारत का प्रसिद्ध शिक्षा केन्द्र था। विभिन्न ऐतिहासिक साक्ष्यों और टामस हैवेल आदि विद्वानों के विश्लेषण के आधार पर यह मत न्यायसंगत प्रतीत होता है कि चाणक्य और चन्द्रगुप्त ने सर्वप्रथम पश्चिमी भारत पर ही अधिकार किया था।

सिकन्दर की मृत्यु के बाद चन्द्रगुप्त जो कि वाह्लीकों के विद्रोह का नेता था, विदेशियों के अधिकार से इनके प्रदेशों के मुक्त कर, उन्हीं वाह्लीकों की एक बहुत बड़ी सेना तैयार करके मगध पर चढ़ाई की और घनघोर युद्ध के उपरान्त नंद वंश को पराजित कर उसका उन्मूलन किया। रोमिला थापर का मत है कि चन्द्रगुप्त मौर्य और उसके समर्थकों की शक्ति नंदों के मुकाबले कम थी और यही वह बिन्दु है जहाँ कौटिल्य की कूटनीति उपयोगी सिद्ध हुई। चन्द्रगुप्त मौर्य ने इस प्रकार मौर्य साम्राज्य की नींव डाली। साम्राज्य निर्माण में सबसे अधिक बाधक गणराज्य या प्रजातन्त्रीय राज्य थे। साम्राज्य बनाने के लिए इन्हीं गणों की स्वतन्त्रता को नष्ट करना आवश्यक था।

चन्द्रगुप्त मौर्य के साम्राज्य पर पहली चढ़ाई सेल्यूकस निकेटर ने की जो कि सिकन्दर की मृत्यु के बाद उसके सेनापतियों में यूनानी साम्राज्य की सत्ता

के लिए हुए संघर्ष में पश्चिमी एशिया में अपना प्रभुत्व स्थापित करने में कामयाब रहा। अपने पूर्वी अभियान के दौरान वह भारत की ओर बढ़ा। अनुमानतः ई. पू. 305 में काबुल के मार्ग से होते हुए वह सिन्धु नदी की ओर बढ़ा। उसने सिन्धु नदी पार की और चन्द्रगुप्त की सेना से उसका सामना हुआ। सेल्यूकस पंजाब और सिन्ध पर अपना प्रभुत्व स्थापित करने के उद्देश्य से आया था, किन्तु इस समय की राजनीतिक स्थिति सिकन्दर के आक्रमण के समय से भिन्न थी। पंजाब और सिन्ध अब परस्पर युद्ध करने वाले छोटे-छोटे राज्यों में विभक्त नहीं थे, बल्कि एक साम्राज्य का अंग थे। आश्चर्यपूर्ण तथ्य यह है कि यूनानी तथा रोमी लेखकों ने सेल्यूकस और चन्द्रगुप्त के बीच हुए युद्ध का कोई विस्तृत विवरण नहीं दिया है। केवल एथियानस ने लिखा है कि "सेल्यूकस ने सिन्ध नदी पार की और भारत के सम्राट चन्द्रगुप्त से युद्ध छेड़ा, अन्त में सन्धि हुई और वैवाहिक सम्बन्ध स्थापित हो गया।" जस्टिन के अनुसार चन्द्रगुप्त से सन्धि करके पूर्वी राज्य को शान्त करके सेल्यूकस एण्टीगोनस से युद्ध करने चला गया। अपने पूर्वी राज्य की सुरक्षा के लिए सेल्यूकस ने चन्द्रगुप्त से सन्धि करना ही उचित समझा और उस सन्धि को उसने वैवाहिक सम्बन्ध से और अधिक पुष्ट कर लिया। स्ट्रबो का कथन है कि सेल्यूकस ने ऐरियाना के प्रदेश, चन्द्रगुप्त को विवाह सम्बन्ध के फलस्वरूप दिए। इतिहासकारों का आमतौर पर यह मत है कि सेल्यूकस ने चन्द्रगुप्त को चार प्रान्त-एरियान, आराकोसिया, जेड्रोसिया और पेरीपेमिसदाई (अर्थात् काबुल, कंधार, मकरान और हेरात प्रदेश) दहेज में दिए। अशोक के लेखों से सिद्ध होता है कि काबुल की घाटी और गान्धार, मौर्य साम्राज्य के अन्तर्गत थी। प्लूटार्क के अनुसार चन्द्रगुप्त ने सेल्यूकस को 500 हाथी उपहार में दिए। इस सन्धि के परिणामस्वरूप ही हिन्दूकुश मौर्य साम्राज्य और सेल्यूकस के राज्य के बीच सीमा बन गया। 2000 से अधिक वर्ष पूर्व भारत के प्रथम सम्राट ने उस प्राकृतिक सीमा को प्राप्त किया, जिसके लिए अँग्रेज तरसते रहे और मुगल सम्राट भी पूरी तरह प्राप्त करने में असमर्थ रहे। वैवाहिक सम्बन्ध से मौर्य सम्राटों और सेल्यूकस वंश के राजाओं के बीच मैत्रीपूर्ण सम्बन्ध का सूत्रपात हुआ। सेल्यूकस ने अपने राजदूत मेगस्थनीज को चन्द्रगुप्त के दरबार में भेजा। ये मैत्री सम्बन्ध दोनों के उत्तराधिकारियों के बीच भी बने रहे।

विश्वविजयी सिकन्दर जिस सेना को लेकर भूमण्डल विजित करने निकला था, वह यूनानी सेना अवश्य ही अपनी अनोखी युद्ध कला और संगठन के कारण विश्व विश्रुत थी और रण-कौशल से अपनी सेना और साम्राज्य रक्षा के लिए

उसे पराजित करना यदि असम्भव नहीं तो कठिन अवश्य था, परन्तु भारत के महान् वीर चन्द्रगुप्त ने यूनानी-शिविर में रहकर उनकी युद्ध कला पूर्ण ज्ञान प्राप्त कर लिया था। इसलिए उनकी युद्ध कला, चाल-ढाल, नियमादि से वह सम्पूर्ण रूप से परिचित था। यूनानी लेखक प्लूटार्क तथा जस्टिन का कथन है कि चन्द्रगुप्त का शासन सारे भारतवर्ष पर था। प्लूटार्क ने तो यहाँ तक लिखा है कि चन्द्रगुप्त ने पाँच लाख सैनिकों की विशाल सेना लेकर सारे भारत को रौंद दिया था। बौद्ध ग्रंथ महावंश भी सारे जम्बूद्वीप पर चन्द्रगुप्त का अधिकार होना बताता है। डॉ. हेमचन्द्र राय चौधरी का कहना है कि प्लूटार्क, जस्टिन, ममूलनार के वक्तव्य और मैसूर के अभिलेख को एक साथ मिलाकर पढ़ने से हमें ऐसा प्रतीत होता है कि प्रथम मौर्य शासक ने विन्ध्य पर्वत के उस पार के कुछ अंचलों पर विजय प्राप्त कर ली थी। डॉ. राधा कुमुद मुखर्जी की भी यही राय है, परन्तु डॉ. पी. एन. मुखर्जी आदि कुछ विद्वान चन्द्रगुप्त का दक्षिण भारत पर अधिकार होना स्वीकार नहीं करते। विद्वानों के मतभेद के बावजूद सत्य तो यह है कि चन्द्रगुप्त का साम्राज्य बंगाल से हिन्दूकुश तक और मालवा, गुजरात, सौराष्ट्र तथा दक्षिण भारत में कुछ अंश तक विस्तृत था।

चन्द्रगुप्त मौर्य ने जिस सेना की सहायता से पंजाब और सिन्ध से यूनानियों को निकाल बाहर किया, नन्द साम्राज्य को उखाड़ फेंका, सम्पूर्ण उत्तरी भारत में एकछत्र साम्राज्य की स्थापना, आभ्यन्तरिक षड्यन्त्रों और उपद्रवों का दमन, नेपाल, कश्मीर और कम्बोज जैसे दुर्गम पहाड़ी क्षेत्रों को अधीनता स्वीकार करने के लिए बाध्य किया, उस विशाल सेना के संगठन, युद्ध कला के बारे में मेगस्थनीज की पुस्तक ''इंडिका'' और कौटिल्य के अर्थशास्त्र से कुछ परिज्ञान प्राप्त होता है।

अभाग्यवश मेगस्थनीज की पुस्तक विलुप्त हो गयी। परन्तु इस पुस्तक के अनेक उद्धरण परगामी लेखकों स्ट्रैवो, प्लिनी, एरियन आदि के ग्रन्थों में संरक्षित हैं। डॉ. स्वानबेक ने सर्वप्रथम 1846 में इन समस्त उद्धरणों को संग्रहीत करके प्रकाशित किया था। 1891 में मैक क्रिण्डल महोदय ने इनका अँग्रेजी में अनुवाद किया।

मेगस्थनीज द्वारा भारत विवरण

मेगस्थनीज के अनुसार सारे भारत की जनसंख्या सात जातियों में बँटी हुई थी—दार्शनिक, कृषक, अहीर-गड़ेरिये, कारीगर, सैनिक, निरीक्षक और सभासद। सैनिकों की जाति के बारे में उनकी उक्ति इस प्रकार है—

"पाँचवीं जाति सैनिकों की है। यह अच्छी तरह संगठित तथा युद्ध के लिए सुसज्जित रहती थी। संख्या में इसका दूसरा स्थान है। शान्ति के समय वह आराम और आमोद-प्रमोद में मस्त रहती है। सारी सेना, योद्धा लोग, युद्ध के घोड़े और हाथी-इन सबका राजकीय खर्च से पालन होता है।"

सैनिक जाति के जनसंख्याधिक्य से यह प्रकट होता है कि चन्द्रगुप्त का साम्राज्य प्रधानतः सैनिक शक्ति पर प्रतिष्ठित था। अनार्यतत्व प्रधान मगध-शासकों को यह सुविधा थी कि वहाँ भृति पर बहुत सैनिक प्राप्त हो सकते थे। शायद इसी कारण मगध की सेना विशाल थी।

युद्ध परिषद और सेना के अंग

मौर्यों की सैन्य व्यवस्था अत्यन्त सुसंगठित और सुव्यवस्थित थी। चन्द्रगुप्त की सेना जैसा कि डियोडोरस ने अपनी पुस्तक युनिवर्सल हिस्ट्री में लिखा है कि एक नागरिक सेना न होकर एक स्थाई सेना थी, जिसे राज्य की ओर से आवश्यक अस्त्र-शस्त्र, घोड़े हाथी एवं खाद्य पदार्थ इत्यादि दिए जाते थे। यूनानी लेखकों के अनुसार चन्द्रगुप्त के समय सेना में 6 लाख पैदल , 30 हजार अश्वारोही और 9 हजार हाथी थे, परन्तु रथों की निश्चित संख्या का उल्लेख नहीं किया है, फिर भी ऐसा विश्वास किया जाता है कि नन्दों के समान उसके पास 8 हजार रथ रहे होंगे।

चन्द्रगुप्त मौर्य की कुल सेना के बारे में मतभेद है, किन्तु जैसा कि एरियन ने लिखा है कि प्रत्येक रथ पर चालक के अतिरिक्त दो योद्धा और हाथी पर एक चालक के अतिरिक्त तीन धनुर्धारी होते थे। इस विवरण को यदि प्लूटार्क चन्द्रगुप्त द्वारा चन्द्रगुप्त मौर्य की सेना के आँकड़ों के साथ समाहित करके देखा जाय तो स्पष्ट होता है कि सेना में :

पैदल - 6,00,000

अश्वारोही - 30,000

हाथी पर (1 महावत +3 धनुर्धारी) = 4×9000 = 36,000

रथ पर (1 चालक +2 योद्धा) 3×8000 = 24,000

अतः कुल सेना की संख्या 6,90,000 की रही होगी।

उक्त विवरण से स्पष्ट होता है कि एक, चन्द्रगुप्त के पास एक पेशेवर सेना थी। दूसरे, सेना का प्रबन्ध पूर्णतया राजकोष से होता था। तीसरे, अनुचरों की भर्ती चारों अंगों तथा सेना के जानवरों की देखभाल करने हेतु भी की जाती थी।।

मेगस्थनीज चन्द्रगुप्त मौर्य की सेना के संगठन के विषय में लिखता है कि सेना एक युद्ध परिषद के अधीन थी जिसमें तीस सदस्य होते थे। छः विभिन्न स्वतन्त्र विभाग थे। प्रत्येक विभाग के पाँच-पाँच सदस्य इस युद्ध परिषद के सदस्य होते थे। ये छः उपविभाग थे—पैदल, अश्वारोही, हाथी, रथ, नौ सेना एवं आपूर्ति।

ग्रीक लेखकों द्वारा सेना के विभिन्न अंगों की भूमिका, महत्त्व आदि के विषय में यत्र-तत्र उल्लेख किया है—जैसा कि एरियन लिखता है कि पदाति सेना जब युद्ध के लिए सुसज्जित होती थी, तब वे एक बहुत बड़ा धनुष लेकर चलते थे, जिसका आकार लम्बाई में सैनिक के बराबर होता था। इस धनुष को भूमि पर टेककर बायें पैर से इसे दबाते थे और बाण को पीछे खींचकर तीन गज लम्बा वृहदाकार वाण शत्रु की ओर फेंकते थे। भारतीय धनुर्धर द्वारा निक्षिप्त इस प्रचंड बाण का प्रतिरोध कोई भी वस्तु नहीं कर सकती थी। न ढाल और न ही धातुनिर्मित कवच।

इसी प्रकार मेगस्थनीज लिखता है कि अश्वारोही सेना का एक स्वतन्त्र विभाग था। राज्य अधिकृत अच्छे नस्ल के अश्वों को अस्तबलों में शिक्षित घुड़सवारों और सईसों को देख-रेख में रखा जाता था। ऐसे ही शिक्षित अश्वारोही सरपट भागते हुए घोड़ों को उछल कर रोक लेते थे। घुड़सवार दो भालों से लैस रहते थे और उनके पास जो ढालें होती थीं, वे पैदल सैनिकों की तुलना में छोटी होती थीं। घोड़े की पीठ पर वे कोई जीन नहीं डालते थे, घोड़े के मुँह में चमड़े की बनी एक प्रकार की लगाम इस्तेमाल करते थे।

गज सेना मौर्यों की सेना का प्रमुख अंग थी। अपना साम्राज्य फैलाने के काम में मगध की सफलता का एक प्रधान कारण था, पर्याप्त संख्या में हाथी प्राप्त करने की सुविधा। ये हाथी कलिंग और अंग देश में बहुत होते थे। मेगस्थनीज ने विस्तार से बताया है कि ये हाथी कैसे पकड़े जाते थे? इनकी आँखों की तकलीफ के लिए दूध और घाव भरने के लिए सुअर की चर्बी प्रयोग में लायी जाती थी। हाथियों की देखभाल के लिए एक कमेटी बनी हुई थी और हाथियों के लिए राजकीय फीलखाना बना हुआ था। एक हाथी पर चार आदमी बैठते थे, जिनमें तीन धनुर्धारी होते थे और एक महावत।

युद्ध में हाथियों का महत्त्व कितना था, यह सिकन्दर के शब्दों से प्रकट होता है कि जब वह झेलम नदी पार कर रहा था "केवल उन हाथियों के कारण ही घोड़ों को अन्य तट पर ले जाना सम्भव नहीं हो रहा है, अन्यथा बाकी सेना बिना किसी कठिनाई के नदी पार कर सकती है।"

मेगस्थनीज ने रथ सेना के बारे में यों लिखा है कि सेना के कूच करते समय घोड़े रथों में जोते जाते हैं और घोड़ों को यूँ ही बल्गा थाम कर युद्ध क्षेत्र तक लाया जाता है जिससे रथ खींचने से उनके पैर थक न जायें या सूज न जायँ। रथ चालक के अतिरिक्त दो योद्धा रथ पर बैठते थे। रथों में एक खराबी यह थी कि जलमग्न, कीचड़ वाली तथा रेतीली भूमि पर अपने वजन से उसके पहिये जमीन में धँस जाते थे और रथारोही योद्धा विपत्ति में फँस जाता था। झेलम के संग्राम में ऐसा ही हुआ, जब रात में वर्षा के कारण जमीन फिसलनदार हो गयी थी और घोड़ों ने घबड़ाकर रथों को या तो कीचड़ में या नदी में ले जाकर फेंक दिया।

नौ सेना

नौ सेना को सेना के एक अंग के रूप में संगठित करने का श्रेय चन्द्रगुप्त को ही जाता है। चन्द्रगुप्त के जहाजी बेड़े में एरियन के अनुसार कुल 800 जहाज थे, जबकि कर्टिअस और डियोडोरस का कहना है कि इस जहाजी बेड़े में कुल 1000 जहाज थे, परन्तु टालमी की सम्मति है कि कुल जहाजों की संख्या 2000 थी। टालमी के विवरण को अधिक प्रामाणिक माना जाता है।

मेगस्थनीज का कहना है कि जहाज बनाने वालों को राज्य की ओर से वेतन मिलता था। स्ट्रैबो का कहना है कि राज्य की तरफ से यात्रा और व्यापार के लिए जहाज एवं नौकाएँ भाड़े पर दे दी जाती थीं। इससे यह स्पष्ट है कि राज्य भर के जलयान राजकीय सम्पत्ति थे। जहाज और नौकाओं की सुरक्षा की ओर राज्य बहुत ध्यान देता था। सिकन्दर ने भारतीय मुहिम के दौरान सिन्ध और झेलम नादियों को नौकाओं की सहायता से ही पार किया। ग्रीक लेखकों के विवरणों के आधार पर यह ज्ञात होता है कि चन्द्रगुप्त मौर्य के शासन काल में नौकायन की बड़ी उन्नति हो चुकी थी, यद्यपि नौका युद्ध का विवरण हमें कहीं मिलता नहीं है।

यातायात तथा युद्ध सामग्री विभाग

चन्द्रगुप्त की सेना के छः उप विभागों में कमिसैरियट का विभाग भी बड़ा सुख्यवस्थित और सुनियन्त्रित था। सेना की सब आवश्यकताओं को पूरा करना, उसके लिए सब प्रकार का प्रबन्ध करना दण्डपाल का काम था। सांग्रामिक सामान ढोने वाली बैलगाड़ियों के अध्यक्ष के साथ इन्हें योगसूत्र बनाये रखना पड़ता था।

शायद इसी के अध्यक्ष का नाम गाविकाध्यक्ष था। सेना के लिए अनाजों का बन्दोबस्त करना भी इन्हीं के सुपुर्द था। वृहद्-युद्ध-वाद्य यन्त्र के वाहक और वादक भी इसी विभाग के अन्तर्गत होते थे।

गुप्तचर व्यवस्था

मेगस्थनीज ने एक छठी जाति का भी उल्लेख किया है, जो गुप्तचरों की थी। गुप्तचर राजा द्वारा निर्धारित क्षेत्रों में जाकर सभी बातों की जानकारी प्राप्त करते थे। जिससे किसी भी प्रकार का आश्चर्यपूर्ण आक्रमण या स्वतः जनता द्वारा विद्रोह की खबर राजा को पहले मिल जाया करती थी। राज्य की सुरक्षा हेतु गुप्तचर विभाग पूर्ण रूप से उत्तरदायी था। ये राज्य के प्रत्येक कार्य का निरीक्षण करते थे और उसकी सूचना राजा को देते थे, जो सबसे अधिक योग्य और विश्वासपात्र होते थे। वे राजधानी और राजशिविर के निरीक्षण के लिए नियुक्त किए जाते थे। एरियन ने इन निरीक्षकों को सुपरिन्टेन्डेन्ट कहा है। यह निश्चित रूप से नहीं कहा जा सकता है कि ये किस जाति के होते थे। परन्तु ऐसा प्रतीत होता है कि इसमें ब्राह्मण, क्षत्रिय और वैश्य सम्मिलित थे।

पाटलिपुत्र का वर्णन

मेगस्थनीज के वर्णन में एक उल्लेखनीय तथ्य पाटलिपुत्र के किले का वर्णन है। वर्तमान समय में जिसके पुरातात्विक प्रमाण भी मिल चुके हैं। मेगस्थनीज ने पाटलिपुत्र को पोलीबोथ्रा के नाम से पुकारा है और उसका विस्तृत वर्णन किया है। यह गंगा और सोन नदियों के संगम पर था और यह प्राचीन भारत का सबसे बड़ा नगर था। जिसकी लम्बाई 9.1/5 मील और चौड़ाई 1.5 मील थी। इस नगर को चारों ओर से 600 फुट चौड़ी तथा 30 फुट गहरी खाई घेरे हुई थी। साथ ही साथ इसे एक ऊँची दीवार भी घेरे हुई थी। इस दीवार में 570 बुर्ज और 64 दरवाजे थे। इस दीवार का निर्माण लकड़ी तथा पत्थर से हुआ था।

पाटलिपुत्र नगर का प्रबन्ध एक तीस सदस्यीय नगर व्यवस्थापिका के द्वारा होता था, इसमें 5-5 सदस्यों की 6 समितियाँ थीं।

पहली समिति–यह उद्योग-धन्धों की देख-भाल करती थी। यह वस्तुओं के उचित निर्माण तथा उचित पारिश्रमिक की जाँच करती थी।

दूसरी समिति–यह विदेशियों का प्रबन्ध करती थी। उन्हें मकान दिलाने तथा बीमार पड़ने पर उनकी चिकित्सा का प्रबन्ध इसी के हाथ में था। यदि

कोई विदेशी मर जाता था तो उसके दाह संस्कार तथा उसकी सम्पत्ति को उसके उचित अधिकारियों को देने का काम भी यही समिति करती थी। इस विशेष समिति के निर्माण के स्पष्ट होता है कि तत्कालीन भारत में विदेशियों की संख्या अधिक थी।

तीसरी समिति—यह जन्म-मरण की संख्या का ब्यौरा रखती थी।

चौथी समिति—यह व्यापार पर नियन्त्रण रखती थी। वह क्रय-विक्रय की वस्तुओं की जाँच करती तथा उनके व्यापारियों पर कर लगाती थी। बटखरों की जाँच करना भी इसी समिति का कार्य था।

पाँचवीं समिति—यह समिति तैयार माल और व्यापारियों पर कड़ी निगरानी करती थी, जिससे नये माल में पुराना माल न मिला सकें।

छठी समिति—इसका कार्य नगर के व्यापारियों से बिक्री वस्तुओं पर कर वसूल करना था।

मेगस्थनीज के भारत विवरण के मूल्य पर विद्वानों में मतभेद रहा है। इस यूनानी लेखक की सबसे अधिक कटु आलोचना स्ट्रैबो ने की थी। वह इसे नितान्त झूठा तथा उसके लेखों को सर्वथा अविश्वसनीय बताता है, परन्तु आश्चर्य की बात यह है कि अनेक परगामी लेखकों ने मेगस्थनीज को झूठा बताने के बावजूद भी उसके ग्रन्थ इण्डिका से बहुत सामग्री ली है।

इसमें कोई सन्देह नहीं है कि मेगस्थनीज के विवरण में अनेक त्रुटियाँ और अशुद्धियाँ हैं। उदाहरणार्थ, उसने भारतवर्ष में चार वर्गों के स्थान पर सात मूल जातियों का उल्लेख किया है। भारतीयों को लेखन कला और लिखित कानून से अपरिचित बताया है। भारतवर्ष पर हेरक्लीज और डियानीसिअस के आक्रमणों का उल्लेख किया है तथा भारतवर्ष में अनेक मुखहीन, नासिका विहीन, एकाक्षी तथा अति दीर्घकर्ण जातियों को रहते हुए बताया है।

यदि हम मेगस्थनीज के विवरण पर विचार करें तो इसी निष्कर्ष पर पहुँचेंगे कि ये अशुद्धियाँ निम्न तथ्यों पर आधारित हैं—

(क) यूनानी होने के कारण वह कुछ विशिष्ट भारतीय प्रथाओं को भली प्रकार समझ नहीं पाया। उदाहरण के लिए भारतवर्ष की चतुर्वर्ण - व्यवस्था उसके लिए नवीन थी। अतः सम्भव है कि उसने यूनानी कार्य-विभाजन परम्परा के अनुसार भारतीयों को भी सात जातियों में विभाजित कर दिया हो।

(ख) एक अन्य बात जो मेगस्थनीज ने लिखी है, वह है पाटलिपुत्र के किले

में लकड़ियों का प्रयोग, जबकि, कौटिल्य ने किले में लकड़ी का प्रयोग वर्जित बताया है।

(ग) अर्थशास्त्र से विदित होता है कि "नवाध्यक्ष" सैन्य अधिकारी न होकर नागरिक अधिकारी था, जो कि जल मार्गों तथा उससे सम्बन्धित अन्य बातों के लिए सामान्य निरीक्षण का अधिकारी था। इसी प्रकार आपूर्ति एवं यातायात को भी अर्थशास्त्र में सैन्य व्यवस्था में शामिल नहीं किया गया है। ग्रीक वर्णनों से स्पष्ट होता है कि चारों अंगों के अतिरिक्त चन्द्रगुप्त ने नौ सेना और पूर्ति विभाग को अपनी सेना में नये रूप में स्थापित किया। दूसरे स्थान पर यह भी स्पष्ट होता है कि चन्द्रगुप्त ने शस्त्रों को बनाने वाली फैक्ट्रियों और अस्तबलों को राज्य प्रशासन के अधीन रखा।

(घ) मेगस्थनीज ने जिस अधिकारी को दुर्गपाल बताया है, अर्थशास्त्र में उसे अन्तः पाल कहा गया है।

(ड़) मेगस्थनीज ने लिखा है कि भारतीयों को उस समय लिपियों का ज्ञान नहीं था जो कि अपने आप में त्रुटिपूर्ण है।

मौर्य काल का आगमन प्राचीन भारतीय इतिहास में अन्तर्राज्यीय-व्यवस्था सम्बन्धी पुरातन नियमों का समापन कर एक नये युग का सूत्रपात करता है। प्राचीन राज्य व्यवस्था में किसी कमजोर राज्य और उसके अधीन राज्य को समाप्त कर एक शक्तिशाली साम्राज्य द्वारा अपने में मिला लिया जाता था। परन्तु मौर्यों के उदय के साथ ही विदेशों से भी राजनयिक सम्बन्धों की स्थापना हुई, जिसका प्रमुख उदाहरण चन्द्रगुप्त और सेल्यूकस के बीच सम्पन्न सन्धि है। जिसके तहत एक दूसरे के यहाँ दूतों के आदान-प्रदान को भी स्वीकार किया गया। यह सम्बन्ध अशोक के काल में अपने चरमोत्कर्ष पर पहुँच गया, जिसने अपने विचारों और दर्शन को भारत की सीमा के परे मध्य एशिया, दक्षिण-एशिया और दक्षिण पूर्व एशिया में रहने वाले लोगों तक पहुँचाया और यह भारतीय सभ्यता एवं संस्कृति का एक स्वर्णिम अध्याय है।

हमें मौर्यों के समकालीन भारतीय राज्यों के विषय में अधिक जानकारी नहीं प्राप्त है। सिर्फ संक्षिप्त सी जानकारी कलिंग राज्य के बारे में प्राप्त है कि अशोक द्वारा मौर्य साम्राज्य में मिलाये जाने से पूर्व वह एक शक्तिशाली राज्य था। यह भी विदित होता है कि कलिंग युद्ध में डेढ़ लाख लोग बन्दी बनाये गए और एक लाख लोग मारे गए और बहुत से घायल हुए। इस युद्ध के अतिरिक्त अन्य जानकारी जैसे युद्ध कला और सैन्य संगठन के बारे में अन्य कोई जानकारी

प्राप्त नहीं होती है। अतः यह स्पष्ट होता है कि पूर्व मार्य काल की सैन्य व्यवस्था और युद्ध कला चन्द्रगुप्त की व्यवस्था और युद्ध कला के काफी निकट थी।

यद्यपि मेगस्थनीज का वर्णन कुछ अशुद्ध एवं त्रुटिपूर्ण है, फिर भी उसका काफी महत्त्व है, क्योंकि वह आँखों देखा वर्णन है। यदि उसका वर्णन प्राप्त न होता तो भारतवर्ष की तत्कालीन अवस्था और सैन्य संगठन के विषय में अनभिज्ञ ही रह जाते। बहुत कुछ यह भी सम्भव है कि मूल ''इण्डिका'' में कुछ अन्य ऐतिहासिक बातें भी लिखीं रही हों और परवर्ती लेखक उनका उल्लेख करना भूल गए हों।

अध्याय-6

राजपूतकालीन युद्धकला और तराइन का युद्ध

राजपूत काल

हर्षवर्धन की मृत्यु के बाद सातवीं शताब्दी से बारहवीं शताब्दी तक का काल भारत के इतिहास में राजपूतों का काल कहा जाता है। राजपूत कौन थे? इस सम्बन्ध में इतिहासकारों के अनेक मत हैं। प्राचीन काल से ही राजपुत्र शब्द का प्रयोग राजसत्ता से जुड़े हुए क्षत्रियों के लिए किया जाता रहा है। कुछ इतिहासकारों का मत है कि राजपूत इसी राजपुत्र का अपभ्रंश है। यह भी कहा जाता है कि राजपूताना क्षेत्र में रहने वालो क्षत्रिय अपने को राजपूत कहते हैं, परन्तु इस पर इतिहासकार एकमत नहीं हैं, क्योंकि गुजरात के सोलंकी और बंगाल के पाल भी राजपूत थे। परन्तु अधिकांश इतिहासकार राजपूतों के आर्य होने पर एकमत हैं। पृथ्वीराज रासो में 36 राजपूत कुलों को सूर्यवंशी, चन्द्रवंशी और यदुवंशी कहा गया है। ये सभी राजपूत कुल पूरे उत्तर भारत में छोटे-छोटे राज्यों में विभक्त थे। जैसे-दिल्ली में तोमर, कन्नौज और काशी में गुर्जर प्रतिहार, मालवा में परमार, महोबा और कलिंजर में चन्देल, गुजरात में सोलंकी तथा बंगाल में पाल आदि।

ये राजपूत बड़े ही स्वाभिमानी और युद्धप्रिय थे। राजपूताना क्षेत्र की भौगोलिक परिस्थितियों ने इन्हें वीर और कष्टसहिष्णु बना दिया। ये राजपूत आपस में निरन्तर युद्ध करते रहते थे। ऐसा समझा जाता है कि राजपूत कुल में जन्म ही युद्ध करने के लिए होता था। प्रत्येक राजपूत जन्मजात सैनिक होता था। इन राजपूतों ने एक नई प्रकार की युद्ध कला विकसित की।

राजूपतों की सेना पूर्णतः सामन्तवादी सेना थी। एक बड़े राजा के अधीन अनेक छोटे-छोटे सामन्त होते थे। जिन्हें एक निश्चित संख्या में सेना लेकर राजा

के पास आना पड़ता था। यदि वे ऐसा नहीं करते तो दण्डित होते थे और उनकी जागीर के छिनने का भी भय होता था।

राजपूत काल में घुड़सवार सेना का महत्त्व बहुत बढ़ गया था। सभी राजपूत अच्छे घुड़सवार सैनिक होते थे। घोड़े सेना को गति प्रदान करते थे। रेगिस्तानी क्षेत्र के कारण ऊँटों का महत्त्व भी बढ़ गया था। ऊँटों का प्रयोग पानी तथा अन्य सैनिक, साजो-सामान को ढोने के लिए किया जाता था।

हर्ष काल के उपरान्त यद्यपि हाथियों का महत्त्व बहुत कम हो गया था, परन्तु फिर भी राजपूत राजा हाथियों पर सवार होकर युद्ध संचालन करते थे। इसके साथ ही हाथियों का प्रयोग किलों को तोड़ने तथा शत्रु को रौंदने के लिए किया जाता था।

पैदल सेना में सैनिकों की संख्या सबसे ज्यादा होती थी। युद्ध की घोषणा होने पर सभी राजपूत अपने-अपने व्यक्तिगत अस्त्र-शस्त्र लेकर आ जाते थे। जिनके पास घोड़े नहीं थे, वे पैदल सेना के अंग बन जाते थे।

इस काल में राजपूतों ने पूरे राजपूताना क्षेत्र में अनगिनत दुर्गों का निर्माण किया, जो आकार में छोटे और बड़े होते थे। इन्हें गढ़ी कहते थे। जैसे - रणथम्भौर, नागौर, मण्डोर, समाना, हँसी, अजमेर, सिरसा आदि। इन दुर्गों की भूमिका दो प्रकार से महत्त्वपूर्ण होती थी - पहला, राज्य पर विदेशी आक्रमण की दशा में यह किले शत्रु को रोकने की दृष्टि से रक्षा पंक्ति का कार्य करते थे। दूसरे, राज्य की सेना एक स्थान पर केन्द्रित न होकर विभिन्न स्थानों पर रहती थी तथा आवश्यकतानुसार तत्काल सहायता प्राप्त हो जाती थी। इन दुर्गों में सैनिक, खाद्यान्न, साजो-सामान, तेल, पत्थर बड़ी मात्रा संग्रहित में होते थे।

राजपूत सेना में सैनिकों को अपने अस्त्र-शस्त्र स्वयं लाने होते थे। प्रत्येक राजपूत सैनिक व्यक्तिगत शौर्य पर अधिक विश्वास करता था तथा युद्ध प्रारम्भ होने पर वह अपने व्यक्तिगत पराक्रम का प्रदर्शन करने लग जाता था। युद्ध में विजय प्राप्त करना या वीरगति प्राप्त होना उसका उद्‌देश्य होता था। युद्धभूमि से पीछे हटना एक अतिनिन्दनीय कृत्य समझा जाता था। सेना को नकद वेतन देने की परम्परा नहीं थी। उन्हें जागीर प्रदान की जाती थी। सेना का चरित्र सामन्तवादी होने के कारण सैनिकों की निष्ठा राजा के प्रति उसके सामन्त की निष्ठा पर निर्भर होती थी। राजपूत सैन्य पद्धति अथवा राजपूतों का कोई भी इतिहास जौहर प्रथा के वर्णन के बिना अधूरा जान पड़ता है। जब कोई राजपूत राजा यह देखता था कि विजय की कोई उम्मीद नहीं है, तब एक शुभ मूहूर्त में सभी पुरुष वर्ग केसरिया

वस्त्र पहनकर किले का द्वार खोल कर युद्ध के लिए निकल पड़ते थे और यह समझा जाता था कि अब युद्ध भूमि में वीरगति प्राप्त करनी है। इन सैनिकों के बाहर जाते ही राजपूत स्त्रियाँ किले में अग्नि प्रज्वलित कर उसमें अपने को भस्म कर लेती थीं, जिसे जौहर कहा जाता था।

राजपूत सेना बहुत बड़ी भी होती थी। चन्द्रवरदाई ने कन्नौज की सेना का वर्णन करते हुए लिखा है कि जब सेना का अगला दस्ता युद्ध भूमि में होता था तो पिछला हिस्सा शिविर में होता था। जय चन्द्र की सेना में कवच पहले 80,000 सैनिक तथा कपड़ों के कवच से ढँके हुए 30,000 अश्वारोही सैनिक थे।

गुर्जर प्रतिहार और गहडवालों की सेना में अनेक सैनिक अधिकारी जैसे - सेनाधिपति, कार्याधिकार पुरुष (गज सेना के लिए), तुरंग अधिकारी (अश्वारोही सेना के लिए), नैमित्तिका (ज्योतिषी) आदि होते थे। इसी प्रकार चन्देलों की सेना में महासेनापति, सेनापति, बलाध्यक्ष, महाव्यूहपति आदि होते थे। बंगाल के पालों की सेना में महासेनापति, सेनापति, कोहपति (किले का अधिकारी), गौल्मिक, बलाध्यक्ष, प्रान्तपाल, महासन्धिविग्रहिक, महाव्यूहपति होते थे। इनकी सेना में नौ सेना का विभाग भी था तथा एक विदेश विभाग भी होता था। बंगाल के पालों की सेना के सैनिकों को नियमित वेतन दिए जाने का उल्लेख मिलता है, यद्यपि इनकी सेना भी सामन्तवादी ही थी।

अरबों का आक्रमण

भारत और अरब के बीच चिरकाल से व्यापारिक सम्बन्ध चले आ रहे थे और सातवीं शताब्दी में इस्लाम धर्म के अपनाने से पूर्व भी अरब वालों से व्यापार तथा वाणिज्य के कारण हमारे राजा प्रजा की भौतिक समृद्धि की वृद्धि के लिए अत्यन्त उत्सुक थे। अतः ये लोग इन विदेशियों के साथ उदारता का व्यवहार करते थे, किन्तु धार्मिक एवं राजनीतिक परिवर्तनों के कारण अरबों के हमारे साथ व्यवहार में अवश्य परिवर्तन आ गया था। अब सर्वसाधारण अरब के हृदय में विजय एवं इस्लाम के प्रचार-प्रसार की उमंगें उठने लगी। उनका पहला आक्रमण बम्बई के निकट थाना को जीतने के लिए खलीफा उमर के समय में 636 ई. (15 हिजरी) में हुआ था, किन्तु वे खदेड़ दिए गए थे। अरबों का दूसरा आक्रमण 644 में थल मार्ग से मकराना और सिन्ध में हुआ। यद्यपि मकराना और सिन्ध के शासक पराजित हो गए, परन्तु अरबों का अभियान सफल नहीं हो पाया। अनेक कठिनाइयों तथा पराजयों के बावजूद भी अरबों ने जल तथा थल से सिन्ध पर हमले जारी रखे।

आठवीं शताब्दी के प्रारम्भ में सिन्ध में देवल के निकट कुछ अरब व्यापारियों को लूट लिया गया। कुछ आधुनिक इतिहासकार विशेषकर वूल्जले हेग का मत है कि अरबों तथा सिन्ध के संघर्ष का मुख्य कारण यह था कि सिन्ध के राजा ने अरबों के उन जहाजों की क्षतिपूर्ति नहीं की थी। इस लूट का बदला लेने के लिए ही अरबों ने सिन्ध पर आक्रमण करना प्रारम्भ कर दिया था। खलीफा न सिन्ध के शासक दाहिर से इस सम्बन्ध में पत्र व्यवहार किया। किन्तु ये सभी रूप मनगढ़न्त प्रतीत होते हैं। एक लेखक का कहना है कि लंका के राजा ने इराक के गवर्नर हज्जाज के पास उन अरब व्यापारियों की अनाथ कन्याओं को भेजा था, जिनकी मृत्यु उनके देश में ही गयी थी और जब ये जहाज सामान के साथ सिन्ध के समुद्र तट पर पहुँचे तो सिन्धी समुद्री डाकुओं ने उन्हें लूट लिया। दूसरे लेखक का मत है कि लंका के राजा ने इल्लाम धर्म अपनाने पर (जो कि ऐतिहासिक दृष्टि से असत्य प्रतीत होता है) खलीफा के लिए बहुमूल्य उपहार भेजे थे, जिन्हें डाकुओं ने लूट लिया था। तीसरा मत है कि खलीफा ने कुछ दासियाँ तथा अन्य वस्तुओं को खरीदने के लिए अपने एजेण्ट भेजे थे, किन्तु देबल के निकट ये लूट लिए गए। इन लोगों का कहना है कि हज्जाज लूट-पाट से बहुत क्रुद्ध हुआ और उसने अपराधियों को दण्ड देने तथा क्षतिपूर्ति करने के लिए सिन्ध के राजा दाहिर को लिखा, परन्तु दाहिर ने उत्तर भेजा कि लुटेरे मेरी प्रजा नहीं है, अतः मैं उन्हें दण्ड देने में असमर्थ हूँ। खलीफ इस उत्तर से बहुत कुद्ध हुआ और उसने दाहिर पर आक्रमण करने का निश्चय किया।

समकालीन स्रोतों से प्राप्त उपरोक्त विवरण से इस तथ्य का स्पष्ट पता लग जाता है कि शक्ति प्राप्त करते ही अरबों की दृष्टि हमारे समृद्ध बन्दरगाहों पर लग गयी थी और 712 ई. में अन्तिम सफलता पाने के पूर्व भी उन्होंने सिन्ध तथा काबुल और जाबुल पर तलवार के बल से अधिकार करने के लिए अनेक असफल प्रयत्न किए थे।

भारत को जीतने का लक्ष्य और सिन्ध की सफल विजय तो वास्तव में उनके उस विस्तृत आक्रमण की योजना के केवल एक अंग थी, जो उन्होंने अपने पैगम्बर की मृत्यु के सौ वर्ष के भीतर ही अपने राज्य विस्तार के लिए बनाई थी। उन्होंने सीरिया, इराक, आर्मिनिया, ईरान, बिलोचिस्तान, ट्राँस आक्सियांन, अफ्रीका का सम्पूर्ण उत्तरी समुद्र तट, उत्तरी तथा पूर्वी मिस्र, स्पेन, पुर्तगाल, फ्राँस का दक्षिणी भाग तथा अपनी जन्म भूमि अरब को अधीन कर अपने राज्य में मिला लिया था। इससे हम देखते हैं कि अरबों के हृदय में राजनीतिक एवं क्षेत्रीय विस्तार की

उत्कृष्ट अभिलाषा थी। सिन्ध पर आक्रमण भी वास्तव में इसी उद्देश्य से किया गया था। समुद्री डाकुओं की लूट तो केवल एक बहाना मात्र था। उनके आक्रमण का एक बड़ा उद्देश्य आर्थिक भी था, क्योंकि वे लूट-पाट के सरल साधनों से धन प्राप्त कर अपनी आर्थिक दशा सुदृढ़ करना चाहते थे, किन्तु उनकी प्रेरणा का मुख्य आधार धार्मिक था, क्योंकि उनका ऐसा विश्वास था कि पैगम्बर ने उन्हें संसार में इस्लाम का प्रचार करने और काफिरों का विनाश करने के लिए भेजा है। सम्भवतः सिन्ध पर अरबों के आक्रमण का एक प्रमुख कारण धार्मिक भी था, इसमें कोई सन्देह नहीं है।

मुहम्मद बिन कासिम ने पन्द्रह हजार सेना लेकर प्रस्थान किया था। उसमें 6,000 सीरियन अश्वारोही थे, जो खलीफा की सेना के सर्वोत्तम अंग माने जाते थे, 6000 घुड़सवार सेना तथा 3,000 सामान ढोने वाले ऊँट थे। चूँकि ये भी युद्ध के लिए प्रशिक्षित थे, अतः इन्हें भी सेना का अंग समझना चाहिए। मकरान के पास मुहम्मद हारुन के नेतृत्व में कुछ और सेनायें आकर उससे मिल गयीं। उसका तोपखाना, जिसमें पाँच पत्थर फेंकने वाली मशीनें थीं, को समुद्री मार्ग से भेजा गया था। वह देवल के पास आकर उसमें मिल गया। प्रत्येक मशीन (बलिश्ता) को चलाने के लिए 500 आदमी जुटाए जाते थे। इस प्रकार उसके तोपखाने में सैनिकों की संख्या 25000 हुई। यदि इसमें अरबों के अग्रगामी-दल को, जो अबुल अस्वद जहाँ के नेतृत्व में सिन्ध की सीमाओं पर मुहम्मद बिन कासिम की सेना में शामिल होने के लिए भेजा गया था, जोड़ लिया जाय तो आक्रमणकारी सेना की संख्या 25,000 हो जाती है।

दूसरी ओर दाहिर ने साधन और सिन्ध की कुल जनसंख्या भी इतनी न थी कि वह शत्रु के समान बड़ी सेना भरती कर सकता था। सभी ऐतिहासिक साक्ष्यों के विश्लेषण के उपरान्त यह कहा जा सकता है कि मुहम्मद बिन कासिम की अरब सेना की तुलना में संख्या और साजो-सामान की दृष्टि से दाहिर की सेना का स्तर बहुत निम्न था।

देवल विजय—सिन्ध का शासक दाहिर या तो प्रमादी शासक था, या उसका गुप्तचर विभाग नितान्त अयोग्य था, जो कि बाह्य आक्रमण के खतरे का अनुभव नहीं कर सका और दक्षिणी सिन्ध के एक बड़े भाग पर आक्रमणकारी को अधिकार कर लेने दिया। उसने आक्रमणकारी सेना की प्रगति को रोकने का वास्तविक प्रयत्न नहीं किया और न देवल की रक्षा के लिए सेना ही भेजी। देवल में आक्रमणकारी सेना का सामना करने के लिए मात्र, 4,000 सैनिक थे। दाहिर

देवल छोड़कर अरोड़ में चला गया और उसने कोई सहायता भी नहीं भेजी। देवल के किले में विद्यमान सैनिकों ने मुहम्मद बिन कासिम का कड़ा मुकाबला किया और प्रारम्भ में उसके आक्रमण को सफल नहीं होने दिया। मुहम्मद बिन कासिम ने नगर को, जिसकी रक्षा पत्थर की एक सुदृढ़ दीवार करती थी, घेर लिया और उसके बलिश्तों ने समुद्र की ओर से पत्थर बरसाने शुरू कर दिए। इसी समय प्रमुख मन्दिर का एक ब्राह्मण अरबों से जा मिला और उन्हें सूचना दी कि जब वह लाल झण्डा, जिसके नीचे ताबीज बँधा है, मन्दिर के शिखर पर फहराता रहेगा, जब तक नगर को नहीं जीता जा सकता है। मुहम्मद के बलिश्तों ने झण्डे पर पत्थर बरसाने शुरू कर दिए और कुछ प्रारंभिक कठिनाइयों के बाद झण्डा गिर गया। यह घटना मनोवैज्ञानिक दृष्टि से बड़ी प्रभावोत्पादक सिद्ध हुई। बहुसंख्यक अरब सीढ़ियाँ लगाकर दीवारों पर चढ़ गए और देवल पर अधिकार कर लिया। नगर-निवासियों के सम्मुख इस्लाम या मृत्यु में से किसी एक विकल्प के चयन को कहा गया। उन्होंने मृत्यु का वरण किया। नगर में तीन दिन तक भयंकर हत्याकण्ड चलता रहा, 17 वर्ष तथा उससे अधिक अवस्था के सभी पुरुषों का वध कर दिया गया और उनके बच्चों तथा स्त्रियों को दास बना लिया गया। मन्दिरों को नष्ट कर दिया, विजेताओं को विभिन्न प्रकार की वस्तुयें लूट में मिलीं। लूट के सामान का 1/5 भाग नियमानुसार हज्जाज के द्वारा खलीफा के पास भेजा दिया गया। इस प्रकार पहला भारतीय नगर अरबों के हाथ में आ गया।

मुहम्मद बिन कासिम ने देवल के लिए एक शासक नियुक्त किया और उसकी सहायता के लिए 4,000 सैनिकों को छोड़कर वह निरून की ओर बढ़ा। निरून देवल से 75 मील की दूरी पर उत्तर-पूरब में एक महत्त्वपूर्ण नगर था और आधुनिक हैदराबाद के ठीक दक्षिण में जराक के निकट स्थित था। सात दिन की यात्रा के बाद मुहम्मद वहाँ जा पहुँचा और बिना युद्ध के ही उसका नगर पर अधिकार हो गया। इस बार भी दाहिर ने अकर्मण्यता का परिचय दिया और नगर निवासियों को उनके भाग्य पर छोड़ दिया गया। विजय से उल्लसित अरब सेना सेहवान की ओर वेग से बढ़ी और एक सप्ताह के घेरे के बाद उस पर भी उसका अधिकार हो गया। सेहवान का शासन दाहिर का चचेरा भाई बाझरा था। इसके बाद कुम्भ पर स्थिति सीसम की बारी आई। सीसम ने मुहम्मद निरुन की ओर वापस लौटा, क्योंकि सिन्धु की प्रमुख धारा मेहरान को पार करके वह दाहिर से युद्ध करना चाहता था, जो ब्राह्मणवाद में मोर्चा लगाये पड़ा था। कई महीनों तक अरब सेना को सिन्धु नदी के पश्चिमी किनारे पर पड़ा रहना पड़ा, क्योंकि एक तो

नावों की कमी थी और दूसरे बीमारी फैल जाने के कारण उसके बहुत से घोड़े मर गए थे, जब इराक से 2000 घोड़े तथा बीमार घोड़ों के लिए औषधि आ गई, तब मुहम्मद ने सम्पूर्ण सेना के साथ नदी पार की।

ऐसा प्रतीत होता है कि दाहिर ने एक घमासान युद्ध पर ही भरोसा कर रखा था, किन्तु अब उसे संकट का अनुभव हुआ, जिसमें वह अपनी अकर्मण्यता नीति के कारण फँस गया था। अरब लेखकों का कहना है कि उसने 50,000 सैनिक इकट्ठे किए, जिनमें से अधिकतर तत्काल ही भरती किए गए थे। आक्रमण कारी का सामना करने के लिए वह ब्राह्मणवाद से रावर की ओर बढ़ा। अन्त में 20 जून 712 ई. के दिन भयंकर युद्ध हुआ। हाथी पर सवार होकर दाहिर ने स्वयं सैन्य संचालन किया, किन्तु दुर्भाग्य से उसके हाथी को एक आग्नेय वाण लगा, जिससे हौदे में आग लग गई, हाथी भागकर नदी में जा गिरा और सेना में घबड़ाहट फैल गयी। किसी प्रकार बीच धार से हाथी लौटाकर दाहिर ने शत्रु पर भयंकर प्रहार किया और अरबों का भीषण संहार किया, परन्तु उसे एक तीर लगा और वह हाथी से गिर पड़ा। पलभर में ही उसने अपने को फिर सम्भाला और घोड़े पर सवार हो गया, किन्तु शत्रु ने उस पर फिर घातक प्रहार किए जिससे उसकी सेना भयभीत होकर भाग खड़ी हुई।

इस युद्ध के अन्त में दाहिर की विधवा रानी बाई के नेतृत्व में 15,000 सैनिकों ने रावर के किले से वीरतापूर्वक युद्ध किया, परन्तु पराजय को सुनिश्चित जानकर रानी ने अपनी सहेलियों के साथ जौहर कर लिया, जिससे वे म्लेच्छ के हाथों में न पड़ जाय। दाहिर की सेना के शेष बचे सैनिकों ने अदम्य साहस के साथ युद्ध करते हुए वीरगति को प्राप्त किया। इस युद्ध में लगभग 8,000 सैनिक मारे गए। दाहिर के पुत्र जयसिंह ने जब देखा कि अब आगे प्रतिरोध करना व्यर्थ है, तब उसने चित्तूर में जाकर शरण ली और नगर पर मुहम्मद का अधिकार हो गया। दाहिर को कोष और अन्य बहुमूल्य वस्तुओं के साथ ही साथ उसकी विधवा रानी लाडी तथा दो कुमारी पुत्रियाँ सूर्य देवी एवं परमाल देवी मुहम्मद के हाथ लगीं। आक्रमणकारी का दूसरा अभीष्ट उद्देश्य सिन्ध की राजधानी आरोर तथा अलोर थी। दाहिर का एक अन्य पुत्र उसकी रक्षा कर रहा था। उसने नगर को बचाने का भरपूर प्रयत्न किया और तभी उसे छोड़ा जब युद्ध करना निरर्थक हो गया। इस प्रकार सिन्ध विजय पूर्ण हो गयी।

सिन्ध को विजित करने के उपरान्त मुहम्मद ने 713 ई. के प्रारम्भ में मुल्तान की ओर प्रयाण किया। प्रयाण के दौरान प्रबल प्रतिरोध का सफलता पूर्वक सामना

करता हुआ मुहम्मद मुल्तान की दहलीज पर जा धमका। देवल तथा ब्राह्मणवाद की ही तरह इस नगर के पतन का भी कारण देशद्रोह था। एक गद्दार ने नगर के जल-पूर्ति के मार्ग का भेद शत्रु को बता दिया। अरबों ने जल-पूर्ति के मार्ग को काट दिया। अतः नगर को आत्मसमर्पण करना पड़ा। यहाँ पर अरबों को इतनी भारी मात्रा में सम्पत्ति प्राप्त हुई कि उन्होंने नगर का नाम ही स्वर्ण-नगर रख दिया।

सिन्ध के पतन कारण—इस सन्दर्भ में कुछ विचारणीय प्रश्न यह है कि खैबर, बोलन आदि मार्गों से असफल होने के बाद सिन्ध में ही अरबों को सफलता क्यों मिली और सफलता चिरस्थाई क्यों न हुई?

सर्वप्रथम भारतीयों की असफलता का कारण दाहिर की अकर्मण्यता थी। जब मुहम्मद बिन कासिम निरुन आदि पर आक्रमण कर रहा था तो दाहिर ने उसको वहीं रोकने का प्रयत्न क्यों नहीं किया? अरब लेखों के अनुसार दाहिर की सेना में 50,000 सैनिक थे, जिनमें से अधिकांश तत्काल ही भर्ती किए गए थे। अतः दाहिर के सैनिकों को युद्ध का कोई अनुभव नहीं था और न ही वे अच्छी तरह प्रशिक्षित थे तथा न ही अच्छी तरह संगठित थे।

दूसरे, दाहिर की अदूरदर्शिता भी सिन्ध के पतन का कारण बनी। जब कासिम की सेना नदी के एक ओर थी और जब घोड़ों की बीमारी और मौत की वजह से तथा नावों की कमी के कारण वह सिन्ध नदी नहीं पार कर पा रहा था, ऐसे कमजोर समय में दाहिर ने शत्रु पर आक्रमण क्यों नहीं किया? वह नदी के दूसरी ओर शत्रु के आने की प्रतीक्षा क्यों करता रहा? वह गुप्तचरों की सहायता से अरबों की शक्ति का अनुमान क्यों नहीं लगा सका? दाहिर द्वारा की गई उक्त रणनीतिक एवं सामरिक भूलें उसके पराजय और सिन्ध के पतन का कारण बनीं। सेनापति और नायक हैसियत से उसने सेना का संचालन सुचारु रूप से नहीं किया।

इसके अतिरिक्त सिन्ध की राजनीतिक स्थिति उथल-पुथल और गृह कलह के कारण काफी बिगड़ गयी थी। दाहिर भी लोकप्रिय शासक नहीं था, क्योंकि उसका पिता चच राज्य का उचित अधिकारी नहीं था। केवल इतना ही नहीं, चच ने मृतक राजा की विधवा से विवाह भी कर लिया था, जिसे जनता ने स्वीकार नहीं किया और इसी कारण उसे अपेक्षित जन सहयोग भी प्राप्त नहीं हुआ। न केवल संकट के समय जनता की उसे सहायता प्राप्त नहीं हुई बल्कि उन्होंने देश-विद्रोह भी किया। दाहिर के प्रान्तीय सूबेदार भी लगभग अर्ध-स्वतन्त्र शासक थे और ऐसा

प्रतीत होता है कि शत्रु के आक्रमण करने पर भी उन्होंने उसे सहायता नहीं दी। इन परिस्थितियों के कारण सामाजिक एकात्मकता, जो कि राजनीतिक सुरक्षा की सर्वोत्तम गारन्टी है, का पूर्ण अभाव था।

चौथे, अरबों की आक्रमणकारी सेना दाहिर की सेना की तुलना में संख्या तथा साजो-सामान की दृष्टि से कहीं अधिक शक्तिशाली थी, यद्यपि साहस, निर्भीकता तथा मृत्यु को तुच्छ समझना आदि विशेषताओं में भारतीय सेना से अच्छी न थी। देवल ने 4000 सिन्धी सैनिकों को खलीफा की फौज के चुने हुए 25,000 सैनिकों का सामना करना पड़ता। इस प्रकार उनके बीच एक और छः का अनुपात था। अतः अरबों की अन्तिम सफलता के दो प्रमुख कारण थे - एक तो, वे संख्या और साजो-सामान की दृष्टि से कहीं अधिक शक्तिशाली थे, और दूसरे, भारतीय सेना में योग्य नेतृत्व का अभाव था।

पाँचवें, तत्कालीन सिन्ध शेष भारत से पृथक् था, अतः एक विशाल शत्रु-सेना द्वारा आक्रान्त होने पर भी वह शेष भारत से सहायता की उम्मीद न कर सका। दूसरे शब्दों में यह कहा जा सकता है कि छोटे-छोटे राज्यों में विभक्त भारत में ऐसी कोई केन्द्रीय सत्ता या सरकार नहीं थी जो कि बाह्य आक्रमण से देश की सीमाओं की रक्षा कर सकें।

छठे, अरबों के इस साहसिक मुहिम के पीछे यह प्रेरणा काम कर रही थी कि ईश्वर ने काफिरों को इस्लाम की नियामते बख्शने के लिए एक साधन की भाँति हमारा उपयोग कर रहा है। इसके विपरीत भारतीय सैनिकों के सम्मुख ऐसा कोई स्फूर्तिदायक तथ्य नहीं था, जो कि उनके मनोबल को बढ़ाता।

तुर्कों का आक्रमण

सामानी साम्राज्य के प्रशासकों में एक तुर्क गुलाम अलप्तगीन था जो चौंतीस वर्ष की उम्र में खुरासान का सेनापति हुआ। सामानी साम्राज्य के पतन के बाद उसने मध्य एशिया में अपना राज्य स्थापित किया। उसकी राजधानी गजनी थी। गजनी वंश का जन्मदाता अलप्तगीन ही था। इस काल को प्रबुद्ध तानाशाही का काल कहा जाता है। उसने सत्रह सौ तुर्क गुलामों. को चुना, जिनमें से एक सुबुक्तगीन भी था। जब सुबुक्तगीन ने हिम्मत और हौसला दिखाया, तब उसे अलप्तगीन का सद्भाव प्राप्त हुआ। इसी समय की लिखी पुस्तक ''सियासतनामा'' के अनुसार, उसने अलप्तगीन के सब तौर-तरीकों को अपनाया। अपने संरक्षक की मृत्यु के बाद सुबुक्तगीन (963-997) ने अपना स्वतन्त्र राज्य गजनी में बनाया।

997 में गजनी के शासक अबू बक्र लायक को निकालकर उसने अपने को नये स्थापित राज्य का शासक घोषित किया। शक्ति ग्रहण करने के बाद उसने उत्तर भारत की ओर कदम उठाया। सन 986 में सुबुक्तगीन ने जयपाल के विरुद्ध सेना भेजी, जिसमें जयपाल की सेना को भारी क्षति उठानी पड़ी और जयपाल सन्धि करने के लिए बाध्य हो गया। जयपाल पूर्वी अफगानिस्तान का हिन्दू राजा था, जिसकी राजधानी अन्तोक से 15 मील उत्तर ओहिन्द (उन्द) में आ गयी थी। अन्तोक में सिन्धु नदी को पार करना सरल है, क्योंकि यह स्थान सिन्धु और काबुल नदी के संगम के ऊपर पड़ता था। 990 में सुबुक्तगीन ने जयपाल को हराया और उसे जलालाबाद (पूर्वी अफगानिस्तान में लगमन जिला) छोड़ने पर बाध्य किया। इस प्रकार सुबुक्तगीन खैबर दर्रे की ओर बढ़ा। 991 में पुनः जयपाल को कुरम के निकट पराजित कर पेशावर छीन लिया और उसने खैबर दर्रे पर स्थायी रूप से नियन्त्रण स्थापित कर लिया, जहाँ से पंजाब के मैदानों पर सरलता एवं सफलतापूर्वक आक्रमण करना सुगम हो गया। उसके और पंजाब के बीच अब केवल सिन्धु नदी ही थी। पंजाब पर आक्रमण की दृष्टि से महत्त्वपूर्ण भू-रणनीतिक स्थान पर तुर्कों का नियन्त्रण, भारत के छोटे-छोटे राज्यों की रक्षा और सुरक्षा के लिए घातक सिद्ध हुआ। पेशावर को पुनः प्राप्त करने के प्रयत्न में जयपाल 27 नवम्बर 1001 को हार गया। लगातार पराजय की अपमानजक पीड़ा से हिन्दू राजा ने प्रयत्न करना छोड़कर 1002 ई. में आत्महत्या कर ली। उसका उत्तराधिकारी आनन्द पाल सुबुक्तगीन के उत्तराधिकारी प्रसिद्ध विजेता महमूह गजनवी द्वारा पराजित किया गया। अपनी मृत्यु से पहले सुबुक्तगीन ने अपने राज्य में सारा अफगानिस्तान, खुरासान, बल्ख तथा भारत की पश्चिमोत्तर सीमा को सम्मिलित कर लिया था।

997 ई. में सुबुक्तगीन की मृत्यु हो गयी। अपने पिता की मृत्यु के बाद महमूद ने गजनी पर अधिकार कर लिया। सुल्तान महमूद के साथ ही इस्लाम के इतिहास में एक नया अध्याय शुरू हुआ। तारीख-ए-गुजीदा के अनुसार सीस्तान के राजा खलफ बिन अहमद को हराने के बाद ही महमूद ने "सुल्तान" की पदवी ग्रहण की। इतिहासकार मानते हैं कि महमूद "सुल्तान" की उपाधि प्राप्त करने वाला पहला शासक था। साथ ही यह भी सच है कि खलीफा ने इस उपाधि को स्वीकार नहीं किया था, क्योंकि खलीफा ने पहले यह उपाधि सल्जुक शासक तुगरिल को उस समय दी थी जब उसने 1040 ई. में महमूद के बेटे मसूद पर दंडक नामक स्थान पर विजय प्राप्त की थी। खुतबा में तुगरिल का उल्लेख

"सुल्तान-अल-मुअज्जस" किया गया है।

दसवीं और ग्यारहवीं शताब्दी में अजाम के इतिहास में दो आन्दोलन प्रसिद्ध हैं, प्रथम, सेना और प्रशासन में तुर्कों की प्रधानता। दूसरे, इस समय सल्तनत अजाम का प्रशासनिक केन्द्र बन गया और खलीफा अब केवल एक प्रतीक मात्र रह गया।

बारथोल्ड के अनुसार गजनी काल में विशेष रूप से महमूद के समय में साम्राज्य का सर्वोत्तम रूप प्रकट हुआ। अपने पिता का उत्तराधिकारी होने के बाद महमूद ने खलीफा कादिर के पास प्रार्थना पत्र भेजा कि नए स्थापित किए हुए राज्यों को विधि द्वारा प्रतिष्ठा मिले और उनके अधिकार न्यायोचित माने जाएँ। खलीफा कादिर ने उसको नियुक्ति पत्र द्वारा राजसत्ता का अधिकारी बनाया और यमीनुद्दौला (साम्राज्य का दाहिना हाथ) की उपाधि दी। इसके अतिरिक्त उसको अमीन-उल-मिल्लत (मुसलमानों का संरक्षक) का खिताब दिया। महमूद ने आदेश दिया कि खलीफा का नाम उसके समस्त राज्य के खुतबा में शामिल किया जाए। इस प्रकार खलीफा का प्रभाव तब तक प्रतीक के रूप में बना रहा जब तक कि इस प्रथा को 1258 ई. हलाकू खान ने समाप्त नहीं कर दिया।

गजनी राज्य के उत्थान के समय भारत की उत्तर-पश्चिम सीमा पर तुर्कों का प्रभाव बढ़ गया। तुर्कों द्वारा भारत पर की गयी सभी चढ़ाइयों में एक समान तरीका अपनाया गया था और उसका परिणाम भी सदैव एक समान था। आक्रामकों के छोटे, किन्तु तुलनात्मक दृष्टि से बेहतर तरीके से संगठित, प्रशिक्षित और कुशल नेतृत्व एवं उच्च मनोबल वाली सैन्य टुकड़ियों के सम्मुख भारतीय सेना कभी विजयी नहीं हो सकी। भारत में इस्लाम के आगमन तथा उनकी सत्ता की स्थापना के इतिहास के पूर्वार्द्ध के स्त्रातेजिक पक्षों का विवेचन किया जाय तो सर्वप्रथम दृष्टि भू-स्त्रातेजिक कारकों की महत्ता पर पड़ती है। भौगोलिक दृष्टि से भारत पर आक्रमण के लिए पूरे पाँच महीने (अक्टूबर से फरवरी तक) उत्तर पश्चिम सीमा क्षेत्र के निवासी आक्रमणकारियों के अनुकूल होते थे। इन्होंने सीमावर्ती राज्यों को उखाड़ फेंका, शहरों को तहस-नहस कर डाला, जनता में आंतक फैलाया और लूट-पाट द्वारा सम्पत्ति एवं भारतीय क्षेत्र से कर देने वाले राजा को सामन्त नियुक्त कर उससे प्राप्त धन से समृद्ध होकर अपने पहाड़ी निवास की ओर लौट जाते थे।

दूसरे, गजनी को केन्द्र बनाकर तुर्की तथा अफगान घुड़सवार सैनिक ने अपनी पूर्वी सीमा से लगे हिन्दू प्रदेशों पर आक्रमण किया और लूटा तथा इस प्रथम प्रहार

के फलस्वरूप उसे कमजोर बना दिया। पराजित हिन्दू राजा गजनी के सुल्तान को अधिपति स्वीकार कर तथा उपहार-कर देकर सन्धि कर लेता था। दूसरी शरद ऋतु में इस हमले की पुनरावृत्ति होती थी और तुर्क भारतीय सीमा के और अन्दर घुस आते थे। यदि सीमावर्ती किसी पूर्व शासक ने प्रतिरोध किया या कर देने में आनाकानी की तो दूसरे हमले में उसके अस्तित्व को मिटा दिया जाता था और उसके राज्य को अपने साम्राज्य में मिलाकर, उसे किसी मुस्लिम उपराजा के अधीन कर दिया जाता था। इस प्रकार एक के बाद एक सीमावर्ती राज्य तुर्कों के अधीन होते गए। हिन्दुओं को लूटने से भारी सम्पत्ति प्राप्त होने की खबर से लालायित होकर सीमा पार के हजारों तुर्क तथा पठान प्रति वर्ष सुल्तान की सेना में शामिल होते थे। ये किसी प्रकार के वेतन की माँग नहीं करते थे। बल्कि केवल इतना चाहते थे कि सुल्तान की सेना के साथ उन्हें भी लूट-पाट करने की इजाजत दी जाए। इस तरह भारत में मुसलमान शक्ति का केन्द्र पीढ़ी इसी हमले, सामन्तीय अधीनता और फिर सम्पूर्ण अधिनियम करने की प्रक्रिया से उस समय तक दक्षिण पूर्व की ओर सरकता गया जब तक ये मुसलमान असम तक नहीं पहुँचे। यदि किसी वर्ष-उत्तर पश्चिम से होने वाले आक्रमण को अप्रत्याशित रूप से प्रतिरक्षा द्वारा रोक लिया जाता था तो आक्रमणकारी सरलतापूर्वक सीमा उस पार स्थित अपने राज्य से सहायता प्राप्त कर लेते थे। या दूसरे वर्ष निश्चित रूप से विजय प्राप्त करने के उद्‌देश्य से शक्ति संचय हेतु हार कर लौट जाते थे। चूँकि तुर्क आक्रमणकारियों के सैनिक तथा घोड़े मध्य एशिया से आते थे। अतः उनकी संचार और आपूर्ति व्यवस्था अविच्छिन्न बनी रहती थी। जबकि छोटे-छोटे हिन्दू राजाओं और राज्यों की दशा इसके ठीक विपरीत थी।

तुर्क अच्छे घुड़सवार और तीरन्दाज होते थे। प्रारम्भ में उनके साथ अफगान भी होते थे जो कि मुसलमान नहीं थे क्योंकि अफगानों ने सबसे बाद इस्लाम धर्म को स्वीकार किया। ये तुर्क अपने साथ अपनी आपूर्ति ऊँटों पर लाते थे जो कि बहुत कम चारे पर जीवित रहते थे। इसके विपरीत राजपूत सेना में आपूर्ति वैलों के माध्यम से होती थी, जिन्हें बड़ी मात्रा में चारा चाहिए था। तुर्कों की घुड़सवार सेना सामान्यतः पाँच दिन में 650 मील की दूरी रेगिस्तान में तय करती थी। उनके लगातार आक्रमणों ने उनमें सहनशीलता का गुण पैदा कर दिया। तेज गति के घुड़सवारों द्वारा आक्रमण उनकी सफलता का मुख्य कारण था। उनके युद्ध करने की पद्धति इस प्रकार थी कि पहले हल्की घुड़सवार सेना शत्रु को परेशान करती थी। और फिर धनुर्धारी सैनिक शत्रु को तितर-बितर करते थे और अन्ततोगत्वा

भारी घुड़सवार सेना अन्तिम आक्रमण करती थी। तुर्कों के ये आक्रमण एक आँधी की तरह होते थे जो सब कुछ तहस-नहस कर देते थे।

महमूद गजनी के आक्रमण

सन् 1000 और 1026 के बीच गजनी के शासक महमूद ने भारत पर सत्रह बार आक्रमण किए। इनमें सबसे महत्त्वपूर्ण आक्रमण सोमनाथ के मन्दिर पर (1024-25 ई.) था। इसके अतिरिक्त महमूद के कुछ प्रमुख आक्रमण पंजाब के हिन्दूशाही राजाओं में जयपाल और आनन्द पाल, मुल्तान, भटिण्डा (1004 ई.), नारायण पुर (1002), थानेश्वर (1014 ई.), कन्नौज और मथुरा (1018, 1029 ई.), कलिंजर (1019 ई. तथा 1022-23 ई.) तथा जाटों (1027 ई.) के विरुद्ध हुए।

भारत में महमूद का सोलहवाँ आक्रमण हिन्दुओं के प्रसिद्ध मन्दिर सोमनाथ पर हुआ, जो कठियावाड़ के तट पर स्थित था तथा अपनी विशाल सम्पत्ति और समृद्धि के कारण सर्वत्र प्रसिद्ध था। आक्रमण का निश्चय करने के बाद महमूद ने बड़े ही सुव्यवस्थित ढंग से सोमनाथ मुहिम का नियोजन किया और यह मुहिम मध्यकालीन भारत के इतिहास में गतिशीलता की दृष्टि से एक सबसे तेज सैन्य-अभियान के रूप में प्रसिद्ध है। यदि गणना की जाय तो मुल्तान से सोमनाथ तक महमूद ने जो दूरी तय थी वह लगभग 1,000 मील थी। इस मुहिम के नियोजन में समस्यायें उस समय कई गुनी बढ़ जाती हैं, जब हम यह समझने का प्रयत्न करते हैं कि मुहिम का मार्ग शत्रु प्रदेश (मरुस्थल) से होकर गुजरता है और पानी, जोकि सेना की एक आवश्यक आवश्यकता है और सैन्य-मुहिम को किसी भी समय तथा दशा में प्रभावित कर सकता है, उपलब्ध नहीं था। अतः यह कहना कोई अतिशयोक्ति नहीं होगी कि राजस्थान के विशाल और अज्ञात मरुस्थल से होकर सुदूर दक्षिण में स्थित सोमनाथ पर आक्रमण करना महमूद के दृढ़ विचारों का द्योतक है।

17 अक्टूवर 1024 ई. के दिन महमूद एक विशाल सेना लेकर गजनी से चला और 9 नवम्बर को मुल्तान पहुँचा, जो कि इस मुहिम का प्रारम्भिक आधार बिन्दु था। उसकी सेना में 30,000 नियमित अश्वारोही और स्वेच्छा से सेना में भर्ती अनुयायियों की एक बड़ी संख्या थी, जिनको मुहिम से ठीक पहले 50,000 दीनारों का भुगतान किया गया था। प्रत्येक सैनिक को मुहिम हेतु पानी ले जाने के लिए दो ऊँट प्रदान किए गए जब हम यह गणना करने का प्रयास करते हैं कि

सेना के अतिरिक्त घोड़ों तथा ऊँटों को स्वयं के लिए भी पानी और चारे की आपूर्ति हेतु कितनी बड़ी संख्या में ऊँटों की आवश्यकता पड़ी होगी? तब हमें इस मुहिम की आपूर्ति की समस्या का सहज ही अनुमान हो जाता है। अतः इसमें कोई सन्देह नहीं है कि वास्तव में महमूद का आपूर्ति विभाग अपने सेनानायक की सभी आवश्यकताओं की पूर्ति की दृष्टि से श्रेष्ठता के उच्चतम माप-दण्ड का एक अद्वितीय उदाहरणा प्रस्तुत करता है। रिजर्व और अप्रत्याशित सम्भावनाओं की अनदेखी न करते हुए महमूद ने किसी भी संकटपूर्ण स्थिति का सामना करने के लिए 30,000 ऊँटों पर रिजर्व पानी लादने का आदेश दिया। मुल्तान पहुँचने के पन्द्रह दिनों के भीतर मुहिम की सभी तैयारियाँ पूरी की ली गईं।

जैसलमेर से लगभग 10 मील उत्तर-पश्चिम में लोदोर्वा के निकट 20 हजार भाटी राजूपतों ने उसका मार्ग रोकने का प्रयास किया, महमूद ने अपने गतिशील दस्ते की सहायता से विरोधियों को तितर-बितर कर दिया और अपनी सेना के प्रयाण-मार्ग को बाधा रहित बनाया। इसके आगे के प्रयाण मार्ग के विषय में अलग-अलग व्याख्या की जाती है। ऐसा कहा जाता है कि महमूद ने चिकलोदार के लिए अजमेर से होकर गुजरा। चिकलोदार माता पहाड़ी, पालनपुर से सत्रह मील उत्तर में है। लगभग एक महीने की यात्रा और इस दौरान दो तिहाई दूरी तय करने के बाद दिसम्बर के अन्त तक महमूद हरवाला पहुँचा।

आक्रमणकारियों के आगमन की सूचना पाते ही यहाँ का शासक भीमदेव सोलंकी किला छोड़कर भाग खड़ा हुआ। यहाँ पर महमूद ने पड़ाव डाला और भविष्य की आवश्यकताओं को ध्यान में रखते हुए पानी और खाद्य-सामग्री फिर से संग्रहित करने का आदेश दिया। सेना ने यहाँ से लगभग 18 मील दक्षिण में स्थित मुन्धर की ओर बिना कोई समय नष्ट किए प्रयाण किया। जहाँ महमूद का सामना 20,000 राजपूतों की सैनिक टुकड़ी से हुआ जो कि नगर के बाहर मोर्चा लगाये जमी हुई थी। बेहतर रणनीति की सहायता से महमूद विरोधी सेना को मार भगाने में सफल हुआ। तब उसने काठियावाड़ प्रायद्वीप को पार किया और द्वीप तथा उना के बीच स्थित देवलवारा या दिलवाड़ा की ओर बढ़ा। वह अब सोमनाथ से मात्र 40 मील की दूर पर था।

मुस्लिम आक्रमणकारी अन्तिम प्रयाण के बाद 6 जनवरी 1025 को सोमनाथ नगर की गढ़ी के बाहरी क्षेत्र में पहुँच गए। इस मुहिम में महमूद ने विशाल सेना सहित कुल 1000 मील की दूरी कुल 42 दिनों में तय कर ली। दूसरे दिन उसके कुछ सैनिक सोमनाथ गढ़ी की दीवार को लाँघकर नगर में प्रवेश करने में सफल हो

गए। नगर की रक्षक सेना, जिसकी कुल संख्या लगभग 50,000 थी, ने एक संगठित प्रति आक्रमण किया और शाम होने से पूर्व शत्रु सेना को नगर से बाहर खदेड़ने में सफल हो गए। दूसरे दिन सुबह महमूद ने एक और शक्तिशाली आक्रमण किया और सोमनाथ गढ़ी की प्राचीर पर नियन्त्रण स्थापित करने में सफल हो गया। रक्षक सेना को पीछे ढकेलते हुए मुख्य मन्दिर की गढ़ी को चारों ओर से घेर लिया और सोमनाथ मन्दिर का विनाश भयानक रूप से हुआ। इस घटना की अमिट छाप ने केवल हिन्दू मस्तिष्क बल्कि हृदय पर भी सदियों तक बनी रही। तेरहवीं शताब्दी के एक अभिलेख में इस घटना का वर्णन इस प्रकार किया गया है–''सोमनाथ भारत का एक विशाल नगर है जो समुद्र तट पर स्थित है, और समुद्र की लहरें उसे छूती हैं। उस स्थान की आश्चर्यजनक वस्तुओं में से वहाँ का एक मन्दिर था, जिसमें सोमनाथ की मूर्ति स्थापित थी। यह मूर्ति मन्दिर के बीच में बिना किसी सहारे के खड़ी थीं - न इसके नीचे कोई आधार था और न ही ऊपर कुछ सहारा देने के लिए था। हिन्दुओं में इसका बड़ा आदर था, और जो भी इसे वायु में तैरता देखता-वह चाहे मुसलमान हो या विधर्मी-आश्चर्य चकित रह जाता था। चन्द्रग्रहण पड़ने पर हिन्दू लोग इसकी यात्रा पर जाते थे और वहाँ लाखों की संख्या में एकत्रित होते थे। उनका विश्वास था कि मनुष्यों की आत्मायें अपने शरीर से पृथक् होकर वहाँ एकत्रित होती थीं और यह मूर्ति अपनी इच्छानुसार उन्हें दूसरे शरीरों में पुनर्जन्म के सिद्धान्तों के अनुसार, प्रविष्ट करा देती थी। ज्वार-भाटे को समुद्र द्वारा की गयी मूर्ति की उपासना समझा जाता था। सर्वाधिक मूल्यवान वस्तुएँ भेंट के रूप में यहाँ चढ़ती थीं और मन्दिर के पास दान में प्राप्त दस हजार से अधिक गाँव थे। यहाँ एक नदी (गंगा) है जो पवित्र मानी जाती है और उसमें और इस मन्दिर के बीच की दूरी दो सौ 'परसंगों' से अधिक नहीं हैं। वे प्रतिदिन इस नदी का पानी मन्दिर में लाकर मन्दिर को धोते थे। मूर्ति की पूजा करने और दर्शकों की देखभाल के लिए एक हजार ब्राह्मण नियुक्त थे तथा पाँच सौ कुमारियाँ इसके द्वार पर नाचती गाती थीं। इन सब का खर्च मन्दिरों को प्राप्त दान से चलता था। यह मन्दिर शीशा जड़ी सागवान की लकड़ी के छप्पन स्तम्भों पर खड़ा हुआ था, जिन पर राँगा चढ़ा हुआ था। मूर्ति का पूजागृह अन्धकारमय था, परन्तु अत्यन्त मूल्यवान रत्न जड़ित झाड़फानूस से प्रकाशित था। उसके निकट दो सौ मन की सोने एक जंजीर थी, जब रात्रि का एक प्रहर समाप्त होता था तो पूजा के लिए ब्राह्मणों के एक दूसरे दल को जगाने के लिए जंजीर हिलाकर घण्टियों की तरह बजायी जाती थी। जब सुल्तान धार्मिक युद्ध के लिए भारत आया, तो इस

आशा में कि हिन्दू लोग मुसलमान बन जाएँगे, उसने सोमनाथ पर अधिकार करने और नष्ट करने के लिए बहुत प्रयत्न किए। वह सन् 1025 ई. के दिसम्बर के मध्य में यहाँ आया था। भारतीयों ने डटकर उसका मुकाबला किया। वे रोते-चिल्लाते हुए मन्दिर में सहायता के लिए जाते और फिर रण भूमि में आकर युद्ध करते-करते अपने प्राणों का उत्सर्ग कर देते। मरने वालों की संख्या, 50,000 से अधिक थी। सुल्तान मूर्ति को देखकर आश्चर्यचकित हुआ और फिर उसने सारा खजाना लूटने का आदेश दिया। इनमें सोने और चाँदी की अनेक प्रतिमाएँ तथा रत्नजड़ित पात्र थे और यह सब के सब भारत के बड़े-बड़े आदमियों द्वारा दान में दिए गए थे। मन्दिर से प्राप्त वस्तुओं और मूर्तियों का मूल्य बीस लाख दीनार से अधिक था। जब सुल्तान ने अपने समर्थकों से मूर्ति के चमत्कार के विषय में पूछा और बिना किसी सहारे के खड़े रहने के विषय में उनका अनुमान जानना चाहा तो अनेक व्यक्तियों की राय यह थी कि वह किसी गुप्त वस्तु के सहारे खड़ी थी। इस पर सुल्तान ने अपने एक साथी को आदेश दिया कि वह चारों ओर तथा ऊपर-नीचे भाला घुमाकर इस बार पता लगाये। उसने ऐसा ही किया, परन्तु भाले में अटकने वाली कोई वस्तु नहीं मिली। फिर एक सेवक ने राय प्रकट की कि मन्दिर का मण्डप तो चुम्बक पत्थर का बना हुआ है और मूर्ति लोहे की तथा किसी कुशल कारीगर ने ऐसी व्यवस्था की है कि चुम्बक किसी भी ओर अधिक दबाव न डाले अतएव यह मूर्ति बीच में लटकती रहे। कुछ व्यक्तियों ने इससे अपनी सहमति प्रकट की और कुछ ने असहमति। इस तथ्य को निश्चित करने के लिए मण्डप की छत से कुछ पत्थर निकालने की सुल्तान से अनुमति ली गई। जब ऊपर के दो पत्थर निकाले गए तो मूर्ति एक ओर झुक गई। जब और पत्थर निकाले गए तो वह और झुक गई और अन्त में पृथ्वी पर आकर टिक गई। सुल्तान ने स्वयं सामेनाथ की मूर्ति को तोड़कर उसके टुकड़ों को गजनी, मक्का और मदीना भिजवा दिया। महमूद सोमनाथ मन्दिर से विशाल सम्पत्ति एकत्रित कर सिन्ध के मार्ग से गजनी लौट गया। इसका अन्तिम आक्रमण सिन्ध के जाटों पर 1027 ई. में हुआ, क्योंकि जाटों ने सोमनाथ मुहिम से वापस लौटते समय मार्ग में उसे क्षति पहुँचाई थी। सन् 1030 में महमूद की मृत्यु हो जाने पर उत्तर भारत के लोगों को शान्ति मिली और भारत में महमूद के कार्यों का इतिहास समाप्त हो गया।

महमूद गजनी की विजय के कारण

महमूद गजनवी का सोमनाथ पर आक्रमण राजपूत युद्ध कला की दुर्बलता को

दर्शाता है। यद्यपि राजपूत शासक बहुत वीर होते थे और युद्ध भूमि में अपनी वीरता का प्रदर्शन करने में अपने प्राणों की आहुति दे देते थे, परन्तु कोई भी युद्ध केवल प्राणों की बाजी लगा देने से नहीं जीते जाते हैं। उसके लिए योजना और संगठित रूप से कार्य करना पड़ता है। महमूद सोमनाथ पर आक्रमण करने से पूर्व 15 बार भारत पर आक्रमण कर चुका था। उसने जब सोमनाथ पर आक्रमण करने की योजना बनाई तो उसे इस तथ्य का आभास अवश्य ही रहा होगा कि इस युद्ध को जीतने के लिए उसे एक लम्बे मरुस्थल से गुजरना होगा और रेगिस्तान में पानी का महत्व अस्त्र-शस्त्रों की तुलना में किसी भी तरह से कम नहीं होता है। इसलिए उसने अपनी योजना में 30,000 ऊँटों पर पानी तथा अन्य साजो-सामान की आपूर्ति को सुनिश्चित किया। प्रत्येक सैनिक तथा जानवर के लिए सात दिन का रसद और पानी अतिरिक्त था।

अह्विलवाड़ा के शासक भीमदेव महमूद का सामना करने के स्थान पर भाग गए। जिसका प्रभाव मन्दिर सुरक्षा में लगे सैनिकों पर अवश्य पड़ा। राजूपतों के परस्पर वैमनस्य के कारण जब महमूद रेगिस्तान में था तो उसे बीच में रोका नहीं गया, यदि उसे बीच में रोका जाता तो शायद वह सोमनाथ के युद्ध में विजय न प्राप्त कर सका होता। इसके अतिरिक्त राजा भीमदेव की गुप्तचर व्यवस्था इतनी दुर्बल थी कि महमूद जो कि कई दिनों तक रेगिस्तान को पार कर रहा था उसकी सूचना उन्हें सही रूप में न मिल जाती और वे भयभीत तथा आश्चर्यचकित होकर भाग खड़े हुए।

मन्दिर में उपस्थित हिन्दुओं ने महमूद का मुकाबला किया, वह किसी सैनिक योजना के अधीन नहीं था, वरन् वह उनकी धार्मिक आस्था थी।

मुहम्मद गोरी तथा तराइन के युद्ध (1191-92)

ग्यारहवीं शताब्दी भारतीय इतिहास में साक्षी है, जब पंजाब मुसलमानों के हाथों में चला गया और उन्होंने इस क्षेत्र में मजबूत गढ़ों की स्थापना की तथा अगली शताब्दी में और पूरब की ओर अपनी सत्ता का विस्तार किया। भारत पर मुहम्मद गोरी के नेतृत्व में होने वाले आक्रमण के इतिहास की जड़े बारहवीं शताब्दी के मध्य में गोरी वंश के उत्थान के साथ जुड़ी हुई हैं। आरम्भ में गोरी गजनी के अधीनस्थ थे, पर महमूद की मृत्यु के बाद जब गजनी का पतन शुरू हो गया, तब गौर राज्य ने इस स्थिति का लाभ उठाकर गजनी के अधिपत्य का बोझ उतार फेंका। गोर में जो वंश प्रधान था, उसका नाम था 'शंसबानी'। मुहम्मद गोरी के

समय में यह वंश शक्तिशाली हो गया और अपने आप को इसी वंश ने गजनी में प्रतिष्ठित किया। गजनी को अपना मुख्य आधार बनाकर उसने भारत पर कई आक्रमण किए और दिल्ली सल्तनत की स्थापना का मार्ग प्रशस्त किया।

मुहम्मद गोरी के हिन्दुस्तान आक्रमण के समय देश की सामाजिक व्यवस्था में एक महान परिवर्तन आ चुका था। राजपूत प्रजाति के रूप में यह परिवर्तन आठवीं शताब्दी में सर्वप्रथम प्रकाश में आया। इन राजपूतों ने दावा किया कि वे ही सच्चे अर्थों में सूर्य, चन्द्र और अग्नि के वंशज हैं। धर्माधिकारी के वर्ग ने उन्हें क्षत्रिय मान लिया। चूँकि इस वर्ग को विशेषाधिकार मिले, इसलिए इन्हें राजपूत अर्थात् कुलीन वंश के राजकुमार की अपाधि दी गयी है। जिस भूमि पर उन्होंने उत्तर भारत में अधिकार किया, उसे राजस्थान कहा गया। राजस्थान का शाब्दिक अर्थ है-राजकुमारों का स्थान। मध्ययुगीन राजस्थान में तीन मुख्य राज्य वंश थे-मेवाड़ के गहड़वाल या गुहिलोत, मारवाड़ के राठौर और आम्बेर तथा जयपुर के कछवाहा वंश। तुर्की आक्रमण के समय कई राजपूत वंश उत्तर-भारत के विभिन्न क्षेत्रों पर अपना नियन्त्रण बनाये हुए थे। इनमें से प्रमुख थे-अजमेर और संभर का चौहान वंश, जिसका सबसे पराक्रमी शासक पृथ्वीराज चौहान था। दिल्ली में तोमरों का राज्य था, जिस पर हाल ही में पृथ्वीराज ने विजय प्राप्त कर एक विशाल साम्राज्य का निर्माण किया था। पश्चिमी सीमा पर यह राज्य तुर्कों के आक्रमण का प्रथम अवरोध था। इसी पृथ्वीराज पर चन्दवरदाई ने पृथ्वीराज रासो नामक महाकाव्य लिखा है, जो हिन्दी का प्रथम महाकाव्य है। इसके पूरब में गहड़वाल वंश का राज्य था। इस वंश का प्रमुख शासक जयचन्द था, जिसकी राजधानी कन्नौज थी तथा इसमें बनारस तक का विस्तृत दक्षिण-पूर्वी भू-भाग सम्मिलित था। मध्य भाग के दक्षिण में चन्देल वंश का राज्य था। इनकी राजधानी खजुराहो थी। यह क्षेत्र बाद में बुन्देलखण्ड के नाम से प्रसिद्ध हुआ। इस क्षेत्र में महोबा तथा कालिंजर के किले प्रमुख थे। पृथ्वीराज ने चन्देल राजा परमार्दी के साथ बहुत लम्बी लड़ाई लड़कर विजय प्राप्त की और महोबा पर अधिकार कर लिया। गहड़वालों के राज्य के पूरब की ओर एक अन्य शक्तिशाली सेनवंशीय शासकों का राज्य था। परन्तु अब भारतीय राजनीति का केन्द्र मगध से स्थानान्तरित होकर पश्चिम और उत्तर सीमान्त पर केन्द्रित हो गया था।

मुहम्मद गोरी एक महत्वाकांक्षी और साहसी व्यक्ति था। गजनी के तख्त पर बैठते ही मुहम्मद गोरी अपने आप को महमूद द्वारा स्थापित एवं विजित क्षेत्रों का न्यायोचित उत्तराधिकारी समझने लगा। अतः गजनी और पृथ्वीराज के नेतृत्व में

हिन्दुस्तान में स्थापित राजपूत राज्य के मध्य संघर्ष अवश्यभावी हो गया। गजनी में सत्ता परिवर्तन के बाद पंजाब ही एक मात्र ऐसा प्रान्त था, जिस पर गजनवी वंश का शासन था। अतः महमूद के उत्तराधिकारियों ने गजनी को छोड़कर पंजाब को अपना घर बनाया। परन्तु उनके शासन काल में पंजाब दिन-प्रतिदिन पतन की ओर अग्रसर हो रहा था, जिसका लाभ उठाकर चौहान वंश के शासक पृथ्वीराज द्वितीय ने भटिण्डा पर अधिकार कर लिया। दूसरी ओर शिया सम्प्रदायानुयायी करमाथियों ने महमूद की मृत्यु के बाद पुनः अपने को स्वतन्त्र कर लिया था। इसके अतिरिक्त ख्वारिज्म के शाह के विरुद्ध भी गोरियों का दीर्घकालीन संघर्ष चल रहा था। अपने मुख्य प्रतिपक्षी के विरुद्ध सफलता प्राप्त करने के लिए भी पंजाब पर अधिकार करना गोर वंश के लिए अति आवश्यक था। मुल्तान के करमाथी तथा लाहौर के गजनवी इन दोनों शत्रुओं के संयुक्त आक्रमण से उत्पन्न होने वाले खतरे की आशंका के निवारण की दृष्टि से इस क्षेत्र पर नियन्त्रण स्थापित करना वांछनीय ही नहीं बल्कि अति आवश्यक भी था। इसके अतिरिक्त यह एक स्वाभाविक सा ही तथ्य है कि संसार के अनेक महत्वकांक्षी शासकों की ही भाँति मुहम्मद गोरी भी सैनिक शक्ति के प्रयोग से प्राप्त सफलता की लोकप्रियता, ख्याति और प्रसिद्धि की आकांक्षा के साथ ही साथ वृहत् साम्राज्य का निर्माण करते हुये धन और समृद्धि अर्जित करना चाहता था। मुहम्मद गोरी के आक्रमण के धार्मिक कारणों पर दृष्टिपात करते हुए यह कहना प्रासंगिक जान पड़ता है कि इस्लाम धर्मानुयायी गोरी के लिए हिन्दुओं को इस्लाम के पैगम्बर मुहम्मद के सन्देश से अवगत कराना एक पवित्र कार्य था। परन्तु हमें यह नहीं भूलना चाहिए कि मुहम्मद गौरी का उद्देश्य राजनीतिक अधिक था, धार्मिक कम, क्योंकि भारत पर विजय और साम्राज्य की स्थापना के साथ ही धार्मिक उद्देश्यों की पूर्ति तो स्वतः ही हो जाएगी।

यदि मुहम्मद गोरी के आक्रमणों की श्रृंखला पर दृष्टिपात किया जाय तो उसने प्रथम आक्रमण 1175 ई. में मुल्तान एवं उच्छ पर आक्रमण किया और अधिकार कर लिया और 1182 में सिन्ध के शासक को भी अपनी अधीनता स्वीकार करने के लिए बाध्य किया। मुहम्मद ने दूसरा आक्रमण गुजरात के बघेल राजा भीम द्वितीय की राजधानी अन्हिलवाड़ या पाटन पर किया, परन्तु पराजय का मुँह देखना पड़ा। अब मुहम्मद ने अनुभव किया कि सिन्ध तथा मुल्तान को आधार बनाकर भारत को जीतने का प्रयत्न करना रणनीतिक दृष्टि से एक गलत कदम है, और चूँकि भारत का प्रवेश द्वारा पंजाब है। अतः अब उसने अपनी रणनीति में

परिवर्तन करते हुए 1179 ई. में पेशावर पर आक्रमण किया और उसे गजनी वंश से छीन लिया। दो वर्ष उपरान्त उसने लाहौर पर आक्रमण किया और गजनी वंश के शासक खुसरब मलिक ने मुहम्मद गोरी की सेवा में बहुमूल्य भेंट तथा अपना एक पुत्र जमानत के तौर पर भेजा। यह सरल विजय मुहम्मद गोरी की महत्वाकांक्षा और रणनीति की सफलता के लिए मनोवैज्ञानिक दृष्टि से प्रेरक सिद्ध हुई 1185 में उसने पंजाब पर पुनः आक्रमण किया और सियालकोट के किले पर अधिकार कर लिया और किले की मरम्मत कराकर उसमें एक सैनिक टुकड़ी रक्षा के लिए नियुक्त कर दी और लाहौर को जीत लिया। इस प्रकार मुल्तान, सिन्ध और पंजाब में गोर साम्राज्य की सीमायें अजमेर और दिल्ली के शासक पृथ्वीराज चौहान के साम्राज्य से टकराने लगीं।

विगत में भारत पर हुए तुर्की आक्रमण के इतिहास के विश्लेषण से यह तथ्य निकालना तर्कसंगत जान पड़ता है कि इस समय तक राजपूतों को इस्लाम धर्मानुयायी तुर्कों की आक्रमणात्मक रणनीति के खतरे का कुछ अनुभव और ज्ञान हो चुका था। विशेषकर कन्नौज और अजमेर के शासकों ने इस खतरे को दृष्टिगत रखते हुए अपनी सेनाओं के संगठन की ओर ध्यान दिया। अतः यह कहा जा सकता है कि इस समय भारत के राजपूत राजा विदेशी आक्रमणों के प्रति उतने असावधान न थे, जितने कि उनके पूर्वज ग्यारहवीं शताब्दी में महमूद के आक्रमणों के समय थे।

मुहम्मद गोरी के नेतृत्य में आक्रमणकारी सेनाओं के प्रथम प्रहार का सामना चौहान वंश को करना पड़ा। उत्तर-पश्चिम से होने वाले सम्भावित आक्रमणों के विरुद्ध रक्षा के लिए चौहानों ने भटिण्डा तक अपने राज्य के सीमान्त नगरों की सुदृढ़ किलेबन्दी कर ली। हिन्दू तथा मुसलमान शासकों के बीच विवाद का विषय भटिण्डा का किला था। भटिण्डा लाहौर से 100 मील दक्षिण तथा दिल्ली से 130 मील उत्तर-पश्चिम में स्थित और पंजाब के हिन्दू राजाओं की अन्तिम राजधानी थी और अब अजमेर-दिल्ली साम्राज्य का सीमा दुर्ग था। 1190 में मुहम्मद गोरी ने इस पर अधिकार कर लिया और काजी जियाउद्दीन के नेतृत्व में 1200 सैनिकों की एक टुकड़ी किले की रक्षा हेतु नियुक्त कर दी। पृथ्वीराज जो इस समय दक्षिण में सैन्य अभियान पर था, ने इस खतरे का सामना करने के लिए तुरन्त कार्रवाई करने का निर्णय लिया। उसने दो लाख अश्वारोही तथा तीन हजार हाथियों की एक सेना एकत्रित की और मुहम्मद गौरी से युद्ध करने के लिए उत्तर की ओर लौटा। दूसरी ओर मुहम्मद गोरी भी भटिण्डा पर अधिकार करने के उपरान्त गजनी

की ओर वापस लौट गया। परन्तु पृथ्वीराज के नेतृत्व में राजपूत सेना के आगमन की सूचना पाकर मुहम्मद गौरी के पास जितनी सेना थी, उसी के साथ राजपूतों का सामना करने के लिए दक्षिण की ओर मुड़ा और तराइन के मैदान में दोनों पक्षों के बीच युद्ध हुआ। तराइन या तरौरी (तलवाड़ी) करनाल जिले का एक गाँव है और यह थानेश्वर से 14 मील दक्षिण में स्थित है।

भारत पर आधिपत्य के लिए तुर्कों तथा राजूपतों में एक महायुद्ध हुआ। हिन्दू सैनिक तुर्क सैनिकों से संख्या में बहुत ज्यादा थे। संख्या की अधिकता के कारण राजपूत सेना के दोनों पार्श्व आगे बढ़े हुए थे। राजपूतों ने हाथियों पर से शंख बजाकर आक्रमण करने का संकेत दिया, तो मुसलमानों ने ऊँटों पर रखे धौंसा तथा तुरही बजाई और इसके साथ ही युद्ध प्रारम्भ हो गया। राजपूतों के प्रचण्ड धावे से मुस्लिम सेना का हरावल, जिसमें अफगान तथा खोकर शेखीबाज थे, बादल की तरह बिखर गए।

राजपूत आगे बढ़कर तुर्की सेना के दोनों बाजुओं के दूसरी ओर चले गए। उन्होंने अन्दर बढ़कर शत्रु को तितर-बितर कर दिया और उनके मध्य भाग में आतंक फैला दिया। मुहम्मद गौरी की सेना के पार्श्वों पर स्थित घुड़सवारों ने भागना शुरू कर दिया, क्योंकि विजयोन्मत्त राजपूतों की घुड़सवार सेना के बढ़ते हुए दबाव का सामना करने की हिम्मत उनमें नहीं थी। सुल्तान से भी प्रार्थना की गयी कि अब उसके समर्थक बाकी नहीं रह गए हैं। इसलिए वह भी भागकर अपनी जान बचा ले, किन्तु इस कायरता पूर्ण सलाह की उपेक्षा कर सुल्तान ने अपने निष्ठावान साथियों की एक छोटी टुकड़ी को साथ लेकर मार-काट मचाते हुए रास्ता बनाकर राजपूत सेना के ऊपर टूट पड़ा। पृथ्वीराज के भाई गोविन्दराय सेना के केन्द्र का नेतृत्व कर रहे थे, दूर से ही मुहम्मद गौरी को देखकर उस ओर अपना हाथी बढ़ाया। इन दोनों नायकों के बीच युद्ध हुआ। सुल्तान के बल्लम से गोविन्दराय के सामने के दो दाँत टूट गए और जब हिन्दू सेनाध्यक्ष ने भाला फेंका तो उससे मुहम्मद गोरी की बाँह में ऊपर एक गहरा घाव हो गया। इस आघात के कारण वेदना तथा कमजोरी से उसे अपने घोड़े का मुँह मोड़ना पड़ा। उसी समय एक खलजी युवक ने पीछे से गोरी के घोड़े पर कूदकर, उसे गिरने से बचा लिया। खलजी युवक ने उसे शस्त्रों सहित जीन पर ही सम्भाले और जब रूकी तो सुल्तान को अपने मध्य नहीं पाया। कुछ देर वाद एक खलजी युवक को आते देखा जो सुल्तान को लेकर आ रहा था। इसके बाद मुहम्मद गोरी वापस गजनी चला गया। राजपूत इस विजय का पूरा लाभ नहीं उठा सके, क्योंकि राजपूतों ने भागती हुई

तुर्की सेना का निर्दयतापूर्वक पीछा नहीं किया, क्योंकि ऐसा करना राजपूतों की दृष्टि से धर्म-युद्ध के प्रतिकूल था और दूसरे तुर्की सेना के खुरासानी घोड़े राजपूतों की अश्वारोही सेना से काफी आगे निकल गए थे। पृथ्वीराज भटिण्डा पर अधिकार कर वहीं रुका रहा।

मुहम्मद गोरी के गजनी लौटने के बाद उसने इस पराजय का बदला लेने का निश्चय किया। उसने अपने उस सभी सरदारों को, जिन्होंने तराइन के मैदान में कायरता प्रदर्शित की थी, सार्वजनिक रूप से अपमानित करने के बाद बर्खास्त कर दिया। भारत पर चढ़ाई करने के लिए उसने एक वर्ष तक युद्ध स्तर पर तैयारी की और 1,20,000 बख्तर बन्द अश्वारोही सैनिकों की एक विशाल सेना तैयार की, जिसमें तुर्की, अफगानी और ताजिक सैनिक सम्मिलित थे। इन सभी सैनिकों को घोड़े की पीठ पर बैठकर गतिशील अवस्था में धनुष से निशाना लगाने की कला का गहन प्रशिक्षण दिया गया था। ये सभी सैनिक कवचित और अस्त्र-शस्त्र से पूर्ण रूपेण सुसज्जित थे। जब मुहम्मद गौरी पेशावर पहुँचा तो उसने बुद्धिमत्ता पूर्वक पुराने बरखास्त सरदारों को क्षमा कर दिया और उन्हें एक अवसर प्रदान करने की दृष्टि से अपने पक्ष में सम्मिलित कर लिया। ये सरदार अपनी टुकड़ियों सहित उत्साह पूर्वक उसके साथ हो लिए। इन टुकड़ियों के पहुँचने के दूसरे दिन, जब सुल्तान की सेना शक्ति में वृद्धि हो गयी तब वह दिल्ली की ओर आगे बढ़ा। इसके विपरीत राजपूतों ने पूरा समय व्यर्थ में गँवाया। जब गोरी के आने की सूचना मिली तब पृथ्वीराज चौंके और उन्होंने सभी राजपूत राजाओं से अनुरोध किया तथा सहायता माँगी और इस प्रकार 3,00,000 घुड़सवार तथा 3,000 हाथियों की राजपूत सेना गोरी की 1,20,000 घूड़सवार सेना के निकट खड़ी हुई। राजपूतों की इस सेना में 150 राजपूत सामन्तों की सेनायें थीं।

चूँकि भटिण्डा राजपूतों के नियन्त्रण में था इसलिए उससे बचकर मुहम्मद गोरी ने राजपूत सेना से 10 मील की दूर पर पड़ाव डाल दिया। यहाँ उसे पृथ्वीराज के ओर से एक मित्रवत चेतावनी मिली। इस चेतावनी में पृथ्वीराज ने बिना लड़े वापस लौटकर अपने सैनिकों की जान बचाने की सलाह मुहम्मद गोरी को दी थी, क्योंकि राजपूत सेना, जिसके साहस का परीक्षण वह कर चुका था, विशाल थी और प्रतिदिन अतिरिक्त सैन्य टुकड़ियाँ आती जा रही थीं। इसके साथ ही पृथ्वीराज ने शपथपूर्वक आश्वासन दिया कि सेना के वापस लौटने के समस उत्पन्न अव्यवस्था के दौरान वह उसे सुरक्षा पूर्वक जाने देगा।

मुहम्मद गोरी ने राजपूतों को आश्चर्यचकित करने के उद्देश्य से कपटपूर्ण

नीति का अनुसरण करते हुए, उसने जवाब दिया कि आपका प्रस्ताव और मित्रवत व्यवहार विशाल हृदयता का द्योतक है और प्रस्ताव को एक सन्देश वाहक के साथ अपने भाई, जो शासक और सुल्तान है, के पास भेज रहा हूँ कि इस शर्त पर आपसे सन्धि कर ले कि भटिण्डा, पंजाब और मुल्तान गोर वंश के पास रहे और शेष हिन्दुस्तान राजाओं के पास रहे। जब तक इस सन्देश का उत्तर न प्राप्त हो जाय तब तक आपसे प्रार्थना है कि युद्ध को निलम्बित रखें।

मुहम्मद गोरी का कपटपूर्ण नीति सफल हुई। राजपूत उसकी चाल में आ गए और यह परिकल्पना कर ली कि शत्रु ने उनकी शक्ति से घबड़ाकर शान्ति प्रस्ताव भेजा है। सेना की संख्या में कमी के बावजूद भी राजपूतों ने युद्ध की कोई तैयारी नहीं की, इतना ही नहीं शत्रु के सम्मुख विद्यमान रहने पर मोर्चे बन्दी जैसी सतर्कता की आवश्यकता की भी अवहेलना की गयी। जबकि दूसरी ओर मुहम्मद गोरी ने थोड़ा भी समय व्यर्थ नहीं गंवाया। उसने दूसरे दिन सुबह हिन्दुओं पर आक्रमणात्मक कार्रवाई करने की रणनीति बनाई, क्योंकि उस समय उनकी सैन्य शक्ति अधिकतम थी और प्रतिदिन का विलम्ब शत्रु की शक्ति में वृद्धि कारक सिद्ध हो रहा था। इसके साथ ही उसकी रसद भी बेकार पड़े रहने में ही घटती जाती। अतः सूर्योदय से पूर्व ही प्रयाण करके राजपूत सेना के पड़ाव तक की दूरी बिना किसी क्षति के पूरी कर ली और राजपूत सेना इस प्रत्यक्ष रणनीतिक पहल के बारे में जानकारी प्राप्त कर सके, इसके पूर्व ही राजपूत सेना पड़ाव के सम्मुख अस्थाई मोर्चा जमा लिया।

शीत ऋतु के दिन बहुत सुबह का समय था। राजपूत सेना आक्रमण के प्रति पूर्णरूपेण निश्चिन्त थी। अतः अधिकांश सैनिक सुबह-सुबह दैनिक चर्या में लगे हुए थे। यद्यपि ऐसा सम्भव है कि आक्रमण की खबर से हिन्दू पड़ाव में कोई सनसनी नही पैदा हुई क्योंकि पड़ाव बहुत विशाल और विस्तृत था और दूसरे मुहम्मद गोरी ने अपने सैनिकों को आक्रमण के स्थान पर अपने पास रोके था, फिर भी प्रथम प्रहार का लाभ आक्रमणकारी सेना को अवश्य प्राप्त हुआ होगा।

युद्ध योजना

मुहम्मद ने इस बार बेहतर युद्ध कौशल का प्रयोग किया। उसने अपना भारी साजो-समान और न लड़ने वालों को 10 मील पीछे अपने पड़ाव पर छोड़ दिया था। वह हल्के-सामान और योद्धाओं के साथ आगे बढ़ कर आया था। उसने अपनी सेना को पाँच भागों में विभक्त किया। चार को उसने राजपूतों पर चारों ओर से

आक्रमण करने के लिए तथा एक को आरक्षित दल के रूप में रखा। आरक्षित सेना में 12000 बख्तर बन्द घुड़सवार सैनिक थे, जो उत्तम नस्ल के घोड़ों पर सवार थे। इन घुड़सवारों को आदेश था कि वे यथाक्रम आगे बढ़कर दूर से राजपूतों पर वार करें, किन्तु जब राजपूतों की सेना प्रति आक्रमण के लिए आगे बढ़े तब भागने का ढोंग कर पीछे हट जायँ, जिससे कि राजपूतों के साथ संघर्षरत होने से बचा जा सके। इस रणनीति का उद्‌देश्य राजपूतों को हतोत्साहित और उन्हें अपनी सैन्य विरचना तोड़ने के लिए बाध्य किया जा सके। इसके विपरीत राजपूतों की सेना के अग्रभाग में हाथी थे जो कि गोविन्द राय के नेतृत्व में थे, उनके पीछे केन्द्र में पृथ्वीराज स्वयं थे। उनके दाहिने पार्श्व पर बदमाश रावल अपनी टुकड़ी के साथ थे तथा बाये पार्श्व पर भोल के नेतृत्व में राजपूत सेना थी।

युद्ध संक्रिया

मुहम्मद गोरी ने अपनी योजनानुसार सेना की चार टुकड़ियों को राजपूतों पर आक्रमण करने के लिए भेजा। उसकी इन पार्थीयन चालों से राजपूत किंकर्त्तव्यविमूढ़ हो गए। उन्होंने गोरी की अश्वरोही सेना का पीछा करने और पकड़ने के असफल प्रयत्न में अपनी शक्ति और समय को नष्ट किया। इस प्रकार यह युद्ध या दूसरे शब्दों में छिट-पुट आक्रमण और प्रति आक्रमण की शृंखला सुबह 9 बजे से लेकर दोपहर बाद 3 बजे तक चलती रही। अन्ततोगत्वा राजपूत सेना युद्ध की असफलता से हतोत्साहित तथा भूख-प्यास से शिथिल हो चुकी थी, क्योंकि राजपूत सेना कठोरजाति-नियमों से आबद्ध होने के कारण तीन बजे तक एक बूँद जल ग्रहण किए बिना संघर्ष करती रही।

युद्ध के निर्णायक चरण में मुहम्मद गोरी का संकेत पाकर आरक्षित सेना के 12000 बख्तर बन्द अश्वारोही धनुर्धर सैनिक शिथिल राजूपत सैनिकों को तेज धार की तरह काटते हुए उनके केन्द्रीय भाग पर टूट पड़े। यह आक्रमणात्मक कार्रवाई परस्पर सहयोग और समन्वय के सिद्धान्त के प्रयोग के अद्वितीय उदाहरण है जिसके सम्मुख किसी भी सैनिक प्रतिरोध के ठहर पाने की कोई सम्भावना नहीं थी। परिणामस्वरूप पलक झपकते ही युद्ध समाप्त हो गया और राजपूत सैनिकों के पाँव उखड़ गए और वे युद्ध क्षेत्र से भागने लगे, और इस भगदड़ से लगभग 10,000 राजपूत सैनिक काट डाल गए। राजपूत सेना के अग्रगामी दस्ते का नायक गोविन्दराय पहले ही मारा जा चुका था। पृथ्वीराज हाथी से उतर कर घोड़े पर सवार हो गया और भागने वालों की भीड़ में फँस गया और सरस्वती नदी के

तट पर पकड़ा गया। पृथ्वीराज के साथ-साथ राष्ट्रीय संगठन में शामिल अन्य 150 राजाओं में से अधिकांश मारे गए।

पृथ्वीराज की कब और कहाँ मृत्यु हुई, इस सम्बन्ध में कई मत प्रचलित हैं। मिनहाज-उस-सिराज के अनुसार उसका तुरन्त बध कर दिया गया था, परन्तु हसन निजामी का कथन है कि मुसलमान उसे पकड़कर अजमेर ले गए जहाँ कुछ समय बाद विद्रोह के अपराध में उसका बध कर दिया गया। दूसरा मत सही प्रतीत होता है, क्योंकि पृथ्वीराज के कुछ सिक्के अब विद्यमान हैं जिन पर संस्कृत में हम्मीर खुदा हुआ है। इससे यही विदित होता है कि पृथ्वीराज ने मुहम्मद की अधीनता स्वीकार कर ली थी और उस युद्ध के बाद भी कुछ समय तक जीवित रहा था। चन्द्र वरदाई का कथन है कि मुलसमान पृथ्वीराज को बन्दी बनाकर गजनी ले गए और वहाँ मुहम्मद गोरी को मार डालने के अपराध में उसका वध किया गया, परन्तु तथ्यों से इस कथन की पृष्टि नहीं होती है।

परिणाम

शिहावुद्दीन मुहम्मद गोरी की तराइन विजय केवल एकाकी राजनीतिक घटना नहीं थी, बल्कि एक शक्तिशाली विजेता की लगातर विजयों में से एक सुगठित विजय थी। इस विजय का लक्ष्य था भारत में मुस्लिम-तुर्की साम्राज्य की स्थापना। इस दृष्टि से यह युद्ध भारतीय इतिहास की एक युग परिवर्तनकारी घटना है। यह युद्ध निर्णायक सिद्ध हुआ और इससे मुहम्मद गोरी की भारत-विजय सुनिश्चित हो गई। उसने चौहानों की सैनिक-शक्ति को पूर्णतया भंग कर दिया। तराइन की विजय के उपरान्त मुहम्मद गोरी ने शीघ्र ही हाँसी, कुहराम, सरस्वती आदि सैनिक महत्व के स्थानों पर अधिकार कर लिया और उनकी रक्षा के लिए तुर्क सैनिक नियुक्त कर दिए। इस विजय के द्वारा तुर्की विजयों का सैनिक पक्ष समाप्त हुआ और दिल्ली सल्तनत के प्रशासनिक रूप के लिए मार्ग प्रशस्त हो गया और इतिहास में पहली बार मुहम्मद गोरी ने हिन्दुस्तान के बीचों-बीच एक विदेशी तुर्की राज्य की नींव डाल दी।

पराजय के कारण

इस युद्ध ने राजपूतों की कमर तोड़ दी। राजपूत अदूरदर्शी थे। तराइन के प्रथम युद्ध के बाद न तो उन्होंने गोरी का पीछा किया और न ही यह समझा कि गोरी पुनः आक्रमण कर सकता है और उन्होंने अपनी कोई सैनिक तैयारी नहीं की,

जबकि गोरी ने एक वर्ष का समय युद्ध की तैयारी में लगाया। इसके अतिरिक्त गोरी के घुड़सवार राजपूत घुड़सवार सैनिक से अधिक कुशल थे। उनमें गतिशीलता अधिक थी। गोरी ने पूरी योजना बना कर युद्ध किया, उसने राजपूतों को इस बात के लिए बाध्य किया कि वे उसके द्वारा चुने गए स्थान और समय पर युद्ध करे। राजपूत भूखे पेट युद्ध कर रहे थे। उन्होंने कोई आरक्षित सेना नहीं रखी थी और धोखे में आ गए थे। वास्तव में यह युद्ध मुहम्मद गोरी के कुशल सेनापतित्व का परिणाम था।

राजपूतों के पतन के कारण

यह तथ्य आश्चर्यजनक लगता है कि दो हजार वर्ष पुरानी सभ्यता और संस्कृति में पला देश, जिस पर चन्द्रगुप्त मौर्य, अशोक, समुद्रगुप्त, चन्द्रगुप्त विक्रमादित्य और हर्ष वर्धन जैसे रण कुशल, दूरदर्शी, योग्य सम्राट राज्य कर चुके हों, उसकी शक्ति मुसलमानों के आक्रमण के सम्मुख इस प्रकार बिखर गई, मानों उसमें प्रतिरोध शक्ति का अभाव हो। युद्ध के द्वारा राजत्व कैसे मुसलमानों के हाथों चला गया? इस तथ्य को समझने के लिए राजपूतों की सैनिक शक्ति के पतन के कारणों को विश्लेषण प्रासंगिक प्रतीत होता है।

प्राचीन भारत केवल काव्य, साहित्य, दर्शन और धर्म के क्षेत्र में ही अपनी पराकाष्ठा पर नहीं पहुँचा था, बल्कि युद्ध, विस्तारवाद, साम्राज्यवाद, कूटनीति और व्यापार भी उसके जीवन का एक अंग रहा। भारतीयों ने विशाल साम्राज्यों का निर्माण किया, बड़े-बड़े युद्ध लड़े तथा सैन्य संगठन के कार्य में भी निपुण थे। विशाल सुदृढ़ दुर्गों का निर्माण किया, नौ सेना बनाई, समुद्र पार के देशों में उपनिवेश स्थापित किया। भारत की विदेश नीति का आधारभूत सिद्धान्त दूसरे राज्यों में हस्तक्षेप न करने का था। सेना का राज्य से अभिन्न सम्बन्ध था। फिर भी इस सेना के पराजय के क्या कारण थे?

तुर्कों के विरुद्ध राजपूत राज्यों का पतन एक महत्त्वपूर्ण घटना सिद्ध हुई। इस घटना के ऐतिहासिक महत्व के कारण इतिहासकारों ने इसका व्यापक विश्लेषण किया है। तत्कालीन इतिहास इस संदर्भ में लगभग मौन है। इस कारण विभिन्न इतिहासकारों ने अनेकानेक तर्क प्रस्तुत किए हैं, जिनमें से कुछ भ्रामक, कुछ पूर्वाग्रहपूर्ण, कुछ आंशिक रूप से सत्य और कुछ ने राजपूतों की पराजय के कारणों का उल्लेख किया है। परन्तु वर्तमान राष्ट्रीयता की अवधारणा की दृष्टि से इस प्रश्न का उत्तर नहीं दिया जा सकता है, क्योंकि मध्य युगीन सामाजिक, धार्मिक,

राजनीतिक, आर्थिक तथा सांस्कृतिक बोध का धरातल और दिशा सर्वथा भिन्न थी।

इस्लाम धर्मानुयायियों के प्रति सहज सद्भाव होने के बावजूद भी महमूद गजनवी तथा मुहम्मद गोरी ने मध्य एशिया तथा भारत के मुस्लिम राज्यों को भी उसी प्रकार ध्वस्त किया, जिस प्रकार हिन्दू राज्यों को, परन्तु मुहम्मद हवीव के अनुसार, यद्यपि यह सत्य है कि महमूद द्वारा किए गए कार्यों के कारण भारत की जनता में इस्लाम के प्रति विद्वेष बना रहा। राजपूतों ने इसके और विस्तार को अवरुद्ध तो किया, परन्तु वे इन राज्यों का उन्मूलन न कर सके, जो भावी आक्रमणकारियों के लिए मार्गदर्शक के रूप में बने रहे।

राजपूत राज्यों की पराजय के अनेक कारण थे जो राजनीतिक, सामाजिक, धार्मिक तथा सैनिक दृष्टि से महत्त्वपूर्ण हैं। इतिहासकार हसन निजामी, मिनहाज उस सिराज तथा फखे मुदब्बीर में से प्रथम दो ने तुर्की विजय को दैवी कृपा माना है। फखे मुदब्बीर अदब-उल-तर्ब नामक ग्रन्थ में दो महत्त्वपूर्ण सैनिक कारणों का उल्लेख करता है। प्रथम, तुर्की युद्ध कला अश्वारोही सेना की गतिशीलता के समरतन्त्र पर आधारित थी, और दूसरे भारतीय राजपूतों की सेना सामन्तवाद की दोषपूर्ण पद्धति पर गठित थी।

जदुनाथ सरकार अपनी पुस्तक भारत का सैन्य इतिहास में एच.ए.एल. फिशर को उद्धृत करते हुए लिखते हैं कि इस्लाम द्वारा अरब, पठान तथा तुर्क जाति को प्रदत्त तीन सद्गुण ही उनकी विजय के मुख्य आधार थे। प्रथम कानूनी है। सियासत तथा धार्मिक अधिकार के मामले में पूर्ण रूप से सामाजिक समानता, जिससे उनमें जाति भेद के स्थान पर भाई चारे की भावना का संचार हुआ। दूसरे, अपने भाग्य को पूर्ण रूप से अल्लाह के भरोसे छोड़ने की नियतिवादी धारणा के कारण मुस्लिम सैनिकों में युद्ध के दौरान मृत्यु के प्रति तिरस्कार की भावना का जन्म हुआ और वे निर्भय होकर युद्ध करते थे। तीसरे, मद्यपान निषेध। कुरान मद्यपान का निषेध करता है। युद्ध के मैदान में कुशल रणनीति तथा आकस्मिक आक्रमण के समय श्रेष्ठ युद्ध-कला के प्रदर्शन की क्षमता राजपूत खो बैठते थे। यहाँ तक कि वे अपनी सेना के पड़ाव के समय सुरक्षा की योग्यता भी खो चुके थे।

राजपूतों की पराजय के कारणों की व्याख्या की दृष्टि से यह मत आकर्षक, लुभावना, तर्क संगत और सारगर्भित प्रतीत होता है, परन्तु अब सर्वमान्य नहीं रहा। तुर्क विजेता सामाजिक एकात्मकता की भावना से ओत-प्रोत कभी नहीं रहे और न ही अपना कार्य पूर्णतः अल्लाह के भरोसे छोड़ते थे और न ही सामाजिक

कुरीतियों की पूर्ण तिलांजलि दे सके।

इस प्रश्न पर अँग्रेज इतिहासकारों के मत पर दृष्टिपात करना अनिवार्य जान पड़ता है। एलफिस्टन का मत है कि मुइज्जुद्दीन मुहम्मद गोरी की सेना में सिन्ध तथा आक्सस के बीच के क्षेत्र में रहने वाले युद्ध प्रिय जाति के लोग थे, जो सल्जुक तथा उत्तर के तातारी जुझारुओं से लड़ने में अभ्यस्त हो चुके थे। छोटे-छोटे राज्यों में विभक्त भारतीयों द्वारा गोरी की सेना के विरुद्ध पर्याप्त प्रतिरोध की आशा नहीं की जा सकती थी। लेनपूल तथा विसेंट स्मिथ का मत है कि तुर्क ठंडे प्रदेशों के मांसाहारी होने के कारण अधिक शक्तिशाली योद्धा थे, इसीलिए वे भारत में सफल हुए। गहराई से विचार करने पर ज्ञात होता है कि इन इतिहासकारों के मत प्रायः पूर्वाग्रह से ग्रस्त हैं, क्योंकि भौगोलिक तथा आहार-सम्बन्धी तर्क भ्रामक है। राजपूतों में भी मांसाहार की प्रथा थी। ठंडे प्रदेश के सैनिक अच्छे तथा शक्तिशाली योद्धा हों। यह तर्क ठंडे मुल्क के इतिहासकार ही प्रस्तुत कर सकते हैं। मुइज्जुद्दीन के ठंडे प्रदेश की सेना भारत में दो बार पराजति हुई। तुर्की आक्रमण के पहले तथा मुगल काल में भी अफगानिस्तान के बड़े भू-भाग पर भारतीय राज्यों का अधिपत्य रहा है। भारतीय लोग महज शान्तिप्रिय ही हों, यह भ्रामक तथा इतिहास विरोधी बात है। मगध साम्राज्य के समय से तुर्कों के आगमन तक भारत का राजनीतिक इतिहास विभिन्न राज्यों के निरन्तर युद्ध का इतिहास है, जैसी स्थिति मध्यकालीन यूरोप तथा मध्य एशिया में थी। इस सम्बन्ध में खालिक अहमद निजामी का मन्तव्य समीचीन है कि 1218-1220 ई. में मंगोल आक्रमण के विरुद्ध (तुर्की) क्षेत्र के राज्य का विध्वंस अँग्रजी इतिहासकारों के तर्क को निरर्थक कर देता है। किन्तु यह मत सही प्रतीत होता है कि तुर्कों का आक्रमण भारतीय राज्यों पर थोपा गया था। किसी विशेष लक्ष्य या राज्य विस्तार की आकांक्षा के अभाव में युद्ध में तुर्कों के मुकाबले अधिक उत्साह का होना सम्भव नहीं था, जबकि ये राज्य यहाँ की भूमि पर युद्ध होने के कारण अनेक प्रकार के विनाश तथा हानि के शिकार होते गए। ऐसी स्थिति में राजपूत राज्यों की पराजय के विशिष्ट कारणों पर प्रकाश डालना अपेक्षित है।

राजनीतिक कारण–तुर्की आक्रमण के पूर्व भारत अनेक राज्यों में विभाजित था। इनके शासक अपने राज्य के विस्तार तथा वंश की प्रतिष्ठा के लिए एक दूसरे से निरन्तर युद्धरत थे, जिसके कारण इनमें परस्पर ईर्ष्या-द्वेष, प्रतिस्पर्धा चरम सीमा पर थी। हर्षवर्धन के बाद उत्तरी भारत की राजनीतिक एकता क्यों समाप्त हो गई? यह एक जटिल ऐतिहासिक प्रश्न है। इस प्रश्न का तर्कसंगत उत्तर देने के लिए

क्षेत्रीय स्तर के राजवंशों के उदय तथा अस्तित्व के प्रमुख कारणों की समीक्षा आवश्यक है। इस काल में राजवंशों के प्रशासन तथा राज्य के ढाँचे में एक सीमा तक जनजातीय तत्व विद्यमान थे। जो एक लम्बे समय से हो रहे सामाजिक वर्गीकरण (वर्ण व्यवस्था के आधार पर) की प्रक्रिया का स्वाभाविक परिणाम था। अनेक राजपूत वंशों का उदय इसी सामाजिक प्रक्रिया की देन है। वंश विशेष या समान जाति के लोग ही राज प्रशासन तथा सैनिक शक्ति के आधार थे, जो जन जातीय चेतना का एक अंग है। इस मनोवैज्ञानिक भावना के कारण अपने वंश की प्रतिष्ठा के लिए वे युद्ध में प्राण निछावर कर देते थे और साथ ही दूसरे राजवंश की सत्ता उन्हें अपमानस्वरूप प्रतीत होती थी। इसके साथ ही प्रशासन तथा सेना के उच्च पदों पर ब्राह्मण तथा राजपूतों की अधिकांश नियुक्तियाँ वंशानुगत होती गईं। इससे एक ओर तो अन्य वर्ग तथा जाति के लोग राज्य के प्रति उदासीन होते गए और दूसरी ओर अयोग्य व्यक्ति उत्तराधिकार के रूप में उच्च प्रशासनिक पद प्राप्त करने लगे। निम्न वर्ग में संकट के समय राज्य या राजा के लिए संघर्ष की भावना का अभाव एक स्वाभाविक तथ्य है।

अनेक राजपूत राज्यों के अस्तित्व का एक महत्त्वपूर्ण कारण यह था कि क्षेत्रीय राज्यों की तुलना में उनकी आर्थिक स्थिति अच्छी थी। जिसका अधिकांश लाभ उत्पादकों के बजाय राज्य को प्राप्त होता था। बड़ी संख्या में जुझारू सैनिकों के भरण-पोषण तथा अन्य प्रशासकीय व्यय के लिए समुचित आर्थिक आधार के अभाव में राज्य का अस्तित्व, विशेष रूप से अनवरत संघर्ष के युग में, कायम रह पाना सम्भव नहीं हो पाता है।

राजनीतिक एकता के अभाव में सामन्तीकरण की प्रक्रिया ने भी बड़ा महत्त्वपूर्ण योगदान दिया। एक केन्द्रीय राज्य के अन्तर्गत अनेक सामन्त तथा इनके नीचे क्रमिक से अन्य छोटे-छोटे सामन्तों के अस्तित्व का महत्त्वपूर्ण कारण यह था कि राज्य की आर्थिक स्थिति का मुख्य स्रोत भूमि सामन्तों को हस्तान्तरित कर दी गई थी। ये सामन्त अपनी राजनीतिक, आर्थिक, सामाजिक और सैनिक शक्ति को निरन्तर सुदृढ़ बनाने का यत्न करते रहते थे, जो कि केन्द्रीय सत्ता की सुरक्षा और सम्प्रुभता के लिए एक स्थाई खतरा था। इस सन्दर्भ में यह उल्लेखनीय है कि एक दूसरे को पराजित करने की लम्बी प्रक्रिया से यह निष्कर्ष स्वाभाविक जान पड़ता है कि किसी भी राज्य में सैनिक शक्ति की श्रेष्ठता, रणनीति की दृष्टि से युद्ध कला की नवीन प्रणालियों के प्रयोग की क्षमता नहीं थी। इन कारणों से तुर्की आक्रमण के पहले उत्तरी भारत में एक केन्द्रीय शक्ति की

शून्यता की स्थिति थी। इस शक्ति शून्यता को भरने के लिए परस्पर संघर्षरत राजपूत राज्य में तुर्की आक्रमण के सम्मुख राजनीतिक एकता और संयुक्त शक्ति के संगठन का तत्व लुप्तप्राय हो चुका था। तुर्कों ने एक-एक करके सभी राजपूत राज्यों को पराजित कर दिया। 989 ई. में सुबुकक्तिगीन के विरुद्ध तथा 1008 ई. में महमूद के विरुद्ध क्रमशः जयपाल तथा आनन्दपाल को प्रतिहार, चौहान तथा चन्देल (989 ई. में) तथा उज्जैन, कालिंजर, दिल्ली तथा अजमेर के शासकों (1008 ई. में) सहायता देना भारत के राजपूत राज्यों की जागरूकता का उल्लेखनीय उदाहरण है किन्तु भारत की मूल राजनीतिक दुर्बलता पर इससे कोई अन्तर नहीं पड़ा।

राजपूत राज्यों में विदेशों में हो रहे परिवर्तनों पर नजर रखने और उनके प्रभावों की व्याख्या करने हेतु कोई राजनयिक सम्बन्ध नहीं स्थापित किए। जन कल्याणकारी कार्यों की उपेक्षा के कारण वे जन समर्थन खो चुके थे। संक्षेप में यह कहा जा सकता है कि इन सभी दुर्बलताओं का लाभ तुर्कों को मिला।

सामाजिक कारण

वर्ण तथा जाति-व्यवस्था के कारण भारतीय समाज कई वर्गों में विभक्त था। छुआछूत, उच्चता की भावना तथा भू-स्वामियों द्वारा निम्न वर्ग के खेतिहर तथा अन्य श्रमिकों के शोषण के कारण समाज दुर्बल हो रहा था। शोषित वर्ग में देश या राज्य की सुरक्षा अथवा विदेशी आक्रमण के प्रतिरोध की भावना के विद्यमान होने की भावना ने जहाँ उनमें एक ओर आत्मविश्वास तथा साहस को बढ़ावा दिया। वे झगड़ालु तथा जिद्दी होते गए। इसके अतिरिक्त शराबखोरी, जुआ, बहु विवाह, स्त्रियों की हीन दशा आदि बुराइयाँ समाज को अनेक दृष्टियों से कमजोर बनाती जा रही थीं। साथ ही शासक वर्ग की क्षमता तथा चरित्र पर इनका प्रतिकूल प्रभाव पड़ता था।

उच्च वर्ग की श्रेष्ठता के कारण वे विदेशों से भी समुचित सम्पर्क स्थापित नहीं कर सके और देश में पृथकतावादी प्रवृत्ति ने घर कर लिया। समुद्री यात्रा अपराध मानी जाने लगी। अल-बिलादुरी का कथन है, "हिन्दुओं को यह विश्वास है कि अन्य कोई देश उनके देश जैसा (श्रेष्ठ) नहीं है, इनके राजा के समान अन्य राजा नहीं है। उनके शास्त्रों के समान कोई शास्त्र नहीं है। यदि वे यात्रा करके अन्य देश के लोगों में मिलें तो उनका यह मत शीघ्र ही बदल जाएगा।" इस मनोवृत्ति ने राजपूतों को बाह्य संसार में विकसित हो रहे राजनीतिक समीकरण,

ज्ञान-विज्ञान तथा युद्ध कला की नवीन प्रणालियों के ज्ञान से स्वयं को तथा अपने समाज को अनभिज्ञ रखा। दूसरी ओर व्यापार और वाणिज्य के माध्यम से भारत सम्बन्धी प्रत्येक सूचना बाह्य आक्रमणकारियों के पास पहले से ही विद्यमान रहती थी।

अल-बिलादुरी के कथन से यह पक्ष भी प्रस्तुत होता है कि राजपूतों में अपने देश तथा संस्कृति के प्रति प्रेम अवश्य था, परन्तु विभेद के अनेक कारणों ने राष्ट्रीयता की अनुभूति की भावना या धारण को विकसित नहीं होने दिया। यह राजपूत राज्यों की मूलभूत सैनिक दुर्बलता को प्रदर्शित करता है। इस्लाम धर्मानुयायी तुर्कों में अनेक सामाजिक दोषों के बावजूद एकता की भावना थी किन्तु उनकी विजय में भारतीय समाज की दुर्बलताओं ने अधिक महत्त्वपूर्ण भूमिका अदा की है।

धार्मिक कारण–धार्मिक दृष्टि से भी भारत अनेक संप्रदायों तथा उप-संप्रदायों में विभक्त था। धार्मिक क्षेत्र में समन्वयवादी तथा उदारवादी प्रवृत्ति के कारण विभिन्न प्रकार के धार्मिक विश्वास तथा मान्यताएँ यहाँ प्राचीन काल से पनप रही थीं। भारतीयों की व्यक्तिवादी मनोवृत्ति इन मान्यताओं के मूल्य में निहित थी। इस्लामी समाज की एकता भारत के धार्मिक तथा सांस्कृति परिप्रेक्ष्य में असम्भव थी। दूसरे धर्म द्वारा पोषित कर्म और संसार के दार्शनिक मान्यता ने अधिकांश भारतीयों को दुःख सहने का अभ्यस्त बना दिया था। नियतिवादी तथा भाग्यवादी विश्वास के कारण भी वे विदेशी आक्रमण तथा यातनाओं को पूर्व-जन्म के कर्मों का फल मानते थे, जिसकी वजह से जन साधारण ने संयुक्त होकर उनका प्रतिरोध नहीं किया।

सैनिक कारण–राजपूतों की पराजय के प्रमुख कारण सैनिक महत्व के हैं। सैनिक कारणों को रणनीतिक, सामरिक तथा सैन्य नेतृत्व की दृष्टि से तीन भागों में विभक्त किया जा सकता है।

सभी इतिहासकार स्वीकार करते हैं कि उत्तर पश्चिम से भारत पर हमला करने वाली तथाकथित तुर्की सेना में तुर्क, पारसी तथा अफगान पेशेवर सैनिक थे। यह सम्पूर्ण सैनिक सेना धनुष-बाणों से सज्जित सैनिकों की अश्वारोही सेना थी। तुर्क आक्रमणकारी सैनिक संगठन, युद्ध-नीति, अस्त्र-शस्त्र और नेतृत्व की दृष्टि से भारतीयों की तुलना में सफल और श्रेष्ठ सिद्ध हुई।

राजपूत साहस और शौर्य में तुर्कों से कम न थे, परन्तु उनका युद्ध और लक्ष्य के प्रति दृष्टिकोण नैतिकता के उच्चतम मापदण्डों पर आधारित था। युद्ध

उनके लिए धर्म था, खेल था, अतः युद्ध के दौरान भी वे परिणामपरक कार्य नहीं करते थे। दूसरी ओर तुर्कों का लक्ष्य विजय प्राप्त करना था, चाहे उसके साधन कुछ भी हों। राजपूत बहादुरी और युद्ध में मृत्यु के प्रति अवहेलना की दृष्टि से अद्वितीय थे। वे एक आदर्श योद्धा और सैनिक-सम्मान की ऐसी भावना से प्रेरित थे, जो उन्हें युद्ध में व्यावहारिक सफलता प्राप्त करने के लिए प्रायः अयोग्य बना देती थी।

तुर्कों की तुलना में राजपूतों का सैनिक संगठन दुर्बल था। राजूपतों का सैनिक-संगठन सामन्तवादी था और सैनिक अपने-अपने सामन्त के नेतृत्व में युद्ध करते थे। इस प्रकार एकत्रित की गयी सेना से एक निश्चिय योजना, एक निश्चित लक्ष्य, एक निश्चित नेतृत्व में परस्पर सहयोग से युद्ध लड़ने की कल्पना करना ही निरर्थक है। भारतीय सेना परस्पर संघर्षरत रहने के कारण युद्ध से ऊब चुकी थी, जबकि तुर्कों की सेना विभिन्न वर्गों और नस्लों के व्यक्तिगत सम्मिलन से बनी होने के बावजूद भी एक नेतृत्व, एक अनुशासन और एक योजना एवं एक लक्ष्य के लिए युद्ध करती थी।

युद्ध के साधनों की दृष्टि से तुर्की सेना की श्रेष्ठता के दो प्रमुख कारण थे, घोड़े और धनुष-बाण। उस समय गतिशीलता तुर्की सैन्य संगठन का मुख्य आधार थी। यह युग अश्वारोही सेना का युग था और गतिशील तथा धनुष-बाण से सुसज्जित अश्वारोही सेना उस युग की महान आवश्यकता थी। डॉ. जदुनाथ सरकार ने लिखा है कि तुर्कमान घोड़ा सम्पूर्ण मध्य एशिया में सर्वश्रेष्ठ होता है। गति, क्षमता, बुद्धिमत्ता, विश्वास पात्रता तथा स्थान सम्बन्धी आश्चर्यजनक ज्ञान की दृष्टि से अन्य जातियों से श्रेष्ठ होता है। तुर्कमान घोड़ा ऊँचा और उसका शरीर पतला-लम्बा होता है। गर्दन तथा टाँगें लम्बी व पतली होती हैं, लूट-अभियान के दौरान तुर्कमन घोड़े अक्सर जल विहीन मरुस्थल में 650 मील की यात्रा 5 दिन में पूरी कर लेते हैं। उनकी यह शक्ति दो कारणों से है - सीमान्ती अनुर्वर भूमि तथा मरुस्थलों में हजारों वर्ष का प्रशिक्षण तथा लगातार लूट के हमले। इन हमलों के लिए अधिकतम सामर्थ्य तथा अभाव सहने की आवश्यकता होती है। यह सामर्थ्य तथा अभाव का अनुभव घोड़े तथा सवार दोनों को ही है। इस सन्दर्भ में मुगल कालीन ऐतिहासिक साक्ष्यों के प्रामाणिक विवरण प्राप्त होता है–''इन खूंखार डाकुओं के अभियानों में रसद या साजो सामान के कारण रुकावट नहीं आती थी। सबसे घटिया मोटा अन्न भी उनके लिए काफी है। ये सबसे गहरी नदी में अपने घोड़ों को लम्बी पंक्ति में व्यवस्थित कर

तैराकर पार कर लेते हैं। एक घोड़े की लगाम दूसरे की पूँछ से बाँध दी जाती है और लकड़ी का गठ्ठर होने के कारण जीन पानी से नष्ट नहीं होती थी। ये डाकू स्वतः नदी के किनारे बहुतायत से उत्पन्न होने वाले सरकण्डों की लकड़ी के पटरे बनाकर नदी पार कर लेते थे। सवार की ही भाँति घोड़े भी बहुत कष्टसहिष्णु होते थे। ये घोड़े मरुभूमि के उगने वाली जंगली नागदौन को खाकर जीते हैं और इसी चारे के बल पर एक दिन में 40 से 50 कोस तक दूरी तय कर सकते थे''।

अध्याय-7

मराठा युद्धकला और पानीपत का तृतीय युद्ध

सत्रहवीं शताब्दी में दक्षिण भारत में एक नई शक्ति का उदय हुआ। वह नई शक्ति मराठे थे, जिन्होंने महान मुगल साम्राज्य को, जो कि उस समय अपनी शक्ति और समृद्धि की चरम सीमा था, चुनौती दी। ये मराठे आधुनिक महाराष्ट्र के थे, जोकि नासिक, पूना, सतारा, शोलापुर, अहमदनगर का कुछ क्षेत्र, ताप्ती नदी का उत्तरी भाग तथा दक्षिण में कृष्णा नदी से घिरा हुआ है। यह क्षेत्र लगभग 2500 वर्ग मील में फैला है। महाराष्ट्र क्षेत्र की भू रचना सह्याद्रि, सतपुड़ा तथा विन्ध्य की पहाड़ियों से घिरी हुई है। इसमें अरब सागर के किनारे का कोंकण का क्षेत्र भी आता है। इस प्रकार इस क्षेत्र में पहाड़ी और मैदानी दोनों ही क्षेत्रों की भूमि आती थी। इस क्षेत्र में जहाँ एक ओर भारी वर्षा, वहीं दूसरी ओर तेज गर्मी तथा आर्द्रता का संगम दिखाई देता है। इन सभी प्राकृतिक परिस्थितियों ने इस क्षेत्र के निवासियों को कठोर, संयमी तथा स्वाभिमानी बना दिया। मराठों के विषय मं सुप्रसिद्ध यूनानी लेखक मेगस्थनीज ने लिखा है कि मराठा बहादुर जाति थी।

सत्रहवीं शताब्दी के भारत के इतिहास में अनेक धार्मिक, प्रवृत्तियाँ दृष्टिगोचर होती हैं। इसी काल में ज्ञानेश्वर, हेमाद्रि, एकनाथ, तुकाराम, रामदास आदि अनेक सन्त और दार्शनिक हुए, जिन्होंने मराठों में देश प्रेम की भावना जाग्रत की। मराठों के उत्थान के जो भी कारण रहे हों, परन्तु सत्रहवीं शताब्दी के पूर्वार्द्ध तक मराठा शब्द का प्रयोग एक जाति विशेष के लिए होता था। ये मराठे दक्षिण भारत के कोंकण प्रदेश में रहते थे। चीनी यात्री ह्वेनसांग ने भी मराठों की सैनिक दक्षता का उल्लेख किया है। 1465 में बहमनी राज्य के पतन के बाद दक्षिण भारत में पाँच स्वतन्त्र मुस्लिम रियासतों की स्थापना हुई। ये राज्य थे–

(1) बीजापुर (2) अहमदनगर (3) बरार (4) बीदर (5) गोलकुण्डा।

इन्हीं रियासतों में मराठे बहुत से सैनिक तथा असैनिक पदों पर नियुक्त और कार्यरत थे।

अहमदनगर की रियासत में मालोजी भोंसले नामक एक मराठा सरदार ने सुल्तान की सेवा में उच्च पद प्राप्त किया। इनके पुत्र शाहजी ने 1620 में मलिक अम्बर के विरोध में अहमदनगर सुल्तान की ओर से युद्ध में भाग लिया और 6000 जात तथा 5000 सवार का मनसब प्राप्त किया और कालान्तर में बीजापुर राज्य की सेवा में आ गए। इनकी एक जागीर पूना के पास थी। इन्हीं शाहजी के दूसरे पुत्र शिवाजी मराठा राज्य के संस्थापक हुए। शिवाजी ने अपने राजनीतिक क्रिया-कलापों का प्रारम्भ 1648 में तोरणा पर आधिपत्य करके किया और 1680 में 32 वर्षों के कार्यकाल के उपरान्त 53 वर्ष की आयु में उनका देहान्त हुआ। शिवाजी ने मराठा राज्य को एक सैन्य पद्धति और नागरिक प्रशासन प्रदान किया।

मराठा सैन्य संगठन

शिवाजी की मराठा सैन्य पद्धति को निम्न भागों में विभक्त किया जा सकता है।

मराठा पैदल सेना–प्रारम्भिक काल में शिवाजी की पैदल सेना घाटमाला के मावले लोगों को एकत्र करके बनाई गयी थी। ये मावले लोग अपने हथियार स्वयं लाते थे। उनके पास तलवार, ढाल, धनुष-बाण, भाले, छुरे तथा कभी-कभी मैचलाक (तोड़दार बन्दूक) भी होती थीं। उन्हें राज्य की ओर से बारूद मिलता था, परन्तु ये मराठे आग्नेय अस्त्रों पर अधिक विश्वास नहीं करते थे।

शिवाजी को सैन्य संगठन का अच्छा ज्ञान था और उनके विचार तात्कालिक परिस्थितियों में अत्यन्त स्पष्ट थे। सैनिक का चयन व्यक्तिगत योग्यता के आधार पर किया जाता था। सैनिकों की भरती शिवाजी द्वारा स्वयं निरीक्षण किए जाने के बाद की जाती थी। प्रत्येक नये रौनिक को पहले सेवा कर रहे व्यक्तियों में से किसी की जमानत देनी पड़ती थी, जिससे नये सैनिक पर विश्वास किया जा सके।

युद्ध के समय सैन्य संचालन को गतिशील तथा प्रभावकारी बनाने के लिए सेना को छोटी-छोटी टुकड़ियों में विभाजित किया गया। पैदल सेना में प्रत्येक 10 सैनिक पर एक नायक, 5 नायकों पर एक हवलदार, 2 या 3 हवलदारों पर

जुमलादार, 10 जुमलादारों पर एक हजारी तथा 7 हजारी सरनोबत के अधीन कार्य करते थे। प्रत्येक जुमलादार और हजारी के अधीन एक गैर सैनिक सहायक होता था जिसे सबनीस कहते थे।

सामान्यतः इस पैदल की कोई खास वर्दी नहीं थी। सामान्य सैनिक एक पगड़ी, एक सूती फ्राकनुमा वस्त्र, धोती तथा कमर में एक बड़ा कपड़ा बाँधते थे, जिसे नूनी कहते थे। एक जुमलादार को 100 हून तथा उसके सबनीस को 40 हून प्रतिवर्ष मिलते थे। हजारी को 500 हून तथा उसके सबनीस को 100 से 125 हून मिलते थे तथा सैनिकों एवं अन्य अधिकारियों को 9 से 3 रुपये का वेतन मिलता था। कभी-कभी मावले सैनिक कुछ अनाज के लिए भरती हो जाते थे।

अश्वारोही सेना—अश्वारोही सेना में दो प्रकार के सैनिक होते थे—बारगीर और सिल्हेदार। बारगीर सैनिक वे सैनिक होते थे जिनको राज्य की ओर से घोड़ा प्राप्त होता था। इन्हें पागा सैनिक भी कहते थे। सिल्हेदार सैनिक वे होते थे जो अपना घोड़ा स्वयं लाते थे। प्रत्येक 5 बारगीर सैनिक एक हवलदार के अधीन कार्य करते थे। यह अश्वारोही सेना की सबसे छोटी इकाई थी। 5 हवलदारों की टुकड़ियाँ एक जुमलादार के अधीन कार्य करती थीं। 10 जुमलादार एक हजारी के अधीन तथा पाँच हजारी, एक पंच हजारी के अधीन कार्य करता था। यह पंचहजारी एक सरनोबत के अधीन होता था, जो केवल राजा के अधीन होता था। प्रत्येक जुमलादार की सहायता के लिए एक मजुमदार होता था। प्रत्येक हजारी तथा पंचहजारी की सहायता के लिए एक मजुमदार, एक मराठा कारवारी, एक प्रभु कायस्थ जमनीस तथा लेखन कार्य के लिए एक कारकूइस होता था। सरनोबत हरकारे तथा गुप्तचर भी नियुक्त करते थे। प्रत्येक 25 घोड़ों के लिए एक पानीवाला तथा एक फैरियर होता था।

एक घुड़सवार अधिकारी और घुड़सवार सैनिक 25 रु. से 6 रु. के बीच वेतन पाता था। जुमलादार को 500 हून और एक पालकी मिलती थी। उसके मजुमदार को 100 से 125 से हून मिलते थे। हजारी को एक हजार हून तथा 500 हून उसे अपने अधीन सेवकों हेतु प्राप्त होते थे। पंचहजारी को 2000 हून मिलते थे।

ये घुड़सवार सैनिक कसे हुए जाँघिया घुटने तक का, एक पगड़ी, एक सूती फ्राक नुमा वस्त्र तथा कमर में एक बड़ा सा कपड़ा बाँधते थे, जिसमें वे अपनी तलवारें खोसते थे। घुड़सवार अधिकारी सर पर लोहे का टोप तथा लोहे की चेन

का सुरक्षा कवच अथवा रुई का बना कवच पहनते थे। ये अपने साथ कई दिनों का सूखा भोजन भी रखते थे। घुड़सवार सैनिक तलवार, भाला, ढाल तथा कुछ मैचलाक भी रखते थे। ये सैनिक अपने भाले का प्रयोग बड़ी कुशलता से करते थे।

तोपखाना—शिवाजी की सेना में तोपखाने का विभाग भी था। जिसे मराठा इतिहास के सन्दर्भ ग्रन्थों में दारूखाना कहा गया है। शिवाजी ने आग्नेयास्त्रों को निर्मित करने का कोई कारखाना नहीं लगाया तथा वे तोपों एवं गोला बारूद के लिए यूरोपीय व्यापारियों पर निर्भर रहते थे जो उन्हें द्वितीय श्रेणी की तोपें तथा गोला बारूद बेचते थे। शिवाजी के काल में मराठा सेना में तोपखाने का अधिक विकास नहीं हो पाया। तोपें गतिहीन होने के कारण मुख्यतः किलों की रक्षा के लिए प्रयुक्त की जाती थीं।

दुर्ग—शिवाजी की सैन्य व्यवस्था में दुर्गों का एक विशेष महत्त्व था। वास्तव में शिवाजी ने मराठा साम्राज्य को किलों की सहायता से निर्मित किया। मराठा सन्दर्भ ग्रन्थ (भक्खर) में इस बात का उल्लेख है कि शिवाजी के काल में मराठों के पास 240 किले थे, जबकि प्रो. रानाडे के अनुसार इनकी संख्या 280 थी। शिवाजी ने कुछ किलों का स्वयं निर्माण कराया था तथा कुछ को युद्ध में जीत कर प्राप्त किया था। शिवाजी ने इन किलों हेतु स्थान का चयन बहुत सोच-विचार कर किया था। कुछ किलों में प्रवेश का मार्ग केवल एक पतली टेढ़ी-मढ़ी सड़क ही थी। कुछ किले ऊँची-ऊँची पत्थर की दीवारों से घिरे थे तथा अकेली पहाड़ी पर थे। प्रत्येक किले में बड़े-बड़े पत्थर रखे जाते थे, जिन्हें शत्रु पर ऊपर से लुढ़काया जाता था। किलों में पर्याप्त मात्रा में जल संग्रह किया जाता था। बड़े-बड़े किलों में एक से अधिक कुएँ और तालाब होते थे। इसके अतिरिक्त पर्याप्त मात्रा में खाद्यान्न, सैनिक तथा अन्य साजो-सामान का संग्रह किया जाता था।

शिवाजी का विचार था कि दुर्ग जहाँ एक ओर राजा को सुरक्षा प्रदान करते थे, वहीं दूसरी ओर षड्यन्त्रों के केन्द्र भी हो सकते हैं। अतः शिवाजी के काल में राजा के अतिरिक्त किसी भी व्यक्ति को किले रखने अथवा किले की तरह घर बनाने का अधिकार प्राप्त नहीं था। दुर्ग में किसी भी दुर्ग अधिकारी द्वारा विश्वासघात न किया जा सके, इसके लिए शिवाजी ने प्रत्येक दुर्ग में तीन अधिकारियों की नियुक्ति की थी जो हवलदार, सबनीस तथा सरनोबत कहलाते थे। ये तीनों अधिकारी पद में समान होते हुए भी आपस में स्वतन्त्र थे तथा

किले का प्रशासन तीनों के एक मत होने पर ही चलता था। हलवदार का कार्य दुर्ग के द्वार को खोलना तथा बन्द करना था। सूर्यास्त के बाद किसी भी परिस्थिति में दुर्ग का द्वार नहीं खोला जा सकता था। सरनोबत का कार्य किले की सुरक्षा में नियुक्त टुकड़ियों पर नियन्त्रण तथा रात में पहरेदारी के कार्य की देख-रेख करना था, जबकि सबनीस का कार्य किले की आय-व्यय का हिसाब-किताब तथा सैनिकों का लेखा-जोखा रखना था। सबनीस के द्वारा दिया गया आदेश तब तक मान्य नहीं होता था जब तक कि हवलदार के हस्ताक्षर नहीं हो जाते थे। कोई भी आदेश दुर्ग में तीनों अधिकारियों के हस्ताक्षर के बाद ही मान्य होता था। इस प्रकार जहाँ एक ओर तीनों अधिकारी मिलकर दुर्ग का प्रशासन चलाते थे, वहीं दूसरी ओर एक दूसरे पर नियन्त्रण भी रखते थे। अधिक महत्व के किलों में सात तटसरनोबत भी होते थे जो कि किलों की प्रमुख स्थानों से देख भाल करते थे। दुर्ग में एक सैनिक टुकड़ी में 9 सैनिक तथा एक नायक होता था।

दुर्ग के एक हवलदार को 125 हून मिलता था तथा उसके दो कर्मचारी 25 हून प्रत्येक पर नियुक्त होते थे। सरनोबत को 100 हून मिलते थे। हवलदार के मजुमदार को 36 हून मिलते थे तथा तटसरनोबत को 12 हून प्रतिवर्ष मिलते थे। इसके अतिरिक्त प्रत्येक अधिकारी को एक पालकी और व्यक्तिगत कर्मचारी आदि भी मिलते थे।

शिवाजी दुर्ग के अधिकारियों की नियुक्ति में विशेष ध्यान देते थे। उनके अनुसार हवलदार और सरनोबत को एक मराठा तथा सबनीस को ब्राह्मण और कारकूइस को कायस्थ प्रभु होना चाहिए। शिवाजी जी ने यह पद्धति इसलिए बनाई थी कि तीनों अधिकारी कभी भी एक मत हो कर षड्यन्त्र न कर सकें। इन अधिकारियों का एक दुर्ग से दूसरे दुर्ग में स्थानान्तरण भी होता था। दुर्ग के सैनिक के पास भाले, तलवार और मैचलाक भी होते थे। कुछ किलों में विदेशियों के क्रय की गई तोप भी लगी होती थी।

नौसेना—शिवाजी को मराठा नौसेना का जनक भी कहा जाता है। शिवाजी प्रथम मराठा थे, जिन्होंने नौ सेना के महत्व को समझा तथा दूसरी ओर राज्य के विकास एवं आर्थिक समृद्धि में बन्दरगाहों के महत्व को भी समझा। कोंकण का समुद्री तट क्षेत्र नौ सेना को विकसित करने में महत्त्वपूर्ण भूमिका अदा कर सकता था। उन्होंने एक बड़ी नौ सेना विकसित की थी, जिसमें लगभग 700 छोटे-बड़े जहाज थे। उन्होंने कोंकण क्षेत्र के लोगों को नौसेना में भरती किया।

परन्तु नौसेना में अधिकारी वर्ग सामान्यतः मुसलमान ही थे तथा कुछ यूरोपीय भी थे, जो अच्छे तोपची समझे जाते थे। शिवाजी ने अनेक समद्री दुर्गों का भी निर्माण कराया।

सेना का प्रयाण–शिवाजी की सेना हल्की होने के कारण बहुत तीव्रगति से आगे बढ़ती थी। सैनिक प्रयाण के समय जमीन पर सोते थे। सेना के साथ कोई लाव-लश्कर नहीं था। सैनिक अपने घोड़े की लगाम ढ़ीली कर हाथ मं बाँध कर सो जाते थे। किसी भी प्रकार का वैभव प्रदर्शन नहीं होता था। सूरत पर आक्रमण के समय शिवाजी की सेना में कोई तम्बू नहीं था और शिवाजी खुले मैदान में जमीन पर बैठते थे। मराठा सेना एक बार में लगभग 50 मील की यात्रा करती थी।

वित्त व्यवस्था–शिवाजी ने रोमन लोगों की विचारधारा को ही अपनाया था कि युद्ध का व्यय युद्ध से ही प्राप्त किया जाय। शिवाजी को मराठा राज्य और सेना के निर्माण के लिए धन की आवश्यकता थी। अतः उन्होंने अपनी प्रजा पर दो प्रकार के कर लगाये-चौथ और सरदेशमुखी। जनता को अपनी आय का 1/4 भाग चौथ के कर के रूप में देना पड़ता था। इसके अतिरिक्त 1/10 भाग सरदेशमुखी के रूप में लेते थे। यह उनका कानूनी अधिकार था क्योंकि वे सरदेशमुख थे। मराठा सेना वर्ष के आठ महीने पड़ोसी राज्यों में सैनिक मुहिम पर रहती थी। इस काल में वह लूट से प्राप्त धन पर निर्भर करती थी। मुहिम से वापस लौटने पर लूट का सारा धन राजकोष में जमा कर दिया जाता था। इसके अतिरिक्त सभी सरदार जब राजा के पास आते थे तो वे सोना, चाँदी, रत्न तथा अन्य बहुमूल्य सामग्री राजा को भेंट स्वरूप देते थे।

प्रशासन–शिवाजी का प्रशासन आठ मन्त्रियों द्वारा, जो कि अष्ट प्रधान कहलाते थे, चलाया जाता था। ये अष्ट प्रधान निम्न थे–पेशवा, आमात्य, सचिव, मन्त्री, सेनापति, सुमन्त पंडित राव एवं न्यायाधीश। सेनापति तथा मन्त्री को छोड़कर सभी ब्राह्मण होते थे। पंडित राव तथा न्यायाधीश को छोड़कर सभी सेना का नेतृत्व करते थे। अष्ट प्रधान केवल शिवाजी के सचिवों के रूप में कार्य करते थे। शिवाजी उनकी सलाह मानने के लिए बाध्य नहीं थे। अतः वे न तो आगे बढ़कर कोई कार्य कर सकते थे और न ही नीति निर्धारण कर सकते थे। उनका कार्य शुद्ध रूप से सलाहकार का था। सामान्यतः उनका कार्य शिवाजी के निर्देशों का पालन करना और अपने विभागों की देखभाल करना था।

शिवाजी जी की सामरिकी–शिवाजी एक हिन्दू राष्ट्र की कल्पना करते थे और उसकी स्थापना करना चाहते थे और इसके लिए उन्हें मुगलों से मोर्चा लेना था। चूँकि शिवाजी के पास मुगलों के समान धन, बड़ी सेना तथा अन्य संसाधन उपलब्ध नहीं थे। अतः वे मुगलों से मैदानी युद्ध नहीं कर सकते थे। ऐसी परिस्थिति में उन्हें एक ऐसे समरतन्त्र की आवश्यकता थी जो कि उनके सीमित संसाधनों के अनुरूप हो तथा साथ ही साथ उनके उद्‌देश्य की पूर्ति भी कर सके। शिवाजी ने जो समरतन्त्र अपनाया वह 'गामिनी कावा' कहलाता था अर्थात् छापामार युद्ध। शिवाजी ने अपने इस छापामार युद्ध पद्धति में गति के विशेष महत्व को समझा। इस कार्य में मराठा क्षेत्र की भू-रचना ने तथा उस क्षेत्र के मावले जाति के लोगों ने जो कि वहाँ की भाषा, भूमि से परिचित थे, अहम् भूमिका अदा की। ये मावले पैदल सैनिक एक बार में 40 से 50 मील की दूरी तय करते थे। शत्रु की संचार व्यवस्था को काटना, रात में आक्रमण करना तथा तेजी से शत्रु पर आक्रमण कर भाग जाने में विशेष योग्यता रखते थे। इस युद्ध कला में शिवाजी के किले जहाँ एक ओर उनके सैनिकों को संरक्षण प्रदान करते थे, वही दूसरी ओर शत्रु की गति विधियों पर नजर भी रखते थे।

पानीपत का तृतीय संग्राम

शिवाजी की मुत्यु के बाद उनके उत्तराधिकारी अयोग्य निकले और शीघ्र ही मराठा राज्य की वास्तविक सत्ता पेशवा के हाथों में चली गई। पेशवाओं ने मराठा राज्य से बाहर अपनी सैनिक कार्यवाहियाँ प्रारम्भ कीं और धीरे-धीरे दिल्ली की राजनीति में उनका पदार्पण हो गया। इसके साथ ही साथ मराठा छापामार युद्धकला, जिनमें वे अत्यन्त कुशल थे, को छोड़कर मैदानी युद्ध करने लगे और मराठा सेना का स्वरूप मुगल सेना के समान हो गया। 18वीं शताब्दी के मध्य तक मराठा सेना एक चलता फिरता शहर हो गई थी।

पृष्ठभूमि–1707 में औरंगजेब की मृत्यु के साथ ही मुगल साम्राज्य के विघटन की प्रक्रिया प्रारम्भ हो गई और उसके पुत्रों के बीच उत्तराधिकार के लिए संघर्ष प्रारम्भ हुआ। इसके बाद से जितने भी मुगल बादशाह हुए, वे दरवारियों के हाथ की कठपुतली ही हुए और मुगल साम्राज्य की प्रतिष्ठा दिन प्रतिदिन गिरती ही चली गई। मुगल साम्राज्य को एक गहरा झटका तब लगा, जब 1739 में नादिर शाह का आक्रमण हुआ, जिसने मुगल साम्राज्य की नींव हिला दी। 1747 में नादिर शाह की हत्या के बाद अहमद शाह अब्दाली उसका

उत्तराधिकारी हुआ। जनवरी 1749 में अब्दाली ने भारत पर प्रथम आक्रमण किया, परन्तु पराजित हुआ और इसके उपरान्त उसके आक्रमणों का सिलसिला प्रारम्भ हुआ।

इस बीच मराठों ने मुगल साम्राज्य की अस्थिरता का लाभ उठाया और 1714 की सन्धि के द्वारा मराठों का मुगल साम्राज्य में हस्तक्षेप प्रारम्भ हो गया। मराठों ने उत्तर भारत में अपना साम्राज्य विस्तार प्रारम्भ किया। 1750 में अब्दाली ने पंजाब पर अपना नियन्त्रण किया और 1751 में कश्मीर पर कब्जा कर लिया। 1756 में मुगलों ने पंजाब पर अधिकार लिया, जिसके फलस्वरूप अब्दाली ने 1756 में भारत पर पुनः आक्रमण किया और 20 दिसम्बर को लाहौर पहुँचा। 23 जनवरी 1757 को वह दिल्ली पहुँचा और दिल्ली को लूटा और मुगलों से पंजाब, कश्मीर, सिन्ध और सरहिन्द का क्षेत्र ले लिया। उसने अपने पुत्र तिमूर शाह को दस हजार की सेना के साथ लाहौर का सूबेदार बनाया और वापस लौट गया। तिमूर शाह के शासन में लाहौर की शासन व्यवस्था बिगड़ गई। मराठों ने अप्रैल 1756 में दिल्ली की ओर कूच किया और 1757 में दिल्ली पर आक्रमण किया। अब्दाली के प्रतिनिधि नजीबुद्दौला ने 1757 में आत्म समर्पण कर मराठों से सन्धि कर ली। इसके तत्काल बाद मराठे पंजाब की ओर बढ़े और मार्च 1758 में उन्होंने सरहिन्द तथा अप्रैल 1758 में लाहौर पर अधिकार कर लिया और तिमूर शाह को निकाल बाहर किया जिससे उत्तेजित होकर अप्रैल 1759 में अहमदशाह अब्दाली ने पंजाब पर आक्रमण किया और नवम्बर 1759 में पंजाब पुनः अब्दाली के अधिकार में आ गया। उसने मराठों को वहाँ से मार भगाया।

अब्दाली ने अवध के नबाव तथा रुहेला सरदार का समर्थन प्राप्त करने के लिए तथा अपनी आपूर्ति व्यवस्था को सही रखने के लिए यमुना नदी को अपनी मुख्य सेना के साथ पार किया और उसके पूर्वी किनारे पर आ गया तथा उसने अपनी सेना की एक छोटी टुकड़ी को यमुना नदी के पश्चिमी किनारे पर मराठों के विरुद्ध युद्ध छेड़ दिया। मराठे अब्दाली की इस छोटी सेना को उसकी मुख्य सेना समझते रहे। चूँकि मराठे उत्तरी भारत में जनमानस के द्वारा अपनी कार्रवाइयों के कारण लोकप्रिय नहीं थे अतः उन्हें अब्दाली के सम्बन्ध में कोई सूचना नहीं मिलती थी। इस बीच अब्दाली ने मार्च 1760 में अलीगढ़ पर अधिकार कर लिया और नसीबुद्दौला के माध्यम से अवध के नवाब शुजाउद्दौला को भी अपनी ओर मिला लिया। इस बीच मराठों ने राजूपतों और सिक्खों से

अपने सम्बन्ध बिगाड़ लिए थे। मराठा पेशवा की अदूरदर्शिता के कारण मराठों को इस क्षेत्र में कोई समर्थन नहीं प्राप्त था। इस बीच जनवरी 1760 में मराठा सरदार दत्ता जी सिन्धिया अब्दाली के सैनिकों द्वारा बरारी घाट में मारे गए। इस समय मराठों की एक सेना उत्तर भारत की ओर सदाशिव राव भाउ तथा विश्वास राव के नेतृत्व में बढ़ी और अगस्त 1760 में दिल्ली पर अधिकार कर लिया। दक्षिण से प्रयाण के दौरान इस सेना में मराठा सरदार अपनी सैनिक टुकड़ियों सहित शामिल होते गए। इस समय मराठा सेना की आर्थिक स्थिति बहुत ही खराब थी। अतः उन्होंने मुगल दरवार को लूटा और इस प्रकार सत्रह लाख रुपये एकत्र हुए। सूरज मल जाट तथा अन्य राजपूत सरदार मराठों की इस कार्रवाई से नाराज हुए और मराठों का साथ छोड़ दिया।

यहाँ से मराठे कुंजपुरा की ओर बढ़े जोकि करनाल के समीप स्थित था तथा 17 अक्टूबर को कुंजपुरा पर अधिकार कर लिया तथा बड़ी मात्रा में लूट का सामान प्राप्त किया। इस प्रकार लगभग साढ़े छः लाख रुपये नकद और 2 लाख मन अनाज तथा 3000 घोड़े, तोपें, गोलाबारूद और अन्य साजो सामान प्राप्त किया। मराठे कुंजपुरा में एक सप्ताह तक रुके और यहाँ पर अक्टूबर 1760 में भाऊ ने एक सैनिक छावनी बनाई तथा 15 अक्टूबर को भाऊ कुरुक्षेत्र की तीर्थ यात्रा के लिए चल पड़ा। भाऊ को उम्मीद थी कि अब्दाली बढ़ी हुई यमुना नदी को पार नहीं कर सकेगा। जैसे ही भाऊ कुंजपुरा और कुरुक्षेत्र के मध्य तरौरी पहुँचा उसे सूचना मिली कि अब्दाली ने वागपत के पास से नदी को पार कर लिया है और सोनीपत पहुँच गया है। इस प्रकार दिल्ली से मराठों की संचार और आपूर्ति व्यवस्था भंग हो गई। भाऊ तत्काल वापस लौटे और पानीपत की ओर बढ़े। 28 अक्टूबर को अफगान तथा मराठा सैनिक टुकड़ियों के बीच एक सैनिक झड़प में लगभग डेढ़ हजार मराठे तथा एक हजार अफगान मारे गए। भाऊ 29 अक्टूबर 1760 को पानीपत पहुँचे तथा अब्दाली ने 1 नवम्बर 1760 को पानीपत पहुँच कर अपना पड़ाव डाल दिया।

मराठों ने अपना पड़ाव पानीपत शहर से उत्तर पश्चिम और दक्षिण पश्चिम के मध्य लगाया। पानीपत शहर के बीच से पुराना मुगल मार्ग शाह राह जाता था। इस प्रकार मराठों ने सम्पूर्ण उत्तरी क्षेत्र की संचार व्यवस्था पर अधिकार कर लिया। मराठों का यह पड़ाव 10 किलोमीटर लम्बाई तथा 4 कि. मी. चौड़ाई में फैला हुआ था। इस पड़ाव को चारों ओर से एक खाई के द्वारा घेरा गया था तथा चारों ओर लगभग 200 तोपें नदी के मोटे आधारों पर रक्षात्मक स्थिति में

लगाई गई। इस प्रकार मराठे अपने पड़ाव में चारों ओर सुरक्षित थे। इस पड़ाव में किसी भी क्षेत्र से प्रवेश सम्भव नहीं था।

इसके विपरीत अब्दाली ने अपने पड़ाव के स्थान को तीन बार बदला और अन्त में दिसम्बर में पानीपत से आठ मील की दूरी पर मुख्य मार्ग के निकट पड़ाव लगाया।

तुलनात्मक सैन्य शक्ति

भारतीय इतिहासकारों के अनुमान के अनुसार अफगान सेना की संख्या 60,000 थी, जिसमें से आधी अर्थात् 30,000 अब्दाली की निजी सेना थी, जिसमें 23,000 घुड़सवार, और 6000 पैदल सैनिक थे। शेष 30,000 अब्दाली के भारतीय सहयोगियों की सेना थी, जिसमें 6000 अश्वारोही और 23,000 पैदल सैनिक थे। इसके अतिरिक्त उसके पास तोपें तथा शुतुरनाल नामक हल्की तोपें भी थीं।

अब्दाली की सेना उच्च प्रशिक्षण प्राप्त एवं अनुशासित सेना थी। उनके घोड़े उत्तम नस्ल के थे जो एक दिन में 60 मील की दूरी तक दौड़ सकने में समर्थ थे। सभी सैनिकों तथा सेनापतियों को युद्ध का पर्याप्त अनुभव था। स्वयं अब्दाली एक योग्य सेनापति एवं बहादुर सैनिक था।

मराठों की सैनिक शक्ति के विषय में भारतीय इतिहासकारों का मानना है कि मराठों के पास 45000 अश्वारोही और पैदल सैनिक थे। जबकि पाश्चात्य इतिहासकार इस संख्या को 75000 अश्वारोही तथा 15000 पैदल और 15000 पिंडारी सैनिक बताते हैं। इसके अतिरिक्त मराठों के पास भारी तापें भी थीं।

मराठा सेना में अनुशासन और योग्य नेतृत्व का अभाव था। इस सेना में सैनिकों के अतिरिक्त बड़ी संख्या में औरतें और गैर सैनिक थे।

यौद्धिक तैयारी—पानीपत के मैदान में तीन महीने तक अफगान और मराठा सेना एक दूसरे से आठ मील की दूरी पर तैनात रहे। इस काल में दोनों पक्षों के मध्य छोटी-मोटी झड़पें होती रहीं। अब्दाली मराठा सेना की आपूर्ति संचार व्यवस्था को भंग कर उन्हें कमजोर करना चाहता था और वह ऐसा करने में सफल हुआ। मराठा सेना में बड़ी संख्या में न लड़ने वाले थे जो केवल युद्ध के लिए अनुपयोगी बल्कि भारी मात्रा में खाद्यान्न को उदरस्थ कर रहे थे। बाहर से आपूर्ति व्यवस्था के भंग होने के कारण मराठों की स्थिति ज्यादा खराब हो गई।

सदाशिव राव भाऊ ने भी अफगानों की आपूर्ति व्यवस्था को भंग करने के

उद्देश्य से गोविन्द पंत के नेतृत्व में एक शक्तिशाली सेना भेजी, जिसे एक अफगान टुकड़ी ने नष्ट कर दिया और गोविन्द पंत का सिर काट कर अब्दाली के सम्मुख रख दिया। इस प्रकार मराठों का यह प्रयास विफल हो गया। दूसरी ओर खाद्यान्न तथा चारे की आपूर्ति के अभाव में मराठों को बाध्य होकर युद्ध का निर्णय करना पड़ा।

व्यूह रचना—मराठों ने अपने वाएँ भाग में इब्राहीम खाँ गार्दी के अधीन 8000 पैदल तथा यूरोपीय पद्धति पर प्रशिक्षित सैनिकों को रखा। ये सैनिक नौ बटालियनों में विभक्त थे तथा मराठा तोपें इनके सामने लगी हुई थीं। इसके बाद दामा जी गायकवाड़ 2500 घुड़सवारों के साथ, बिठ्ठल सदाशिव 1500 घुड़सवारों के साथ तथा कुछ छोटे सरदार 2000 घुड़सवारों के साथ मराठों के बाएँ पार्श्व में तैनात थे। मराठों के केन्द्र में 13500 घुड़सवार सैनिक सदाशिव राव भाऊ तथा विश्वास राव के नेतृत्व में तैनात थे। मराठों के दाएँ पार्श्व में अन्ताजी 1000 घुड़सवार, संतोजी जादव 1500 अश्वारोही के साथ, छोटे सरदार 2000 अश्वारोही, यशवन्त राव पवार 1500 अश्वारोही, शमशेर बहादुर 1500, जनकोजी सिन्धिया 7000 तथा मल्हारराव होल्कर 3000 घुड़सवारों के साथ तैनात थे।

इसके विपरीत अब्दाली की सेना के बाएँ पार्श्व में शाह पसन्द खाँ के अधीन 5000 घुड़सवार, नजीबुद्दौला के अधीन 1500 पैदल, सिराजुद्दौला के अधीन 3000 पैदल, केन्द्र में शाहवली खाँ के अधीन 15000 अश्वारोही और उसके 1000 काबुली पैदल सेना, तथा 3000 अंगरक्षक तैनात थे। दाएँ पार्श्व में बरखुदार खाँ और अमीर बेग के अधीन 3000 पैदल, हाफिज रहमत खाँ तथा डुन्डी खाँ के अधीन 14000 पैदल तथा अहमद खाँ वंगश के अधीन 1000 पैदल सैनिक तैनात थे।

युद्ध संक्रिया—14 जनवरी 1761 को पानीपत के तीसरे संग्राम का प्रारम्भ प्रातः काल मराठा तोपखाने की भारी गोलाबारी के साथ हुआ। मराठा सेना की तोपें बहुत भारी थीं तथा उनका निशाना ठीक न होने के कारण उनके गोले अब्दाली की सेना के पीछे गिर रहे थे। अब्दाली ने इस गोलाबारी का प्रत्युत्तर नहीं दिया तथा यह गोलाबारी एक घण्टे तक चलती रही। जब अब्दाली की ओर से कोई उत्तर नहीं मिला और मराठों का गोला बारूद कम होने लगा तब भाऊ ने गोलाबारी रोकने का आदेश दिया। इसके उपरान्त इब्राहीम खाँ गार्दी ने अपने दो बटालियनों को बरखुरदार खाँ तथा अमीर बेग के संभावित आक्रमणों

का सामना करने के लिए छोड़कर शेष सात बटालियनों के सैनिकों के साथ डुन्डी खाँ, हाफिज रहमत खाँ और अहमद खाँ बंगश के 15000 सैनिकों पर आक्रमण कर दिया।

प्रारम्भ में मराठों के गर्दी सैनिक अफगान सेना पर भारी पड़े तथा उन्होंने 8000 से 9000 रुहेला सैनिकों को मार गिराया। यद्यपि इस संघर्ष में इब्राहीम खाँ गार्दी गंभीर रूप से घायल हुआ और उसके अधिकांश सैनिक इस युद्ध में मारे गए। उसकी सेना की सात बटालियनों में से केवल डेढ़ बटालियन बची, फिर भी तीन घण्टे तक चले इस संघर्ष में मराठों ने अफगान सेना के दाहिने पार्श्व को लगभग तोड़ दिया था, परन्तु अफगानों की नई सहायता आ जाने से मराठे कमजोर पड़ने लगे। मराठों की कोई घुड़सवार सेना की टुकड़ी यहाँ पर नहीं थी जो कि उनकी सहायता कर सके। अब दामा जी गायकवाड़ को इब्राहीम खाँ गार्दी की सहायता के लिए भेजा गया। उनके साथ 3000 सैनिक थे जो कि मैदानी युद्धकला के लिए योग्य नहीं थे। दामा जी गायकवाड़ घायल हुए और अन्ततोगत्वा मराठों का यह आक्रमण विफल हो गया। उनके केवल 1500 सैनिक बचे जो जिन्होंने भाग लिया।

अब केन्द्र की ओर से विठ्ठल शिवदेव, भाऊ, जसवन्त राव पवार, शमशेर बहादुर, मल्हार राव होल्कर तथा जनकोजी सिन्धिया ने अफगानों के केन्द्र पर आक्रमण किया। यहाँ पर भाऊ के विरुद्ध वजीर शाह वली खाँ के नेतृत्व में अफगान सैनिक थे। मराठों के आक्रमण से अफगानों का केन्द्र टूटा और अफगान सैनिक मैदान से भागे। वजीर अपने 100-200 सैनिक के साथ युद्ध क्षेत्र में डटा रहा तथा भागते हुए अफगान सैनिकों को रोकने का प्रयास किया। उसने शाह शुजा से सहायता माँगी और भाऊ पर आक्रमण करने का सन्देश भेजा, किन्तु शुजाउद्दौला ने ऐसा करने से इस आधार पर इन्कार कर दिया कि यदि वह अपनी स्थिति छोड़ता है तो अफगान रक्षा पंक्ति में एक रिक्त स्थान बन जाएगा, जिसमें मराठे प्रवेश कर सकते हैं।

दोपहर बाद अब्दाली को अपने केन्द्र तथा दाहिने भाग की स्थिति का पता चला, जब उसने अपने कुशल सेनापतित्व का परिचय दिया। उसने अपने 500 घुड़सवारों को पीछे कैम्प में भेजा तथा सभी सैनिकों और सशस्त्र शिविर रक्षकों को एकत्रित किया। इस प्रकार उसने 13000 सैनिकों को एकत्र किया। इनके पीछे उसने 1500 घुड़सवार सैनिक पुलिस को तैनात किया, जिससे यदि कोई युद्ध क्षेत्र से पलायन करे तो उसे मार दिया जाए। इन 13000 अफगान सैनिकों

में से उसने 3000 अफगानों को दाहिने पार्श्व पर रुहेला सैनिकों की सहायता के लिए भेजा तथा 10,000 सैनिकों को केन्द्र में वजीर शाहवली खाँ की सहायता के लिए भेजा। अब्दाली ने अपने दोनों पार्श्वों पर स्थित सैनिकों को आदेश दिया कि जब वजीर केन्द्र में मराठों पर आक्रमण करे तो वे दोनों पार्श्वों से उन पर आक्रमण करे। दोपहर बाद लगभग डेढ़ बजे अफगानों की यह सहायता वजीर के पास पहुँची और उसने जोरदार तरीके से मराठों के केन्द्र पर आक्रमण किया। इस प्रकार लगभग चार घण्टे से युद्धरत मराठा सैनिकों पर 10,000 ताजे अफगान सैनिक युद्ध क्षेत्र में आ गए।

भाऊ ने लगभग एक घण्टे तक युद्ध किया और कई बार अफगानों पर आक्रमण किया। इसी समय विश्वासराव युद्ध के बीच में प्रवेश कर गया। अब्दाली ने मराठों की कमजोर स्थिति को देखा और अपनी आरक्षित घुड़सवार सेना (बसगुल) के 6000 सैनिकों को तीन टुकड़ियों में विभक्त कर तीन ओर से निर्णायक आक्रमण के लिए भेजा। इनके साथ ही 1500 ऊँटों पर लगी तोपों को भी आक्रमण करने का आदेश दिया। यह घुड़सवार दस्ता मराठों के बाईं ओर से आया तथा अपनी मस्केटों से फायर करता हुआ दाहिनी ओर निकल गया।

अध्याय-8

सिक्खों की युद्धकला और सोबराँव का युद्ध

औरंगजेब की मृत्यु के उपरान्त पंजाब में एक नई शक्ति का उदय हुआ, जिन्हें सिक्ख कहा गया। वास्तव में इस नई शक्ति का उदय कोई आकस्मिक घटना नहीं थी बल्कि विगत अनेक वर्षों से हुए परिवर्तनों का परिणाम थी। पन्द्रहवीं शताब्दी में लाहौर के समीप नानक का जन्म हुआ और उन्होंने एक धर्म की स्थापना की, जिसके अनुयायी सिक्ख कहलाए। प्रारम्भ में ये सिक्ख शान्ति प्रिय थे और एक गुरु परम्परा के अन्तर्गत कार्य करते थे। इनके गुरु अर्जुन दास की हत्या ने सिक्खों को हथियार उठाने के लिए बाध्य किया। इनके दसवें गुरु गोविन्द सिंह ने सिक्खों को संगठित किया और एक सैनिक शक्ति के रूप में स्थापित किया।

सिक्ख सैन्य पद्धति का अध्ययन दो भागों में किया जाता है। एक महाराजा रणजीत सिंह से पूर्व सिक्ख सैन्य पद्धति और दूसरे रणजीत सिंह के काल में।

1. खालसा सैन्य पद्धति

प्रारम्भ में सिक्खों के पूरे सैन्य दल को दल खालसा का नाम दिया गया। प्रत्येक सिक्ख दल खालसा का सदस्य होता था। आगे चलकर दल खालसा के 65 समूहों को 12 समुदायों में विभक्त किया और ये बारह मिसल कहलाईं। इनके सरदारों को मिसलदार कहा जाता था। सिक्खों के पूरे कुल को 'सरबत खालसा' कहते थे और ये वैशाखी तथा दीवाली के त्यौहारों पर अमृतसर में एकत्रित होते थे। इन मिसलदारों की सेना में कोई संगठन नहीं था और ये अपने मिसलदारों के अधीन कार्य करते थे। इनके अस्त्र-शस्त्र इनके अपने होते थे और घोड़े भी अपने लाते थे। यह सेना मुख्य रूप से घुड़सवारों की सेना थी, परन्तु पैदल खालसा सैनिक भी होते थे। इनका कोई प्रशिक्षण नहीं होता था और न ही इनको नियमित वेतन

मिलता था, वरन् लूट के धन में हिस्सा मिलता था। कभी-कभी कुछ अनाज, चारा अथवा जमीन का एक हिस्सा सैनिकों के मध्य बाँट दिया जाता था। सिक्खों की इस अश्वारोही सेना में गतिशीलता का महत्व सबसे अधिक था। यह अश्वारोही सेना एक दिन में 50 से 120 मील तक सफर तय करती थी। प्रत्येक सैनिक के पास उसके अपने अस्त्र-शस्त्र, जिनमें तलवार, भाला, धनुष, बाण, मस्केट्स, ढाल, कम्बल आदि होते थे। पैदल सैनिक अपने शस्त्र तथा अपना भोजन अपने साथ लेकर चलता था। सैनिकों के पास कोई तम्बू नहीं होते थे और खुले आसमान के नीचे विश्राम करते थे। इनकी युद्ध प्रणाली छापामार युद्ध पद्धति के समान थी। साधारणतया चालीस-पचास की संख्या में घुड़सवार सैनिक तेजी से शत्रु की तरफ आते थे, एक दम से रुकते थे और अपनी मस्केट को पुनः भरते थे और लौट कर पहले की भांति शत्रु पर फायर करते थे। यही प्रक्रिया बार-बार दोहराई जाती थी जिससे शत्रु का मनोबल गिर जाता था। एक दूसरी रणनीति के अन्तर्गत, खालसा सेना आक्रमण करती थी और एक दम से विभिन्न दशाओं में भागती थी तथा शत्रु को अपना पीछा करने देती थी, जब शत्रु सेना का पीछा करने वाली टुकड़ी अपनी मुख्य सेना से दूर होकर अलग हो जाती थी, तब खालसा सैनिक अचानक रुक कर, उन पर आक्रमण कर देते थे और उनका विनाश कर देते थे।

सिक्खों की सफलता उनके घोड़ों पर निर्भर करती थी और खालसा सैनिक अच्छा घुड़सवार होता था। अपने आक्रामक धावों से नादिर शाह तथा अब्दाली की सेना को बहुत नुकसान पहुँचाया। परन्तु इस खालसा में कोई अनुशासन नहीं था। छोटी-छोटी टुकड़ियों में ये सैनिक पूरे क्षेत्र में फैले हुए थे और जहाँ भी शत्रु मिल जाता था, उससे युद्ध कर लेते थे।

2. रणजीत सिंह की सैन्य पद्धति

रणजीत सिंह ने सिक्खों को एक सूत्र में बाँधकर सिक्ख राज्य की स्थापना की। उन्होंने सिक्ख सेना को अनुशासित किया तथा प्रशिक्षित किया, परन्तु उसके साथ ही साथ खालसा घुड़सवार सेना को समाप्त नहीं किया, क्योंकि उससे सिक्ख धार्मिक रूप से जुड़े हुए थे।

रणजीत सिंह की सेना खालसा सेना कहलाई। यह सेना दो प्रकार की थी। (1) राज्य की सेना, (2) जागीरदारों की सेना। राज्य की सेना दो प्रकार की होती थी एक नियमित सेना, जिसमें घुड़सवार, पैदल तथा तोपखाना होता था। यह सेना फौज-ए-कदम कहलाती थी। दूसरी अनियमित सेना, जिसे गढ़ सेना, या

फौज-ए-किला जात कहते थे तथा घुड़चढ़ी फौज होती थी, जो कि पुरानी खालसा घुड़सवार सेना होती थी।

जागीरदारों की सेना में घुड़सवार, पैदल तथा तोखाना होता था।

घुड़सवार सेना—रणजीत सिंह की अश्वारोही सेना में नियमित सेना की संख्या 6235 थी, घुड़चढ़ी फौज की संख्या 3000 तथा जागीरदारों की सेना की संख्या 30,000 थी। सिक्ख अश्वारोही सेना एक दिन में 40 से 50 मील की दूर तय करके युद्ध कर सकती थी तथा पूरी अश्वारोही सेना का विवरण रखा जाता था। नियमित घुड़सवार सेना फ्राँसीसी अधिकारियों द्वारा यूरोपीय पद्धति पर प्रशिक्षित की जाती थी तथा सेना में कड़ा अनुशासन रहता था।

पैदल सेना—पैदल नियमित सेना यूरोपीय अधिकारियों द्वारा यूरोपीय पद्धति पर प्रशिक्षित की जाती थी। इसमें हिन्दू, सिक्ख, मुसलमान तथा राजपूत सैनिक हुआ करते थे। यह सेना बटालियन में बँटी हुई थी तथा पैदल सेना कमनदान द्वारा कमाण्ड की जाती थी। इसके अतिरिक्त पैदल सेना में एडजुडेन्ट, मेजर, सूवेदार, जमादार, हवलदार, नायक आदि अधिकारी होते थे। इसके साथ ही साथ सर्जन, बिगुल बजाने वाला, ड्रम बजाने वाला, लेखा-जोखा रखने वाला, ग्रन्थी, पानीवाला, ऊँट चालक, लोहार , बेलदार, राजगीर तथा रसोइये भी होते थे। यह पैदल सैनिक एक दिन में तीस मील तक दूरी तय करते थे। साधारणतया पैदल सेना के साथ अकाली घुड़सवार सैनिक भी होते थे जो कि लड़ते समय घोड़ों से उतर जाते थे।

फौज-ए-खास—रणजीत सिंह ने फ्राँसीसी पद्धति पर आधारित यूरोपीय अधिकारियों के अधीन दो अश्वारोही सेना की रेजीमेण्ट और चार पैदल सेना की बटालियनों का तथा चौंतीस तोपों की एक फौज-ए-खास बनाई। इसमें कुल 5698 सैनिक थे। यह एक खास (विशेष) प्रकार की पगड़ी पहनते थे। यह सेना पूर्णतया अनुशासित और प्रशिक्षित थी।

फौज-ए-किलाजात—यह सेना किलों की रक्षक सेना के रूप में रहती थी और एक प्रत्येक किले में एक थानेदान के अधीन कार्य करती थी। इसमें 10800 सैनिक थे। ये सैनिक अन्य सैनिकों की तुलना में कुछ कम प्रशिक्षित होते थे तथा उन्हें पाँच से सात रुपये मासिक वेतन का भुगतान किया जाता था तथा इनके जमादार को 10 से 14 रु. मासिक वेतन का भुगतान होता था। प्रत्येक किला अस्त्र-शस्त्र खाद्यान्न तथा अन्य साजो समान में आत्म निर्भर था।

तोपखाना—रणजीत सिंह की सेना में चार प्रकार की तोपें थीं। एक तोपखाना शुतरी (ऊँटों पर रखी जानी वाली तोपें), दूसरा, तोपखाना गावी (बैलों द्वारा खींची

जाने वाली तोपें) तीसरा, तोपखाना फाइल (हाथियों द्वारा खींची जाने वाली तोपें), चौथा तोपखाना अस्पी (घोड़ों द्वारा खींची जाने वाली तोपें)।

इन तोपों की मारक दूरी 800 से 1200 गज थी। यह तोपखाना बैटरी में विभक्त था तथा एक बैटरी में आठ से दस तोपें होती थीं। रणजीत सिंह का तोपखाना बहुत उच्च कोटि का था तथा इसमें अनेक विदेशी सैनिक अधिकारी थे। सिक्ख अपनी तोपें स्वयं बनाते थे। 1845 में रणजीत सिहं के पास 376 बड़ी तोपें तथा 300 छोटी तोपें थीं।

साधारणतय सैनिकों को नकद वेतन किस्तों में मिलता था। सेना कैन्टोमेन्ट में रहती थी। सेना की कवायद ड्रम के साथ होती थी तथा आदेश फ्रांँसीसी भाषा में दिया जाता था। कड़ा अनुशासन बनाये रखने के लिए नियमों का इतनी कड़ाई से पालन होता था कि अधिकारी सैनिक के बीच का सम्बन्ध बहुत अच्छा नहीं था। नियम भंग करने पर कठोर दण्ड दिए जाते थे। सेना में डाक व्यवस्था बहुत नियमित थी, जिसके लिए प्रत्येक तीन कोस पर डाक चौकियाँ स्थापित की गई थीं।

सेना की वेश-भूषा—रणजीत सिंह की पैदल सेना में सैनिक सफेद जैकेट और पैन्ट, काली पेटियाँ, बारूद के पाउचेज तथा पीली पगड़ी पहनते थे। नियमित पैदल सेना के ब्रिगेड लाल रंग का कोट पहनते थे तथा मस्केट्स और संगीनों से सुसज्जित रहते थे।

घुड़सवार सेना लाल रंग का जैकेट, लाल पट्टियों वाला नीले रंग का पैन्ट तथा लाल रेशमी पगड़ी बाँधते थे, वे कमर में एक कमरबन्द बाँधते थे, जिससे वे अपनी तलवारों को लटकाते थे, वे काले रंग की दो पेटियाँ पहनते थे जिससे वे अपने बारूद के पाउस तथा संगीन को लटकाते थे। लोहे की टोपी जिसके बीच लाल रंग की कलगी तथा जिसकी चेन गर्दन और कन्धे तक लटकती रहती थी।

अनियमित पैदल और अश्वारोही सेना नीले रंग का कोट तथा पगड़ी पहनते थे तथा अनेक रंगों के वस्त्र पहनते थे। वे पगड़ी तथा लोहे के चेन तथा पीतल का कवज पहनते थे।

घुड़चढ़ा फौज मखमल का कोट, लोहे का कवच पेटी, पिस्तौल, संगीन, लोहे का टोप आदि धारण करते थे। ये सभी चीजें पीतल और सुनहले रंगों के कारण खूब चमकती थीं।

जागीरदारों की सेना अलग-अलग रंगों के वस्त्र धारण करती थी। तोपखाने के सिपाही और अधिकारी सफेद पैन्ट, लाल पगड़ी, लम्बे बूट तथा काली पेटियाँ धारण

करते थे। ये सभी चीजें पीतल तथा चमकती धातुओं से अलंकृत होती थीं। रणजीत सिंह के व्यक्तिगत रक्षक पीले साटन, सुनहले स्कार्फ, पीले शाल का प्रयोग करते थे। उनके अस्त्र सुनहले दिखते थे।

सोबराँव का युद्ध : 10 फरवरी 1846

महाराजा रणजीत सिंह की मृत्यु के उपरान्त पंजाब को ईस्ट इण्डिया कम्पनी के साम्राज्य में मिलाने की अंग्रेजी नीति और आन्तरिक अव्यवस्था के परिणामस्वरूप अँग्रेजों और सिक्खों के बीच 1845-46 का प्रथम संघर्ष हुआ, जिसका अन्तिम युद्ध 10 फरवरी 1846 को सोबराँव में हुआ। 1839 में महाराजा रणजीत सिंह की मृत्यु के उपरान्त उनके द्वारा छोड़ी गई 40,000 की सेना की भूमिका राजा बनाने वाली हो गई। सेना में विभिन्न दलों की आपसी प्रतिस्पर्धा के कारण पंजाब का इतिहास षड्यन्त्रों और हत्याओं का इतिहास बन गया। रणजीत सिंह की मृत्यु के बाद के छः वर्षों में ही 4 राजा व वजीर बदल गए। रणजीत सिंह की मृत्यु के उपरान्त उसका पुत्र खड़ग सिंह सिंहासन पर बैठा, परन्तु शीघ्र ही उसे बन्दी बनाकर उसके पुत्र नौलिहाल सिंह को गद्दी पर बैठाया गया, परन्तु 1840 तक दोनों की मृत्यु हो गई। सेना के सन्धावालिया दल ने नौनिहाल सिंह की माता रानी चाँद कौर का समर्थन किया जो कि नौनिहाल की गर्भवती विधवा पत्नी के पौत्र की ओर से राज्यसत्ता चलाना चाहती थी। जबकि दूसरी ओर सेना के डोगरा बन्धुओं के दल ने रणजीत सिंह के अन्य पुत्र शेर सिंह का समर्थन किया। सन्धावालिया सरदारों ने अँग्रेजों की शरण ली। शेर सिंह ने सन्धावालिया सरदारों को अपने पक्ष में मिलाने का प्रयास किया, परन्तु 1843 में सन्धावालिया दल के नेता अजीत सिंह ने राजा और वजीर दोनों की हत्या कर दी। वजीर ध्यान सिंह के पुत्र हीरा सिंह ने प्रतिक्रिया स्वरूप अजीत सिंह और एक अन्य सरदार लेहना सिंह की हत्या कर दी। परन्तु डोगरा सरदार हीरा सिंह और नये वजीर जवाहर सिंह की भी हत्या कर दी गई, इस प्रकार हत्याओं और प्रति हत्याओं के बाद सितम्बर 1945 में लाल सिंह वजीर बन गया और तेज सिंह सेना का सेनापति बना।

दूसरी ओर कम्पनी पंजाब को सदैव ललचाई दृष्टि से देखती थी। डब्ल्यू. एफ. आसबर्न ने 1838 में ही लिखा था कि महाराजा रणजीत सिंह की मृत्यु के बाद पंजाब को तत्काल कम्पनी के साम्राज्य में मिला लिया जाना चाहिए। इसी प्रकार का विचार व्यक्त करते हुए आकलैण्ड ने 1840 में कहा था कि हमारे बहुत से राजनीतिज्ञ तथा सैनिक पंजाब विजय के लिए तत्पर हैं। लार्ड एलनबरो ने प्रधान

मन्त्री ड्यूक आफ वेलिंगटन को 1844 में लिखा था कि वह समय दूर नहीं जब पंजाब हमारे अधीन होगा। मैं चुपचाप अपनी सेना को तैयार कर रहा हूँ।

लार्ड एलनबरो के उत्तराधिकारी गवर्नर जनरल हार्डिंग ने 1844 में आते ही सैनिक तैयारियाँ शुरू कर दी। उसने पंजाब में सैनिकों की संख्या 32000 कर दी, जिसके पास 68 तोपें भी थीं। इसके साथ ही उसने 10,000 की आरक्षित सेना भी तैयार कर ली। पंजाब में विभिन्न नदियों को पार करने के उद्देश्य से नावें बम्बई से मँगाई गईं तथा सैनिकों को नावों का पुल बनाने का प्रशिक्षण भी दिया गया। कम्पनी ने पंजाब और सिन्ध में अपनी तैयारी का कारण पंजाब की राजनीतिक अस्थिरता बताया। ब्रिटीश इतिहासकार पी. ई. राबर्टस ने आँग्ल सिक्ख युद्ध के लिए रानी जिन्दा को उत्तरदायी बताया है तथा लिखा है कि रानी जिन्दा का उद्देश्य था कि यदि खालसा सेना पराजित हो जाती है तो उसकी शक्ति समाप्त हो जायेगी और यदि जीत गई तो विशाल क्षेत्र उसके अधीन हो जायेगा। इस प्रकार दोनों ही स्थितियाँ उसके हित में थीं।

अँग्रेज, साम्राज्य विस्तार के लिए, युद्ध द्वारा पंजाब को जीतना चाहते थे। उनकी सैनिक तैयारियाँ पूरी थीं। लुधियाना, अम्बाला और फिरोजपुर में इनकी सेना तथा रसद तैयार थी। सिक्खों ने अँग्रेजों की तैयारी को सम्भावित युद्ध के रूप में देखा और यह निश्चय किया कि यदि अँग्रेजों से युद्ध करना है तो वह युद्ध पंजाब की भूमि पर नहीं बल्कि अँग्रेजी साम्राज्य की भूमि पर लड़ना चाहिए। अतः सिक्ख सेना अँग्रेजों से मिले हुए अपने सरदारों तेज सिंह और लाल सिंह के कहने पर अपनी रक्षा के लिए सीमा पर आ गई। अँग्रेज इस अवसर का लाभ उठाना चाहते थे। अतः इन्होंने अपनी सेना को मेरठ और अम्बाला से आगे बढ़ने का आदेश दिया। दूसरी ओर सिक्ख सेना ने भी सतलज नदी को पार किया और हयूज गफ के अधीन अँग्रेजी सेना से युद्ध किया। 13 दिसम्बर 1845 को लार्ड हार्डिंग ने युद्ध की घोषणा कर दी और कहा कि सिक्ख राज्य के सतलज नदी के बाईं ओर का भाग अँग्रेजी साम्राज्य में मिलाया जाना है। इस प्रकार प्रथम आँग्न-सिक्ख युद्ध का आरम्भ हुआ।

सिक्खों और अँग्रेजों के बीच पहला युद्ध 18 दिसम्बर 1845 को मुदकी नामक स्थान पर हुआ, जिसमें सिक्खों की पराजय हुई। दूसरा युद्ध 21 दिसम्बर को फीरोजशाह नामक स्थान पर हुआ, जिसमें अँग्रेजों की पुनः विजय हुई। तीसरा युद्ध बदवाल नामक स्थान पर 21 जनवरी 1846 को हुआ जिसमें अँग्रेजों की पराजय हुई। 28 जनवरी 1846 को चौथे युद्ध में जो कि अलीवाल नामक स्थान पर हुआ जिसमें

सिक्खों की पुनः पराजय हुई और सिक्ख सेना की कमजोरियाँ उजागर हुईं। अलीवाल के संग्राम के उपरान्त अँग्रेजों ने अपनी सैनिक तैयारी शुरू कर दी तथा सतलज नदी से लगभग तीन मील की दूरी पर अपनी सेनायें तैनात कर दीं। यहाँ पर अपनी आपूर्ति तथा अन्य साजो समान के पहुँचने की इन्तजार किया तथा आपूर्ति के पहुँचते ही उन्होंने एक बार पुनः सिक्खों पर बड़ा आक्रमण करने का निश्चय किया।

दूसरी ओर सिक्ख सेना पुनः एक बार लाल सिंह तथा तेज सिंह के नेतृत्व में अँग्रेजों के विरुद्ध एकत्रित हुई। ये दोनों वही नेता थे, जो युद्ध भूमि में सिक्ख सेना से पहले भी विश्वासघात कर चुके थे। सिक्ख सेना ने सतलज नदी के उस घुमावदार मोड़ पर अपनी स्थिति ग्रहण की, जिसकी परिधि दक्षिणी किनारे पर लगभग 2750 गज थी। नदी के दोनों किनारों को जोड़ने के लिए केवल एक नावों से बना पुल था। इस पुल के पास सतलज नदी के उत्तरी किनारे पर लाल सिंह के नेतृत्व में 10,000 अश्वारोही सैनिकों की सेना ने अपना स्थान ग्रहण किया। नदी के दक्षिणी किनारे पर तेज सिंह के नेतृत्व में 20,000 सिक्खों की सेना ने इस प्रकार स्थान ग्रहण किया कि उनके पृष्ठ भाग में सतलज नदी थी। यहाँ पर लगभग 4000 गज की परिधि में सिक्खों ने अपनी रक्षा व्यवस्था का निर्माण किया। सिक्खों ने अपनी सेना के केन्द्र तथा बाएँ पार्श्व में खाइयाँ खोदीं तथा मनुष्य की ऊँचाई के बराबर ऊँची मोटी दीवार का निर्माण किया, परन्तु दाहिने पार्श्व की भूमि मुलायम होने कारण थोड़ी-थोड़ी दूरी पर कम ऊँचाई की दीवारें ही निर्मित की जा सकीं तथा उनके पीछे 200 जम्बूराक तैनात किए गए। केन्द्र तथा बाएँ पार्श्व की रक्षा व्यवस्था के पीछे 57 भारी तोपें लगाई गई थीं तथा उनके पीछे पैदल सेना की जबकि दाहिने पार्श्व में 200 जम्बूराक के साथ-साथ अनियमित घुड़सवार सेना तैनात थी।

सिक्ख सेना के विरुद्ध, अँग्रेजों ने अपने अग्र भाग में तोपें लगाई थीं तथा उनके पीछे तीन समूहों में पैदल सेना तथा उसके पीछे तीन समूहों में घुड़सवार सेना तैनात की गई। सिक्ख सेना के सैनिक साधारणतया दिन में अपनी सैनिक मोर्जे बन्दी की स्थिति पर तैनात रहते थे तथा रात में वापस लौट आते थे। अँग्रेजों की योजना सिक्खों के सबसे कमजोर हिस्से दाहिने भाग पर आक्रमण करने की थी। उनकी योजना पहले तोपों की मार से सिक्खों के दाहिने भाग को नदी के किनारे तक धकेल देना था तथा उसके वाद आक्रमणात्मक कार्रवाई करके उनकी तोपों पर कब्जा करना था।

युद्ध से पूर्व रात में नदी बढ़ी हुई थी और वातावरण में घना कुहरा छाया हुआ था, जिसकी आड़ लेकर अँग्रेजी सेना इतनी आगे बढ़ आई कि सुबह सात बजे से

पूर्व ही सिक्खों की आँखों से ओझल रहते हुए, उन्होंने सिक्ख सेना को अपनी तोपों की मारक दूरी के अन्तर्गत लाने में सफल हुए। युद्ध का प्रारम्भ प्रातः 7 बजे अँग्रेजों द्वारा तोपों की गोलाबारी के साथ हुआ। इस प्रथम प्रहार से पूरी सिक्ख सेना आश्चर्यचकित हो गई तथा तत्काल युद्ध का नगाड़ा बजा और सिक्ख सैनिक भी अपनी स्थिति पर पहुँच गए। सिक्खों ने अँग्रेजों द्वारा तोपों की गोलाबारी का जबाव अपनी तोपों से गोलाबारी करके दिया। दोनों पक्षों द्वारा एक दूसरे के विरुद्ध यह गोलाबारी लगभग दो घण्टे तक चली। परन्तु फिर भी अँग्रेज सिक्ख तोपों द्वारा की जा रही गोलाबारी को बन्द करने में सफल नहीं हो सके, जबकि अँग्रेजों का गोला बारूद कम पड़ने लगा। इसी समय अँग्रेजी पैदल तथा घुड़सवार सेना तोपखाने की आड़ में आगे बढ़ी और सिक्ख सेना से लगभग 300 गज की दूरी तक पहुँच गई। इस समय अँग्रेज सेना को अपनी योजनानुसार सिक्ख सेना के सबसे कमजोर बिन्दु दाहिने पार्श्व पर आक्रमण करने का आदेश दिया गया तथा शेष दोनों को सिक्खों के केन्द्र तथा बाएँ भाग छद्म आक्रमण करने का आदेश दिया गया। सिक्खों ने अँग्रेजों की योजना को समझ लिया कि उनके केन्द्र तथा बाएँ भाग पर होने वाला आक्रमण झूठा है तथा मुख्य आक्रमण दाहिने भाग पर होगा। अतः सिक्ख सेना अपने दाहिने पार्श्व को सुदृढ़ करने में जुट गई। अँग्रेजों ने सिक्खों द्वारा दाहिने पार्श्व पर सेना के संकेन्द्रण को देखते हुए तत्काल अपनी योजना में परिवर्तन कर दिया और सिक्खों के केन्द्र तथा बाएँ पार्श्व पर होने वाले छद्म आक्रमण को वास्तविक आक्रमण में परिवर्तित कर दिया।

अँग्रेजी सेना की रणनीति में परिवर्तन को भाँप कर सिक्ख तुरन्त बाएँ पार्श्व की ओर भागे और अँग्रेजी सेना का कड़ा मुकाबला किया। अँग्रेजी सेना सिक्खों के केन्द्र भाग में तथा बाएँ भाग में आगे नहीं बढ़ पा रही थी, क्योंकि सिक्खों के तोपों की मार बहुत तेज थी और उनके द्वारा निर्मित की गई रक्षात्मक दीवार पर अँग्रेजी सेना के सैनिक बिना सीढ़ी के नहीं चढ़ पा रहे थे। सिक्ख सेना के दाहिने पार्श्व पर अँग्रेज आगे बढ़ गए और उन्होंने कुछ स्थानों पर सफलता भी प्राप्त की। सिक्ख सेना ब्रिटिश पैदल सेना का सामना नहीं कर सकी और धीरे-धीरे पीछे हटने लगी। ठीक इसी समय सिक्ख सेना के कमाण्डर तेज सिंह मैदान छोड़कर भाग खड़े हुए और भागते समय नावों के पुल को भी क्षतिग्रस्त करते गए। सिक्ख बड़ी बहादुरी से लड़े, परन्तु वे संगीनों से युद्ध करने की कला में अँग्रेजों की तुलना में कमजोर थे। अतः पीछे हटने लगे और धीरे-धीरे सिक्ख सेना ने पुल से नदी के दूसरी ओर भागना शुरू कर दिया। तेज सिंह के युद्ध क्षेत्र से पलायन के साथ ही लाल सिंह

भी भाग खड़े हुए। सिक्ख सेना का पलायन प्रारम्भ होने पर भीड़ के कारण नदी पर बना नावों का पुल टूट गया। बहुसंख्यक सिक्ख सैनिक युद्ध में मारे जाने के स्थान पर नदी में गिरकर मर गए। साढ़े दस बजे तक मैदान सिक्खों से खाली हो गया तथा अँग्रेजों को विजय प्राप्त हुई।

इस युद्ध में 5 हजार से 8 हजार तक सिक्ख सैनिक मारे गए तथा उनकी सभी तोपें या तो बेकार हो गईं या अँग्रेजों के नियन्त्रण में चली गईं। अँग्रेजी सेना के लगभग 320 सैनिक मारे गए और 2083 घायल हुए।

सिक्खों की पराजय के कारण

सिक्खों की पराजय का कारण बड़ा ही स्पष्ट है कि ब्रितानियों की राजनीतिक, सैनिक, कूटनीतिक, सामरिक श्रेष्ठता के सम्मुख परस्पर विभक्त समस्त क्षेत्रीय शक्तियाँ क्रमशः पराजित हुईं और भारत में अँग्रेजी हूकूमत का विस्तार हुआ। सैनिक शक्ति की दृष्टि से विचार किया जाय तो कहा जा सकता है कि सोबराँव का संग्राम एक निर्णायक संग्राम था। इस युद्ध में लगभग 20,000 सिक्खों के विरुद्ध लगभग 15000 अँग्रेज सैनिकों ने भाग लिया। दोनों पक्षों की सेना में अश्वारोही, पैदल और तोपखानों ने सेना के अंग के रूप में भाग लिया। अँग्रेजी साम्राज्यवाद का एक और चरण पूरा हुआ। 1 मार्च 1846 को लाहौर सन्धि के साथ सिक्ख सैनिक शक्ति पर प्रतिबन्ध लगा दिया गया तथा पंजाब और लाहौर दरवार अँग्रेजों के प्रभाव में आ गया। महाराजा की सेना की सभी तोपों पर अँग्रेजों ने अधिकार कर लिया तथा अश्वारोही सेना और पैदल सेना के सैनिकों की संख्या नियत कर दी गई। इस प्रकार कहा जा सकता है कि सिक्ख राजनीतिक और सैनिक शक्ति पूर्णतः समाप्त हो गई।

सैनिक नेतृत्व की दृष्टि से विचार किया जाय तो हम कह सकते हैं कि सिक्ख सेना का नेतृत्व ऐसे दो कमाण्डर कर रहे थे जो कि सिक्ख सैनिक शक्ति के विनाश में ही अपनी सुरक्षा और निर्विवाद सत्ता की कामना कर रहे थे। ये दोनों सिक्ख सैन्य नेता न केवल युद्ध के समय गद्दारी पूर्ण भूमिका अदा करते हुए युद्ध क्षेत्र से भाग खड़े हुए, बल्कि अँग्रेजी सैनिक नेतृत्व से मिले हुए थे। इतना ही नहीं सोबराँव के युद्ध के समय भागते वे सतलज नदी पर बने नावों के पुल को भी क्षतिग्रस्त करते गए, जिससे सिक्ख सेना वापस न भाग सकें और सम्पूर्ण रूप से विनष्ट हो जाएँ। सैनिक नेतृत्व की इस कायरता और विश्वासघात पूर्ण नीति के चलते सिक्खों को पराजित होने के लिए किसी अन्य कारक की आवश्यकता नहीं

थी। दूसरी ओर अँग्रेजी सेना को नेतृत्व पंजाब को कम्पनी के साम्राज्य में मिलाने के सुनिश्चित लक्ष्य को लेकर लड़ रहा था, जिसे लार्ड डलहौजी के काल में प्राप्त कर लिया गया।

यद्यपि सिक्ख सैनिक बड़ी बहादुरी से लड़े, परन्तु वे अँग्रेजी सेना के द्वारा संगीनों की युद्ध कला में पराजित हुए, क्योंकि वह संगीनों की सहायता से युद्ध करने में कुशल नहीं थे। अतः वे अँग्रेजी सेना के सम्मुख टिक नहीं पाए और पीछे हटने लगे। इसी समय उनके कमाण्डर का भागना उनकी पराजय का कारण बना।

रणनीतिक रणनीतिक दृष्टि से सिक्ख सेना द्वारा अपने पृष्ठ भाग में नदी और उस पर से युद्ध क्षेत्र से पीछे हटती सेना के लिए एक नावों के पुल की व्यवस्था रखना एक बहुत बड़ी भूल थी। जिसकी वजह से सिक्ख सेना को पीछे हटने और प्रत्याक्रमण करने के लिए पर्याप्त स्थान नहीं उपलब्ध था। अतः युद्ध से भागते समय सिक्ख सेना के सैनिक बड़ी संख्या में नदी मे गिरने से मारे गए।

इस प्रकार देखा जाय तो प्रथम आँग्ल सिक्ख युद्ध के अन्तिम संग्राम सोबराँव में ही पंजाब के भाग्य का फैसला हो गया। पंजाब का शासन अँग्रेज रेजीडेण्ट के हाथ में चला गया। युद्ध क्षति के रूप में 1.5 करोड़ रुपये माँगे गए, जिसके बदले महाराजा ने 1करोड़ रुपये में कश्मीर गुलाब सिंह को बेच दिया। पंजाब में एक स्थाई अँग्रेज सेना तैनात कर दी गयी।

अध्याय-9

1857 का स्वतन्त्रता संग्राम

1857 का विद्रोह गवर्नर जनरल लार्ड कैनिंग के शासन काल (1856-62) की एक महत्त्वपूर्ण घटना थी। इसने भारत में ब्रिटिश साम्राज्य की नींव हिला दी और कई बार ऐसा प्रतीत होने लगा था कि भारत में अँग्रेजी राज्य का अन्त हो जाएगा। यद्यपि यह सैनिकों के विद्रोह के रूप में शुरू हुआ, परन्तु शीघ्र ही इसने उत्तर भारत के विस्तृत क्षेत्र की जनता और कृषक वर्ग को भी शामिल कर लिया। इस विद्रोह के अनेक कारण थे। एंग्लो-इण्डियन इतिहासकारों ने सैनिक असन्तोषों तथा चर्बी वाले कारतूसों को ही 1857 के महान विद्रोह का सबसे मुख्य तथा महत्त्वपूर्ण कारण बताया है। परन्तु आधुनिक भारतीय इतिहासकारों ने यह सिद्ध कर दिया है कि विद्रोह के कारण अधिक गूढ़ थे और वे सब जून 1757 के प्लासी के युद्ध से 10 मई 1857 को मेरठ में सैनिक विद्रोह तक के अँग्रेजी शासन के 100 वर्ष के इतिहास में निहित है। चर्बी वाले कारतूस और सैनिकों को विद्रोह तो केवल चिनगारी थी, जिसने उन समस्त विस्फोटक पदार्थों को जो राजनीतिक, सामाजिक, आर्थिक और धार्मिक कारणों से एकत्रित हुए थे, आग लगा दी और वह दावानल का रूप धारण कर गया, परन्तु सीधे तौर पर इसका मुख्य कारण अँग्रेजों द्वारा भारतीय जनता का अमानवीय शोषण था। 1857 के विद्रोह से सम्बन्धित कुछ महत्त्वपूर्ण कारणों का विवेचन निम्नवत् है।

कारण

1. **राजनीतिक और प्रशासनिक असन्तोष**—इस विद्रोह को नेतृत्व उन देशी रियासतों के राजाओं ने किया, जिनका अस्तित्व लार्ड डलहौजी की विलय नीति के कारण समाप्त हो गया। ईस्ट इण्डिया कम्पनी द्वारा भारतीय राज्यों के उन्मूलन के

लिए अपनाई गई सहायक सन्धि की नीति का अन्तिम रूप डलहौजी के विलय नीति के रूप में सामने आया, जिसने उचित-अनुचित तरीकों से देशी राज्यों का उन्मूलन किया। गोद लेने का निषेध कर सतारा (1848), नागपुर (1853), झाँसी (1854), बरार (1854), सम्भलपुर, जेतपुर, भगतपुर आदि को ब्रिटिश साम्राज्य का अंग बनाया गया। इसी तरह फरवरी 1856 में अवध पर कुशासन का आरोप लगा कर विलीनीकरण किया गया। डलहौजी की विलय नीति ने सभी राजाओं को व्याकुल कर दिया कि उनक अस्तित्व को कभी भी समाप्त किया जा सकता है। अँग्रेजों ने न केवल भारतीय रियासतों को कम्पनी के राज्य में मिला लिया, बल्कि पेशवा बाजीराव द्वितीय के दत्तक पुत्र नाना साहब की पेंशन भी (8 लाख रुपये प्रतिवर्ष) जब्त कर ली। अतः भारतीय रियासतों का भय निराधार नहीं था, चार्ल्स नेपियर ने अपने पत्र में लिखा था कि "यदि मैं 12 वर्ष के लिए भारत का सम्राट होता, तो कोई भारतीय राजा शेष नहीं रहता, निजाम का नाम भी सुनाई न देता, नेपाल हमारा होता।" मालेसन ने ठीक ही कहा है कि डलहौजी की नीति तथा अन्य उच्च पदस्थ अधिकारियों के विचारों ने भारतीय रियासतों के शासकों के मन में एक प्रकार का अविश्वास उत्पन्न कर दिया और यही अविश्वास विद्रोह का एक प्रमुख कारण बना।

दूसरी ओर मुस्लिम जन मानस की भावनायें भी गम्भीर रूप से आहत हुई। लार्ड डलहौजी साम्राज्य में साम्राज्य के पक्ष में नहीं था। अतः शाहजादा फकीरुद्दीन के उत्तराधिकार को तो मान्यता प्रदान कर दी, परन्तु उस पर बहुत से प्रतिबन्ध लागू कर दिए। 1856 में फकीरुद्दीन की मृत्यु के बाद लार्ड केनिंग ने घोषणा की कि नवीन उत्तराधिकारों को राजकीय उपाधि और मुगल महल दोनों छोड़ देने होंगे। इस घोषणा से मुसलमानों ने समझा कि अँग्रेज तैमूर वंश को नीचा दिखाना चाहते है। जैसा एलेग्जेण्डर डफ ने लिखा है कि "पहले 100 वर्षों से लोग अपने घरों तथा मसजिदों में तैमूर वंश की समृद्धि के लिए प्रार्थना करते थे, जिसका प्रतीक वे दिल्ली के सम्राट को मानते थे। अतः तैमूर वंश की समृद्धि का अर्थ अँग्रेजी साम्राज्य का पतन था। इस प्रकार वे अँग्रेजों के कट्टर दुश्मन बन गए, किन्तु कई राजाओं एवं जागीरदारों आदि ने निहित स्वार्थों से प्रेरित होकर ही विद्रोह में भाग नहीं लिया। गोंडा, छर्दा तथा भिंगा इत्यादि के बहुत से राजाओं ने युद्ध में भाग लिया, यद्यपि उनकी भूमि नहीं छीनी गई थी।

यह भी तर्क प्रस्तुत किया जाता है कि एक अन्य राजनीतिक कारण भारत में ब्रिटिश शासन का स्वरूप था, जिसका अँग्रेजों के विरोध के लिए भारतीय जनमानस पर बहुत प्रभाव पड़ा। भारत पर विदेशी आक्रमण और सत्ता कोई नवीन तथ्य नहीं

था, परन्तु अँग्रेजों से पूर्व जिन्होंने भारत को विजय किया, कालान्तर में वे भारत में ही बस गए तथा भारतीय बन गए तथा यहाँ से एकत्रित धन को यहीं पर व्यय किया गया। परन्तु अँग्रेजों के विषय में भारतीय यह अनुभव करते थे कि उन पर हजारों मील दूर से बैठकर राज्य किया जाता है तथा देश के धन का धीरे-धीरे निकास हो रहा है।

इसके अतिरिक्त डलहौजी ने जमींदारों एवं जागीरदारों की जमीन पर अधिकार की जाँच के लिए 1852 में इनाम कमीशन बैठाया। इस कमीशन के करीब 35 हजार छोटी बड़ी जागीरों को जाँच की और करीब 21 हजार जागीरें जब्त कर लीं। डिजरेली ने स्वीकार किया कि यह नये ढंग से जागीरें और रियासतें जब्त करना था। इतना ही नहीं, जिन राज्यों एवं जागीरों का अपहरण किया उनके उच्च अधिकारियों को पदच्युत कर दिया गया। दूसरी ओर भारतीयों को कम्पनी की सेवा में उच्च पदों पर नहीं रखा जाता था। अतः पदच्युत अधिकारी तथा शिक्षित भारतीय भी अँग्रेजी राज्य से असन्तुष्ट थे। 1860 में सर सैयद अहमद खाँ ने इन कठिनाइयों की विस्तार से व्याख्या करते हुए कहा कि विद्रोह का सबसे महत्त्वपूर्ण कारण भारतीयों को विधान सभा और सरकार के प्रशासन तन्त्र में प्रवेश की अनुमति न देना था, जिसके कारण उसे भारतीय समस्याओं की जानकारी नहीं मिल पाती थी। मुसलमान सम्भवतः इस मामले में सबसे अधिक असन्तुष्ट थे। क्योंकि इससे पूर्व मुगल सरकार के सभी सैनिक व असैनिक पदों पर उनका अधिकार था और वे देश में सबसे अधिक अधिकार सम्पन्न वर्ग थे। परन्तु अब वे पिछड़ गए थे। कार्नवालिस ने भारतीयों को उच्च पदों से वंचित रखकर, उनके प्रति अविश्वास की मनोवृत्ति को और बढ़ावा दिया था। यद्यपि 1833 के चार्टर एक्ट में जाति अथवा रंग के आधार पर भेद की नीति को समाप्त करने की बात कही गई थी, परन्तु वह घोषणा मात्र थी। ब्रितानी साम्राज्य की प्रशासनिक व्यवस्था ने यहाँ परम्परागत प्रचलित प्रशासनिक व्यवस्था को झकझोर दिया। विशेष रूप से न्याय और भू राजस्व व्यवस्था उल्लेखनीय है। ब्रितानी न्याय व्यवस्था एक अलग प्रशासनिक व्यवस्था की प्रतीक थी। विधि प्रणाली और सम्पत्ति अधिकार पूरी तरह से नये थे। साधारण भारतीय जनता उनसे अनभिज्ञ थी। न्याय प्रणाली खर्चीली और अधिक लम्बी होती थी, फिर भी निर्णय अनिश्चित था। भू-राजस्व प्रणाली में राजस्व का बोझ कृषकों पर अधिक बढ़ गया था।

आर्थिक कारण—ईस्ट इण्डिया कम्पनी के भारत में दो प्रमुख कार्य थे। प्रथम, साम्राज्य विस्तार और दूसरा, आर्थिक शोषण। अँग्रेजों की धन लोलुपता की कोई सीमा नहीं थी। बँगाल में स्वयं को स्थापित करने के पश्चात् कम्पनी ने सर्वप्रथम

भू-राजस्व वृद्धि की ओर ध्यान दिया। स्थायी प्रबन्ध, रैयतवारी एवं महलवारी आदि व्यवस्था जो उत्तर भारत के बड़े हिस्से में लागू थी, से कृषकों को भूमि पर वंशानुगत स्वामित्व अधिकार नहीं रहा जो उन्हें पहले से प्राप्त था। इस व्यवस्था में जमींदार भूस्वामी हो गया और कृषक मजदूर हो गया। दूसरी ओर जमींदारों को भी पूर्ण अधिकार नहीं मिले। कृषकों से प्राप्त लगान का 10/11 भाग कम्पनी को देना पड़ता था और ऐसी नहीं कर पाने पर उनकी जमीनों को नीलाम कर दिया जाता था। डॉ. मजुमदार ने लिखा है कि गलती करने वाले जमींदारों के विरुद्ध कठोर विक्रय कानूनों ने बहुत से पैतृक जमींदारों को सामाजिक और आर्थिक क्षेत्र में कहीं का न रखा। दूसरी ओर कृषकों को अपनी हैसियत से अधिक लगान अदा करना पड़ता था तथा सूखा व बाढ़ आदि कारणों से उत्पादन में कमी होने पर कृषक महाजनों से कर्ज लेकर लगान अदा करते थे, अन्यथा उनकी जमीनें जब्त कर ली जाती थीं तथा दूसरी ओर कर्ज अदा न कर पाने पर साहूकर उनकी जमीनों पर अधिकार कर लेते थे। विपिन चन्द के अनुसार, 1857 का विद्रोह ब्रितानी दमनकारी नीतियों के विरुद्ध लगान के बोझ से दबे किसानों की संगठित आवाज थी। अधीनस्थ कर्मचारियों, न्यायालयों तथा महाजनों के बीच गठबन्धन से ऐसी स्थिति पैदा हो गई, जिससे कृषक व्यग्र हो उठे और सत्ता को उखाड़ फेकने के लिए किसी भी अवसर का स्वागत करने को तैयार थे। मालवा क्षेत्र में हुए विद्रोह पर किए गए शोध कार्य में पता चलता है कि इस क्षेत्र में विद्रोह होने का प्रमुख कारण कम्पनी की आर्थिक नीति थी।

भारतीय अर्थव्यवस्था पर दूसरा आघात व्यापार पर नियन्त्रण के रूप में देखा जाता है। वे भारत से कच्चा माल ले जाने लगे तथा यहाँ पर ब्रिटेन में उत्पादित माल का विक्रय करने लगे। प्रारम्भ में स्थानीय कारीगरों के उत्पादन को कम मूल्य पर बेचने के लिए बाध्य किया गया। दूसरे भारत से निर्यात किए जाने वाले सामान पर अधिक कर लगा दिया। इस नीति के परिणामस्वरूप भारत का निर्यात समाप्त हो गया तो दूसरी ओर भारतीय बाजार ब्रिटेन में बने सामानों से भर गया। 1813 के चार्टर ऐक्ट ने भारत में कम्पनी के व्यापार के एकाधिकार को समाप्त किया तथा निजी व्यापारियों को व्यापार की अनुमति प्रदान कर दी। इससे भारत के व्यापार को और आघात पहुँचा। मुक्त व्यापार, अँग्रेजी व्यापारियों के भारत आने और इंग्लैण्ड के निर्मित वस्त्रों के अधिकाधिक मात्रा में भारत में बेचने से यहाँ के कुटीर उद्योग प्रायः लुप्त हो गए। अँग्रेजों ने भारत पर प्रशासनिक नियन्त्रण का लाभ उठाकर व्यापार, वाणिज्य, और कुटीर उद्योगों पर नियन्त्रण स्थापित कर लिया। डॉ. ईश्वरी

प्रसाद ने उचित ही लिखा है कि भारत इंग्लैण्ड के लिए दुधारू गाय हो गया था, जबकि उसी के पुत्र भूखों मर रहे थे।

सामाजिक और धार्मिक कारण—सामाजिक दृष्टि से अँग्रेज अपने को उच्च नस्ल का मानकर भारतीयों को बहुत हेय दृष्टि से देखते थे। भारतीय जनता के प्रति उनका व्यवहार और विचार बहुत ही अपमानजनक था। रेलगाड़ी, सामाजिक उत्सवों, होटलों और क्लबों में भारतीय लोग अँग्रेजों के साथ भागीदारी नहीं कर सकते थे। न्याय व्यवस्था भी भेदभाव पूर्ण थी, समान अपराध पर भारतीयों को कठोर दण्ड दिया जाता था तो दूसरी ओर अँग्रेजों को मामूली सा दण्ड देकर छोड़ दिया जाता था।

विलियम वैंटिक एवं डलहौजी के समय समाज में व्याप्त कुरीतियों को दूर करने के लिए कानून बनाये गए। सती प्रथा, कन्यावध, बाल विवाह का निषेध तथा विधवा विवाह की अनुमति प्रदान की गई। पाश्चात्य इतिहासकारों तथा ताराचन्द, कालिकिंकर दत्त आदि विद्वानों ने लिखा है कि उन्नीसवीं शताब्दी में पश्चिमी सभ्यता का तीव्र गति से प्रसार हो रहा था। इन बातों से भारतीय जनता के कट्टरपंथी दलों ने समझा कि सरका उनकी सामाजिक व्यवस्था को नष्ट करने, उनकी प्राचीन प्रथाओं और रीतियों को समाप्त कर उनके देश को पश्चिमाभिमुखगामी बनाने की चेष्टा कर रही है। कई लोगों का ऐसा भी मानना है कि भारत के रूढ़िवादी, परम्परागत तथा अनपढ़ लोग ब्रिटिश साम्राज्य के विभिन्न प्रगतिशील सुधारों जैसे सतीप्रथा को दूर करने, विधवा विवाह, रेल मार्गों आदि का सही मूल्यांकन नहीं कर सके, जिसके कारण उनमें विद्रोह की भावना घर कर गई।

1813 में कम्पनी के आदेश पत्र द्वारा ईसाई पादरी बड़ी संख्या में भारत आने लगे और उनका एकमात्र लक्ष्य भारत में ईसाई धर्म का प्रचार-प्रसार करना था। कम्पनी के बोर्ड आफ डाइरेक्टर्स के अध्यक्ष गैंगल्स ने 1857 में ब्रिटेन के हाउस आफ कामन्स में कहा था कि ईश्वर की कृपा से भारत का विस्तृत साम्राज्य ब्रिटेन को मिला है ताकि ईसाई धर्म की पताका भारत के एक किनारे से दूसरे किनारे तक फहरा सकें। प्रत्येक व्यक्ति को शीघ्रातिशीघ्र समस्त भारतीयों को ईरााई बनाने के महान कार्य को पूर्णतया सम्पन्न करने में अपनी शक्ति लगा देनी चाहिए। मेजर एडवर्ड्ज ने भी स्पष्ट रूप से कहा था, "भारत पर हमारे अधिकार का अन्तिम उद्देश्य देश को ईसाई बनाना है।" सावरकर ने यह दर्शाया है कि असैनिक और सैनिक पदाधिकारी राम और मुहम्मद को अपशब्द कहते थे तथा सैनिकों को ईसाई बनने की प्रेरणा देते थे। ईसाई धर्म प्रचारकों को पर्याप्त सुविधायों दी जाती थीं।

सर सैयद अहमद खाँ ने भी लिखा है कि ऐसा विश्वास किया जाता है कि सरकार ने धर्म प्रचारक नियुक्त कर रखे हैं और उनका भरण-पोषण अपने व्यय से करती है।

शिक्षा ईसाई धर्म के प्रचार का महत्त्वपूर्ण माध्यम थी। स्कूलों में धार्मिक शिक्षा के अन्तर्गत गास्पिल की शिक्षा दी जाती थी। अनेक स्कूलों में, जिन्हें सरकार सहायता देती थी, परन्तु वास्तव में उन्हें ईसाई पादरी चलाते थे। बाइबिल का अध्ययन अनिवार्य कर दिया गया था। हिन्दू धर्म की मामूली सी बुराई को भी पर्याप्त बढ़ा-चढ़ा कर बताया जाता था और ईसाई धर्म की अच्छाइयों का निरन्तर वर्णन किया जाता था। इससे लोगों के मन में यह सन्देह हो गया है कि एनकेन प्रकारेण सरकार ईसाई बनाना चाहती है, इससे असन्तोष बढ़ा। जेलों और अस्पतालों के प्रति लोगों के मन में शंका थी कि इनके माध्यम से उन्हें ईसाई बनाया जा सकता है। सर सैसद अहमद खाँ ने लिखा है कि 1837 ई. में जब अकाल पड़ा तो मिशनरियों ने इसका पूर्ण लाभ उठाया और तमाम यतीमों को ईसाई बना लिया गया। अँग्रेजी सरकार की नीति चाहे किसी भी प्रकार की रही हो परन्तु यह पूर्णतया सत्य है कि भारतीयों में यह शंका व्याप्त हो गई थी कि अँग्रेज उनके धर्म और संस्कृति को नष्ट करने पर तुले हुए हैं। इस कारण भारतीयों में अँग्रेजों के विरुद्ध तीव्र असन्तोष था।

सैनिक कारण—ब्रिटिश सेना में भारतीय सैनिकों की सख्या अधिक थी, जो मुख्यतः उत्तर और उत्तर पश्चिमी भारत के कृषक वर्ग से सम्बद्ध थे। ब्रिटिश शोषण नीति का प्रभाव सिपाहियों पर भी पड़ा। वस्तुतः इसमें से अधिकांश कृषि से प्राप्त आय की कमी को दूर करने के लिए ही सेना में भर्ती हुए थे। किन्तु उन्हें 7-8 रुपये मासिक वेतन प्राप्त होता था और घुड़सवार को 27 रुपये तक मिलते थे, जिसमें से उन्हें अपने भोजन, वर्दी, घोड़े का चारा तथा व्यक्तिगत सामानों के लिए भी खर्च करना पड़ता था। सरकार तथा सिपाही के मध्य एकमात्र सम्बन्ध वेतन का था तथा इस दृष्टि से स्थिति सन्तोषजनक नहीं थी। सेना में लगभग 3,15,000 भारतीय सैनिक तथा 51,000 यूरोपीय सैनिक थे। परन्तु सेना के कुल खर्चे का आधे से अधिक भाग, इन यूरोपीय सैनिकों पर खर्च किया जाता था। 1844 में जब रेजीमेन्टों को सिन्ध भेजा गया तो उन्हें भत्ता दिए जाने का विश्वास दिलाया। 64 वीं रेजीमेन्ट के सिपाहियों की शिकायत थी कि कमांडिग अधिकारी ने उन्हें धोखा दिया और उन्हें भत्ता नहीं दिलवाया गया। इससे सैनिकों में असन्तोष बढ़ा। इसके अतिरिक्त भारतीय सिपाहियों के साथ ब्रिटिश अधिकारी अभद्र व्यवहार करते थे। उन्हें सदैव गाली दी जाती थी और अपमानित किया जाता था। भारतीय जवान

अपनी बहादुरी के बावजूद सेना में सूबेदार के पद से ऊपर नहीं जा पाते थे। जबकि इंग्लैण्ड का एक नवनियुक्त सैनिक सीधे पदोन्नति पा जाता था। भारतीय सैनिक जानते थे कि वह चाहे जितनी कर्तव्यनिष्ठा दिखाये उसे अँग्रेज सैनिक के बराबर वेतन कभी नही मिलेगा। तीस वर्ष की कर्तव्यनिष्ठ सेवा भी उसे अँग्रेज अफसर का मातहत होने से नहीं बचा सकेगी।

सेना में धार्मिक विरोध की भावना का विकास 1824 में हुआ जब बैरकपुर की 47 वीं रेजीमेन्ट को बर्मा जाने का आदेश दिया गया। हिन्दुओं में समुद्रपार यात्रा का अर्थ धर्म नष्ट होना था। इसलिए सैनिकों ने इन्कार कर दिया। आदेश का विरोध करने वाले सैनिकों को फाँसी पर चढ़ा दिया गया और रेजीमेन्ट भंग कर दी गई। अफगान युद्ध के दौरान भारतीय सैनिकों की धार्मिक मान्यताओं को काफी गहरी ठेस लगी। इसलिए युद्ध के बाद सिपाहियों के घर लौटने पर उन्हें समाज ने उनकी जाति में पुनः नहीं लिया था। उन्हें न केवल अपनी जाति एवं गाँव में बल्कि अपनी बैरक में भी ''जात-बाहर'' घोषित कर दिया गया।

इसके अतिरिक्त 1856 में सरकार ने पुरानी लोहे वाली बन्दूक बाउन बेस के साथ पर नई एनफील्ड राइफल के प्रयोग करने का निश्चय किया, जिसके कारतूस में गाय एवं सूअर की चर्बी से बनी ग्रीस लगी थी। इस कारतूस को प्रयोग से पूर्व उसके ऊपरी भाग को मुँह से खोलना पड़ता था। इस तथ्य की जानकारी मेरठ छावनी में जंगल की आग की तरह फैल गई। सत्य का पता चलने पर कारतूसों को वापस लेने से यह शक और भी बढ़ गया। इस तरह सिपाहियों की धार्मिक भावनाओं को ठेस पहुँची। उन्हें यह विश्वास हो गया कि उनका धर्म खतरे में है। विपिन चन्द्र ने लिखा है कि अफवाह उड़ी कि सरकार छिपे तौर धर्म परिवर्तन को बढ़ावा दे रही है। ईसाई बनाने के लिए प्रोत्साहन दे रही है। इस अफवाह से सिपाही और भड़क उठे। सरकार और ईसाई मिशनरियों के आपसी रिश्तों ने अफवाह को और बल दिया।

इसके साथ ही भारतीय सैनिकों में यह धारणा दृढ़ होती जा रही थी कि अँग्रेज सेना अजेय नहीं है। प्रथम अफगान युद्ध (1838-42) और दो बार सिक्ख सेनाओं के विरुद्ध अँग्रजी सेना की पराजय पर भारतीय सैनिक यह विचार करने लगे कि यदि वे एक हो जाएँ तो वे शक्ति में कम नहीं हैं। अवध तथा अन्य रियासतों के राज्य को कम्पनी राज्य में मिलाये जाने से वहाँ की सेना विघटित कर दी गई। जैसे-अवध के 70 हजार सैनिक बेकार हो गए। उनका ऐसा विश्वास था कि अँग्रेजी सेना में भारतीय सैनिकों की संख्या तथा देशी राज्यों की विघटित सेना की सामूहिक

शक्ति ब्रिटिश सत्ता को उखाड़ फेकने के लिए पर्याप्त होगी।

इसमें कोई सन्देह नहीं है कि चर्बी वाला कारतूस ही विद्रोह प्रारम्भ होने का प्रमुख कारण था। इन कारतूसों ने ही सैनिकों को विद्रोह करने पर तत्पर कर दिया। अनेक इतिहासकारों का मत है कि यदि कारतूसों वाली घटना न हुई होती, तो सम्भवतः, भारत में विद्रोह ही न हुआ होता। सैनिकों की प्रारम्भिक सफलता ने भारतीय नागरिकों को भी विद्रोह करने के लिए तत्पर कर दिया, क्योंकि भारतीय नागरिक विभिन्न कारणों से अँग्रेजों से असन्तुष्ट थे।

असफलता के कारण

इस विद्रोह के फलस्वरूप भारत में ब्रिटिश साम्राज्य के अस्तित्व के लिए गम्भीर संकट खड़ा हो गया। यह विद्रोह इतना आकस्मिक था कि सरकार आश्चर्यचकित रह गयी। अवध तथा रुहेलखण्ड अँग्रेजों के हाथ से निकल गए। थोड़े समय के लिए विद्रोहियों का पलड़ अधिक भारी था। एक के बाद एक विद्रोह के परिणामस्वरूप उनकी स्थिति मजबूत होती जा रही थी। यद्यपि अँग्रेजों को भारतीयों का समर्थन भी प्राप्त हो रहा था, परन्तु नये क्षेत्रों में विद्रोह होने से उनके साधनों पर दबाव भी बहुत अधिक बढ़ गया था। जनता के शत्रुतापूर्ण रवैये के कारण अँग्रेजों को विभिन्न भागों से सम्पर्क बनाये रखना कठिन हो गया था। इन समस्त आयामों को ध्यान में रखते हुए विद्रोहियों की असफलता और अँग्रेजों की सफलता के कारण और अधिक महत्त्वपूर्ण हो जाते हैं।

(1) योजना का अभाव

आन्दोलनकारी अँग्रेजों को भारत से बाहर निकालना चाहते थे, परन्तु इस उद्देश्य की प्राप्ति के लिए निश्चित कार्य योजना नहीं बना पाए। झाँसी की रानी लक्ष्मीबाई, तांत्या तोपे और कुँवर सिंह जैसे नेताओं ने कुछ संगठनात्मक क्षमता का परिचय दिया, परन्तु उनका संघर्ष स्थानीय ही रहा और वे एक दूसरे से सम्पर्क न कर सके। सभी विद्रोही सेनाओं का एक संगठन नहीं बनाया जा सका और न उनका एक नेता था। 1857 तक भारत मध्ययुगीन व्यवस्था में ही चल रहा था। यहाँ जनता में आधुनिक राष्ट्रीयता के भाव और शोषक के विरुद्ध एकजुटता जैसे विचारों के विकास में दो दशक और लगे। विद्रोहियों के सम्मुख कोई राष्ट्रीय आदर्श नहीं था जो उन्हें एकता के सूत्र बाँध सके।

(2) एकता का अभाव

1857 के विद्रोह में सारे देश के लोगों ने भाग नहीं लिया तथा जो लोग इसमें शामिल हुए उनमें परस्पर एकता नहीं थी। एकता का अभाव विद्रोह की विफलता का कारण बना। इस विद्रोह में अवध, रुहेलखण्डद्व, नर्मदा एवं चम्बल के बीच का क्षेत्र, बिहार, बंगाल का पश्चिमी भाग और पंजाब का पूर्वी क्षेत्र सम्मिलित था, तो दूसरी ओर अन्य सामन्तवादी तत्वों जैसे-पटियाला, जीन्द, ग्वालियर और हैदराबाद आदि न केवल विद्रोह से अप्रभावित रहे, बल्कि विद्रोह के दमन में भी सहायता प्रदान की। संकट के समय कैनिंग ने कहा था कि यदि सिन्धिया भी विद्रोह में सम्मिलित हो गए होते तो मुझे कल ही बिस्तर बाँधना पड़ता। इसके अतिरिक्त बँगाल का जमींदार वर्ग, कलकत्ता, बम्बई, मद्रास के बड़े व्यापारियों ने विद्रोहियों को सहायता देने के बजाय अँग्रेजों को सहायता प्रदान की। कुछ अपवादों को छोड़कर अधिकांश भारतीय शासकों ने अपने भविष्य की सुरक्षा अँग्रेजों के साथ देने में देखी और उनको धन-जन से सहयोग प्रदान किया। लगभग आधे से अधिक भारतीय सिपाहियों ने न केवल विद्रोह में भाग नहीं लिया, बल्कि अपने ही देशवासियों के खिलाफ लड़ाई की।

(3) नेताओं में परस्पर असहयोग

इस विद्रोह की एक अन्य मुख्य समस्या विद्रोही नेताओं के बीच परस्पर एकता स्थापित करना था, परन्तु उनमें परस्पर एकता का अभाव अन्त तक बना रहा। 82 वर्षीय बहादुरशाह अत्यन्त कमजोर था। उसके द्वारा आन्दोलन में सहयोग की अपील पर्याप्त नहीं थी। विद्रोह के दौरान ऐसा कोई नेता नहीं था जो इसका संचालन कर सके तथा विद्रोही नेताओं में एकता स्थापित कर सके, नाना साहब, बहादुर शाह, रानी लक्ष्मीबाई और कुँवर सिंह इस विद्रोह के महान नेता माने जाते हैं। परन्तु वास्तव में उनमें से कोई भी न तो योग्य संगठनकर्ता था और न योग्य सेनापति। उनमें से कोई विद्रोह को उचित नेतृत्व प्रदान न कर सका। वास्तव में नाना साहब कानपुर में जिस तरह हैवलाक से पराजित हुए, उससे उन्हें योग्य सेनापति नहीं कहा जा सकता था। मुगल बादशाह बहादुर शाह को तो आरम्भ से ही विद्रोह में विश्वास नहीं था। वह आरम्भ से अन्त तक अँग्रेजों से गुप्त बातचीत करता रहा। बहादुर शाह की बेगम और वजीर अँग्रेजों से मिले हुए थे। इससे स्पष्ट है कि दिल्ली में न एकता थी, न व्यवस्था और न ही उसे योग्य नेतृत्व प्राप्त हुआ था। तांत्या टोपे और कुँवर सिंह ने गुरिल्ला युद्ध में अपनी योग्यता प्रदर्शिता की, परन्तु

आमने-सामने के युद्ध में वे भी असफल रहे। झाँसी की रानी ने वीरता का परिचय अवश्य दिया, किन्तु वे भी विद्रोह को समन्वित करके नेतृत्व प्रदान नहीं कर पाई। इसके विपरीत कम्पनी को लारेन्स, आउट्रम, हैवलाक, निकल्सन, नील एवं एडवर्ड्स जैसे बुद्धिमान कूटनीतिज्ञों एवं सेनानायकों की सेवायें प्राप्त थीं।

(4) सीमित साधन

संसाधनों की कमी क्रान्तिकारियों की विफलता का प्रमुख कारण थी। भारतीय विद्रोहियों के पास बन्दूकें बहुत थोड़ी थीं और वे प्रायः तलवारों, भालों और लाठियों से लड़े। नये हथियार और गोलाबारूद हासिल करने का उनके पास कोई स्रोत नहीं था। उनका सामना एक ऐसे शत्रु से था, जिसके पास आधुनिकतम शस्त्रास्त्र थे। इसके अलावा विद्रोहियों के पास कोई संचार व्यवस्था नहीं थी, जिससे वे अपने कार्यकलापों में तालमेल स्थापित कर सकें। यातायात के साधन केवल अँग्रेजों को ही उपलब्ध थे, जिसकी सहायता से उन्होंने अपने सैनिक, शस्त्र, रसद एवं सूचनाएँ तेजी से एक स्थान से दूसरे स्थान तक पहुँचाने में सफल हुए। जबकि विद्रोही एक दूसरे की सहायता न कर पाने के कारण अपनी लड़ाई अकेले ही लड़े।

जहाँ भारत में अँग्रेजों को लगातार ब्रिटेन से अनुशासित जवान, आवश्यक धन एवं युद्ध सामग्री प्राप्त होती रही, वहीं विद्रोहियों में केन्द्रीय नियन्त्रण का अभाव था। सिर्फ आधे-अधूरे साहस से ही शक्तिशाली शत्रु को, जिसने अपनी युद्धनीति कुशलता से नियोजित की हो, को पराजित नहीं किया जा सकता था। अँग्रेजी सेना की श्रेष्ठता देखकर अधिकांश भारतीय सिपाही धीर-धीरे अपने गाँव लौट गए। जबकि अँग्रेजों की भारत पर अधिकार बनाये रखने की दृढ़ इच्छा शक्ति ने सारे साम्राज्य के साधनों का प्रयोग किया। लाख 12 हजार अँग्रेज सैनिक संसार के विभिन्न भागों से भारत भेजे गए तथा तीन लाख दस हजार भारत में ही भर्ती किए गए।

इसके अतिरिक्त विद्रोहियों ने दिल्ली के महत्व को नहीं समझा। दिल्ली शक्ति की रीढ़ और भारत पर शासन का केन्द्र थी। अँग्रेज इस मनोविज्ञान को समझते थे। अतः उन्होंने अपनी सैनिक टुकड़ियों को भेजकर दिल्ली को घेर लिया और उस पर अधिकार कर लिया। दिल्ली के बाहर के विद्रोहियों को चाहिए कि वे अँग्रेजों को ऐसा करने से रोकते। विद्वानों का ऐसा मानना है कि दिल्ली के बाद कलकत्ता की ओर प्रयाण एक अच्छा कदम हो सकता था, परन्तु विद्रोहियों द्वारा इस प्रकार का कोई प्रयास नहीं किया गया। उन्होंने ब्रिटिश सैनिक केन्द्रों और

पुलों तथा संचार के साधनों को नष्ट करने जैसी आधारभूत कार्रवाइयों का संचालन नहीं किया।

विद्रोह की असफलता का एक मुख्य कारण उसके नेताओं, सैनिकों और नागरिकों में किसी भी उच्च आदर्श का न होना था। विद्रोह का कारण न तो राष्ट्र भक्ति थी और न जन कल्याण, यहाँ तक कि धर्म की सुरक्षा भी विद्रोहियों का लक्ष्य न रहा था। इस कारण वे कभी भी संगठित न हो सके। सन्देह, मतभेद, पारस्परिक झगड़े और व्यक्तिगत या स्थानीय हितों की सुरक्षा पर ही विद्रोह रहा। जबकि उनके विरोधी अँग्रेज, निःसन्देह, राष्ट्रीय भावना से प्रेरित होकर अपने साम्राज्य की सुरक्षा और अपने परिवार वालों के कत्ल करने वालों के प्रति प्रतिरोध की भावना को लेकर युद्ध कर रहे थे।

उपरोक्त कारणों से 1857 का विद्रोह असफल हुआ। इसमें कोई सन्देह नहीं है कि यह प्रथम अवसर था जब अँग्रेजों को अपने साम्राज्य की सुरक्षा के लिए खतरा उपस्थित हुआ। अँग्रेज सरकार की एकता, नीति और दृढ़ता ने इस विद्रोह को दबाने में सफलता पाई। इसके अतिरिक्त अँग्रेजों की कूटनीति भी उनकी सफलता का एक मुख्य कारण थी। अपनी कूटनीति के कारण ही उन्होंने भारतीय सैनिकों को सिक्खों के विद्रोहियों के विरुद्ध पठानों, अफगानों और गोरखों के विरुद्ध और पुनः गोरखों और पठानों को भारतीय सैनिकों के विरुद्ध प्रयोग कर सके। इसी प्रकार अँग्रेज सिन्धिया और निजाम का भी सहयोग प्राप्त कर सके। यह सभी कार्य अँग्रेजों की कूटनीतिक सफलता के कारण भी सम्भव हो सके या भारतीयों में राष्ट्रीयता की भावना के अभाव के कारण, यद्यपि इस बात का निर्णय विवादास्पद हो सकता है, परन्तु इसमें कोई सन्देह नहीं के विद्रोह के अवसर पर यह अँग्रेजों की सफलता और भारतीयों की असफलता का मुख्य कारण था।

संग्राम का स्वरूप और चरित्र

इतिहासकारों ने इस 1857 के विद्रोह के स्वरूप के विषय में भिन्न-भिन्न मत प्रकट किए। हैं। के, मालेसन, ट्रेविलियन, लैरेन्स तथा होम्ज जैसे अँग्रेजी इतिहासकारों ने जो साम्राज्य के प्राकृतिक पक्षपाती थे, इसे केवल सैनिकों के विद्रोह की संज्ञा दी है, जो केवल सेना तक सीमित था और जिसे जनसाधारण का समर्थन प्राप्त नहीं हुआ। समकालीन कुछ भारतीयों के विचार में भी यह एक सैनिक विद्रोह था। मुंशी जीवन लाल और मुईनुद्दीन (जो उस समय दिल्ली में थे), दुर्गादास बन्धोपाध्याय

(जो उस समय बरेली में थे) और सर सैयद अहमद खाँ (जो 1857 में बिजनौर में सदर अमीन की पदवी पर थे) ने ऐसे ही विचार प्रकट किए। अन्य लोगों ने इसे "ईसाइयों के विरुद्ध धार्मिक युद्ध" की संज्ञा दी है अथवा "श्वेत तथा काले लोगों के बीच सर्वश्रेष्ठता के लिए संघर्ष" बतलाया। कुछ अन्य लोग इसे पाश्चात्य तथा पूर्वी सभ्यता तथा संस्कृति के बीच संघर्ष कहते हैं। अन्य लोग इसे अँग्रेजी राज्य को उखाड़ फेंकने के लिए "हिन्दू-मुस्लिम षड्यन्त्र" का नाम देते हैं। कुछ राष्ट्रवादी भारतीय इसे "सुनियोजित राष्ट्रीय आन्दोलन" कहते हैं।

सर जॉन लारेन्स और सीले के अनुसार यह केवल "सैनिक विद्रोह" था तथा अन्य कुछ नहीं। सर जॉन सीले के अनुसार 1857 का विद्रोह "एक पूर्णतया देशभक्ति रहित और स्वार्थी सैनिक विद्रोह था जिसमें न कोई स्थाई नेतृत्व ही था और न इसे सर्वसाधारण का समर्थन प्राप्त था।" यह ठीक है कि कुछ रियासतों ने भी इसमें सहयोग दिया परन्तु यह वही रियासतें थी जो डलहौजी की विलय नीति के कारण सरकार से रुष्ट थीं। ब्रिटिश सरकार ने संस्थापित सरकार होने के कारण इस विद्रोह का दमन किया और कानून व्यवस्था को पुनः स्थापित किया। परन्तु यह व्याख्या ठीक नहीं। निःसन्देह यह विद्रोह एक सैनिक विद्रोह के रूप में आरम्भ हुआ परन्तु सभी स्थानों पर यह सेना तक सीमित नहीं रहा। सभी सेनाओं ने भी विद्रोह नहीं किया। सेना का कुछ भाग सरकार की ओर से लड़ा। विद्रोही, जनता के प्रत्येक वर्ग से आए। अवध में इसे जनता का समर्थन प्राप्त था और इसी प्रकार बिहार के कुछ जिलों में भी ऐसा हुआ। 1858-59 के अभियोगों में सहस्रों असैनिक, सैनिकों के साथ-साथ विद्रोह के दोषी पाए गए तथा उन्हें दण्ड दिया गया।

एल. ई. आर. रीज के कथन से सहमत होना कि "यह धर्मान्धों का ईसाइयों के विरुद्ध युद्ध था," बहुत कठिन है (It is difficult to agree with L.E.R. Rees that the revolt was a war of fanatic religionists against Christians) विद्रोह की गर्मी में भिन्न-भिन्न नैतिक नियमों का लड़ने वालों पर कोई नियन्त्रण नहीं रहा। दोनों दलों ने अपनी-अपनी ज्यादतियों को छिपाने के लिए अपने-अपने धर्म ग्रन्थों का आश्रय लिया। अन्ततः ईसाई जीत गए परन्तु ईसाई धर्म नहीं। हिन्दू और मुसलमान पराजित हुए परन्तु हिन्दू और मुस्लिम धर्म पराजित नहीं हुए। यह ठीक है कि पाश्चात्य विज्ञान की तरह ईसाई धर्म का भी भारतीय मन पर प्रभाव हुआ, परन्तु ईसाई धर्म प्रचारकों को धर्म प्रचार में कोई विशेष सफलता नहीं मिली और न ही यह 'जातियों का युद्ध' था। यह सत्य है कि भारत के श्वेत लोग एक ओर थे परन्तु सभी काले लोग दूसरी ओर नहीं थे। जैसे कि कैप्टिन जे. जी. मेडले

ने निर्देशित किया है कि अँग्रेजी कैम्पों में एक श्वेत व्यक्ति के अनुपात में 20 काले व्यक्ति थे। भारतीयों ने गोरे सैनिकों की हर प्रकार से सहायता की। उन्होंने गोरे सैनिकों के लिए खाना बनाया और काले पालकी वाले ही थे जिन्होंने गोरे हताहतों को खतरे के क्षेत्र से दूर पहुँचाया। यहाँ तक कि कम्पनी की उस सेना में जिसने विद्रोह को दबाया, काले सैनिकों की संख्या बहुत बड़ी थी। यह भी कहना अधिक ठीक होगा कि यह तो काले विद्रोहियों और काले लोगों द्वारा समर्थित गोरे शासकों के बीच युद्ध था।

टी. आर. होम्ज जैसे अँग्रेज इतिहासकारों ने इस विचार को लोकप्रिय बनाने का प्रयत्न किया है कि यह तो "बर्वरता तथा सभ्यता के बीच युद्ध था।" (A Conflict between civilisation and barbarism) परन्तु इस व्याख्या से भी संकीर्ण जाति भेद की गन्ध आती है। विद्रोह में दोनों पक्ष ही ज्यादतियों के दोषी थे। यदि दिल्ली, कानपुर और लखनऊ में कुछ भारतीय, यूरोपीय स्त्रियों और बालकों की हत्या के दोषी थे। तो अँग्रेजों नें भी कई स्थानों पर वे अपराध किए जो भारतीयों से अधिक बर्बर और जघन्य थे। हडसन ने दिल्ली में अन्धाधुध गोली चलाई। नील को इस बात का घमण्ड था कि उसने सैकड़ों भारतीयों को बिना किसी मुकदमे के फाँसी पर लटका दिया। इलाहाबाद के आसपास सम्भवतः ही कोई वृक्ष था जिसकी शाखाओं का भाग्यहीन कृषकों को फाँसी देने के लिए प्रयोग न किया गया हो। बनारस में गली के असहाय तथा उच्छृंखल बच्चों को भी फाँसी पर लटका दिया गया। रस्सल ने, जो लण्डन टाइम्स का संवाददाता था, लिखा है कि मुसलमान अभिजात्य वर्ग के लोगों को जीवित ही सुअर की कच्ची खाल में सी दिया गया और सुअर का माँस उनके गले में उतारा गया। वास्तव में दोनों ओर से प्रतिरोध की भावना ने मनुष्यों को अभिभूत कर दिया था। कोई राष्ट्र अथवा जाति भी जो इस प्रकार के अत्याचार करती है, सभ्य कहलवाने का दावा नहीं कर सकती।

सर जेम्ज आउट्रम और डब्लयू. टेलर ने इस विद्रोह को हिन्दु-मुस्लिम षड्यन्त्र का परिणाम बताया है। आउट्रम का विचार था कि "यह मुस्लिम षड्यन्त्र था जिसमें हिन्दू शिकायतों का लाभ उठाया गया।" यह व्याख्या भी पर्याप्त नहीं है।

वेन्जामिन डिजलेरी जो इंग्लैंड में समकालीन रूढ़िवादी दल के एक प्रमुख नेता थे, ने इसे एक "राष्ट्रीय विद्रोह" कहा है। उसका विचार था कि यह विद्रोह एक "आकस्मिक प्रेरणा नहीं था, अपितु एक सचेत संयोग का परिणाम था और वह एक सुनियोजित और सुसंगठित प्रयत्नों का परिणाम था, जो अवसर की प्रतीक्षा में थे साम्राज्य का उत्थान और पतन चर्बी वाले कारतूसों के मामले नहीं होते ... ऐसे

विद्रोह उचित और पर्याप्त कारणों के एकत्रित होने से होते हैं।" अशोक मेहता ने अपनी पुस्तक The Great Rebellion में यह सिद्ध करने का प्रयत्न है कि 1857 के विद्रोह का स्वरूप राष्ट्रीय था। (The rebellion of 1857 was national in character)। वीर साबरकर ने भी इस विद्रोह को "सुनियोजित स्वतन्त्रता संग्राम" (Planned war of national independence) की संज्ञा दी है और यह सिद्ध करने का प्रयत्न किया है कि 1826-27, 1831-32, 1848 और 1954 में विद्रोह तो 1857 में होने वाले महान नाटक का एक पूर्व अभ्यास मात्र ही थे। 1957 में भारतीयों ने विद्रोह की शताब्दी जिस धूमधाम से मनाई, उससे भी ऐसी ही प्रतीत होता था कि यह एक स्वतन्त्रता संग्राम था।

दो आधुनिक विशिष्ट भारतीय इतिहासकारों, डॉ. आर. सी. मजूमदार तथा डॉ. एस. एन. सेन ने समस्त उपलब्ध राजकीय तथा अराजकीय आलेखों का विस्तृत अध्यनन किया है। 1857-58 की घटनाओं के विषय में दोनों विद्वानों में मतभेद है। परन्तु दोनों विद्वान इस बात पर सहमत हैं कि 1857 का व्रिद्रोह सचेत योजना का परिणाम नहीं था और न ही इसके पीछे कुशल और सिद्धहस्त व्यक्ति था। केवल यह तथ्य कि नाना साहिब मार्च-अप्रैल 1857 में लखनऊ गए थे और यह विद्रोह मई में आरम्भ हो गया, इस बात को प्रमाणित नहीं करता कि उन्होंने यह विद्रोह योजना बनाई गयी थी। यह कहना कि मुंशी अजीमुल्ला खाँ और राँगों वापु ने इस विद्रोह की योजना बनाई, भी ठीक प्रतीत नहीं होता। अजीमुल्ला खाँ कोर्ट आफ डाइरेक्टर्ज के सामने बाजीराव द्वितीय को मिलने वाली पेन्शन के लिए नाना साहिब की ओर से पेश हुए थे और वापिस आते हुए तुर्की गए और फिर क्रीमिया के रणक्षेत्र में उमरपाश को मिले। इसी प्रकार रांगो बापू जी को सतारा को पुनः प्राप्त करने के लिए लन्दन भेजा गया था। दोनों व्यक्तियों का लन्दन जाना इस बात को प्रमाणित नहीं करता कि उन्होंने षड्यन्त्र में भाग लिया। इसी प्रकार चपातियों और कमल के फूलों को भिन्न-भिन्न स्थानों पर भेजना किसी निश्चित बात को प्रमाणित नहीं करता। बहादुर शाह पर चलाये गए मुकदमें में यह सिद्ध करने का प्रयत्न किया गया था कि इस पूर्व आयोजित षड्यन्त्र में उसका हाथ था। जो प्रमाण एकत्रित किए गए, उनसे अँग्रेज अधिकारियों को भी विश्वास नहीं हुआ। वास्तव में उस मुकदमें में यह स्पष्ट हो गया था कि इस विद्रोह से बहादुरशाह को उतना ही आश्चर्य हुआ जितना अँग्रेजों को।

इस तथ्य को भी दोनों विद्वान् स्वीकार करते हैं कि उन्नीसवीं शताब्दी के मध्य में भारतीय राष्ट्रीयता भ्रूणावस्था में थी। डॉ. सेन का मत है कि "उन्नीसवीं शताब्दी

के पूर्वार्ध में 'भारत' केवल एक भौगोलिक कथन ही था। 1857 में बँगालियों, पंजाबियों, हिन्दुस्तानियों, महाराष्ट्रियों और मद्रासियों ने कभी भी यह अनुभव नहीं किया था कि वे एक ही राष्ट्र के सदस्य हैं। विद्रोह के नेता राष्ट्रीय नेता नहीं थे। बहादुरशाह कोई राष्ट्रीय सम्राट नहीं था। उसे तो सैनिकों ने उनका नेता बनने पर विवश कर दिया। नाना साहिब ने केवल उस समय विद्रोह का झण्डा उठाया जब उसका दूत लन्दन से उसके लिए बाजीराव द्वितीय की पेंशन प्राप्त करने में असफल रहा। जब विद्रोह आरम्भ हो गया तो भी उसने कहा था कि वह अँग्रेजों से बातचीत तब करेगा जब उसकी पेन्शन उसे मिल जाएगी। झाँसी में झगड़ा उत्तराधिकार और विलय के प्रश्न पर हुआ और रानी का नारा "मेरा झाँसी दऊँगी नहीं।" इसमें सन्देह नहीं कि रानी वीरगति को प्राप्ति हुई परन्तु उसने यह स्पष्ट नहीं किया कि वह राष्ट्र के लिए लड़ रही थी। अवध का नवाब जो एक व्यभिचारी था, राष्ट्रीय नेता बनने का स्वप्न ही नहीं देख सकता था। अवध के तालुकदारों ने सामन्तशाही अधिकारों के लिए, अथवा अपने राजा के लिए युद्ध किया, राष्ट्रीय हित के लिए नहीं। इन नेताओं में अधिकतर आपस में भी ईर्ष्या और द्वेष करते थे और लगातार एक दूसरे के विरुद्ध षड्यन्त्र रच रहे थे। जन साधारण भी इससे अधिक अच्छी स्थिति में नहीं थे। उनकी बहु संख्या तटस्थ और उदासीन रही। इस आन्दोलन ने अवध और बिहार के शाहबाद जिले के अतिरिक्त कहीं भी सामान्य समर्थन प्राप्त नहीं किया। राष्ट्रवाद को जिस अर्थ में आज हम लेते हैं, उस समय तक देश में ही नहीं आया था।

आर. सी. मजूमदार ने 1858 के विद्रोह का विश्लेषण अपनी पुस्तक Sapoy Mutiny and the Revolt of 1857 में दिया है। तदनन्तर उसने अपने तर्कों को उन अध्यायों, जो उसने भारतीय विद्याभवन की पुस्तक British Paramountcy and the Indian Renaissance, Vol. IX के लिए लिखें, में और अधिकर विस्तार पूर्वक स्पष्ट किया है। उसके तर्क का मुख्य आशय यह है कि सन सत्तावन का विद्रोह स्वतन्त्रता संग्राम नहीं था। उनका अनुरोध है कि विद्रोह ने भिन्न-भिन्न स्थानों पर भिन्न-भिन्न रूप धारण किए। कुछ प्रदेशों में जैसे पंजाब और मध्य प्रदेश में यह केवल सैनिक विद्रोह ही था, जिसमें कालान्तर में कुछ असन्तुष्ट व्यक्ति भी गड़बड़ी का लाभ उठाकर सम्मिलित हो गए। दूसरी ओर उत्तर प्रदेश में, मध्य प्रदेश के कुछ भागों में और बिहार के पश्चिमी भागों में सैनिकों के विप्लव के पश्चात् एक सर्वसाधारण विद्रोह हो गया, जिसमें सैनिकों के अतिरिक्त असैनिक, विशेषकर रियासतों के विस्थापित शासक, भूमिपति, मुजारे तथा अन्य तत्वों ने भाग लिया। इसे अतिरिक्त कुछ भाग (जैसे कि राजस्थान और महाराष्ट्र) ऐसे थे जहाँ जनता की सहानुभूति

विद्रोहियों के साथ थी, परन्तु उन्होंने कानून की सीमाओं को पार कर किसी पर अत्याचार नहीं किया।

आर. सी. मजूमदार इस बात पर अधिक बल देते हैं कि वे तत्व जो अँग्रेजों के विरुद्ध लड़े, केवल सैनिक ही थे। सैनिकों की शिकायतें उसी प्रकार की थीं जैसे कि पहले हुए सैनिक विप्लवों में थीं। उनका कथन है कि विद्रोही अत्यधिक राजनैतिक और धार्मिक कारणों से अथवा केवल आर्थिक लाभ से ही प्रेरित थे। इन सैनिकों ने दिल्ली, बरेली और इलाहाबाद के लूटपाट की और इसमें भारतीय तथा यूरोपी दोनों ही इनके शिकार हुए। सैनिकों के प्रति जनता में भय की भावना उत्पन्न हुई न कि सहानुभूति और सौहार्द्र की। दिल्ली में सैनिकों ने उस समय तक लड़ने से इनकार कर दिया जब तक कि उनको वेतन नहीं दिया। डा. मजूमदार इस निर्णय पर पहुँचे हैं कि "सैनिकों के व्यवहार और आचरण में कुछ भी ऐसा नहीं था जिससे हम यह विश्वास करें अथवा स्वीकार कर लें कि वे अपनी देश प्रेम से प्रेरित हुए थे अथवा यह कि वह अँग्रेजों के विरुद्ध इसलिए लड़ रहे थे कि देश को स्वतन्त्र करा सकें।"

इसके अतिरिक्त डॉ. मजूमदार एक और तथ्य की ओर भी ध्यान दिलाते हैं कि इस प्रकार के विद्रोह का राष्ट्रीय महत्व अप्रत्यक्ष और उत्तरकालिक (Indirect and Posterior) था। वह लिखते हैं कि "यह कहा जाता है कि जूलियस सीजर, जीवित के स्थान पर मरा हुआ अधिक शक्तिशाली था।" यही बात 1857 के विद्रोह के विषय में भी कही जा सकती है। इसका वास्तविक रूप कुछ भी क्यों न हो, शीघ्र ही यह भारत में अँग्रेजी सत्ता के लिए चुनौती का प्रतीक बन गया। अँग्रेजी दासता से स्वतन्त्रता प्राप्त करने के लिए लड़ते हुए जन्म ले रहे भारतीय राष्ट्रवाद के लिए, यह एक चमकता हुआ उदाहरण था और इसे अँग्रेजों के विरुद्ध राष्ट्रीय स्वतन्त्रता युद्ध का पूर्ण यश प्राप्त हुआ।

डॉ. सेन का विश्वास है कि यह स्वतन्त्रता संग्राम ही था। उनका तर्क है कि क्राँन्तियाँ प्रायः एक छोटे से वर्ग का कार्य होती हैं, जिसमें जनता का समर्थन होता भी है और नहीं भी होता अमेरिका की क्रान्ति (1775-83) और फ्राँसीसी क्रान्ति में यही हुआ। अमेरिका में बसे अधिकतर अँग्रेज इंग्लैंड के प्रति स्वामिभक्त रहे और युद्ध के अन्त में 60,000 ब्रिटेनवासी तो केनेडा में जाकर बस गए। इसी प्रकार क्राँन्तिकारी फ्राँस में भी राजशाही समर्थक बहुत से थे। डॉ. सेन के अनुसार यदि "एक विद्रोह जिसमें बहुत से लोग सम्मिलित हो जाएँ तो उसका स्वरूप राष्ट्रीय हो जाता है।" दुर्भाग्य से भारत में अधिकतर लोग निष्पक्ष और तटस्थ रहे। इसलिए

1857 को राष्ट्रीय कहना ठीक नहीं।

डॉ. सेन के अनुसार सैनिक विप्लव विद्रोह के रूप में आरम्भ हुआ और उसने उस समय राजनैतिक स्वरूप धारण कर लिया, जब विद्रोहियों ने अपने आपको दिल्ली के राजा के अधीन होने की घोषणा कर दी और भूमिपतियों और बहुत सी असैनिक जनसंख्या ने भी अपने आपको उसी के अधीन मान लिया। जो युद्ध धर्म-रक्षा के लिए एक युद्ध के रूप में आरम्भ हुआ, उसने शीघ्र ही स्वतन्त्रता संग्राम का रूप धारण कर लिया और इसमें तनिक भी सन्देह नहीं कि विद्रोही एक विदेशी सरकार को पुनः समाप्त करना चाहते थे और उस प्राचीन व्यवस्था को पुनः स्थापित करना चाहते थे, जिसमें दिल्ली का राजा ही वास्तविक प्रतिनिधि था।

एक अन्य भारतीय विद्वान् डॉ. एस. बी. चौधरी ने अपनी पुस्तक Civil Rebillions in the Indian Mutinies.1857-59 में 1857 में हुए सैनिक विद्रोह के साथ-साथ असैनिक विद्रोहों का विस्तारपूर्वक विश्लेषण करने तक ही अपने आपको सीमित रखा है। उसके अनुसार हम इस विद्रोह को दो भागों में बाँट सकते हैं, सैनिक विप्लव और विद्रोह। उसका विश्वास है कि 1857 का विस्फोट दो प्रकार की अशान्तियों का एकत्रित होना था, सैनिक तथा असैनिक। दोनों स्वतन्त्र कारणों द्वारा आरम्भ हुईं। डॉ. मजूमदार का विचार है कि "1857 से पहले के विस्फोट, सैनिक अथवा असैनिक वास्तव में एक ही श्रृंखला की कड़ियाँ थीं और पृथक्-पृथक् उफान मिलकर 1857 का विस्फोट और दावानल बन गया।"

मार्क्सवादी व्याख्या कि 1857 का विद्रोह सैनिक तथा कृषक का प्रजातान्त्रिक गठजोड़ था, जो विदेशी तथा सामन्तशही दासता से मुक्ति प्राप्त करना चाहता था तथा जिसकी असफलता का मुख्य कारण सामन्तवादी विश्वासघात था, निश्चय ही सत्य से बहुत दूर है। इन विद्रोहों के पीछे आदर्शवाद अथवा कार्यक्रम नहीं था।

1857 का विद्रोह, आधार रूप से साम्राज्यवाद के विरुद्ध था। सैनिकों तथा असैनिकों ने साम्राज्यीय तत्वों को उखाड़ फेंकने का प्रयत्न किया। इतिहास के सिंहावलोकन के रूप में डॉ. सेन तथा डॉ. चौधरी का विश्वास है कि यह स्वतन्त्रता संग्राम था। वास्तव में कोई भी विद्रोह जो इतना विस्तृत हो, तथा जिसका विदेशी राज्य को समाप्त करना एक ध्येय हो, वह हमें वास्तव में ही स्वतन्त्रता संग्राम प्रतीत होगा। परन्तु यह स्मरण रहे कि राजभक्ति केवल क्षेत्रीय थी तथा नेतृत्व असन्तुष्ट राजाओं तथा जमीदारों के हाथ में था जो प्रायः निजी कारणों से ही प्रेरित थे। उनकी देशभक्ति की भावना कुछ भी क्यों न हो, ये हमें पीछे की ओर सामन्तशाही की गोद में धकेलना चाहते थे।

अध्याय-10

प्रेसीडेन्सी सेनाओं का विलय और ब्रिटिश राज में भारतीय सेना का पुनर्गठन

प्रेसीडेन्सी सेनाओं का विलय

1857 का विद्रोह चाहे राष्ट्रीय रहा हो या क्षेत्रीय, देश भक्तिपूर्ण रहा हो या संकीर्ण स्वार्थों के कारण हुआ हो, इस ऐतिहासिक घटना ने ब्रितानी साम्राज्य की नींव हिला दी। भारत के एक बड़े क्षेत्र पर से ब्रितानियों का नियन्त्रण टूट चुका था और अँग्रेजी लोग आतंक की छाया में जी रहे थे। विशेष रूप से गंगा के मैदानी क्षेत्रों में प्रतिशोध के लिए जोर से चिल्लाते, हिंसोन्मत्त, खून बहाते विद्रोहियों के विरुद्ध संघर्ष में ब्रितानी अधिकारियों और सिपाहियों को जो घाव लगे थे, वे बहुत गहरे थे। ब्रिटिश गवर्नर जनरल लार्ड कैनिंग बहुत दूरदर्शी व्यक्ति था और उसने इस तथ्य को समझा कि क्रोध और प्रतिशोध के सामंजस्य के बिना भारत पर प्रशासन करना कठिन होगा।

1नवम्बर 1858 को समारोह पूर्वक राजकीय घोषणा की गयी कि ब्रिटेन की महारानी विक्टोरिया भारत की साम्राज्ञी होंगी और ईस्ट इण्डिया कम्पनी के अस्तित्व को समाप्त कर दिया गया। ब्रिटिश राज सत्ता ने ईस्ट इण्डिया कम्पनी के सशस्त्र आवरण को उतार दिया और अन्तिम गर्वनर लार्ड कैनिंग भारत का प्रथम वायसराय और गर्वनर जनरल ऑफ इण्डिया बना। भारत पर ईस्ट इण्डिया कम्पनी के बोर्ड ऑफ कन्ट्रोल और बोर्ड ऑफ डायरेक्टर के दोहरे शासन का अन्त हुआ। ह्वाइटहाल पर भारत के लिए एक मन्त्री नियुक्त हुआ, जो कि ब्रितानी संसद के प्रति उत्तरदायी होता था और शासन की इस शक्ति की सम्पूर्ण बागडोर उसके हाथों में होती थी। इस प्रकार ईस्ट इण्डिया कम्पनी के शासन काल में एक चालाक गवर्नर जनरल

कोर्ट ऑफ कन्ट्रोल को प्रयोग कर अपना काम निकाल लेता था। परन्तु जब 1870 में भारत और इंग्लैण्ड के बीच सीधी टेलीग्राफ लाइन स्थापित हो गयी, तब भारत मन्त्री का वायसराय पर पूर्ण एवं प्रत्यक्ष नियन्त्रण स्थापित हो गया।

परन्तु जहाँ तक सेना का सम्बन्ध था, ईस्ट इण्डिया कम्पनी की भारतीय सेनाएँ और ब्रितानी सैनिकों के पुनर्गठन की प्रबल आवश्यकता प्रतीत हुई और इसके साथ ही साथ उसकी भूमिका में आमूल परिवर्तन हो गया, क्योंकि इस समय तक सेनाओं का निर्माण मुख्य रूप से ईस्ट इण्डिया कम्पनी के शत्रुओं से लड़ने के लिए किया जाता था। तत्पश्चात् वह एक व्यावसायिक सेना के रूप में रखी गयी जो कि भारत की आतंरिक सुरक्षा को बनाये रखने के लिए पर्याप्त शक्तिशाली थी। यह सेना भारत में ब्रितानी प्रभुत्व के विरुद्ध विदेशी संकटों के सामना करने में असमर्थ थी। यह एक वाद-विवाद का विषय बन गया कि क्या यूरोपीय सिपाही ब्रिटिश इम्पीरियल आर्मी के भाग होंगे या वे एक अलग स्थानीय सेना के रूप में केवल भारत में सेवा करेंगे। लार्ड कैनिंग ने बाद में चलकर इसे वरीयता प्रदान की और इसे अधिक मितव्ययी माना और सोचा कि यह बिटिश अधिकारियों और व्यक्तियों की एकता और भारत सरकार के प्रतिनिष्ठा को सुनिश्चित करने वाला सिद्ध होगा। इस धारणा के विरुद्ध बहुत कुछ कहा गया जैसे ब्रिटिश इम्पीरियल आर्मी की एकता दूसरे अन्य तथ्यों से कहीं अधिक महत्त्वपूर्ण थी। अतः इसे अलग-अलग स्वामियों की सेवा में नहीं बाँटा जा सकता था। 1858 के ऐक्ट में यह प्रावधान था कि ईस्ट इण्डिया कम्पनी की पैदल और नौ सेना ब्रिटिश साम्राज्य की सेना का अंग मानी जाएगी और वे ब्रिटिश कार्य की सेवा के लिए उसी प्रकार उत्तरदायी होगी जिस प्रकार वे ईस्ट इण्डिया की सेवा के लिए बाध्य थी। इस प्रकार रॉयल सैनिक, राजकीय सैनिक और कम्पनी के यूरोपीय सैनिक के बीच एक शताब्दी से चला आ रहा भेद समाप्त हो गया।

परन्तु यह परिवर्तन किसी भी साधन से सरल और व्यवस्थित नहीं बनाया जा सकता था और जब लोगों ने इस ऐक्ट के बारे में सुना तब उनमें बहुत ही उत्तेजना, क्रोध और असन्तोष उत्पन्न हुआ। लखनऊ, आगरा, इलाहाबाद, मेरठ, दानपुर, जबलपुर, कानपुर, बहराइच, मद्रास और बंगलौर की यूरोपीय रेजीमेंटों ने इस पर आपत्ति की और यहाँ-वहाँ आवाज और बगावत भी हुई। गोरों के विद्रोह ने भारत राजमन्त्री, गवर्नर जनरल और प्रधान सेनापति का इस समस्या के समाधान हेतु ध्यान आकृष्ट किया। यूरोपीय रेजीमेंटों, ब्रितानी अधिकारियों और व्यक्तियों ने यह तर्क प्रस्तुत किया कि उन्होंने केवल ईस्ट इण्डिया कम्पनी की सेवा की शपथ ली थी और उनकी

सेवाओं को महारानी को हस्तान्तरित नहीं किया जा सकता जब तक कि उनको इस उद्देश्य के लिए पुनः सूचीबद्ध और नया इनाम नहीं मिल जाता है। इन ब्रितानी सैनिक अधिकारियों द्वारा भारत मन्त्री और ब्रिटिश पार्लियामेंट के सम्मुख बहुत सी याचिकाएँ, ज्ञापन, स्मरण पत्र प्रस्तुत किए गए।

10 नवम्बर 1858 को कमान्डर इन चीफ कैम्पबेल ने अपने विचारों को चीफ ऑफ स्टॉफ के द्वारा ब्रितानी सरकार के पास भेज दिया, जिसमें ब्रितानी सैनिकों के पक्ष को स्पष्ट करते हुए कहा गया था कि उनका उत्तरदायित्व 'केवल' ईस्ट इंडिया कम्पनी की सेवा के लिए था और इसमें ब्रिटिश सम्राट की सेवा का कोई विकल्प नहीं था। कमान्डर इन चीफ की ओर से चीफ आफ स्टाफ ने सुझाव दिया कि प्रत्येक व्यक्ति की सेवा को एक भाग से दूसरे भाग में स्थानान्तरित करने से पूर्व स्वतन्त्र व्यक्तिगत सहमति निश्चित रूप में ली जानी चाहिए।

13 नवम्बर 1858 को यह स्पष्ट किया गया कि 1858 का अधिनियम बहुत ही स्पष्ट है। इसके अभिप्राय पर कोई सन्देह नहीं किया जा सकता है। ईस्ट इण्डिया कम्पनी के यूरोपीय सैनिकों को इसके बारे में साफ-साफ शब्दों में सूचित कर दिया गया था कि उनकी सेवा मुक्ति या इनाम के साथ पुनः सेवारत किए जाने की शर्त अस्वीकार है। इस सम्बन्ध में 8 नवम्बर 1859 को एक सामान्य आदेश फोर्ट विलियम कलकत्ता से जारी किया गया। जिसने आग में घी डालने का काम किया एवं 'गोरी बगावत' की आग भड़क उठी और इसने गवर्नर जनरल को अपने निर्णय पर पुनर्विचार करने के लिए बाध्य किया।

7 मई 1859 में कमान्डर इन चीफ ने अनुमति प्रदान की कि वे लोग, जिन्होंने सेवा मुक्ति हेतु खुले आम बिद्रोही कार्य नहीं किया था, उन्हें सेवा निवृत्त कर दिया जाय। 24 मई 1859 को महारानी विक्टोरिया का जन्मदिन मनाने के लिए बंगलोर में आयोजित परेड समारोह में मद्रास की बन्दूकधारी सैनिकों की टुकड़ी ने भाग लेने से इन्कार दिया। कुछ ब्रितानी सैनिकों ने व्यंग्यपूर्ण टिप्पणी की कि उनको बन्दूकों एवं बैलों की भाँति महारानी को स्थानान्तरण कर दिया गया और हो सकता है कि कल को अमेरिका को पुनः स्थानान्तरित कर दिया जाय। अब वे व्यक्ति नहीं रहे, बल्कि बिना सहमति के हस्तानान्तरणीय मवेशी और वस्तु हो गए हैं। अन्ततोगत्वा ब्रिटानी सेना के अधिकारियों और लोगों को सेवामुक्त होने का विकल्प प्रदान कर दिया गया और इस सम्बन्ध में अधिसूचना 11 सितम्बर 1860 को जारी कर दी गयी। तीनों प्रेसीडेंसियों की कुल सेना में से दस हजार एक सौ सोलह (10116) सैनिकों ने सेवा मुक्ति ले ली। जिन लोगों ने सेवा मुक्ति ली थी उसमें

से (2809) दो हजार आठ सौ नौ इंग्लैण्ड में ब्रिटिश सेना में पुनः सेवारत हो गए।

कम्पनी के यूरोपीय सैनिकों का ब्रिटिश सेना के साथ एकीकरण और भारत में ब्रितानी सेनाओं के पुनर्गठन का कार्य 1860 के अंत तक पूरा नहीं किया जा सका। 26 फरवरी 1861 को एक विशेष आयोग इस कार्य को पूरा करने के लिए गठित किया गया। 10 अप्रैल 1861 को गवर्नर जनरल की परिषद ने कम्पनी के यूरोपीय सैनिकों का ब्रितानी सेना के साथ एकीकरण लागू करने का आदेश दिया।

इस प्रकार ब्रितानी पैदल सेना ब्रिटिश सेना की एक बटालियन हो गयी और ब्रितानी सेना में पैदल सैनिकों की नौ और अश्वारोही सेना की तीन बटालियनें और जुड़ गईं। बँगाल, मद्रास और बम्बई का तोपखाना और उसकी सहायक भारतीय इंजीनियरिंग कोर का क्रमशः ब्रिटिश रॉयल आर्टिलरी और रॉयल इंजीनियरिंग में विलय हो गया। इसके साथ ही साथ ईस्ट इण्डिया कम्पनी की बँगाल, मद्रास और बम्बई की प्रथम बन्दूक धारी रेजीमेन्ट का चयन "रॉयल" जैसी प्रतिष्ठित उपाधि प्रदान करने हेतु किया गया।

भारतीय सेनाओं का पुनर्गठन

ठीक इसी समय भारतीय सेनाओं का भी पुनर्गठन किया गया। यद्यपि पुनर्गठन का यह कार्य 1865 के अंत तक पूरा नहीं हो सका फिर भी बँगाल की सेना को भंग कर दिया गया और उस सेना में भरती होने वाले पूर्वी क्षेत्र अर्थात् पश्चिमी बिहार, पूर्वी उत्तर प्रदेश और अवध को असैनिक वर्ग क्षेत्र घोषित कर दिया गया और सेना में इनकी भर्ती पर रोक लगा दी गयी। 15 जुलाई 1858 को रिटायर्ड मेजर जनरल जोनाथन पील की अध्यक्षता में एक रॉयल कमीशन का गठन लंदन में इस उद्देश्य से किया गया कि सेना की वर्तमान सेवा के संगठन के वेतन की जाँच और ईस्ट इण्डिया कम्पनी के नियन्त्रण एवं व्यवस्था की वर्तमान प्रणाली में क्या-क्या परिवर्तन लाभकारी हो सकता है? बारह प्रमुख समस्याएँ कमीशन को सौंपी गईं। कमीशन के बड़ी संख्या में ब्रितानी अधिकारियों की भारत के विषय में जानकारी और ईस्ट इण्डिया कम्पनी की सेवाओं के सम्बन्ध में प्रश्न पूछे एवं साक्षात्कार किया। पील कमीशन को मद्रास, बम्बई, बँगाल के कमान्डर इन चीफ, गवर्नर, वायसराय और गवर्नर जनरल द्वारा भेजे गए ज्ञापनों एवं कागजातों सहित बड़ी संख्या में दूसरे अन्य साक्ष्यों को सौंप दिया गया। कमीशन में 7 मार्च 1859 को अपनी रिपोर्ट प्रस्तुत कर दी।

कमीशन ने यह अनुभव किया कि ईस्ट इण्डिया कम्पनी की सेनाओं को ब्रिटिश

क्राउन को स्थानान्तरण किया जा सकता है और उनके प्रमुख सुझाव निम्नवत थे-

1. भारत में 80 हजार की एक स्थाई ब्रिटिश सेना (50 हजार बँगाल, 15 हजार मद्रास, 15 हजार बम्बई) तैनात की जानी चाहिए।
2. सेना में भारतीय और यूरोपीय सैनिकों का अनुपात बँगाल के लिए 2:1 और बम्बई तथा मद्रास के लिए 3:1 निश्चित कर दिया गया।
3. तोपखाना मुख्यतः यूरोपीय सेना की इकाई होगी, इससे भारतीयों को दूर रखा जाय।
4. सेना के यूरोपीय हिस्से को ब्रिटिश रॉयल सेना के साथ एकीकरण लागू किया जाय।
5. यूरोपीय सेनाओं का भारत में सेवाकाल 12 वर्ष से अधिक नहीं होगा।
6. भारतीय और यूरोपीय सेनाओं का प्रत्येक ब्रिगेड में मिश्रण ही सर्वाधिक लाभप्रद होगा।
7. भारतीय अश्वारोही और पैदल सेना के लिए अनियमित सेवा पद्धति लागू होगी।

कमीशन को जो समस्याएँ निदान हेतु सौंपी गयी थीं, के अतिरिक्त अन्य सुझाव भी दिए गए जो निम्नवत् हैं-

1. सेना के भारतीय भाग में विभिन्न जातियों और राष्ट्रीयताओं के लोगों की भर्ती की जाय और इसका पालन नियम की भाँति रेजीमेन्ट स्तर तक किया जाना चाहिए।
2. सभी भारतीयों की भर्ती सामान्य सेना के लिए होगी।
3. भारतीय सैनिकों की वर्दी में सुधार किया जाय जो देश की परिस्थिति एवं जलवायु के अनुसार हो।
4. सेना की अग्रणी टुकड़ी का गठन किया जाए।
5. प्रमुख अधिकारियों की प्रशासनिक शक्ति बढ़ा दी जाए।
6. भारत के कमीशन प्राप्त और गैर कमीशन प्राप्त अधिकारियों की पदोन्नति उनकी क्षमता और योग्यता के अनुसार की जाय न कि वरिष्ठता के आधार पर।
7. बँगाल की सेना का कमान्डर इन चीफ सम्पूर्ण भारत की सेना का कमान्डर इन चीफ होगा।
8. विभिन्न रेजीमेन्टों में सेवारत अधिकारियों का क्रम विन्यास स्टॉफ कोर की संरचना के द्वारा होगा।

पील आयोग 1857 की घटनाओं और उसके प्रभावों से काफी हद तक प्रभावित था। पील आयोग द्वारा विभिन्न साक्ष्यों की व्याख्या और प्रस्तुत किए गए सुझाव अँग्रेजों के डर और भारतीय सैनिकों के प्रति उनके विश्वास में कमी पर आधारित थे। जिससे वे इस सर्वसम्मत निष्कर्ष पर पहुँचे कि उनकी और उनके साम्राज्य की सुरक्षा के लिए यह अति आवश्यक है कि भारतीयों को सैनिक दृष्टि से दुर्बल बना दिया जाय। इस उद्देश्य के लिए दो प्रमुख उपाय किए गए।

1. भारतीय सैनिकों को तोपखाने की रेजीमेन्ट से निकाल दिया गया और उन्हें बन्दूक और बारूद से दूर रखा, परन्तु फिर भी जब कभी उन्हें यह आयुध प्रदान करना अति आवश्यक हो तब उन्हें निम्न स्तर की तोपें और बन्दूकें तथा निश्चित मात्रा में ही गोला बारुद दिया जाए।

2 भारतीय सैनिकों की विभिन्न जातियों को सन्तुलित करने के लिए एक प्रणाली को विकसित किया जाए, जिसके द्वारा एक जाति या समुदाय को दूसरी जाति या समुदाय के विरुद्ध प्रयोग किया जा सके। जिससे साम्राज्यवादी सन्तुलन को बनाये रखा जा सके।

यूरोपीय और भारतीय सेनाओं के बीच, भारतीय राजाओं की सेना और ब्रितानी सेना के मध्य और भारतीय सेनाओं की विभिन्न रेजीमेन्टों तक में उपरोक्त नीति लागू की गई। पील आयोग के अनुसार "बाँटो और राज्य करो" की नीति ब्रितानी साम्राज्य के अनुकूल होगी। इसे सावधानीपूर्वक लागू करके ही ब्रितानी हितों की रक्षा होगी।

इस प्रकार ब्रितानी और भारतीय सेनाओं का 1857 के विद्रोह के उपरान्त पुनर्गठन किया गया। यह पुनर्गठन की प्रक्रिया पूरे ब्रितानी साम्राज्य के काल में विभिन्न अधिनियम, संगठनात्मक परिवर्तनों, नियन्त्रण और निर्देशनों की प्रणाली सम्बन्धित विविध परिवर्तन समय-समय पर होते रहे।

किचनर के सुधार

1857 के विद्रोह के बाद भारत के लिए सुसंगठित एवं सुव्यवस्थित सैन्य नीति तैयार की गयी। ईस्ट इण्डिया कम्पनी बन्द कर दी गयी तथा उसकी सेनाओं को ब्रिटिश इम्पीरियल सेना के साथ मिला दिया गया। भारतीय सेना के पुनर्गठन के दौरान आगे चलकर 1 अप्रैल 1895 में प्रेंसीडेंसी सेनाएँ समाप्त कर दी गईं और पहली बार एकीकृत भारतीय सेना अस्तित्व में आयी। जिसे प्रशासन के प्रयोजन से नीचे लिखी चार कमानों में बाँट दिया गया। प्रत्येक कमान एक गवर्नर के अधीन

थी जो सीधे कमान्डर इन चीफ के अधीन थे।

(1) पंजाब कमान (पश्चिमोत्तर सीमान्त सहित)

(2) बँगाल कमान

(3) मद्रास कमान (वर्मा सहित)

(4) बम्बई कमान (सिन्ध, क्वेटा और अदन सहित)

भारत को सैनिक और असैनिक दोनों की तरीके से शासित करने का उत्तरदायित्व सपरिषद, गवर्नर जनरल का था। जो भारत सेक्रेटरी स्टेट के प्रति और उसके जरिये ब्रिटिश संसद के प्रति उत्तरदायी था। गवर्नर जनरल के परिषद में सैन्य मामलों के सम्बन्धित दो सदस्य थे (1) कमान्डर इन चीफ जो सेना का और उसके संगठन एवं दक्षता के लिए उत्तरदायी था। उसका कार्यालय सेना मुख्यालय कहलाता था जिसमें एक एडजूटेन्ट जनरल और दूसरा, क्वार्टर मास्टर जनरल और प्रमुख चिकित्सा अधिकारी होते थे। एक सेना सदस्य भी होता था जो सेना के प्रशासनिक कार्य के लिए भी उत्तरदायी होता था तथा सरकार के आदेश को कमान्डर इन चीफ तक पहुँचाता था, साथ ही आपूर्ति, सैनिक निर्माण कार्य और सैन्य वित्त के लिए भी उत्तरदायी था। मार्च 1900 में लार्ड कर्जन ने भारतीय सेनाओं में कई नये परिवर्तन किए। सर्वप्रथम भारतीय सेना को थ्री नाट थ्री (303) राइफलें प्रदान की गईं। आपूर्ति विभाग के नाम से एक आपूर्ति कोष का गठन किया गया। पैदल सैनिकों के प्रशिक्षण के लिए स्कूल खोले गए। पर्वतीय क्षेत्रों के लिए नयी तोपें लायी गईं। तोपखाने का आधुनिकीकरण किया गया। तोपखाने की टुकड़ी में घोड़ों की संख्या बढ़ाई गई। घोड़ों के प्रजनन के केन्द्र खोले गए तथा सैनिक अस्पताल का केन्द्र खोला गया। इसी बीच भारतीय राष्ट्रीय काँग्रेस के 17 वें अधिवेशन को सम्बोधित करते हुए गोपाल कृष्ण गोखले ने कहा कि राष्ट्रीय सीमाओं की रक्षा के लिए भारतीय सैनिकों और अधिकारियों को स्वतन्त्र उत्तरदायित्व मिलना चाहिए और किसी भी दशा में नागरिक नियन्त्रण को सैन्य नियन्त्रण में नहीं सौंपा जाना चाहिये। इसके साथ ही गोखले ने सीमा और सीमाप्रान्त के लोगों की सेना में बहुतायत भर्ती का भी विरोध किया। 1905 में लार्ड कर्जन ने एक विशेष आयोग का गठन किया। इसी बीच 28 नवम्बर 1902 को किचनर भारतीय सेना के प्रधान सेनापति के रूप में भारत आया। जिसको भारत इस उद्‌देश्य के साथ भेजा गया था कि वह रुसी आक्रमण से निपटने के लिए भारतीय सेना में कारगर सुधार कर सके। इसके लिए किचनर ने भारतीय सेना के संगठन, सैनिकों के वितरण, प्रशिक्षण, गतिशीलता और क्रियात्मक नियन्त्रण को पुनर्गठित करने का निश्चय किया। जनवरी 1903 को भारतीय स्टाफ

कोर के स्थान पर भारतीय सेना शब्द का प्रयोग किया गया और इंडियन स्टाफ कोर के ब्रितानी सेना के अधिकारी भारतीय सेना के अधिकारी के रूप में जाने-जाने लगे। 9 जनवरी 1903 को वर्मा को मद्रास कमान से अलग कर दिया गया। 1 अप्रैल 1903 को हैदराबाद रेजीमेन्ट विघटित कर दी गयी और उसकी अश्वारोही टुकड़ी को बम्बई कमान के साथ, पैदल सेना की टुकड़ी को मद्रास कमान के साथ मिला दिया गया।

भारतीय सेना की सभी यूनिटों को नई संख्याएँ और इनाम राशि प्रदान कर दी गई। 2 अक्टूबर 1903 को भारतीय सेना आदेश संख्या 181 के तहत दक्षिण भारत की कई रेजीमेन्टो को भंग कर दिया गया और उनके स्थान पर उत्तर भारत की सैनिक जातियों को नियुक्त किया गया। जुलाई 1903 में लार्ड किचनर ने यह शिकायत दर्ज की कि सेना सारे देश में बिना किसी कारण और बिना किसी व्यवस्था के फैली हुई है। 5 नवम्बर 1903 को किचनर ने भारत में सेना के पुनर्गठन और पुनर्वितरण के प्रस्ताव का एक प्रारूप का पत्र सेना मुख्यालय के क्वार्टर मास्टर जनरल द्वारा भारत सरकार के सैन्य विभाग के सचिव के पास भेजा।

इस ज्ञापन के चार प्रमुख उद्देश्य थे-

1. सेना के संगठन और वितरण की उस न्यूनतम सीमा की खोज करना था जिसके द्वारा आंतरिक सुरक्षा के लिए आवश्यक सेना की संख्या में कमी की जा सके। ताकि हम शक्तिशाली यूरोपीय शक्ति के विरुद्ध भारतीय सीमान्तों की रक्षा के लिए अपनी पूरी लड़ाकू शक्ति को युद्ध क्षेत्र में तैनात कर सकें।

2. आंतरिक सुरक्षा को बनाये रखना सेना का द्वितीयक कर्तव्य था। अतः आंतरिक सुरक्षा को बनाये रखने के लिए सेना की व्यवस्था इस प्रकार की जानी चाहिए कि युद्धक सेना का एक समूह अपने आधारभूत दायित्व बाह्य शत्रु के विरुद्ध साम्राज्य की रक्षा के लिए स्वतन्त्र रखी जा सके।

3 इस योजना का उद्देश्य एक ऐसे युद्ध संगठन कर निर्माण करना था, जिसमें प्रत्येक यूनिट और व्यक्ति का एक स्थान निर्धारित होगा और इस प्रकार युद्ध के लिए पूरी तैयारी, उचित प्रशिक्षण सुनिश्चित करके सेनाओं को आगामी युद्ध के लिए व्यापक रूप में तैयार कर युद्ध क्षेत्र में तैनात किया जा सके।

4. अन्तिम रूप में इस योजना का उद्देश्य शान्तिकालीन सैन्य विरचना को युद्ध संगठन के अनुरूप बनाना कठिन न हो जिससे शान्तिकालीन दशा से युद्ध कालीन दशा में परिवर्तन, जो कि सेना के प्रयाण के समय घटित होता है, को बिना किसी वाधा के स्वतन्त्रतापूर्वक पूरा किया जा सके।

क्वाटर मास्टर जनरल के पत्र में इस तथ्य की व्याख्या की गयी थी कि भारत में सेना का मूल्यांकन संगठन और वितरण का कार्य पैबन्द लगाने जैसा है। क्योंकि समय-समय पर सेना में नई टुकड़ियाँ जुड़ती जाती हैं तो दूसरी भंग कर दी जाती है। बैरकों, लाइनों का निर्माण स्टेशनों पर किया गया था, जिनका कोई दीर्घकालीन महत्व नहीं है। अतः इनको विस्तारण अपेक्षा भंग कर दिया जाना चाहिए। इस सैन्य नीति को एक निश्चित योजना के साथ व्यापक रूप से आगे बढ़ाना होगा।

लार्ड किचनर की इस नीति के अन्तर्गत भारत को नौ क्षेत्रों में विभक्त किया गया और प्रत्येक क्षेत्र में पूर्णरूपेण सुसज्जित युद्धक सेना की एक डिवीजन को तैनात किया गया। तोपखाने की कोर के लिए 15 बैटरी और पयप्ति संख्या में सैनिक प्रत्येक क्षेत्र की रक्षा करने के लिए गतिशील रूप में गठित किए गए। अदन, बर्मा, चितराल, कोहात और डेराजाट को इन नौ क्षेत्रों से अलग रखा गया। सैन्य स्टेशनों की अनिवार्य किलेबन्दी की पद्धति का उन्मूलन कर दिया गया और राजनीतिक दृष्टि से महत्त्वपूर्ण क्षेत्रों की आवश्यकता के अनुसार सैनिकों का वितरण किया गया।

32 हजार 8 सौ 30 स्वयं सेवकों और सशस्त्र पुलिस (22 हजार 3 सौ 99 सैनिक पुलिस और 24912 सशस्त्र नागरिक पुलिस) को प्रत्येक क्षेत्र की रक्षा के लिए तैनात नियमित सैनिकों के साथ जोड़ दिया गया। युद्ध के लिए प्रयाण के समय कुछ सैनिक छावनियाँ स्वयंसेवकों और पुलिस को हस्तान्तरित की जा सकती थीं। नागरिक सेना और स्थानीय सेवा में भर्ती सैनिकों को सीमान्त जनपदों की रक्षा में लगाया जाता था। फील्ड आर्मी की नौ डिवीजनों का गठन तीन आर्मी कोरों के रूप में किया गया जो कि उत्तरी पूर्वी और पश्चिमी आर्मी के नाम से जानी जाती थी। प्रत्येक कोर के साथ सेना की तीन-तीन डिवीजनें रखी गईं। प्रत्येक कोर का नेतृत्व लेफ्टीनेन्ट जनरल करता था। प्रत्येक डिवीजन में चार ब्रिटिश बटालियन और नौ भारतीय बटालियनें या तीन हजार दो सौ ब्रिटिश 4689 भारतीय संगीनधारी सैनिक रखे गए। दूसरे शब्दों में ब्रितानी और भारतीय सैनिक का अनुपात 1:2 रखा गया। प्रत्येक ब्रिगेड की संरचना को पूर्ववर्ती प्रणाली, जिसमें ब्रिगेडों को आपस में मिला दिया गया, के स्थान पर सजातीय रखा गया।

बड़ी संख्या में छोटी छावनियों को, जिनकी कुलसंख्या 34 थी, भंग कर दिया गया और उनके स्थान पर दो बड़ी छावनियों का निर्माण बलूचिस्तान और खैबर में किया गया। भंग की गयी टुकड़ियों को स्थान मुहैया कराने के लिए 2.5 करोड़ रुपये व्यय करके बड़ी संख्या में बैरकों का निर्माण किया गया।

पाँच डिवीजनों का एक समूह उत्तर में पेशावर से लखनऊ के मध्य तैनात किया गया जिसमें क्वेटा में एक अग्रिम डिवीजन अफगानिस्तान का सामना करने के लिए स्थापित की गई। तीन डिवीजनें दक्षिण की ओर तैनात की गईं। 1सितम्बर 1904 को भारत के राज्य मन्त्री ने किचनर की योजना को उन भागों की स्वीकृति प्रदान कर दी, जिनके लिए कोई अतिरिक्त व्यय नहीं करना था। लार्ड किचनर ने कठिन श्रम से सीमान्तों और छावनियों पर बिना सूचना के कई दौरे किए। वायसराय लार्ड कर्जन जिसने लार्ड किचनर को भारत के प्रधान सेनापति के पद पर नियुक्त करने को आग्रह किया था, ने इस ओर संकेत करते हुए दोहराया कि रक्षा और सीमान्त नीति वायसराय और गवर्नर जरनल के अधीन आरक्षित विषय है। उसने दुःखी होकर कहा, किचनर को नियन्त्रित करना भारत पर शासन करने से भी कठिन है। लार्ड किचनर के सुधार का सबसे लोकप्रिय और विवादास्पद आरोप गवर्नर जनरल की कौंसिल में दो सदस्यों का होना था जिसमें एक सशस्त्र सेना का कार्यपालक का प्रमुख था और दूसरा कमाण्डर इन चीफ के प्रस्तावों की छानबीन करता था और उसके बारे में आदेश जारी करता था। यह व्यवस्था काफी सन्तोषजनक न थी। 1905 के आरम्भ में लार्ड किचनर ने सैन्य प्रशासन में इस द्वैध नियन्त्रण की कटु आलोचना की। अपने सुधार में लार्ड किचनर से सुझाव दिया कि यह व्यवस्था दोष युक्त है, अकार्यक्षम है और एक महायुद्ध के लिए अपेक्षित विस्तार के प्रयोजन से असमर्थ है। सैन्य विभाग के योगदान का जिक्र करते हुए कहा कि जब तक आवश्यक सुधारों का सूत्रपात नहीं किया जाता अर्थात् सेना सदस्य के पद को समाप्त करके यह पद्धति खत्म कर नहीं दी जाती, तब तक सेना की प्रभावकारिता में वृद्धि नहीं की जा सकती है। यद्यपि इस विवाद में तत्कालीन राजनीति में काफी सनसनी पैदा कर दी परन्तु दोनों पक्षों द्वारा दिए गए तर्क का महत्व अब शास्त्रीय ही रह गया है। कमान्डर इन चीफ, सेना सदस्य और वायसराय की टिप्पणियों के साथ-साथ सेक्रेटरी आफ स्टेट ने भारत प्रशासन का सारा प्रश्न India Office की एक उच्च स्तरीय समिति को सौंप दिया और अन्त में अपना निर्णय पत्रांक संख्या (66) 31 मई 1905 द्वारा भेज दिया गया। उनका विचार था कि वायसराय की परिषद में सेना के प्रश्नों पर विशेष राय देने के प्रयोजन से दो अधिकारियों का रहना अवाँछनीय है और निर्णय दिया कि विस्तृत रूप से सैनिक सेवाएँ कमाण्डर इन चीफ के नियन्त्रण में होनी चाहिए।

इस प्रकार कमाण्डर इन चीफ को कमान के मातहतों और रेजीमेन्ट की नियुक्तियों, पदोन्नति, अनुशासन, प्रशिक्षण, संगठन, सेना के वितरण, गुप्तचर,

लामबन्दी, आक्रमण और रक्षा की योजनाएँ, युद्ध की तैयारी और युद्ध संचालन के लिए सपरिषद गवर्नर जनरल सीधे उत्तरदायी बना दिया गया। परिषद के दूसरे सदस्य के कार्य जो एक नये विभाग का प्रमुख होगा, सेवा के क्षेत्रों पर नियन्त्रण, भंडार, आर्डिनेन्स और नये घोड़ों की खरीद, सैन्य निर्माण का प्रबन्ध, कपड़ा और निर्माण, भारतीय चिकित्सा सेवाएँ और नौ सेना तक सीमित रखे गए। इस प्रकार सैन्य विभाग को दो भागों में बाँट दिया गया। एक सेना विभाग जो परिषद के सदस्य के रूप में कमाण्डर इन चीफ के सीधे अधीन था दूसरा सैन्य पूर्ति विभाग। प्रत्येक विभाग का अलग सचिवालय भारत सरकार के एक सचिव के अधीन बनाया गया।

इस प्रकार परिषद के सेना सदस्य के पद की समाप्ति के बाद जो ढाँचा 1906 में विकसित हुआ वह 1946 में अंतरिम सरकार बनने तक चलता रहा।

अध्याय-11

स्वतन्त्रता पाश्चात्य भारतीय सेना का इतिहास

1947 में आजादी मिलने के बाद ब्रिटिश भारतीय सेना को नए बने राष्ट्र भारत और इस्लामी गणराज्य पाकिस्तान की सेवा करने के लिये 2 भागों में बाँट दिया गया। ज्यादातर इकाइयों को भारत के पास रखा गया। चार गोरखा सैन्य दलों को ब्रिटिश सेना में स्थानान्तरित किया गया जबकि शेष को भारत के लिए भेजा गया।

जैसा कि ज्ञात है, भारतीय सेना ब्रिटिश भारतीय सेना से व्युत्पन्न हुई है तो इसकी संरचना, वर्दी और परंपराओं को अनिवार्य रूप से विरासत में ब्रिटिश से लिया गया है।

प्रथम कश्मीर युद्ध (1947)

भारत और पाकिस्तान के बीच प्रथम युद्ध सन् 1947 में हुआ था। यह कश्मीर को लेकर हुआ था। ईसा पूर्व तीसरी शताब्दी में सम्राट अशोक ने कश्मीर में बौद्ध धर्म का प्रसार किया। बाद में कनिष्क ने इसकी जड़ें और गहरी कीं। छठी शताब्दी के आरम्भ में कश्मीर पर हूणों का अधिकार हो गया। यद्यपि सन् 530 में घाटी फिर स्वतन्त्र हो गई लेकिन इसके तुरन्त बाद इस पर उज्जैन साम्राज्य का नियन्त्रण हो गया। विक्रमादित्य राजवंश के पतन के पश्चात् कश्मीर पर स्थानीय शासक राज करने लगे। वहाँ हिन्दू और बौद्ध संस्कृतियों का मिश्रित रूप विकसित हुआ। कश्मीर के हिन्दू राजाओं में ललितादित्य (सन 697 से सन् 738) सबसे प्रसिद्ध राजा हुए जिनका राज्य पूर्व में बंगाल तक, दक्षिण में कोंकण, उत्तर-पश्चिम में तुर्किस्तान, और उत्तर-पूर्व में तिब्बत तक फैला था। ललितादित्य ने अनेक भव्य भवनों का निर्माण

किया। भारतीय जम्मू और कश्मीर के तीन मुख्य अंचल हैं–जम्मू (हिन्दू बहुल), कश्मीर (मुस्लिम बहुल) और लद्दाख (बौद्ध बहुल)। ग्रीष्मकालीन राजधानी श्रीनगर है और शीतकालीन राजधानी जम्मू-तवी। कश्मीर प्रदेश को 'दुनिया का स्वर्ग' माना गया है। अधिकांश राज्य हिमालय पर्वत से ढँका हुआ है। मुख्य नदियाँ हैं–सिन्धु, झेलम और चेनाब। यहाँ कई खूबसूरत झीलें हैं–डल, वुलर और नागिन।

जम्मू का उल्लेख महाभारत में भी मिलता है। हाल में अखनूर से प्राप्त हड़प्पा कालीन अवशेषों तथा मौर्य, कुषाण और गुप्त काल की कलाकृतियों से जम्मू के प्राचीन स्वरूप पर नया प्रकाश पड़ा है। जम्मू 22 पहाड़ी रियासतों में बँटा हुआ था। डोगरा शासक राजा मालदेव ने कई क्षेत्रों को जीतकर अपने विशाल राज्य की स्थापना की। सन् 1733 से 1782 तक राजा रंजीत देव ने जम्मू पर शासन किया किन्तु उनके उत्तराधिकारी दुर्बल थे, इसलिए महाराजा रणजीत सिंह ने जम्मू को पंजाब में मिला लिया। बाद में उन्होंने डोगरा शाही खानदान के वंशज राजा गुलाब सिंह को जम्मू राज्य सौंप दिया। 1819 में यह पंजाब के सिक्ख शासन के अन्तर्गत आया और 1846 में डोगरा राजवंश के अधीन हो गया। गुलाब सिंह रणजीत सिंह के गवर्नरों में सबसे शक्तिशाली बन गए और लगभग समूचे जम्मू क्षेत्र को उन्होंने अपने राज्य में मिला लिया।

कश्मीर में इस्लाम का आगमन 13वीं और 14वीं शताब्दी में हुआ। मुस्लिम शासकों में जैन-उल-आबदीन (1420-70) सबसे प्रसिद्ध शासक हुए, जो कश्मीर में उस समय सत्ता में आए, जब तातरों के हमले के बाद हिन्दू राजा सिंहदेव भाग गए। बाद में चक शासकों ने जैन-उल-आबदीन के पुत्र हैदरशाह की सेना को खदेड़ दिया और सन् 1586 तक कश्मीर पर राज किया। सन् 1586 में अकबर ने कश्मीर को जीत लिया। सन् 1752 में कश्मीर तत्कालीन कमजोर मुगल शासक के हाथ से निकलकर अफगानिस्तान के अहमद शाह अब्दाली के हाथों में चला गया। 67 साल तक पठानों ने कश्मीर घाटी पर शासन किया।

1947 में अंग्रेजों के भारत छोड़ने के पहले और बाद में जम्मू एवं कश्मीर की रियासत पर नए बने दोनों राष्ट्रों में से एक में विलय का भारी दबाव था। भारत के बँटवारे पर हुए समझौते के दस्तावेज के अनुसार रियासतों के राजाओं को दोनों में से एक राष्ट्र को चुनने का अधिकार था परन्तु कश्मीर के महाराजा हरी सिंह अपनी रियासत को स्वतन्त्र रखना चाहते थे और उन्होंने किसी भी राष्ट्र से जुड़ने से बचना चाहा। अँग्रेजों के भारत छोड़ने के बाद रियासत पर पाकिस्तानी सैनिकों और पश्तूनों के कबीलाई लड़ाकों (जो कि उत्तर पश्चिमी सीमान्त राज्य के थे) ने हमला कर दिया।

इस भय से कि रियासत की फौज इनका सामना नहीं कर पाएगी, महाराजा ने भारत से सैनिक सहायता माँगी। भारत ने सैनिक सहायता के एवज में कश्मीर के भारत में विलय की शर्त रख दी। महाराजा के हामी भरने पर भारत ने इस विलय को मान्यता दे दी और रियासत को जम्मू-कश्मीर के नाम से नया राज्य बना दिया। भारतीय सेना की टुकड़ियाँ तुरंत राज्य की रक्षा के लिए तैनात कर दी गईं। किन्तु इस विलय की वैधता पर पाकिस्तान असहमत था। चूँकि जाति आधारित आँकड़े उपलब्ध नहीं थे इसलिए महाराज के भारत से विलय के पीछे क्या कारण थे, यह तय करना कठिन था।

पाकिस्तान की यह दलील थी कि महाराजा को भारतीय सेना बुलाने का अधिकार नहीं था क्योंकि अँग्रेजों के आने के पहले कश्मीर के महाराजा का कोई पद नहीं था और यह पद केवल अँग्रेजों की नियुक्ति थी। इसलिए पाकिस्तान ने युद्ध करने का निर्णय लिया पर उसके सेना प्रमुख डगलस ग्रेसी ने इस आशय के पाकिस्तानी प्रधानमंत्री का आदेश मानने से इंकार कर दिया। उनका तर्क यह था कि कश्मीर पर कब्जा कर रही भारतीय सेनाएँ ब्रिटिश राजसत्ता का प्रतिनिधित्व कर रही हैं अतः वह उससे युद्ध नहीं कर सकते। हालाँकि बाद में पाकिस्तान ने सेनाएँ भेज दीं पर तब तक भारत करीब-करीब दो तिहाई कश्मीर पर कब्जा कर चुका था।

युद्ध का सारांश

यह युद्ध पूर्व जम्मू और कश्मीर रियासत की सीमाओं के भीतर भारतीय सेना अर्धसैनिक बल और पूर्व जम्मू और कश्मीर रियासत की सेनाओं और पाकिस्तानी सेना अर्धसैनिक बल और पाकिस्तान के उत्तर पश्चिम सीमान्त राज्य के कबीलाई लड़ाकों, जो खुद को आजाद कश्मीर की सेना के नाम से पुकारते थे, के बीच लड़ा गया था। प्रारम्भ में पूर्व जम्मू और कश्मीर रियासत की सेना आजाद कश्मीर के कबीलाई लड़ाकों के शुरुआती हमलों के लिये तैयार नहीं थी उसे केवल सीमा की रखवाली के लिए बहुत कम संख्या में तैनात किया गया था इसलिए उनकी रक्षा प्रणाली आक्रमण के सामने तुरन्त ढह गई और उनकी कुछ टुकड़ियाँ दुश्मनों से जा मिलीं।

आजाद कश्मीर के कबीलाई लड़ाके शुरुआती आसान सफलताओं के बाद लूटपाट में व्यस्त हो गए और उन्होंने आगे बढ़ आसानी से कब्जे में आ सकने वाले नए इलाकों पर हमला करने में देर कर दी और महाराजा एक भारत में विलय में सहमति देते ही भारतीय सेना को विमानों की मदद से सैनिक पहुँचाने का मौका दे दिया।

1947 के अन्त तक कश्मीर में कब्जा करने के पाकिस्तानी अभियान की हवा निकल गई। केवल हिमालय के ऊपरी हिस्सों में आजाद कश्मीर नाम की पाकिस्तानी सेना को कुछ सफलताएँ मिलीं पर आखिर में उन्हें लेह के बाहरी हिस्से से जून 1948 में वापस खदेड़ दिया गया। पूरे 1948 के दौरान दोनों पक्षों के बीच अनेक छोटी लड़ाइयाँ हुईं पर किसी को भी कोई महत्त्वपूर्ण सामरिक सफलता नहीं मिली और धीरे-धीरे एक सीमा जिसे आज नियन्त्रण रेखा के नाम से जाना जाता है स्थापित हो गई। 31 दिसम्बर 1948 में औपचारिक युद्ध-विराम की घोषणा हो गई।

युद्ध के भाग

इस युद्ध को दस भागों में बाँटा जा सकता है। यह भाग इस प्रकार से हैं।

शुरुआती हमला (गुलमर्ग का अभियान)

शुरुआती हमले का मुख्य उद्देश्य कश्मीर घाटी और इसके प्रमुख शहर श्रीनगर के नियन्त्रण को अपने हाथ में लेना था। जम्मू और कश्मीर रियासत (अब राज्य) की ग्रीष्मकालीन राजधानी श्रीनगर और शीतकालीन राजधानी जम्मू थी। मुजफ्फराबाद और डोमेल में तैनात रियासत की सेना तुरन्त ही आजाद कश्मीर सेना नाम की पाकिस्तानी सेना से हार गई (रियासत की सेना का एक धड़ा आजाद कश्मीर सेना से जा मिला था) और श्रीनगर का रास्ता खुल गया था। रियासत की सेना के पुनः संगठित होने के पहले श्रीनगर पर कब्जा करने के बजाय आजाद कश्मीर सेना सीमान्त शहरों पर कब्जा करने और उसके निवासियों (गैर-मुस्लिम) से लूटपाट एवं अन्य अत्याचार करने में जुट गई। पुंछ की घाटी में रियासत की सेना पीछे हटकर शहरों में केन्द्रित हो गईं और उनको कई महीनों के बाद भारतीय सेना ने घेराबंदी से मुक्त कराया।

कश्मीर घाटी का भारतीय सुरक्षातन्त्र

जम्मू और कश्मीर रियासत के भारत से विलय के बाद भारत ने विमान के द्वारा सैनिक और उपकरण श्रीनगर पहुँचाये। वहाँ पहुँचकर उन्होंने रियासत की सेना को मजबूत किया और श्रीनगर के चारों ओर एक सुरक्षा घेरा बनाया और आजाद कश्मीर सेना को हरा दिया। इस सुरक्षा घेरे में भारतीय सेना के बख्तरबंद वाहनों के द्वारा विरोधियों को पीछे से घेरना भी शामिल था। हारकर पीछे हटती हुई पाकिस्तानी सेना का बारामुला और उरी तक पीछा करके इन दोनों शहरों को मुक्त

करा लिया गया हालाँकि पुंछ घाटी में पाकिस्तानी सेना के द्वारा शहरों की घेराबंदी जारी रही।

गिलगित में आजाद कश्मीर की कबीलाई सेना में गिलगित राज्य के अर्ध सैनिक बल शामिल हो गए और चित्राल के मेहतर जागीरदार की सेना भी अपने जागीरदार के पाकिस्तान में विलय की घोषणा के बाद उसमें शामिल हो गई।

पुंछ में फँसी सेनाओं तक पहुँचने का प्रयास

भारतीय सेना ने आजाद कश्मीर की सेना का उरी और बारामुला पर कब्जे के बाद पीछा करना बन्द कर दिया और एक सहायता टुकड़ी को दक्षिण दिशा में पुंछ की घेराबन्दी तोड़ने के प्रयास में भेजा। हालाँकि सहायता टुकड़ी पुंछ पहुँच गई पर वह घेराबन्दी नहीं तोड़ पाई और वह भी फँस गई। एक दूसरी सहायता टुकड़ी कोटली तक पहुँच गई पर उसे कोटली की मोर्चाबन्दी को छोड़कर पीछे हटना पड़ा इसी बीच मीरपुर पर आजाद कश्मीर की सेना का कब्जा हो गया।

झांगेर पर आजाद कश्मीर की सेना का कब्जा होना और नौशेरा और उरी पर हमला

पाकिस्तान/आजाद कश्मीर की सेना ने झांगेर पर कब्जा कर लिया तत्पश्चात् उसने नौशेरा पर नाकाम हमला किया। पाकिस्तान/आजाद कश्मीर की सेना की दूसरी टुकड़ियों ने लगातार उरी पर नाकाम हमले किए। दूसरी ओर भारत ने एक छोटे से आक्रमण से छम्ब पर कब्जा बना लिया। इस समय तक भारतीय सेना के पास अतिरिक्त सैन्य बल उपलब्ध हो गए ऐसे में नियन्त्रण रेखा पर स्थितियाँ स्थिर होने लगीं।

अभियान विजय–झांगेर पर प्रति आक्रमण

भारतीय सेना बलों ने झांगेर और रजौरी पर प्रतिआक्रमण करके उन्हें कब्जे में ले लिया। कश्मीर घाटी में आजाद कश्मीर सेना ने उरी के सुरक्षा तंत्र पर आक्रमण जारी रखा। आजाद कश्मीर सेना ने उत्तर में स्कार्दू की घेराबन्दी कर दी।

भारतीय सेना का बसन्त अभियान

आजाद कश्मीर की सेना के अनेक प्रतिआक्रमणों के बावजूद भारतीयों ने झांगेर पर नियन्त्रण बनाए रखा हालाँकि अब आजाद कश्मीर की सेना को नियमित पाकिस्तानी सैनिकों की मदद अधिकाधिक मिलने लगी थी। कश्मीर घाटी में भारतीयों ने आक्रमण

कर तिथवाल पर कब्जा कर लिया। ऊँचे हिमालय के क्षेत्रों में आजाद कश्मीर की सेना को अच्छी बढ़त मिल रही थी। उन्होंने टुकड़ियों की घुसपैठ करके कारगिल पर घेराबन्दी कर दी तथा स्कार्दू की मदद के लिए जा रहे भारतीय सैन्य दस्तों को हरा दिया।

अभियान गुलाब एवं इरेस (मिटाना)

भारतीय सेना बलों ने कश्मीर घाटी में हमला जारी रखा और उत्तर की ओर आगे बढ़कर केरान और गुराऐस पर कब्जा कर लिया। उन्होंने तिथवाल पर किए गए एक प्रतिआक्रमण को वापस खदेड़ दिया। पुंछ घाटी में पुंछ में फँसी भारतीय टुकड़ी घेराबन्दी तोड़कर कुछ समय के लिए बाहरी दुनिया से वापस जुड़ गई। लम्बे समय से फँसी कश्मीर रियासत की टुकड़ी गिलगित स्काउट (पाकिस्तान) से स्कार्दू की रक्षा करने में अब तक सफल थी इसलिये पाकिस्तानी सेना लेह की ओर नहीं बढ़ पा रही थी। अगस्त में चित्राल (पाकिस्तान) की सेना ने माता-उल-मुल्क के नेतृत्व में स्कार्दू पर हमला कर दिया और तोपखाने की मदद से स्कार्दू पर कब्जा कर लिया। इससे गिलगित स्काउट को लद्दाख की ओर आगे जाने का मौका मिल गया।

अभियान डक (बत्तख)

इस समय के दौरान नियन्त्रण रेखा स्थापित होने लगी थी और दोनों पक्षों में अपने नियन्त्रण वाले क्षेत्रों की रक्षा का ज्यादा महत्त्व था बनिस्वत कि हमला करने के। इस दौरान केवल एक महत्त्वपूर्ण अभियान चलाया गया यह था अभियान डक जो कि भारतीय बलों द्वारा द्रास के कब्जे के लिए था इस दौरान पुंछ पर घेराबन्दी जारी रही।

अभियान ईजी (आसान) पुंछ तक पहुँचना

अब भारतीय सेना सभी क्षेत्रों पर पाकिस्तानी सेना और उससे समर्थित आजाद कश्मीर सेना पर भारी होने लगी थी। पुंछ को एक साल लम्बी घेराबन्दी से आजाद करा लिया गया था और गिलगित स्काउट जो कि अब तक अच्छी कामयाबी हासिल कर रही थी उसे आखिरकार हराकर उसका पीछा करते हुए भारतीय सेना ने कारगिल को आजाद करा लिया पर आगे हमला करने के लिए भारतीय सेना को रसद की आपूर्ति की समस्या आ सकती थी अतः उन्हें रुकना पड़ा। जोजिला दर्रे को टैंक की

मदद से (इससे पहले इतनी ऊँचाई पर पूरे विश्व में कभी भी टैंक का इस्तेमाल नहीं हुआ था) कब्जे में ले लिया गया। पाकिस्तानी सेना टैंक की अपेक्षा नहीं कर रही थी और उनके तुरन्त पाँव उखड़ गए। टैंक का इस्तेमाल बर्मा युद्ध से मिले अनुभव के कारण ही सम्भव हो पाया था। इस दर्रे पर कब्जे के बाद द्रास पर आसानी से कब्जा हो गया।

युद्ध-विराम की ओर कदम

लड़ाई के इस दौर में पहुँचने पर भारतीय प्रधानमंत्री ने मामले को संयुक्त राष्ट्र महासभा में ले जाकर उनके द्वारा मामले का समाधान करवाने का मन बना लिया। 31 दिसम्बर, 1948 को संयुक्त राष्ट्र के द्वारा युद्ध-विराम की घोषणा की गई। युद्ध विराम होने से कुछ दिनों पहले पाकिस्तानी सेना ने एक प्रतिआक्रमण करके उरी और पुंछ के बीच के रास्ते पर कब्जा करके दोनों के बीच सड़क सम्पर्क तोड़ दिया। एक लम्बे मोलभाव के बाद दोनों पक्ष युद्ध-विराम पर राजी हो गए। इस युद्ध-विराम की शर्तें अगस्त 13, 1948 को संयुक्त राष्ट्र ने अपनाई। इसमें पाकिस्तान को अपने नियमित और अनियमित सैनिकों को पूरी तरह से हटाने और भारत को राज्य में कानून-व्यवस्था लागू करने के लिये आवश्यक सैनिक रखने का प्रस्ताव था। इस शर्त के पूरा होने पर जनमत-संग्रह करके राज्य के भविष्य और मालिकाना हक तय करने का निर्धारण होता। इस युद्ध में दोनों पक्षों के लगभग 15-15 सौ सैनिक मारे जाने का अनुमान है। और इस युद्ध के बाद भारत का रियासत के 60 प्रतिशत और पाकिस्तान का 40 प्रतिशत भू-भाग पर कब्जा रहा।

इस युद्ध से सीखी गई सैन्य नीतियाँ

बख्तरबन्द वाहन का प्रयोग

इस युद्ध के दो चरणों में बख्तरबन्द वाहन और हल्के टैंकों का प्रयोग अत्यन्त महत्त्वपूर्ण था। इन दोनों में ही बहुत ही कम संख्या में इनका प्रयोग हुआ था। ये चरण थे–

- श्रीनगर पर प्रारम्भिक हमले को नाकाम करना जिसमें भारत के 2 बख्तरबन्द वाहनों ने पाकिस्तान के अनियमित सैनिकों के दस्ते पर पीछे से हमला किया।
- जोजिला दर्रे पर 11 हल्के टैंकों की मदद से भारतीय सेना का कब्जा।

यह घटनाएँ यह बताती हैं कि असम्भावित जगहों पर बख्तरबन्द वाहनों के हमले का दुश्मन पर मानसिक दबाव पड़ता है। ऐसा भी हो सकता है कि हमलावरों ने टैंकरोधी हथियारों का प्रयोग नहीं किया, शायद उन्होंने आवश्यक न जानकर उन्हें पीछे ही छोड़ दिया। बख्तरबन्द वाहनों के प्रयोग की सफलता ने भारत की युद्ध नीति पर गहरी छाप छोड़ी। चीन के साथ युद्ध के वक्त भारतीयों ने बड़ी मेहनत से दुर्गम इलाकों में बख्तरबन्द वाहनों का प्रयोग किया, किन्तु उस युद्ध में बख्तरबन्द वाहनों को अपेक्षित सफलता नहीं मिली।

सीमा रेखा में आए बदलाव

सीमा-रेखा में आए परिवर्तनों का यदि अध्ययन किया जाय तो काफी रोचक तथ्य उभरकर आते हैं। एक बार सेनाओं का जमावड़ा पूरा होने के बाद नियन्त्रण रेखा में बदलाव बेहद धीमा हो गया और विजय केवल उन इलाकों तक सीमित हो गई जिनमें सैनिक घनत्व कम था जैसेकि उत्तरी हिमालय के ऊँचे इलाके जिनमें शुरुआत में आजाद कश्मीर की सेना को सफलताएँ मिली थीं। 1948 में पाकिस्तान ने कश्मीर पर आक्रमण करके, उसके एक तिहाई भाग पर अधिकार कर लिया। अभी तक यह एक तिहाई भाग पाकिस्तान के पास है।

सेनाओं की तैनाती

जम्मू और कश्मीर रियासत की सेनाएँ इस युद्ध के प्रारम्भ में फैली हुई और छोटी संख्या में केवल आतंकवादी हमलों से निपटने के लिए तैनात थीं। जिससे वे पारम्परिक सैनिक हमले के सामने निष्फल साबित हुईं। इस रणनीति को भारत ने पूर्वी पाकिस्तान (आज का बाँग्लादेश) में भारत-पाकिस्तान के बीच तीसरे युद्ध में सफलतापूर्वक प्रयोग किया।

संयुक्त राष्ट्र शान्ति सेना में योगदान

वर्तमान में भारतीय सेना की एक टुकड़ी संयुक्त राष्ट्र की सहायता के लिए समर्पित रहती है। भारतीय सेना द्वारा निरन्तर कठिन कार्यों में भाग लेने की प्रतिबद्धताओं की हमेशा प्रशंसा की गई है। भारतीय सेना ने संयुक्त राष्ट्र के कई शान्ति स्थापित करने की कार्यवाहियों में भाग लिया गया है। जिनमें से कुछ इस प्रकार हैं—अंगोला कम्बोडिया, साइप्रस, लोकतांत्रिक गणराज्य कांगो, अल साल्वाडोर, नामीबिया, लेबनान, लाइबेरिया, मोजाम्बिक, रवाण्डा, सोमालिया, श्रीलंका और वियतनाम। भारतीय सेना

ने कोरिया में हुई लड़ाई के दौरान घायलों और बीमारों को सुरक्षित लाने के लिए भी अपनी अर्द्ध-सैनिकों की इकाई प्रदान की थी।

हैदराबाद का विलय (1948)

भारत के विभाजन के उपरान्त राजसी राज्य हैदराबाद, जो कि निजाम द्वारा शासित था, ने स्वतन्त्र राज्य के तौर पर रहना पसन्द किया। निजाम ने हैदराबाद को भारत में मिलाने पर अपनी आपत्ति दर्ज करवाई। भारत सरकार और हैदराबाद के निजाम के बीच पैदा हुई अनिर्णायक स्थिति को समाप्त करने हेतु भारत के उप-प्रधानमन्त्री सरदार बल्लभ भाई पटेल द्वारा 12 सितम्बर, 1948 को भारतीय टुकड़ियों को हैदराबाद की सुरक्षा करने का आदेश दिया। 5 दिनों की गहन लड़ाई के बाद वायुसेना के समर्थन से भारतीय सेना ने हैदराबाद की सेना को परास्त कर दिया। उसी दिन हैदराबाद को भारत गणराज्य का भाग घोषित कर दिया गया। पोलो कार्यवाही के अगुआ मेजर जनरल जॉयन्तो नाथ चौधरी को कानून व्यवस्था स्थापित करने के लिए हैदराबाद का सैन्य शाशक (1948-1949) घोषित किया गया।

ऑपरेशन पोलो

ऑपरेशन पोलो सितम्बर, 1948 को भारतीय सेना के गुप्त ऑपरेशन का नाम था। जिसमें हैदराबाद के आखिरी निजाम को सत्ता से अपदस्थ कर दिया गया और हैदराबाद को भारत का हिस्सा बना लिया गया। ध्यातव्य है कि भारत की स्वतन्त्रता के बाद जब भारतीय संघ का गठन हो रहा था, हैदराबाद के निजाम ने भारत के बीच में होते हुए भी स्वतन्त्र देश रहने की ही कवायद शुरू की थी।

विभाजन के दौरान हैदराबाद भी उन शाही घरानों में से था जिन्हें पूर्ण आजादी दी गई थी, हालाँकि 1948 में उनके पास दो ही विकल्प बचे थे भारत या पाकिस्तान में शामिल होना। ज्यादातर हिन्दू आबादी वाले राज्य के मुस्लिम शासक और आखिरी निजाम ओस्मान अली खान ने आजाद रहने फैसला किया और अपनी साधारण सेना के बल पर राज करने का फैसला किया। निजाम ने ज्यादातर मुस्लिम सैनिकों वाली राजकरास सेना बनाई।

भारत सरकार उत्सुकता से हैदराबाद की तरफ देख रही थी और सोच रही थी की हैदराबाद के निजाम खुद भारत संघ में सम्मिलित हो जाएँगे। लेकिन राजकरास सेना की दुर्दान्तता के कारण सरदार पटेल ने हैदराबाद को जबरदस्ती कब्जाने का फैसला किया था। सरदार पटेल ने ये काम पुलिस के द्वारा किया जिसमें सिर्फ पाँच

दिन लगे। राजकरास की मुस्लिम सेना आसानी से हार गई। अभियान के दौरान व्यापक तौर पर जातिगत हिंसा हुई थी, अभियान समाप्ति के बाद नेहरू ने इसकी जाँच के लिए एक कमेटी बनाई थी जिसकी रिपोर्ट साल 2014 सार्वजनिक हुई। अर्थात् रिपोर्ट को जारी ही नहीं किया गया था, रिपोर्ट बनाने के लिए सुन्दरलाल कमेटी बनी थी, रिपोर्ट के मुताबिक इस अभियान में 27 से 40 हजार जानें गई थीं हालाँकि जानकार ये आँकड़ा दो लाख से भी ज्यादा बताते हैं।

मुस्लिम लीग के निर्माता जिन्ना के प्रभाव में हैदराबाद के निजाम नवाब बहादुर जंग ने लोकतन्त्र को नहीं माना था, नवाब ने काजमी रज्मी को जो कि एमआईएम (मजलिसे एत्तहुड मुस्लिमीन) का प्रमुख लीडर था, ने राजकारस सेना बनाई थी जो करीब दो लाख की तादात में थी। मुस्लिम आबादी बढ़ने के लिए उसने हैदराबाद में लूटपाट मचा दी थी, जबरन इस्लाम, हिन्दू औरतों के रेप, सामूहिक हत्याकांड करने शुरू कर दिए थे। क्योंकि हिन्दू हैदराबाद को भारत में चाहते हैं। मीरपुर नौखालिया नरसंहार (मुसलमानों ने किया हिन्दुओं पर) उनके जहाँ में थे। पाँच हजार से ज्यादा हिन्दुओं को राजकारस मार चुके थे जो कि अधिकारिक आँकड़े हैं, हैदराबाद के निजाम को पाकिस्तान से म्यांमार के रास्ते लगातार हथियार और पैसे की मदद मिल रही थी।

ऑस्ट्रेलिया की कम्पनी भी उन्हें हथियार सप्लाई कर रही थी, तब पटेल ने तय किया की इस तरह तो हैदराबाद भारत के दिल में नासूर बन जाएगा और तब आर्मी ऑपरेशन पोलो को प्लान किया गया। कहा जाता है कि ऑपरेशन के बाद में हर जगह सेना ने मुसलमानों को शिनाख्त कर-करके मौत के घाट उत्तर दिया था। इसीलिए आज तक ये रिपोर्ट सार्वजनिक नहीं की गई। चुनावों से पहले कांग्रेस ने साम्प्रदायिक फायदा उठाने के लिए शायद इसको बाहर निकला था।

गोवा, दमन और दीव का विलय (1961)

ब्रिटिश और फ्रांस द्वारा अपने सभी औपनिवेशिक अधिकारों को समाप्त करने के बाद भी भारतीय उपमहाद्वीप, गोवा, दमन और दीव में पुर्तगालियों का शासन रहा। पुर्तगालियों द्वारा बार-बार बातचीत को अस्वीकार कर देने पर नई दिल्ली द्वारा 12 दिसम्बर, 1961 को ऑपरेशन विजय की घोषणा की और अपनी सेना के एक छोटे से दल को पुर्तगाली क्षेत्रों पर आक्रमण करने के आदेश दिए। 26 घण्टे चले युद्ध के बाद गोवा और दमन और दीव को सुरक्षित आजाद करा लिया गया और उनको भारत का अंग घोषित कर दिया गया।

भारत-चीन युद्ध (1962)

भारत-चीन युद्ध जो भारत-चीन सीमा विवाद के रूप में भी जाना जाता है, चीन और भारत के बीच 1962 में हुआ एक युद्ध था। विवादित हिमालय सीमा युद्ध के लिए एक मुख्य बहाना था, लेकिन अन्य मुद्दों ने भी भूमिका निभाई। चीन में 1959 के तिब्बती विद्रोह के बाद जब भारत ने दलाई लामा को शरण दी तो भारत-चीन सीमा पर हिंसक घटनाओं की एक शृंखला शुरू हो गई। भारत ने फॉरवर्ड नीति के तहत मैकमोहन रेखा से लगी सीमा पर अपनी सैनिक चौकियाँ रखीं जो 1959 में चीनी प्रीमियर झोउ एनलाई के द्वारा घोषित वास्तविक नियन्त्रण रेखा के पूर्वी भाग के उत्तर में थी।

चीनी सेना ने 20 अक्टूबर, 1962 को लद्दाख में और मैकमोहन रेखा के पार एक साथ हमले शुरू किए। चीनी सेना दोनों मोर्चे में भारतीय बलों पर उन्नत साबित हुई और पश्चिमी क्षेत्र में चुशूल में रेजांग-ला एवं पूर्व में तवांग पर अवैध कब्जा कर लिया। चीन ने 20 नवम्बर, 1962 को युद्ध विराम की घोषणा कर दी और साथ ही विवादित दो क्षेत्रों में से एक से अपनी वापसी की घोषणा भी की, हालाँकि अक्साई चिन से भारतीय पोस्ट और गश्ती दल हटा दिए गए थे, जो संघर्ष के अन्त के बाद प्रत्यक्ष रूप से चीनी नियन्त्रण में चला गया।

भारत-चीन युद्ध कठोर परिस्थितियों में हुई लड़ाई के लिए उल्लेखनीय है। इस युद्ध में ज्यादातर लड़ाई 4250 मीटर (14,000 फीट) से अधिक ऊँचाई पर लड़ी गई। इस प्रकार की परिस्थिति ने दोनों पक्षों के लिए रसद और अन्य लोजिस्टिक समस्याएँ प्रस्तुत कीं। इस युद्ध में चीनी और भारतीय दोनों पक्ष द्वारा नौसेना या वायु सेना का उपयोग नहीं किया गया था।

चीन और भारत के बीच एक लम्बी सीमा है जो नेपाल और भूटान के द्वारा तीन अनुभागों में फैली हुई है। यह सीमा हिमालय पर्वतों से लगी हुई है जो बर्मा एवं तत्कालीन पश्चिमी पाकिस्तान (आधुनिक पाकिस्तान) तक फैली है। इस सीमा पर कई विवादित क्षेत्र अवस्थित हैं। पश्चिमी छोर में अक्साई चिन क्षेत्र है जो स्विट्जरलैण्ड के आकार का है। यह क्षेत्र चीनी स्वायत्त क्षेत्र झिंजियांग और तिब्बत (जिसे चीन ने 1965 में एक स्वायत्त क्षेत्र घोषित किया) के बीच स्थित है। पूर्वी सीमा पर बर्मा और भूटान के बीच वर्तमान भारतीय राज्य अरुणाचल प्रदेश (पुराना नाम—नॉर्थ ईस्ट फ्रंटियर एजेन्सी) स्थित है। 1962 के संघर्ष में इन दोनों क्षेत्रों में चीनी सैनिक आ गए थे।

ज्यादातर लड़ाई ऊँचाई वाली जगह पर हुई थी। अक्साई चिन क्षेत्र समुद्र तल से लगभग 5,000 मीटर की ऊँचाई पर स्थित साल्ट फ्लैट का एक विशाल रेगिस्तान है और अरुणाचल प्रदेश एक पहाड़ी क्षेत्र है जिसकी कई चोटियाँ 7000 मीटर से अधिक ऊँची हैं। सैन्य सिद्धान्त के मुताबिक आमतौर पर एक हमलावर को सफल होने के लिए पैदल सैनिकों के 3 : 1 के अनुपात की संख्यात्मक श्रेष्ठता की आवश्यकता होती है। पहाड़ी युद्ध में यह अनुपात काफी ज्यादा होना चाहिए क्योंकि इलाके की भौगोलिक रचना दूसरे पक्ष को बचाव में मदद करती है। चीन इलाके का लाभ उठाने में सक्षम था और चीनी सेना का उच्चतम चोटी क्षेत्रों पर कब्जा था। दोनों पक्षों को ऊँचाई और ठण्ड की स्थिति से सैन्य और अन्य लोजिस्टिक कार्यों में कठिनाइयों का सामना करना पड़ा और दोनों के कई सैनिक जमा देने वाली ठण्ड से मर गए।

चीन

चीन के सरकारी सैन्य इतिहास के अनुसार, इस युद्ध से चीन ने अपने पश्चिमी सेक्टर की सीमा की रक्षा की नीति के लक्ष्यों को हासिल किया, क्योंकि चीन ने अक्साई चिन का वास्तविक नियन्त्रण बनाए रखा। युद्ध के बाद भारत ने फॉरवर्ड नीति को त्याग दिया और वास्तविक नियन्त्रण रेखा वास्तविक सीमाओं में परिवर्तित हो गई।

जेम्स केल्विन के अनुसार, भले ही चीन ने एक सैन्य विजय पा ली परन्तु उसने अपनी अन्तरराष्ट्रीय छवि के मामले में खो दी। पश्चिमी देशों, खासकर अमेरिका, को पहले से ही चीनी नजरिए, इरादों और कार्यों पर शक था। इन देशों ने चीन के लक्ष्यों को विश्व-विजय के रूप में देखा और स्पष्ट रूप से यह माना कि सीमा युद्ध में चीन हमलावर के रूप में था। चीन की अक्टूबर, 1964 में प्रथम परमाणु हथियार परीक्षण करने और 1965 के भारत पाकिस्तान युद्ध में पाकिस्तान को समर्थन करने से कम्युनिस्टों के लक्ष्य तथा उद्देश्यों एवं पूरे पाकिस्तान में चीनी प्रभाव के अमेरिकी राय की पुष्टि हो जाती है।

भारत

युद्ध के बाद भारतीय सेना में व्यापक बदलाव आए और भविष्य में इसी तरह के संघर्ष के लिए तैयार रहने की जरूरत महसूस की गई। युद्ध से भारतीय प्रधानमंत्री जवाहरलाल नेहरू पर दबाव आया जिन्हें भारत पर चीनी हमले की आशंका में

असफल रहने के लिए जिम्मेदार के रूप में देखा गया। भारतीयों में देशभक्ति की भारी लहर उठनी शुरू हो गई और युद्ध में शहीद हुए भारतीय सैनिकों के लिए कई स्मारक बनाए गए। यकीनन, मुख्य सबक जो भारत ने युद्ध से सीखा था वह है अपने ही देश को मजबूत बनाने की जरूरत और चीन के साथ नेहरू की 'भाईचारे' वाली विदेश नीति से एक बदलाव की। भारत पर चीनी आक्रमण की आशंका को भाँपने की अक्षमता के कारण, प्रधानमंत्री नेहरू को चीन के साथ शान्तिवादी सम्बन्धों को बढ़ावा के लिए सरकारी अधिकारियों से कठोर आलोचना का सामना करना पड़ा। भारतीय राष्ट्रपति राधाकृष्णन ने कहा कि नेहरू की सरकार अपरिष्कृत और तैयारी के बारे में लापरवाह थी। नेहरू ने स्वीकार किया कि भारतीय अपनी समझ की दुनिया में रह रहे थे। भारतीय नेताओं ने आक्रमणकारियों को वापस खदेड़ने पर पूरा ध्यान केन्द्रित करने की बजाय रक्षा मंत्रालय से कृष्ण मेनन को हटाने का काफी प्रयास किया। भारतीय सेना कृष्ण मेनन के 'कृपापात्र को अच्छी नियुक्ति' की नीतियों की वजह से विभाजित हो गई थी और कुल मिलाकर 1962 का युद्ध भारतीयों द्वारा एक सैन्य पराजय और एक राजनीतिक आपदा के संयोजन के रूप में देखा गया। उपलब्ध विकल्पों पर गौर न करके बल्कि अमेरिकी सलाह के तहत भारत ने वायु सेना का उपयोग चीनी सैनिकों को वापस खदेड़ने में नहीं किया। सीआईए (अमेरिकी गुप्तचर संस्था) ने बाद में कहा कि उस समय तिब्बत में न तो चीनी सैनिकों के पास में पर्याप्त मात्रा में ईंधन थे और न ही काफी लम्बा रनवे था जिससे वे वायु सेना प्रभावी रूप से उपयोग करने में असमर्थ थे। अधिकांश भारतीय चीन और उसके सैनिकों को सन्देह की दृष्टि से देखने लगे। कई भारतीय युद्ध को चीन के साथ एक लम्बे समय से शान्ति स्थापित करने में भारत के प्रयास में एक विश्वासघात के रूप में देखने लगे। नेहरू द्वारा 'हिन्दी-चीनी भाई, भाई' (जिसका अर्थ है 'भारतीय और चीनी भाई हैं') शब्द के उपयोग पर भी सवाल उठने शुरू हो गए। इस युद्ध ने नेहरू की इन आशाओं को खत्म कर दिया कि भारत और चीन एक मजबूत एशियाई ध्रुव बना सकते हैं जो शीत युद्ध गुट की महाशक्तियों के बढ़ते प्रभाव की प्रतिक्रिया होगी।

सेना के पूर्ण रूप से तैयार नहीं होने का सारा दोष रक्षा मंत्री मेनन पर आ गया, जिन्होंने अपने सरकारी पद से इस्तीफा दे दिया ताकि नए मंत्री भारत के सैन्य आधुनिकीकरण को बढ़ावा दे सकें। स्वदेशी स्रोतों और आत्मनिर्भरता के माध्यम से हथियारों की आपूर्ति की भारत की नीति को इस युद्ध ने पुख्ता किया। भारतीय सैन्य कमजोरी को महसूस करके पाकिस्तान ने जम्मू और कश्मीर में घुसपैठ शुरू कर दी

जिसकी परिणति अन्ततः 1965 में भारत के साथ दूसरा युद्ध से हुई। हालाँकि, भारत ने युद्ध में भारत की अपूर्ण तैयारी के कारणों के लिए हेंडरसन-ब्रुक्स-भगत रिपोर्ट का गठन किया था। परिणाम अनिर्णायक था, क्योंकि जीत के फैसले पर विभिन्न स्रोत विभाजित थे। कुछ सूत्रों का तर्क है कि चूँकि भारत ने पाकिस्तान से अधिक क्षेत्र पर कब्जा कर लिया था, भारत स्पष्ट रूप से जीता था। लेकिन, दूसरों का तर्क था कि भारत को महत्त्वपूर्ण नुकसान उठाना पड़ा था और इसलिए, युद्ध का परिणाम अनिर्णायक था। दो साल बाद, 1967 में, चोल घटना के रूप में चीनी और भारतीय सैनिकों के बीच एक छोटी सीमा झड़प हुई। इस घटना में आठ चीनी सैनिकों और 4 भारतीय सैनिकों की जान गई।

हेंडरसन-ब्रुक्स-भगत रिपोर्ट

हार के कारणों को जानने के लिए भारत सरकार ने युद्ध के तत्काल बाद ले. जनरल हेंडरसन ब्रुक्स और इंडियन मिलिट्री एकेडमी के तत्कालीन कमान्डेंट ब्रिगेडियर पी. एस. भगत के नेतृत्व में एक समिति बनाई थी। दोनों सैन्य अधिकारियों द्वारा सौंपी गई रिपोर्ट को भारत सरकार अभी भी इसे गुप्त रिपोर्ट मानती है। दोनों अधिकारियों ने अपनी रिपोर्ट में हार के लिए प्रधानमंत्री जवाहर लाल नेहरू को जिम्मेदार ठहराया था।

द्वितीय कश्मीर युद्ध (1965)

पाकिस्तानी पदों पर भारतीय सेना की 18वीं कैवलरी के टैंक 1965 के युद्ध के दौरान प्रभारी ले. पाकिस्तान के साथ एक-दूसरे टकराव पर मोटे तौर पर 1965 में जगह ले ली कश्मीर ने। पाकिस्तानी राष्ट्रपति अयूब खान शुरू ऑपरेशन जिब्राल्टर 1,965 अगस्त में जिसके दौरान कई पाकिस्तानी अर्धसैनिक सैनिकों को भारतीय प्रशासित कश्मीर में घुसपैठ करने और भारत विरोधी विद्रोह चिंगारी की कोशिश की। पाकिस्तानी नेताओं का मानना है कि भारत, जो अभी भी विनाशकारी युद्ध भारत-चीन से उबर रहा था एक सैन्य जोर और विद्रोह के साथ सौदा करने में असमर्थ होगा। हालाँकि, ऑपरेशन एक प्रमुख विफलता के बाद से कश्मीरी लोगों को इस तरह के एक विद्रोह के लिए थोड़ा समर्थन दिखाया और भारत जल्दी बलों स्थानान्तरित घुसपैठियों को बाहर निकालने। भारतीय जवाबी हमले के प्रक्षेपण के एक पखवाड़े के भीतर, घुसपैठियों के सबसे वापस पाकिस्तान के लिए पीछे हट गया था।

ऑपरेशन जिब्राल्टर की विफलता से पस्त है और सीमा पार भारतीय बलों द्वारा एक प्रमुख आक्रमण की उम्मीद है, पाकिस्तान 'ऑपरेशन ग्रैंड स्लैम, 1 सितम्बर को शुरू, भारत Chamb & Jaurian क्षेत्र हमलावर। जवाबी कार्रवाई में, 6 सितंबर को पश्चिमी मोर्चे पर भारतीय सेना के 15 इन्फैन्ट्री डिवीजन अन्तरराष्ट्रीय सीमा पार कर गया।

1965 युद्ध के वो वीर जिन्होंने दुश्मन के दाँत किए थे खट्टे–

इस युद्ध में भारतीय सेना के जांबाजों ने दुश्मन के दाँत खट्‌टे कर दिए। हर मोर्चे पर पाक को मुँह की खानी पड़ी थी। भारतीय फौज एक समय पाकिस्तान के लाहौर शहर के करीब पहुँच गई थी। लेकिन संयुक्त राष्ट्र के दखल के बाद पाँच महीने तक चले इस युद्ध की समाप्ति शिमला समझौते के साथ हुई। इस युद्ध में भारतीय फौजियों ने अदम्य साहस का परिचय दिया था। आइये जानते हैं उन रणबांकुरों में से कुछ खास के बारे में।

अब्दुल हमीद

1965 भारत-पाक युद्ध में पाक सेना ने खेमकरण सेक्टर के पाँच किलोमीटर दायरे में भारतीय इलाके पर कब्जा कर लिया। लेकिन भारतीय सेना ने हिम्मत न हारते हुए 10 सितम्बर को जवाबी हमला कर उत्तर आसल गाँव के पास चक्रव्यूह रचकर पाक के 100 टैंकों को इस कदर नष्ट कर दिया जोकि आने वाले समय तक एक इतिहास बना रहेगा। इस युद्ध में अब्दुल हमीद ने अपनी बहादुरी का परिचय देते हुए अपनी राइफल से तीन पाक टैंकों को नष्ट कर दिया तथा यहीं से भारतीय सेना ने पाक टैंकों को इस प्रकार घेरे में ले लिया कि उन्हें किसी भी तरफ भागने का रास्ता ही नहीं मिला और 100 टैंकों की कब्रगाह उत्तर आसल में बना दी गई। हमीद को इस बहादुरी के लिए मरणोपरान्त सर्वश्रेष्ठ बहादुरी पुरस्कार परमवीर चक्र से नवाजा गया।

एबी तारापोर

1965 के भारत-पाकिस्तान युद्ध में 7 से 11 सितम्बर तक सियालकोट (पाकिस्तान) के फिल्लौरी नामक स्थान पर निर्णायक युद्ध हुआ था। इसे भारतीय सेना इतिहास में सबसे घातक युद्धों में शामिल किया जाता है। इस क्षेत्र पर अधिकार करने की जिम्मेदारी प्रथम आर्म्ड डिवीजन के तहत पूना हार्स रेजीमेंट के कमांडिंग ऑफिसर लेफ्टिनेंट कर्नल एबी तारापोर को सौंपी गई। 7 सितम्बर को फिल्लौरी में

रेजीमेंट का सामना पाकिस्तान के पैटन टैंक से हुआ। अमेरिका की ओर से सबसे मजबूत और खतरनाक बताए जा रहे पैटन टैंक से सीधी लड़ाई में भारतीय सेना ने पाकिस्तान को धूल चटा दी। लेफ्टिनेंट कर्नल एबी ताराबोर के नेतृत्व में गोलंदार (निशाना लगाने वाला) ने इतने सटीक लक्ष्य भेदे कि पाकिस्तानी सेना के 65 पैटन टैंक बर्बाद हो गए। युद्ध में पूना हार्स के केवल नौ टैंक बर्बाद हुए थे। बहादुरी के दम पर युद्ध के नतीजों को बदलने के बाद 16 सितम्बर को लेफ्टिनेंट कर्नल एबी तारापोर युद्ध के मैदान पर ही शहीद हो गए। फिल्लौरी के युद्ध में भारतीय सेना के पाँच आफिसर व 64 सैनिक शहीद हुए थे। तारोपोर को परमवीर चक्र से सम्मानित किया गया।

हवलदार जस्सा सिंह

भारतीय सेना के हवलदार जस्सा सिंह अहलुवालिया ने बहादुरी दिखाते हुए 9 सितम्बर, 1965 को फाजिल्का के गाँव चाननवाला के निकट मुकाबला करते हुए कई पाक दुश्मनों को मार गिराया। वह तो भारत-पाक युद्ध के गैलेंट हीरो थे। इतना ही नहीं, वह लड़ते-लड़ते इतने जोश में आ गए कि वह पाकिस्तानी बंकर में जा पहुँचे। पाकिस्तानियों का मुकाबला करते हुए जब उनकी बन्दूक में गोलियाँ खत्म हो गईं तो नजदीक आ रहे दुश्मनों को बन्दूक की बट से मारना शुरू कर दिया। पाकिस्तानी हमले में लहूलुहान हुए जस्सा सिंह ने जहाँ उनके असले को नकारा कर दिया, वहीं उन्होंने 7 दुश्मनों को भी मार गिराया। इस बीच भारतीय सेना के अन्य जवान आ गए और उन्होंने जस्सा सिंह को घायल अवस्था में सँभाला। युद्ध की समाप्ति के बाद उन्हें बहादुरी के लिए वीर चक्र से नवाजा गया।

सलीम क्लेब

1965 में हुए यद्ध के नायक रहे मेजर जनरल सलीम क्लेब ने पाकिस्तानी सेना के 15 टैंकों को नष्ट करने और 9 टैंकों को पकड़ने में महत्त्वपूर्ण भूमिका निभाई थी। उन्हें युद्ध के समय दूसरे सबसे बड़े पुरस्कार महावीर चक्र से सम्मानित किया गया था। इनका निधन इसी साल जनवरी में हो गया।

हनूत सिंह

भारत-पाक युद्ध 1965-71 में लेफ्टिनेंट जनरल हनूत सिंह ने दुश्मनों के दाँत खट्टे कर दिए थे। युद्ध में अदम्य साहस के लिए उन्हें महावीर चक्र से नवाजा गया

था। युद्ध में सेना की कमान सँभालते हुए सीमा पर उन्होंने दुश्मनों से लोहा लिया। वीरता का परिचय देते हुए पाक के 60 टैंक नष्ट करने में सफलता हासिल की। उनके कदम नहीं रुके और लगातार आगे बढ़ते रहे। इसके बाद भारत-पाक युद्ध 1971 में नेतृत्व की बागडोर सँभालते हुए पाक सैनिकों को धूल चटा दी।

रंजीत सिंह दयाल

1965 के युद्ध में पंजाब रेजीमेंट के अफसर रंजीत सिंह के नेतृत्व में सेना ने रणनीतिक दृष्टि से महत्त्वपूर्ण उरी सेक्टर में पाकिस्तान के हाजी पीर दर्रे पर कब्जा किया था। यहाँ पर कब्जे के बाद पाकिस्तानी फौज का भारत की ओर आना नामुमकिन हो गया। उन्हें वीरता और अदम्य साहस के लिए महावीर चक्र से सम्मानित किया गया। 2012 में उनका 84 साल की उम्र में निधन हो गया। ऑपरेशन ब्लू स्टार की योजना भी रंजीत सिंह ने ही बनाई थी।

इसके अतिरिक्त 1965 के युद्ध में कई वीरों को महावीर चक्र से नवाजा गया जिनमें प्रमुख हैं–श्माम देव गोस्वामी, वेदप्रकाश त्रेहन, सुशील कुमार माथुर, बलजीत सिंह रंधावा, जोरावर सिंह बख्शी, गुरवंश सिंह सांगा, भास्कर रॉय, खेमकरन सिंह, प्रेम लाल सिंह, मदन मोहन सिंह बख्शी, हरभजन सिंह, संत सिंह, गौतम मुबाई, दर्शन सिंह, भूपिंदर सिंह आदि।

यह युद्ध कई मायनों में न सिर्फ भारत बल्कि पाकिस्तान के लिए भी महत्त्वपूर्ण था। पाकिस्तान को यह बात समझ में आ गई थी कि अगर उसने कश्मीर पर कब्जे का दुस्साहस किया तो भारतीय सेना उसे मुँहतोड़ और करारा जवाब देगी।

आपको बता दें कि 1965 के युद्ध में पाकिस्तान की मदद अमेरिका ने की थी। लेकिन भारतीय सेना ने पाकिस्तान को जो सबक सिखाया उसे वह आज तक नहीं भूला है। इसके बाद हमारे पड़ोसी देश ने कश्मीर में आतंकी वारदातों को अंजाम देना शुरू कर दिया था।

पाकिस्तान का सपना कश्मीर

पाकिस्तान पिछले 50 वर्षों से कश्मीर को हासिल करने का सपना देख रहा है। लेकिन अब तक वह अपने मंसूबे में सफल नहीं हो पाया है। आइए जानते हैं कि आखिरी 1965 के इस युद्ध की शुरुआत क्यों हुई थी–

1965 के युद्ध के पीछे भी पाकिस्तान की प्रमुख मंशा कश्मीर पर कब्जा करना थी। गुजरात में कच्छ सीमा विवाद पर ब्रिटेन के हस्तक्षेप के बाद पाकिस्तान को यह

सपना काफी आसान लगने लगा था। उस समय पाकिस्तान में सेना ने सरकार का तख्ता पलट दिया था और जनरल अयूब खान ने स्वयं को राष्ट्रपति घोषित कर दिया था।

अयूब के नेतृत्व में पाकिस्तानी सेना के हौंसले बढ़ गए और उन्होंने कश्मीर पर कब्जे की नीयत से भारतीय सीमा पर हमला कर दिया था। उस समय तनाव की स्थिति को सोवियत यूनियन और अमेरिका के हस्तक्षेप के बाद सुलझाया जा सका था।

ताशकंद समझौते के बाद दोनों के बीच युद्धविराम कायम हुआ था। विशेषज्ञों की मानें तो पाकिस्तान इससे खुश नहीं था। अमेरिका और ब्रिटेन जैसे देश पाकिस्तान के सरपरस्त थे और पाक ने उनकी सहानुभूति का फायदा भी उठाया।

वर्ष 1962 में चीन के साथ युद्ध की वजह से भारत की स्थिति कुछ कमजोर दिख रही थी। पाकिस्तान इस बात पर यकीन करता था कि कश्मीर की जनता भारतीय शासन के खिलाफ है। ऐसे में वह कश्मीर में आजादी के नाम पर आन्दोलन शुरू करना चाहता था। इसके लिए कश्मीर में 'ऑपरेशन जिब्राल्टर' की शुरुआत की गई थी।

लेकिन कश्मीर की जनता ने उस समय भी वहाँ पर मौजूद घुसपैठियों के बारे में जानकारी दी थी। इसके आधार पर सेना ने कार्रवाई शुरू की और युद्ध की शुरुआत हुई। भारतीय सेना ने इस युद्ध में विजय पाकर इस ऑपरेशन को खत्म किया।

1965 में टाइम मैगजीन ने माना था भारत को दुनिया में उभरती ताकत

भारत और पाकिस्तान के बीच 1965 का युद्ध कई मायनों में खास माना जाता है। इसको खास मानने की सबसे बड़ी वजह एक यह भी थी कि इस युद्ध आजादी के बाद पहली बार भारतीय सेना सीमा रेखा को पार कर पाकिस्तान के लाहौर तक पहुँच गई थी। इस लड़ाई में देश ने प्रधानमंत्री के तौर पर लालबहादुर शास्त्री की कमाल की लीडरशिप भी देखी। 6 सितम्बर को भारत की ओर से इस युद्ध की शुरुआत की आधिकारिक घोषणा की गई। यह युद्ध 23 सितम्बर, 1965 को भारत की जीत के साथ खत्म हुआ था। उस समय टाइम मैगजीन ने लिखा था कि साफ हो गया है कि भारत अब दुनिया में नई एशियन ताकत बनकर उभर रहा है।

शास्त्री जी ने दिया था 'जय जवान-जय किसान' का नारा

शास्त्रीजी ने इस युद्ध में राष्ट्र को उत्तम नेतृत्व प्रदान किया। यही वह समय था

जब उन्होंने 'जय जवान-जय किसान' का नारा दिया। इससे भारत की जनता का मनोबल बढ़ा और सारा देश एकजुट हो गया। इसकी कल्पना पाकिस्तान ने कभी सपने में भी नहीं की थी। इस लड़ाई के लिए रणनीति बनाने के लिए शास्त्री ने सेना को पूरे अधिकार दिए थे। उन्होंने साफतौर पर सेना प्रमुख से कहा कि सेना को देश की रक्षा करनी है, वह बताएँ कि उन्हें क्या करना है। इससे उत्साहित सेना ने भारतीय सेना ने संख्या में कम होते हुए भी पाकिस्तान का डटकर मुकाबला किया और लाहौर तक पहुँच गई। इस अप्रत्याशित आक्रमण से घबराकर अमेरिका ने अपने नागरिकों को लाहौर से निकालने के लिए कुछ समय के लिए युद्धविराम की अपील की।

न भारत जीता न पाकिस्तान हारा

पाकिस्तान का हमला तड़के साढ़े तीन बजे शुरू हुआ था और नौ बजते-बजते छंब उनके कब्जे में था। एक दिन पहले ही हालात का जायजा लेने के लिए थल सेनाध्यक्ष जनरल जेएन चौधरी कश्मीर गए थे। वो उस दिन वहाँ से वापस आने वाले थे।

बैठक शुरू हुए अभी आधा घण्टा भी नहीं हुआ था कि जनरल चौघरी ने कमरे में प्रवेश किया। उन्होंने एयर मार्शल अर्जन सिंह के साथ कुछ देर दबे शब्दों में बात की और रक्षा मंत्री चह्वाण की तरफ देखकर कहा कि उन्हें छंब सेक्टर में वायु सेना के इस्तेमाल की अनुमति दी जाए। चौधरी ने चह्वाण से ये भी कहा कि उन्हें जवाबी हमला करने के लिए सीमा पार करने की इजाजत भी दी जाए।

बमबारी का फैसला चह्वाण कुछ मिनटों तक सोचते रहे जबकि कमरे में मौजूद सभी लोगों की निगाहें उन पर लगी हुई थीं। फिर उन्होंने मुलायम लेकिन दृढ़ आवाज में बोलना शुरू किया, 'भारत सरकार आपको छंब में वायु सेना के इस्तेमाल की इजाजत देती है। आप सीमा पर भारतीय सैनिकों के लिए भी सिग्नल जारी करें।'

रक्षा सचिव पीवीआर राव ने चह्वाण के मौखिक आदेशों को रिकॉर्ड किया। समय था 4 बजकर 45 मिनट। 5 बजकर 19 मिनट पर भारत के वैम्पायर विमानों ने छंब पर बमबारी करने के लिए टेक ऑफ किया।

उसी दिन स्थान 10 जनपथ, प्रधानमंत्री का कार्यालय। समय रात के 11 बजकर 45 मिनट। प्रधानमंत्री लाल बहादुर शास्त्री अचानक अपनी कुर्सी से उठे और अपने दफ्तर के कमरे के एक छोर से दूसरे छोर तक तेजी से चहल-कदमी करने लगे।

शास्त्री के सचिव सी.पी. श्रीवास्तव ने बाद में अपनी किताब 'ए लाइफ ऑफ ट्रूथ इन पॉलिटिक्स' में लिखा, 'शास्त्री ऐसा तभी करते थे जब उन्हें कोई बड़ा फैसला

लेना होता था। मैंने उनको बुदबुदाते हुए सुना...अब तो कुछ करना ही होगा।'

आधी रात के बाद शास्त्री अपने दफ्तर के बगल में अपने निवास-स्थान पर कुछ घण्टों की नींद लेने पहुँचे। श्रीवास्तव लिखते हैं कि उनके चेहरे को देखकर ऐसा लग रहा था कि उन्होंने कोई बड़ा फैसला कर लिया है। कुछ दिनों बाद हमें पता चला कि उन्होंने तय किया था कि कश्मीर पर हमले के जवाब में भारतीय सेना लाहौर की तरफ मार्च करेगी। लेकिन उस समय तक उन्होंने ये बात किसी से साझा नहीं की। अगले दिन और फिर तीन सितम्बर को दोबारा उन्होंने मंत्रिमंडल की बैठक बुलाई और पाकिस्तान पर हमला करने की योजना को अन्तिम रूप दिया।

डिसपैच राइडर पकड़ा गया उधर तीन-चार सितम्बर की रात को पाकिस्तान में डिवीजन हेडक्वार्टर के कर्नल एस.जी. मेंहदी ने मिलिट्री इण्टेलिजेंस के मुख्यालय में लेफ्टिनेंट कर्नल शेर जमाँ को फोन कर बताया कि उन्होंने भारत के एक डिसपैच राइडर को पकड़ा है जो कि भारत की फर्स्ट आर्म्ड डिवीजन के लिए एक पत्र ले कर जा रहा था।

उसमें बताया गया है कि भारत लाहौर पर हमला करने वाला है जिसे ऑपरेशन नेपाल का नाम दिया गया है। पाकिस्तान ने इस लीड को गम्भीरता से नहीं लिया। उन्हें लगा कि भारत ने जान-बूझकर उन्हें गुमराह करने के लिए डिसपैच राइडर को पकड़वाने का नाटक रचा था। उस समय पाकिस्तान के मिलिट्री ऑपरेशन के महानिदेशक लेफ्टिनेंट जनरल गुल हसन खाँ अपनी आत्मकथा में लिखते हैं कि उन्हें याद है कि उन्होंने चीफ ऑफ जनरल स्टाफ लेफ्टिनेंट जनरल शेर बहादुर को इस बारे में बात कर सुझाव दिया था कि पाकिस्तान अपनी सेना को सीमा पर रक्षात्मक पोजीशन पर ले आए।

शेर बहादुर ऐसा करने में झिझक रहे थे क्योंकि पाकिस्तान के विदेश मंत्रालय ने ताकीद कर रखी थी कि भारत को किसी भी हालत में भड़कने का मौका न दिया जाए। पाकिस्तान के थल सेनाध्यक्ष जनरल मूसा उस दिन छंब का दौरा कर रहे थे और देर रात तक वापस नहीं लौटे थे।

जनरल मूसा और मेलविल डिमैलो

चार सितम्बर की शाम जनरल हेडक्वार्टर के ऑपरेशन रूम में पाकिस्तान के सेनाध्यक्ष जनरल मूसा आकाशवाणी का बुलेटिन सुन रहे थे। उद्‌घोषक मेलविल डिमैलो ने श्रोताओं को आगाह किया कि एक महत्त्वपूर्ण फ्लैश के लिए तैयार रहिए। उन्होंने घोषणा की, प्रधानमंत्री ने लोकसभा को सूचित किया है कि पाकिस्तानी सेना

ने सियालकोट सेक्टर से जम्मू की तरफ बढ़ना शुरू कर दिया है।

जनरल मूसा और डिमैलो बैच मेट थे और दोनों को साथ-साथ देहरादून में इंडियन मिलिट्री अकादमी में कमीशन मिला था। बाद में डिमैलो सेना छोड़कर आकाशवाणी चले गए थे। पाकिस्तानी सेना के बढ़ने की खबर पूरी तरह से गलत थी। मूसा ताजा हवा लेने के लिए ऑपरेशन रूम से बाहर आए। उन्हें डिमैलो के गलत खबर देने और बोलने के अन्दाज से लगा कि भारत कुछ बहुत बड़ा करने जा रहा है।

ऑपरेशन बैंगिल

पहले तय हुआ कि एच आवर यानि हमला करने का समय सात सितम्बर को सुबह चार बजे होगा। लेकिन पश्चिम क्षेत्र के कमांडर-इन-चीफ लेफ्टिनेंट जनरल हरबख्श सिंह ने 24 घण्टे पहले यानि छह सितंबर को आगे बढ़ने का फैसला किया। इस पूरे ऑपरेशन का कोडवर्ड था–'बैंगिल'। सेना मुख्यालय से एक और कोडवर्ड भेजा गया 'बैनर'। इसका अर्थ था कि इस अभियान को नियत समय पर शुरू किया जाए।

पाकिस्तान को इसकी भनक न लगे ये सुनिश्चित करने के लिए जनरल हरबख्श सिंह जान-बूझकर शिमला में एक पूर्व निर्धारित दोपहर भोज में शामिल हुए। भोज खत्म होते ही एक हेलिकॉप्टर उन्हें दोबारा सीमा पर ले आया। वो पहले अमृतसर में रुके और उन्होंने पूरे शहर में कर्फ्यू लगाने का आदेश दिया। निर्धारित समय पर भारत ने चार जगहों से पाकिस्तानी सीमा के अन्दर प्रवेश किया और कुछ ही घण्टों में डोगराई के उत्तर में भसीन, दोगाइच और वाहग्रियान पर कब्जा कर लिया।

मेजर जनरल निरंजन प्रसाद की 15 डिवीजन ने तो इच्छोगिल नहर पार कर ली और उनके कुछ सैनिक बाटापुर पहुँच गए जहाँ जूते बनाने वाली कम्पनी बाटा की एक फैक्ट्री थी। वहाँ से जो तस्वीरें भेजी गईं, उसके आधार पर बीबीसी ने भी गलत खबर प्रसारित की कि भारतीय सेना लाहौर में घुस चुकी है।

पाकिस्तान के राष्ट्रपति फील्ड मार्शल अयूब खाँ को इस हमले की सूचना रावलपिंडी में एयर डिफेंस हेडक्वार्टर में तैनात एयर कोमॉडोर अख्तर ने दी। अयूब ने इसकी उम्मीद नहीं की थी।

उन्होंने आईएसआई के प्रमुख ब्रिगेडियर रियाज हुसैन को फोन मिलाया। रियाज को तब तक भनक भी नहीं थी कि भारतीय सेना पाकिस्तान में घुस चुकी है। अयूब उन पर चिल्ला पड़े, 'भारत की पहली आर्म्ड डिवीजन भूसे में सूई की तरह नहीं है

कि आप को पता ही न चल सके कि वो इस समय कहाँ है?' ब्रिगेडियर रियाज ने काँपती हुई आवाज में जवाब दिया, 'सर हमें दोष मत दीजिए। जून 1964 से ही मिलिट्री इण्टेलिजेंस को सिर्फ राजनीतिक जिम्मेदारियाँ दी जा रही हैं।' विदेश मंत्री भुट्टो और विदेश सचिव अजीज अहमद पहले दिन से अयूब को आश्वस्त कर रहे थे कि भारत पंजाब पर आक्रमण नहीं करेगा।

नौ बजे पाकिस्तानी सेना के चीफ ऑफ जनरल स्टॉफ ने जनरल हेडक्वार्टर को सूचित किया कि भारत ने लाहौर और सियालकोट पर हमला बोल दिया है। उनके आखिरी शब्द थे, 'जो कुछ भी हमारे पास है वो शो विंडो में ही है। इसके अलावा हमारे पास कुछ भी नहीं है। गुड लक।'

मेजर अजीज भट्टी की बहादुरी

ये वाकया पाकिस्तान की असली सैनिक स्थिति को रेखांकित करता था, हालाँकि उसके पास आला दर्जे के अमरीकी हथियार थे। पाकिस्तान के नेतृत्व की फैसले लेने की क्षमता पर कई सवाल उठाए गए।

अगले 22 दिनों में हुई बड़ी लड़ाइयों में दोनों देशों के निचले स्तर के अफसरों और सैनिकों ने शानदार प्रदर्शन किया, लेकिन कमान के स्तर पर दोनों तरफ से कई बड़ी गलतियाँ हुईं।

बर्की के मोर्चे पर पाकिस्तान के मेजर अजीज भट्टी ने पाँच दिनों तक भारतीय सैनिकों की जबरदस्त गोलाबारी का मुकाबला किया। इस दौरान वो हमेशा सबसे आगे रहे और आखिर में एक भारतीय टैंक के गोले का शिकार हुए। उन्हें पाकिस्तान का सर्वोच्च वीरता पुरस्कार 'निशान-ए हैदर' दिया गया।

उस लड़ाई में भारत की ओर से लड़ने वाले ब्रिगेडियर कंवलजीत सिंह कहते हैं, 'पाकिस्तान के सैनिक जिस तरह हमारे ऊपर इतना एक्युरेट फायर कर रहे थे, उससे साफ लगता था कि उनका अफसर किस स्तर का आर्टलरी अफसर होगा। भट्टी को ये श्रेय जाता है कि उन्होंने इतनी देर तक और इतने अच्छे तरीके से मोर्चा सँभाला।'

सेल्यूट न कर पाने पर आँसू

उसी तरह भारत की तरफ से 4-हॉर्स के मेजर भूपेंदर सिंह ने फिलौरा की लड़ाई में अदम्य बहादुरी का परिचय दिया। उन्होंने कई पाकिस्तानी टैंक बरबाद किए। उनके टैंक पर पाकिस्तानियों ने कोबरा मिसाइल से हमला किया। उससे इतनी गर्मी

पैदा हुई कि भूपेंदर सिंह का कड़ा गलकर उनकी खाल में घुस गया।

उनके बदन के सारे कपड़े और उनकी पूरी खाल बुरी तरह से जल गई। उनको इलाज के लिए दिल्ली के बेस हॉस्पिटल लाया गया। वो इस बुरी तरह जले हुए थे कि उनके जख्मों पर पट्टी तक नहीं लगाई जा सकती थी। इसी दौरान प्रधानमंत्री लाल बहादुर शास्त्री उनसे मिलने गए। जब वो उनके सामने पहुँचे तो मेजर भूपेंदर की आँखों से आँसू निकल आए। शास्त्री ने उनसे कहा, 'आप इतनी बहादुर सेना के इतने बहादुर सिपाही हैं। आप की आँखों पर आँसू शोभा नहीं देते।' मेजर भूपेंदर ने कहा, 'मैं इसलिए नहीं रो रहा हूँ कि मुझे दर्द है। मैं इसलिए रो रहा हूँ कि एक सिपाही खड़े होकर अपने प्रधानमंत्री को सेल्यूट नहीं कर पा रहा है।' मेजर भूपेंदर को बचाया नहीं जा सका लेकिन उन्हें मरणोपरान्त महावीर चक्र दिया गया।

अयूब का टेक ऑफ, भारत का हमला

लाल बहादुर शास्त्री के पुत्र अनिल शास्त्री ने बीबीसी को बताया कि लड़ाई के दौरान प्रधानमंत्री निवास-स्थान 10 जनपथ पर उनके परिवार की सुरक्षा के लिए एक बंकर बनाया गया था। दिन में कम-से-कम एक बार वहाँ पूरा शास्त्री परिवार इकट्ठा होता था। वैसे सुरक्षा के लिहाज से शास्त्री जी का पूरा परिवार ज्यादातर राष्ट्रपति भवन में सोने जाया करता था। ऐसा तत्कालीन राष्ट्रपति एस. राधाकृष्णन के खास अनुरोध पर किया गया था क्योंकि राधाकृष्णन का मानना था कि राष्ट्रपति भवन की दीवारें कहीं ज्यादा मजबूत हैं।

उधर फील्ड मार्शल अयूब खाँ अपने शयन कक्ष में जब तक मौजूद रहते वहाँ हरी बत्ती जलती रहती। 19 सितम्बर को उन्होंने विदेश मंत्री भुट्टो के साथ गुप्त रूप से चीनी नेताओं से बात करने के लिए चीन जाने का फैसला किया। उनके बेडरूम की हरी बत्ती जलते रहने दी गई ताकि पूरी दुनिया को ये आभास रहे कि वो रावलपिंडी में हैं। यहाँ तक कि उनका स्टाफ रोजमर्रा की तरह उनके बेडरूम में बेड टी पहुँचाता रहा।

यात्रा को गुप्त रखने के लिए उन्होंने रावलपिंडी के बजाय पेशावर से बीजिंग के लिए उड़ान भरने का फैसला किया। जब उनका जहाज टेक ऑफ कर ही रहा था कि भारतीय युद्धक विमानों ने पेशावर हवाई अड्डे पर हमला बोल दिया। टेक आफ रोका गया लेकिन जहाज के इंजिन को बन्द नहीं किया गया। जैसे ही भारतीय विमान हमला करके वापस अपने देश के लिए उड़े, अयूब खाँ के विमान ने बीजिंग के लिए उड़ान भरी।

लड़ाई जारी रखने की झिझक

22 दिनों तक चलने वाली इस लड़ाई में भारत के करीब 3,000 और पाकिस्तान के करीब 3,800 सैनिक मारे गए। टाइम पत्रिका ने लिखा कि युद्ध-विराम के समय भारत के पास पाकिस्तान का 690 वर्ग मील क्षेत्र था जबकि पाकिस्तान ने भारत के 250 वर्ग किलोमीटर क्षेत्र पर कब्जे का दावा किया था। दोनों देशों ने जीत का दावा किया लेकिन वास्तव में दोनों ही देश अपने सैनिक उद्देश्यों को पूरा करने में असफल रहे।

प्रधानमंत्री लाल बहादुर शास्त्री ने सेनाध्यक्ष जनरल चौधरी से पूछा, 'अगर लड़ाई को कुछ दिनों तक और जारी रखा जाए तो क्या भारत की जीत हो सकती है।'

जनरल ने जवाब दिया कि भारत के सभी मुख्य हथियार इस्तेमाल हो चुके हैं और बहुत से टैंक भी बरबाद हुए हैं। लेकिन वास्तव में 22 सितम्बर तक भारत ने सिर्फ 14 फीसदी असलहे का इस्तेमाल किया था।

दूसरी तरफ जब अयूब ने यही सवाल अपने जनरलों से पूछा तो जनरल मूसा और एयर मार्शल नूर खाँ दोनों ने लड़ाई को जारी रखने के खिलाफ सलाह दी। अयूब इस युद्ध से इतने हतोत्साहित हुए कि उन्होंने एक मंत्रिमंडल की बैठक में कहा, 'मैं चाहता हूँ कि यह समझ लिया जाए कि पाकिस्तान 50 लाख कश्मीरियों के लिए 10 करोड़ पाकिस्तानियों की जिन्दगी कभी खतरे में नहीं डालेगा...कभी नहीं।'

17 दिनों तक चला था युद्ध

भारत और पाकिस्तान के बीच यह युद्ध 17 दिनों तक चला। दोनों ही पक्षों को जानमाल का काफी नुकसान उठाना पड़ा। 5 अगस्त, 1965 को भारत के 26,000 और पाकिस्तान 33,000 सैनिकों ने लाइन ऑफ कंट्रोल को पार किया था। 15 अगस्त को भारतीय सैनिकों ने उस समय तय की हुई सीजफायर लाइन को पार कर डाला। इसके बांद पाकिस्तान ने एक सितम्बर, 1965 को ऑपरेशन ग्रैंड स्लैम के नाम से एक खास मिशन शुरू किया। इसका मकसद जम्मू के अखनूर सेक्टर को अपने कब्जे में लेना था। इसमें भारतीय सेना को काफी नुकसान भी पहुँचा था।

1971 का भारत-पाक युद्ध

1971 भारत-पाक युद्ध में पाकिस्तान को बड़ी हार का सामना करना पड़ा। पूर्वी पाकिस्तान आजाद हो गया और बाँग्लादेश के रूप में एक नया देश बना। 16 दिसम्बर को ही पाकिस्तानी सेना ने सरेंडर किया था। करगिल युद्ध में भूमिका

निभाने वाले रिटायर्ड कर्नल बी.बी. वत्स ने भारत की जीत और पाकिस्तान की हार के 10 बड़े कारण बताए–

1. उस वक्त भारत की लीडरशिप इंदिरा गांधी के नेतृत्व में मजबूत थी, जबकि पाकिस्तान में सैनिक तानाशाह याहया खान बेहतर फैसले लेने में उतना सक्षम नहीं था।

2. राजनीतिक डिप्लोमेसी, ब्यूरोक्रेसी और मिलिट्री में सामंजस्य बेहतर था, जबकि पाकिस्तान में सैनिक शासन होने की वजह से सब बिखरा-बिखरा था।

3. भारत ने युद्ध से पहले रूस के साथ समझौता किया था, इण्टरनेशनल लेवल पर बाँग्लादेश की रिफ्यूजी समस्या को जोरदार ढंग से उठाया था। पाकिस्तान इस भुलावे में था कि अमेरिका और चीन उसकी मदद करेंगे।

4. पाकिस्तान की मदद के लिए अमेरिका ने सेवंथ फ्लीट बेड़े को हिन्द महासागर में डियेगो गार्सिया तक भेज दिया था, लेकिन भारत ने रूस से जो समझौता किया था, उसकी वजह से भारत की मदद के लिए रूस ने अपनी न्यूक्लियर सब मैरिन भेज दी। ये भारत के हक में रहा।

5. भारत ने ईस्ट पाकिस्तान में तेजी से वॉर कर तीन दिन में ही एयर फोर्स और नेवल विंग को तबाह कर दिया। इस वजह से ईस्ट पाकिस्तान की राजधानी ढाका में पैराट्रूपर्स आसानी से उतर गए, जिसका पता जनरल ए.ए.के. नियाजी को 48 घण्टे बाद लगा।

6. पाकिस्तान में डिसीजन टेकिंग पावर सिर्फ हायर लेवल पर सेंट्रलाइज थी। इस वजह से कोई फैसला नीचे तक आने में वक्त लगता था। इस वजह से पाकिस्तान तेजी से कोई स्ट्रेटजी नहीं बना पाया। भारत में चीफ ऑफ द आर्मी स्टाफ मानेकशॉ ने फैसले लेने का अधिकार दोनों कोर कमाण्डरों को दिया था। भारतीय सेना तेजी से निर्णय लेकर हमले कर सकी।

7. वेस्ट पाकिस्तान ने ईस्ट पाकिस्तान में 'क्रेक डाउन' शुरू कर दिया था। इस वजह से ईस्ट पाकिस्तान की सेना रेप, मर्डर और लोगों को प्रताड़ित करने लगी। इससे आर्मी का अनुशासन भंग हो गया। ऐसे में जब उनका सामना भारत की अनुशासित सेना से हुआ तो उन्हें हारकर सरेंडर करना पड़ना।

8. पाकिस्तान को अन्त तक भारत की स्ट्रैटजी का पता नहीं चल पाया। उसने सोचा था कि भारत की सेना ईस्ट पाकिस्तान में नदियों को पार कर ढाका तक नहीं पहुँच पाएगी और वह बॉर्डर पर ही उलझे रहेंगे। यह उसकी भूल साबित हुई। भारतीय सेना ने पैराट्रूपर्स की मदद से ढाका को ही घेर लिया। वहीं मुक्ति वाहिनी

की मदद से भारतीय सेना, ईस्ट पाकिस्तान के बार्डर से अन्दर तक घुस गई।

9. पाकिस्तान में आर्मी, नेवी और एयरफोर्स में को-आर्डिनेशन नहीं था। यही कारण है कि तीनों संयुक्त रूप से कार्रवाई नहीं कर पाए, जबकि भारतीय सेना फील्ड मार्शल मानेकशॉ के नेतृत्व में तीनों विंग एकजुट होकर काम कर रही थी।

10. ईस्ट पाकिस्तान में मुक्ति वाहिनी के रूप में जो सेना गठित हुई, वह पाकिस्तान की सेना से लड़ी और भारतीय सेना को रास्ता बताया। यही कारण है कि ईस्ट पाकिस्तान के नदियों के जाल को पार करके भारतीय सेना ढाका तक पहुँच सकी। 1971 का भारत-पाक युद्ध भारत एवं पाकिस्तान के बीच एक सैन्य संघर्ष था। इसका आरम्भ तत्कालीन पूर्वी पाकिस्तान के स्वतन्त्रता संग्राम के चलते 3 दिसम्बर, 1971 से 16 दिसम्बर, 1971 को हुआ था एवं ढाका समर्पण के साथ समापन हुआ था। युद्ध का आरम्भ पाकिस्तान द्वारा भारतीय वायुसेना के 11 स्टेशनों पर रिक्ति पूर्व हवाई हमले से हुआ, जिसके परिणामस्वरूप भारतीय सेना पूर्वी पाकिस्तान में बांग्लादेशी स्वतन्त्रता संग्राम में बंगाली राष्ट्रवादी गुटों के समर्थन में कूद पड़ी। मात्र 13 दिन चलने वाला यह युद्ध इतिहास में दर्ज लघुत्तम युद्धों में से एक रहा।

युद्ध के दौरान भारतीय एवं पाकिस्तानी सेनाओं का एक ही साथ पूर्वी तथा पश्चिमी दोनों फ्रंट पर सामना हुआ और ये तब तक चला जब तक कि पाकिस्तानी पूर्वी कमान ने समर्पण अभिलेख पर 16 दिसम्बर, 1971 में ढाका में हस्ताक्षर नहीं कर दिए, जिसके साथ ही पूर्वी पाकिस्तान को एक नया राष्ट्र बाँग्लादेश घोषित किया गया। लगभग 90,000 से 93,000 पाकिस्तानी सैनिकों को भारतीय सेना द्वारा युद्ध बन्दी बनाया गया था। इनमें 79,676 से 89,000 तक पाकिस्तानी सशस्त्र सेना के वर्दीधारी सैनिक थे, जिनमें कुछ बंगाली सैनिक भी थे जो पाकिस्तान के वफादार थे। शेष 10324 से 15,000 युद्धबन्दी वे नागरिक थे, जो या तो सैन्य-सम्बन्धी थे या पाकिस्तान के सहयोगी (रजाकर) थे। एक अनुमान के अनुसार इस युद्ध में लगभग 30,000 से 3 लाख बाँग्लादेशी नागरिक हताहत हुए थे। इस संघर्ष के कारण, 80,000 से लगभग 1 लाख लोग पड़ोसी देश भारत में शरणार्थी रूप में घुस गए।

पूर्वी पाकिस्तान में स्थापित प्रभावशाली बंगाली लोगों एवं पाकिस्तान के चार प्रान्तों में बसे बहु-जाति पाकिस्तानी लोगों के बीच राज्य करने के अधिकार को लेकर चल रहे मुक्ति संघर्ष ने भारत-पाकिस्तानी युद्ध में चिंगारी का काम किया। पाकिस्तान (पश्चिमी) एवं पूर्वी पाकिस्तान के लोगों के बीच 1947 में संयुक्त राजशाही द्वारा भारत की स्वतन्त्रता के फलस्वरूप पाकिस्तान के सृजन के समय से ही राजनैतिक

तनाव चल रहा था जो समय के साथ बढ़ता ही जा रहा था। इसको हवा देने वाले मुख्य कारकों में 1950 का प्रसिद्ध भाषा आन्दोलन, 1964 के पूर्व में बड़े दंगे और अन्ततः 1969 में भारी विरोध प्रदर्शन रहे। इनके परिणामस्वरूप पाकिस्तान के राष्ट्रपति अयूब खान को अपने पद से त्याग-पत्र देकर सेना प्रमुख जनरल याह्या खान को पाकिस्तान की केन्द्रीय सरकार सँभालने का न्यौता देना पड़ा। पूर्वी एवं पश्चिमी पाकिस्तान की भौगोलिक दूरी भी अत्यधिक थी, लगभग 1,000 मील (1,600 कि. मी.), जो बंगाली संस्कृति एवं पाकिस्तानी संस्कृति के राष्ट्रीय एकीकरण के प्रत्येक प्रयास में बाधा बनती थी।

बंगाली प्रभाव को दबाने एवं उन्हें इस्लामाबाद की केन्द्रीय सरकार बनाने में हिस्सेदारी देने के अधिकार से रोकने के लिए एक विवादित वन युनिट कार्यक्रम चलाया गया जिसके अन्तर्गत पूर्वी एवं पश्चिमी पाकिस्तान की स्थापना की गई, किन्तु इस प्रयास का स्थानीय पश्चिमी लोगों द्वारा घोर विरोध किया गया, एवं इसके कारण सरकार के दोनों धड़ों को साथ-साथ चलाना असम्भव होता गया। 1969 में, तत्कालीन राष्ट्रपति याह्या खान ने प्रथम आम चुनावों की घोषणा की। 1970 में पश्चिमी पाकिस्तान की स्थिति का स्थगन कर दिया जिससे कि उसे अपनी 1947 में पाकिस्तान की स्थापना के समय बनाई गई चार प्रान्तों वाली मूल विषम स्थिति में बहाल किया जा सके। इसके साथ-साथ ही वहाँ बंगालियों एवं बहु-जातीय पाकिस्तानियों के बीच धार्मिक एवं जातीय विवाद भी उठने लगे, क्योंकि बंगाली लोग उन प्रभावशाली पश्चिम पाकिस्तानियों से बहुत भिन्न थे।

1970 में हुए आम चुनावों में पूर्वी-पाकिस्तान की आवामी लीग को पूर्वी पाकिस्तान विधान सभा की 169 में से 167 सीटें मिलीं जिसके परिणामस्वरूप उसे 313 सीटों वाली नेशनल असेम्बली में लगभग पूर्ण बहुमत मिल गया, जबकि पश्चिम पाकिस्तान का वोट-बैंक कंजर्वेटिव पाकिस्तान मुस्लिम लीग एवं समाजवादी पाकिस्तान पीपुल्स पार्टी, और तत्कालीन साम्यवादी आवामी नेशनल पार्टी में बँट गया। आवामी लीग नेता शेख मुजीबुर्रहमान ने अपनी राजनीतिक स्थिति पर जोर देते हुए इस संवैधानिक संकट को एक छः सूत्री कार्यक्रम के द्वारा समाधान दिया साथ ही राज्य करने के बंगालियों के अधिकार का पुरजोर समर्थन किया।

आवामी लीग की चुनावी जीत के चलते बहुत से पाकिस्तानियों को यह भय लगा कि कहीं इस तरह बंगालियों ने संविधान को भी उन छः सूत्री कार्यक्रम की ओर घुमा न लें।

इस संकट से उबरने हेतु सिफारिशों एवं समाधान के लिए अहसान-याकूब मिशन बनाई गई एवं उसकी सिफारिशों एवं रिपोर्ट को आवामी लीग, पाकिस्तान पीपुल्स पार्टी तथा पाकिस्तान मुस्लिम लीग और साथ ही राष्ट्रपति याहया खान से समर्थन मिला।

हालाँकि इस मिशन को राष्ट्रीय सुरक्षा परिषद् के कई घटकों का समर्थन नहीं मिल पाया था, और परिणामस्वरूप इसे वीटो कर दिया गया। पाकिस्तान पीपुल्स पार्टी के अध्यक्ष, जुल्फिकार अली भुट्टो के वीटो को समर्थन देने और पाकिस्तान की प्रीमियरशिप को शेख मुजीबुर्रहमान को देने से मना कर देने पर आवामी लीग ने राष्ट्रव्यापी सामान्य हड़ताल की घोषणा कर दी। राष्ट्रपति याह्या खान ने नेशनल असेम्बली के संयोजन को स्थगित कर दिया जिससे आवामी लीग एवं उसके पूर्वी पाकिस्तान के ढेरों समर्थकों का मोहभंग हो गया। इसकी प्रतिक्रियास्वरूप शेख मुजीबुर्रहमान ने सामान्य हड़ताल की घोषणा की जिससे सरकार बन्दी के हालात हो गए। साथ ही उधर पूर्व में असन्तुष्टों के समूह ने बिहारी जातीय समूहों पर अपनी अहिंसक प्रतिक्रिया करनी आरम्भ कर दी, जिन समूहों ने पाकिस्तान का समर्थन किया था। मार्च 1971 के आरम्भ में अकेले चिट्टागांग में ही लगभग 300 बिहारियों को बंगालियों की हिंसक भीड़ ने काट डाला। पाकिस्तान सरकार ने इस 'बिहारी हत्याकाण्ड' के बहाने पूर्वी पाकिस्तान में कुछ दिन बाद 25 मार्च को ऑपरेशन सर्चलाइट के तहत सेना तैनात कर दी। राष्ट्रपति याह्या खान ने तब पूर्वी पाक-सेनाध्यक्ष लेफ्टि. जन. साहबजादा याकूब खाँ से त्याग-पत्र माँगने के बाद पूर्व के असन्तुष्टों को दबाने के लिए और सेना बढ़ा दी जिसमें पश्चिमी पाकिस्तानी सैनिकों की बहुतायत थी।

वहाँ असन्तुष्टों की भीड़ गिरफ्तार की जाने लगीं और कई दिनों की हड़ताल एवं असहयोग आन्दोलन के बाद, टिक्का खान के नेतृत्व में पाकिस्तानी सेना ने 25 मार्च, 1971 की रात्रि में ढाका पर अधिकार कर लिया। आवामी लीग को सरकार ने अवैध घोषित कर दिया। इसके बहुत से सदस्यों तथा सहानुभूतिज्ञों को पूर्वी भारत के भागों में शरण लेनी पड़ी। मुजीब को 25/26 मार्च, 1971 की अर्धरात्रि के 01:30 प्रातः बजे (29 मार्च, 1971 की रेडियो पाकिस्तान के समाचार के अनुसार) गिरफ्तार करके पाकिस्तान ले जाया गया। इसके बाद ऑपरेशन सर्चलाइट कार्रवाई की गई और उसके तुरन्त बाद ही ऑपरेशन बरीसल की कार्रवाई की गई जिसके अन्तर्गत पूर्व के बौद्धिक अभिजात वर्ग को निपटाने की मंशा थी।

26 मार्च, 1971 को पाकिस्तानी सेना के मेजर जियाउर रहमान ने शेख मुजीबुर्रहमान की ओर से बाँग्लादेश की स्वतन्त्रता का एलान कर दिया।

उसी वर्ष अप्रैल में विस्थापित आवामी लीग के नेताओं ने मेहरपुर के बैद्यनाथताला में बाँग्लादेश की प्रावधानिक सरकार का गठन किया। तब ईस्ट पाकिस्तान राईफल्स, थल सेना, वायु एवं नौसेना तथा पाकिस्तान मैरींस के बंगाली अधिकारियों ने भी अपने दल-बदल कर लिए साथ ही भारत के विभिन्न भागों में डर के मारे शरण ले ली। बाँग्लादेश की सेना, जिसे मुक्ति वाहिनी कहते हैं एवं जिसमें नियमितो वाहिनी तथा गॉनो वाहिनी दो प्रमुख अंग थे, की स्थापना सेवानिवृत्त कर्नल मुहम्मद अताउल गनी उस्मानी के नेतृत्व में की गई।

बाँग्लादेश मुक्ति संघर्ष में भारत की भूमिका

एडमिरल सैयद मुहम्मद एहसान और लेफ्टि. जनरल साहबजादा याकूब खान के त्याग-पत्र दे देने के बाद, मीडिया के समाचारों में पाकिस्तानी सेना के बंगाली नागरिकों के व्यापक नरसंहार को, जिसमें विशेष तौर पर निशाना बने अल्पसंख्यक हिन्दु समुदाय थे, को बड़ा स्थान मिला। इसके परिणामस्वरूप इस समुदाय को पड़ोसी देश पूर्वी भारत में शरण लेने हेतु भागना पड़ा। इन शरणार्थियों के लिए पूर्वी भारत की सीमाओं को भारत सरकार द्वारा खोल दिया गया। इन्हें शरण देने हेतु निकटवर्ती भारतीय राज्य सरकारों, जैसे पश्चिम बंगाल, बिहार, असम, मेघालय एवं त्रिपुरा सरकारों द्वारा बड़े स्तर पर सीमावर्ती क्षेत्रों में शरणार्थी कैम्प भी लगाए गए। इस तेजी से भागते पूर्वी पाकिस्तानी शरणार्थी जनसमूह द्वारा भारत में घुस जाने के कारण भारत की पहले ही बोझिल अर्थव्यवस्था पर असहनीय भार पड़ा।

युद्ध के बाद, पूर्व के पाकिस्तानी सेना जनरलों में एक दूसरे पर पिछले दिनों किए गए प्रतिबद्ध अत्याचारों के लिए एक-दूसरे पर दोषारोपण का काम शुरू हो गया, किन्तु अधिकतर दोष लेफ्टि. जनरल टिक्का खान के सिर मढ़े गए, जिसे पूर्वी पाकिस्तान के गवर्नर होने के कारण अधिकतम उत्तरदायित्व उठाना था। उसे बंगाल का कसाई, आदि संज्ञाएँ दी गईं, क्योंकि अधिकतर अत्याचार के कार्य उसके नेतृत्व में हुए थे। अपने समकालीन साहबजादा याकूब खान, जो अपेक्षाकृत शान्तिप्रिय था एवं बल प्रयोग में कम विश्वास रखता था, उससे भिन्न टिक्का खान को विवादों के निपटारे हेतु बल प्रयोग को आतुर कहा जाता था।

युद्ध जाँच आयोग की सुनवायियों में अपने अपराध-स्वीकारोक्ति में, लेफ्टि.जनरल आमिर अब्दुल्ला खान नियाजी ने उसके कार्य-कलापों पर टिप्पणी करते हुए

लिखा—25-26 मार्च, 1971 के बीच की रात को जनरल टिक्का खान ने आक्रमण किया। तब वह शान्तिपूर्ण रात्रि एक विलाप, चीत्कार और आगजनी भरी रात में बदल गई। जनरल टिक्का ने अपनी ओर से किसी हमले की तरह कोई कसर नहीं छोड़ी थी, जैसे वे किसी शत्रु पर हमला कर रहे हों, न कि अपने ही दिशा-भ्रमित एवं गुमराह लोगों से। यह सैन्य कार्रवाई पूर्ण क्रूरता एवं नृशंसता भरी थी, जो निर्दयता में चंगेज खान एवं हलाकू खान द्वारा बुखारा और बगदाद में किए गए भयंकर नरसंहार से कहीं अधिक थे...जनरल टिक्का ने नागरिकों की हत्या करवाई और तप्त भूमि नीति अपनाई। अपनी टुकड़ियों के लिये उनके आदेश थे—मुझे भूमि चाहिए न कि आदमी।' मेजर जनरल राव फरमान अली ने अपनी दैनिक डायरी में लिखा है—'पूर्वी पाकिस्तान की हरित भूमि को रक्तिम कर देंगे। इसे बंगाली रक्त से लाल कर दिया।' हालाँकि राव फरमान ने इस टिप्पणी का जोरदार विरोध करते हुए 1974 की युद्ध जाँच समिति के आगे स्वीकारोक्ति में सारा उत्तरदायित्त्व टिक्का खान पर डाल दिया।

भारत सरकार द्वारा अन्तरराष्ट्रीय समुदाय से बारम्बार अपील की गई, किन्तु भारतीय विदेश मंत्री स्वरण सिंह के विभिन्न देशों के विदेश मंत्रियों से भेंट करने के बावजूद भी कोई सकारात्मक प्रतिक्रिया नहीं प्राप्त हुई। तत्कालीन भारतीय प्रधान मंत्री इन्दिरा गाँधी ने 27 मार्च, 1971 को पूर्वी पाकिस्तान के मुक्ति संघर्ष के लिए अपनी सरकार का पूर्ण समर्थन देते हुए कहा कि लाखों शरणार्थियों को भारत में शरण देने से कहीं बेहतर है कि पाकिस्तान के विरुद्ध युद्ध कर इस संघर्ष को विराम दिया जाए। 28 अप्रैल, 1971 को इन्दिरा गांधी मंत्रिमण्डल ने भारतीय तत्कालीन सेनाध्यक्ष सैम मानेकशॉ को पूर्वी पाकिस्तान को कूच करने का आदेश दिया। पूर्वी पाकिस्तानी सेना से विलग हुए अधिकारियों एवं भारतीय रिसर्च एंड एनालिसिस विंग (रॉ) के घटकों द्वारा तुरन्त ही भारतीय शरणार्थी शिविरों से मुक्तिवाहिनी के गुरिल्लाओं हेतु पाकिस्तान के विरुद्ध प्रशिक्षण देने के लिये एवं भर्ती का काम आरम्भ कर दिया गया। 1971 में, पूर्व में भारत समर्थित बांग्लादेशी राष्ट्रवाद की सशक्त लहर फैल गई थी। इसके बाद ही स्थिति अहिंसात्मक होती गई और व्यवस्थित रूप से पूर्व में रह रहे बहु-जातीय पाकिस्तानियों की लक्ष्य बनाकर हत्याएँ करनी आरम्भ हो गईं। पाकिस्तान के राष्ट्रभक्त बंगाली राजनीतिज्ञों की वाहन में बम लगाकर हत्याएँ तथा सरकारी सचिवालयों में उच्च पदासीनों को लक्ष्य बनाने व हत्या करने के कार्य तेजी से दिखाई देने लगे थे। फीनिश आतंकवाद रिपोर्टर जुस्सी हान्हीमाकी के अनुसार पूर्व का बंगाली उग्रवाद कुछ-कुछ 'एक भुला दिये गए आतंकवाद के इतिहास' की भांति था। हमुदूर रहमान आयोग ने बंगाली उग्रवाद के दावों का समर्थन करते हुए

लिखा कि बहु-जातीय पाकिस्तानियों से हुए दुर्व्यवहार ने पाकिस्तानी सैनिकों को अहिंसा की ओर उकसाया जिससे कि वे अपने लोगों का बदला लेकर सरकार के आदेशों का पालन करने में सहायक हो सकें।

पाकिस्तानी मीडिया का मनोभाव भी तेजी से बदलते हुए युद्धप्रिय एवं पूर्व पाकिस्तान तथा भारत के विरुद्ध सैन्यवादी होता जा रहा था। हालाँकि कुछ पाकिस्तानी मीडिया विद्वानों की भाषा इन पूर्व की गतिविधियों की रिपोर्ट देते हुए, मिली-जुली भी दिखाई देती थी। सितम्बर 1971 के अन्त तक सम्भवतः पाकिस्तान सरकार के अंदरूनी घटकों के समर्थन से एक संगठित प्रचार अभियान चालू हो चुका था, जिसके परिणामस्वरूप क्रश इंडिया आदि सन्देश वाले स्टीकरों को वाहनों के पीछे लगाया जाने लगा। ये अभियान रावलपिंडी, इस्लामाबाद एवं लाहौर से आरम्भ होते हुए शीघ्र ही पूरे पश्चिमी पाकिस्तान में फैलता चला गया। अक्तूबर माह तक अन्य स्टीकरों में हैंग द ट्रेटर (देशद्रोही को फाँसी दो) भी दिखाई देने लगा जो शेख मुजीबुर्रहमान के सन्दर्भ में था। दिसम्बर के अन्त तक कुछ रूढ़िवादी प्रिंट मीडिया ने 'जिहाद' संबंधी पाठ्य सामग्री को छापना भी आरम्भ कर दिया जिससे सेना में भर्ती प्रक्रिया को बढ़ावा मिले।

भारत की पाकिस्तान के साथ आधिकारिक भिड़न्त

अप्रैल, 1971 के अन्त आते तक भारतीय प्रधान मंत्री इन्दिरा गांधी ने भारतीय सेनाध्यक्ष सैम मानेकशॉ से भारत के पाकिस्तान से युद्ध करने की तैयारी के बारे में चर्चा कर ली थी। सैम मानेकशॉ के निजी अभिलेखों के अनुसार उन्होंने अभी इस युद्ध के लिए दो कारणों से असमर्थता जताई थी। एक तो पूर्वी पाकिस्तान क्षेत्र में मॉनसून के आने का समय था, दूसरे सेना के टैंकों का पुनरोद्धार कार्य प्रगति पर था। उन्होंने इस असमर्थता के कारण अपना त्याग-पत्र भी प्रस्तुत किया, जिसे गांधी ने अस्वीकार कर दिया। हाँ, उन्होंने गांधी से ऐसे युद्ध में जीत का आश्वासन दिया कि यदि उन्हें आक्रमण उनके तरीके व शतो ें पर करने दिया जाए व एक तिथि सुनिश्चित की जाए; जिसे गांधी ने मान लिया। असल में इन्दिरा गांधी जल्दबाजी में की गई सैन्य कार्यवाही के दुष्परिणाम से अवगत थीं, किन्तु वे अपनी सेना के विचार भी जानना चाहती थीं, जिससे वे अपने मंत्रिमण्डल के कई तीखे सहकर्मियों के उत्तर दे सकें, तथा जन-समुदाय को भी शान्त कर सकें जो भारत के उस समय के संयम रखने के निर्णय के समर्थन के लिए अति महत्त्वपूर्ण थे।

नवम्बर, 1971 तक की परिस्थितियों को देखते हुए युद्ध अपरिहार्य-सा प्रतीत

हो रहा था, जिसके बारे में सोवियत संघ ने पाकिस्तान को चेतावनी भी दी थी। इस चेतावनी को उस समय पाकिस्तान की एकता और अखण्डता के लिए आत्मघाती मार्ग कहा गया था। नवम्बर, 1971 के माह भर पाकिस्तानी रूढ़िवादी व अपरिवर्तनवादी राजनीतिज्ञों द्वारा उकसाए हुए हजारों लोगों ने लाहौर और अन्य पाकिस्तानी शहरों में क्रश इण्डिया(भारत को कुचल दो) मार्च निकाला। इसकी प्रतिक्रियास्वरूप भारत ने अपनी पश्चिमी सीमाओं पर वृहत स्तर पर भारतीय सेना के जमावड़े बनाने आरम्भ कर दिए, किन्तु उन्होंने दिसम्बर तक शान्तिपूर्ण प्रतीक्षा की, जिससे कि मॉनसून के वर्षाकाल उपरान्त की भूमि शुष्क होकर अभियान हेतु सहायक जाए तथा हिमालय के दर्रों में हिमपात से आवाजाही अवरोधित हो जाए तथा चीन को बीच में घुसने को मार्ग ही न सुलभ हो। 23 नवम्बर को पाकिस्तानी राष्ट्रपति याह्या खान ने पूरे पाकिस्तान में आपातकाल की घोषणा कर दी तथा अपने लोगों को युद्ध हेतु तैयार रहने का आह्वान किया।

3 दिसम्बर की शाम लगभग 05:40 बजे पाकिस्तान वायुसेना (पीएएफ) ने भारत-पाक सीमा से 300 मील (480 कि.मी.) दूर बसे आगरा सहित उत्तर-पश्चिमी भारत के 11 वायुसेना बेसेज पर अप्रत्याशित रिक्ति-पूर्व हमले कर दिए। इस हमले के समय विश्व-प्रसिद्ध ताजमहल को घास-फूस व पत्तियों, बेलों व लताओं से ढँक कर गन्दे कपड़ों से घेर दिया गया था, क्योंकि उसका श्वेत संगमरमर रात्रि की चाँदनी में श्वेत मार्गदर्शक की भाँति चमकता था।

इन रिक्ति-पूर्व हमलों, जिन्हें ऑपरेशन चंगेज खान भी कहा गया था, की प्रेरणा इजरायल के अरब-इजरायली छः दिवसीय युद्ध में आपरेशन फोकस की विजय से ली गई थी, किन्तु 1967 के उस युद्ध में अरब वायुसेना बेसेज पर बड़ी संख्या में इजरायली लड़ाकू वायुयान भेजे गए थे, जबकि पाकिस्तान ने लगभग 50 से भी कम वायुयानों को भेजा था।

उसी शाम, राष्ट्र के नाम एक सन्देश में प्रधान मंत्री इन्दिरा गांधी ने कहा कि ये हवाई हमले पाकिस्तान की ओर से भारत पर युद्ध की घोषणा हैं और उसी रात को भारतीय वायुसेना ने पहली पहल जवाबी हवाई कार्रवाई भी कर दी। अगले दिन ही इन जवाबी हमलों को वृहत स्तर के हवाई आक्रमण में बदल दिया गया।

इसके साथ ही 1971 के भारत-पाक युद्ध का आधिकारिक आरम्भ हुआ एवं इन्दिरा गांधी ने सेना की टुकड़ियों को सीमा की ओर कूच करने के आदेश दिए तथा पूरे स्तर पर पाकिस्तान पर आक्रमण आरम्भ कर दिया। इस अभियान में समन्वय बनाकर वायु, सागर एवं भूमि से पाकिस्तान पर सभी मोर्चों पर हमले बोल दिए गए।

भारत के इस अभियान का मुख्य उद्देश्य पूर्वी मोर्चे पर ढाका पर अधिकार करना एवं पश्चिमी मोर्चे पर पाकिस्तान को भारतीय भूमि में घुसने से रोकना था।

नौसैनिक युद्ध स्थिति

पिछले 1965 के युद्ध से अलग, इस बार पाकिस्तान भारत के संग नौसैनिक मुठभेड़ के लिए तैयार नहीं था। इस तथ्य से पाकिस्तानी नौसेना मुख्यालय के उच्च पदासीन अधिकारीगण भली-भांति अवगत थे कि उनकी नौसेना बिल्कुल तैयार नहीं है तथा उन्हें इस बार बुरी तरह मुँह की खानी पड़ेगी। पाकिस्तानी नौसेना भारतीय नौसेना के विरुद्ध गहरे सागर में आक्रामक युद्ध के लिए किसी भी स्थिति में सहज नहीं थी, न ही भारतीय नौसेना के सागरीय अतिक्रमण के सामने पर्याप्त सुरक्षा ही दे पाने में समर्थ थी।

युद्ध के पश्चिमी मोर्चे पर, भारतीय नौसेना की पश्चिमी नवल कमान से वाइस एडमिरल सुरेन्द्र नाथ कोहली के नेतृत्व में 4/5 दिसम्बर, 1971 की रात्रि में कूटनाम/त्रिशूल नाम से कराची बन्दरगाह पर अचानक हमला बोल दिया। इन नौसैनिक हमलों में सोवियत-निर्मित ओसा मिसाइल नावों के द्वारा पाकिस्तानी नौसेना के ध्वंसक पीएनएस खायबर एवं माइनस्वीपर पीएनएस मुहाफिज को तो जलमग्न ही कर दिया जबकि पीएनएस शाहजहाँ (डीडी-962) भी बुरी तरह क्षतिग्रस्त किया गया। इसके बदले में पाकिस्तानी नौसैनिक पनडुब्बियों, पीएनएस हैंगर (एस 131), मॅन्ग्रो एवं शुशुक ने भारतीय युद्धपोतों की खोज का अभियान शुरू कर दिया। पाकिस्तानी नौसैनिक स्रोतों के अनुसार लगभग 720 नौसैनिक या तो हताहत हुए या लापता थे, पाकिस्तान का ईंधन भण्डार एवं बहुत से व्यापारिक पोत भी नष्ट हो गए, जिससे पाकिस्तानी नौसेना का युद्ध करना या युद्ध में बने रहना अब और कठिन हो गया। 9 दिसम्बर, 1971 को हैंगर ने आईएनएस खुकरी (एफ 149) को जलमग्न कर दिया, जिसमें 194 भारतीय हताहत हुए; एवं यह घटना द्वितीय विश्व युद्ध के बाद प्रथम पनडुब्बी हमला थी।

आईएनएस खुकरी के हमले के तुरन्त बाद ही 8/9 दिसम्बर की रात को ही कराची बन्दरगाह पर एक और बड़ा हमला हुआ जो कूटनाम पायथन के नाम से था। भारतीय नौसेना की ओसा मिसाइल नावों ने कराची बन्दरगाह पहुँचकर सोवियत से ली हुई स्टाइक्स प्रक्षेपास्त्र से मार की किसके परिणामस्वरूप कई बड़े ईंधन टैंक ध्वस्त हुए एवं तीन पाकिस्तानी व्यापारी बेड़े तथा एक वहाँ खड़े विदेशी जहाज को भी क्षतिग्रस्त कर दिया। पाकिस्तानी वायु सेना ने किसी भी भारतीय नौसैनिक युद्धपोत

पर हमला नहीं किया एवं अगले दिन तक भी उन्हें सन्देह बना रहा, जिसके चलते पाकिस्तान इण्टरनेशनल एयरलाइंस के टोही युद्ध विमान चालक की तरह कार्यरत एक नागरिक विमान चालक ने अपने ही पीएनएस जुल्फीकार (के-265) को भारतीय पोत के भ्रम में हमला कर दिया, जिससे उस पोत को भयंकर क्षति पहुँची व साथ ही कई कार्यरत नौसैनिक अधिकारीगण भी हताहत हुए।

युद्ध के पूर्वी मोर्चे पर, भारतीय पूर्वी नवल कमान ने वाइस एडमिरल नीलकान्त कृष्णन के नेतृत्व में पूर्वी पाकिस्तान को बंगाल की खाड़ी में एक नौसैनिक अवरोध बनाकर पश्चिमी पाकिस्तान से एकदम अलग-थलग कर दिया। इससे पूर्वी पाकिस्तानी नौसेना एवं आठ विदेशी व्यापारिक जहाज भी वहीं फँस गए। दिसम्बर से विमानवाहक पोत आईएनएस विक्रांत को तैनात किया गया और उसके सी-हॉक लड़ाकू बम-वर्षकों ने चटगाँव एवं कॉक्स बाजार सहित पूर्वी पाक के कई तटवर्ती नगरों व कस्बों पर हमला बोल दिया। पाकिस्तान ने बदले की कार्रवाई में पीएनएस गाजी को भेजा, जो सन्देहजनक परिस्थितियों में रास्ते में ही, विशाखापट्टनम के निकट डूब गई। सेना के भी कई भाग हो जाने के कारण पाक नौसेना ने रियर एडमिरल लेज्ली मुंगाविन पर भरोसा किया एवं पाकिस्तान मैरीन्स के द्वारा भारतीय सेना के विरुद्ध जलीय युद्ध (रिवराइन वारफेयर) आरम्भ किया, किन्तु उसमें उन्हें आश्चर्यजनक भीषण हानि हुई। जिसका मुख्य कारण उन्हें बाँग्लादेश की आर्द्र भूमि के अनुभव की कमी तथा अभियान युद्ध की बारे में अज्ञानता ही थे।

पाक नौसेना को हुई हानि में 7 तोप नावें, 1 माइनस्वीपर, 1 पनडुब्बी, 2 ध्वंसक, 3 गश्तीदल वाहक नावें, तटरक्षकों के 3 गश्ती जहाज, 18 मालवाहक, आपूर्ति एवं संचार पोत, कराची बन्दरगाह पर नौसैनिक बेसेज पर तथा डॉक्स पर हुए वृहत् स्तर की हानियाँ थीं। तटीय नगर कराची को भी काफी हानि हुई। तीन मर्चेण्ट नेवी के जहाज अनवर बख्श, पास्नी एवं मधुमति एवं दस छोटे जहाज पकड़े भी गए थे। लगभग 1900 नौसैनिक लापता हुए, जबकि 1413 सेवारत लोगों को भारतीय सेना ने ढाका में पकड़ा। एक पाकिस्तानी विज्ञ, तारिक अली के अनुसार, पाकिस्तान को अपनी पाकिस्तान मैरीन्स की पूर्ण हानि हुई एवं लगभग आधी से अधिक नौसेना युद्ध में काम आ गई।

वायु हमले

अब तक के चोरी-छिपे हमलों में मुँह की खाने के बाद एवं उसके परिणामस्वरूप भारतीय हमलों में हानि के बाद अब पाकिस्तान ने रक्षात्मक रुख अपना लिया

जिसके चलते युद्ध जैसे-जैसे बढ़ता गया भारतीय वायु सेना ने प्रत्येक मोर्चे पर पाकिस्तानी वायु सेना को कड़ी टक्कर दी और अब पाकिस्तान के द्वारा हमले दिन-प्रतिदिन घटते जा रहे थे। भारतीय वायुसेना ने लगभग 4000 से अधिक उड़ानें भरीं जबकि पाक वायुसेना ने उसकी जवाबी कार्रवाई नामलेवा ही की, जिसका आंशिक कारण गैर-बंगाली तकनीकी लोगों की अति-न्यून उपलब्धि भी रही।

इस तरह युद्ध में पीछे हटने का उत्तरदायी, पाक वायु मुख्यालय के अपने नुकसान को कम करने के निर्णय को भी ठहराया जाता है; क्योंकि बाँग्लादेश मुक्ति संघर्ष के दौरान भी भारी हानि उठाई थी। पाक वायु सेना ने भारतीय वायुसेना के द्वारा कराची बन्दरगाह को दो बार भारी नुकसान पहुँचाये जाने के बाद भारतीय नौसेना से सम्पर्क लगभग बन्द ही कर दिए, किन्तु पाक वायुसेना ने इसके बदले में ओखा बन्दरगाह पर हमला बोला एवं उन ईंधन भण्डारों को नष्ट किया जिसने पाक पर हमला करने वाली नावें आदि आपूर्ति लेती थीं।

इधर पूर्व में नं. 14 स्वाड्रन टेल चॉपर्स जो स्क्वाड्रन लीडर परवेज मेहन्दी कुरैशी, जिन्हें युद्ध-बन्दी बना लिया गया था, के नेतृत्व में थी, उसको नष्ट-भ्रष्ट कर दिया गया। इसके बाद ढाका की पाक वायु सुरक्षा समाप्त होने से पूर्व में भारत का अधिकार सिद्ध हो गया।

युद्ध के अन्त तक, पाक वायुसेना के विमानचालक पूर्वी पाकिस्तान से पड़ोसी देश बर्मा में बच निकले एवं बहुत से पाक वायुसेना के लोग पूर्व से बर्मा के लिए ढाका के भारतीय अधिकृत होने से पूर्व ही पलायन कर चुके थे।

पाकिस्तान पर भारतीय हमले

पूर्वी पाकिस्तान पर पकड़ मजबूत होने के बाद भी भारतीय वायुसेना ने पाकिस्तान पर अपने हमले जारी रखे। अब ये अभियान दिन में विमान-भेदी तोपों, रडार-भेदी विमानों एवं लड़ाकू जेट विमानों के पास-पास से निकलने वाले आक्रमणों की श्रेणी तथा रात्रि में विमान क्षेत्रों, हवाईपट्टियों, एयरबेसेज पर हमलों तथा पाकिस्तानी बी-57 व सी-130 और भारतीय कॅनबरा व एएन-12 के बीच भिड़तों की शृंखला में बदलता जा रहा था।

पाक वायुसेना ने अपने वायु बेसेज की आन्तरिक सुरक्षा एवं रक्षात्मक गश्ती दल हेतु एफ-6 तैनात कर दिए, किन्तु अधिमान्य वायु श्रेष्ठता के अभाव में वह प्रभावी आक्रामक अभियान नहीं चला पा रहा था, अतः उसके आक्रमण अधिकतर प्रभावहीन ही रहे थे। भारतीय वायुसेना ने एक संयुक्त राज्य वायुसेना एवं एक

संयुक्त राष्ट्र विमान को ढाका में नष्ट कर दिया एवं इस्लामाबाद में कनाडा के रॉयल कनाडा वायुसेना के डीएचसी-4 कॅरिबोउ के साथ खड़े हुए सं. राज्य मिलिट्री के सम्पर्क प्रमुख ब्रिगेडियर-जनरल चुक यीगर के निजी सं. राज्य वायुसेना से लिए हुए बीच यू-8 सहित दोनों को उड़ा डाला। इसके बाद भी भारतीय वायुसेना द्वारा पाक वायुसेना पर पाकिस्तान में उनके हवाई-अड्डों पर छिटपुट छापे जैसे हमले युद्ध के अन्त तक जारी रहे। इनमें सेना का पूरा हस्तक्षेप तथा सहयोग बना रहा।

पाकिस्तानी वायुसेना ने इस अभियान में अत्यधिक सीमित भाग लिया, इनके सहयोग में जॉर्डन से एफ-104, मध्य-पूर्व के एक अज्ञात सहयोगी (अभी तक) द्वारा मिराज विमानों तथा साउदी अरब से एफ-86 विमान आते रहे। इनके आगमन से पाकिस्तानी वायुसेना की क्षमता एवं हानि पर से पूर्ण रूप से पर्दा नहीं हट सका। लीबियाई एफ-5 विमानों को सम्भवतः एक सम्भावित प्रशिक्षण इकाई के रूप में सरगोधा बेस पर तैनात किया गया जो पाकिस्तानी विमान चालकों को सऊदी अरब से और एफ-5 विमानों की आवक हेतु प्रशिक्षित कर सकें। भा.वा. सेना कई प्रकार के कार्य सफलतापूर्वक करती रही, जैसे सैनिकों को सहायता पहुँचाना; हवाई मुकाबले, गहरी पैठ वाले हमले, शत्रु ठिकानों के निकट पैरा-ड्रॉपिंग; वास्तविक लक्ष्य से शत्रु सेनानियों को दूर रखने, बमबारी और टोह लेने के कार्य। इसके मुकाबले पाक वायुसेना जो मात्र हवाई हमलों में केन्द्रित रही, युद्ध के प्रथम सप्ताह तक महाद्वीपीय आकाश से विलुप्त हो चली थी। जो कोई पाक सेना विमान बचे भी थे, उन्होंने या तो ईरानी वायुबेस में शरण ली या कंक्रीट के बंकरों में जा छिपे व आगे किसी हमले से हाथ ही खींच लिया।

युद्ध के आक्रमण आधिकारिक रूप से 15 दिसम्बर को ढाका पर अधिकार एवं भारत के पाकिस्तान की भूमि पर बड़े स्तर पर अधिकार के दावे के उपरान्त (हालाँकि युद्धोपरान्त पुनः युद्ध-पूर्व सीमाएँ स्थापित कर दी गईं) 17 दिसम्बर, 1971 को 14:30 (यूटीसी) बजे पाकिस्तान के पूर्वी भाग को बाँग्लादेश के रूप में स्वतन्त्रता की घोषणा के बाद बन्द किए गए। भारत ने पूर्व में 1,978 उड़ानें भरीं और पश्चिम में पाकिस्तान पर 4,000; जबकि पाकिस्तान ने लगभग पूर्व में 30 तथा पश्चिमी मोर्चे पर (2,840) 80% से अधिक भारतीय वायुसेना की उड़ानें पूरी सहायता सहित एवं चौकी के नियन्त्रण में रहीं, और लगभग 45 विमान लापता हो गए।

पाक ने 45 विमान खोए जिनमें उन एफ-6, मिराज 3, या 6 जॉर्डनियाई एफ-104 की गिनती नहीं है जो अपने दानदाताओं के पास कभी नहीं पहुँच पाए। उड़ानों की हानि में इतने बड़े स्तर के असन्तुलन का कारण भारतीय वायुसेना के उल्लेखनीय

स्तर की बड़ी उड़ान दर तथा उनके भूमि मार पर जोर देने के कारण कहा जा सकता है। भूमि के मोर्चों पर पाक के 8,000 सैनिक मृत एवं 25,000 घायल हुए जबकि भारत के 3,000 सैनिक मृत तथा 12,000 घायल हुए। सशस्त्र वाहनों की क्षति भी इसी प्रकार असन्तुलित ही थी और इसी से अन्त में पाकिस्तान की भारी हार को आँका जाता है।

भूमि आक्रमण

युद्ध पूर्व भारतीय सेनाएँ दोनों मोर्चों पर अति सुव्यवस्थित तरीके से आयोजित थीं और पाक सेना की तुलना में इनकी मात्रा भी कहीं अधिक थी। भारतीय सेना के युद्ध में असाधारण युद्ध प्रदर्शन ने उसकी चीन के संग युद्ध के समय खोई प्रतिष्ठा, आत्मविश्वास और गरिमा वापस लौटा दी थी।

इनकी आपसी मुठभेड़ के आरम्भ होने के कुछ ही समय में भारत एवं उनके बंगाली विद्रोही साथियों के पक्ष में निर्णायक करवट ले ली थी। दोनों ही मोर्चों पर पाकिस्तान ने कई बार भूमि के हमले किए, किन्तु भारतीय सेना के दोनों ही मोर्चों पर सुसमन्वित भूमि संचालन के आगे उनकी हिम्मत एवं भूमि दोनों ही भारतीयों के आगे हारे गए। पाकिस्तान द्वारा बड़े स्तर के भूमि हमले पश्चिमी मोर्चों पर पाकिस्तान मरीन्स (दक्षिणी सीमा पर) के संग किए गए किन्तु भारतीय सेनाएँ पाक भूमि पर घुसने व अधिकार जमाने में बड़े स्तर पर सफल हुई तथा शीघ्र ही और आरम्भ में ही लगभग 5,795 वर्ग मील (15,010 कि.मी.) पाक भूमि अधीन पर ली जिनमें आजाद कश्मीर, पंजाब एवं सिंध के क्षेत्र आते हैं, किन्तु बाद में 1972 के शिमला समझौते के अन्तर्गत सद्भावना के रूप में वापस कर दिए गए। पाक सेना के प्रथम कॉर्प एवं द्वितीय कॉर्प में हताहतों की संख्या काफी बड़ी थी। इसमें बहुत से सैनिकों की हानि का कारण भारतीय सेना की दक्षिणी एवं पश्चिमी कमान के विरुद्ध हमलों में मात्र सेना की आन्तरिक संरचना के परिचालन योजना और समन्वय की कमी थे। युद्ध के अन्त आते-आते पश्चिमी मोर्चे पर पाक सेना के सैनिकों तथा मरीन्स भावनात्मक और मनोवैज्ञानिक रूप से बहुत ही हतोत्साहित हो चुकी थी और अब उनमें आगे बढ़ती भारतीय सेना का सामना करने को कोई भी उत्साह न हिम्मत शेष थी। युद्ध जाँच समिति ने बाद में यह तथ्य भी उजागर किया कि पाकिस्तान की सेनाओं के लिए प्रत्येक स्तर एवं प्रत्येक कमान स्तर पर सैनिकों हेतु पर्याप्त शस्त्रों एवं प्रशिक्षण की गहन आवश्यकता थी।

23 नवम्बर, 1971 को भारतीय सेनाओं ने पूर्ण रूप से पूर्वी मोर्चे पर प्रवेश

किया एवं पूर्वी पाकिस्तान की सीमाओं में घुसकर बंगाली राष्ट्रवादी संघर्षकर्ता साथियों का साथ दिया। 1965 के युद्ध से अलग, जिसमें धीमी गति से आगे बढ़त ली थी, इस बार अपनाई गई रणनीति में तेजी थी, नौ पैदल सेना टुकड़ियों के साथ संलग्न बख्तरबन्द इकाइयों एवं इनके सहायक वायु हमलों के साथ भारतीय सेनाओं ने शीघ्र ही पूर्वी पाकिस्तान की तत्कालीन राजधानी ढाका तक पहुँच बनाई। भारतीय सेना की पूर्वी कमान के जनरल ऑफिसर मुख्य कमान अध्यक्ष लेफ्टिनेंट जनरल जगजीत सिंह अरोड़ा ने पूर्वी पाकिस्तान पर पूरा जोर लगाकर आक्रमण किया और इनकी सहायता में वायुसेना ने त्वरित गति से पाकिस्तानी पूर्वी कमान के उपस्थित छोटे-छोटे हवाई दलों को नष्ट कर डाला जिससे ढाका वायुक्षेत्र का प्रचालन एकदम स्तम्भित हो गया। इस बीच भारतीय नौसेना ने पूर्वी पाकिस्तान को समुद्री मार्ग पर प्रभावी रूप से बाधित कर दिया।

भारतीय अभियानों में 'ब्लिटूजक्रीग' तकनीकें अपनाईं, जिसके अन्तर्गत शत्रु के स्थानों में कमजोरी व्याप्त कर, उनके विरोध से बचते हुए शीघ्रता से विजय प्राप्त की गई। असहनीय एवं अत्यन्त हानि झेलने के बाद पाकिस्तानी सेनाओं ने एक पखवाड़े के अन्दर ही समर्पण कर दिया एवं पूर्वी कमान के सैन्य अधिकारियों के मन में एक डर एवं आतंक बैठ गया। पूर्व में भारतीय सेना की बढ़त से पाकिस्तानियों में एक मनोवैज्ञानिक डर उपजा जिससे उन पाकिस्तानी सैनिकों में हतोत्साह का संचार हुआ। इसके बाद 16 दिसम्बर, 1971 को भारतीय सेनाओं ने ढाका को घेर लिया और अन्ततः मात्र 30 मिनट में समर्पण कर देने का अल्टीमेटम जारी किया। इस अल्टीमेटम की घोषणा को सुनने के बाद, पूर्वी पाकिस्तान में तैनात अपने लेफ्टि-जनरल आमिर अब्दुल्लाह खान नियाजी के नेतृत्व में पाकिस्तानी पूर्वी कमान ने बिना किसी विरोध के समर्पण कर दिया। 16 दिसम्बर, 1971 को पाकिस्तान ने अन्ततः एकतरफा युद्ध-विराम की घोषणा कर दी एवं इसके साथ ही अपनी संयुक्त थल सेना को भारतीय सेना को सौंप दिया जिसके साथ ही 1971 का भारत-पाक युद्ध आधिकारिक रूप से समाप्त हो गया।

पाक पूर्वी कमान का पूर्वी पाकिस्तान में समर्पण

आधिकारिक रूप से पूर्वी पाकिस्तान स्थित पूर्वी कमान द्वारा भारतीय पूर्वी कमान के जन. आफिसर कमाण्ड-इन चीफ लेफ्टि-जनरल जगजीत सिंह अरोड़ा एवं पाक पूर्वी कमान के कमाण्डर, लेफ्टि. जन ए. ए. के. नियाजी के बीच रमणा रेसकोर्स, ढाका में 16:31 बजे (भामास) समर्पण अभिलेख पर हस्ताक्षर हुए। भारतीय लेफ्टि.

जन. अरोड़ा द्वारा समर्पण अभिलेख पर बिना कुछ बोले हस्ताक्षर कर दिए गए, रेसकोर्स में व उसे घेरे हुए खड़ी बड़ी भीड़ में पाकिस्तान विरोधी नारे लगने लगे तथा प्राप्त रिपोर्ट्स के अनुसार पाकिस्तानी मिलिट्री क़े समर्पण करते कमाण्डरों के विरुद्ध अपशब्द भी ऊँचे स्वरों में बोले गए।

समर्पण होने पर भारतीय सेना ने लगभग 90,000 से अधिक पाक सैनिक एवं उनके बंगाली सहायकों को युद्धबन्दी बना लिया। यह द्वितीय विश्वयुद्ध से अब तक का विश्व का सबसे बड़ा समर्पण था। आरम्भिक गणनाओं के अनुसार 79,676 सैनिक, जिनमें से 55,692 पाकिस्तान सेना के सैनिक थे, 16,354 अर्द्धसैनिक बल, 5,296 पुलिस, 1,000 नौसैनिक एवं 800 पाक वायु सैनिक थे।

इनके अलावा शेष बन्दी सामान्य नागरिक थे जो या तो इन सैनिकों के निकट सम्बन्धी थे या उनके सहायक (रजाकर) थे। हमुदूर रहमान आयोग एवं युद्धबन्दी जाँच आयोग की रिपोर्ट के अनुसार पाकिस्तान द्वारा सौंपी गई युद्धबन्दियों की सूचियों में सैनिकों के अलावा 15,000 बंगाली नागरिकों को भी युद्धबन्दी बना लिया गया था।

अन्तर-सेवा शाखा	पाकिस्तानी युद्धबन्दियों की संख्या	कमान अधिकारी
पाकिस्तान सेना	54,154	लेफ़्टि-जन. आमिर अब्दुल्लाह खान नियाज़ी
पाकिस्तानी नौसेना/पाकिस्तान मरीन्स	1,381	रियर-एडमिरल मुहम्मद शरीफ़
पाकिस्तान वायु सेना	833	एयर वाइस मार्शल पैट्रिक डेस्मंड कैलाघन
अर्धसैनिक/ईस्ट पाकिस्तान राइफल्स/पुलिस	22,000	मेजर-जन. राव फ़रमान अली
सरकारी अधिकारी	12,000	गवर्नर अब्दुल मुतलिब मलिक
कुलः	90,368	

प्रभाव

2 जुलाई, 1972 को, भारत-पाकिस्तानी शिखर शिमला, हिमाचल प्रदेश में शिमला में आयोजित किया गया था, भारत में शिमला समझौता पर हस्ताक्षर किए गए थे और राष्ट्रपति जुल्फिकार अली भुट्टो और प्रधान मंत्री इंदिरा गांधी के बीच हर राज्य की एक सरकार एक डिपॉजिटरी भूमिका निभाते थे। इस संधि ने बाँग्लादेश को बीमा प्रदान किया था कि पाकिस्तान ने पाकिस्तानी सैनिकों की वापसी के बदले बांग्लादेश

की सम्प्रभुता को मान्यता दी थी क्योंकि भारत 1925 में जेनेवा कन्वेन्शन के अनुसार युद्ध कैदियों के साथ व्यवहार कर रहा था। केवल पाँच महीनों में, भारत ने लेफ्टिनेंट जनरल ए.ए.के. के साथ व्यवस्थित रूप से 90,000 से अधिक युद्ध कैदियों को जारी किया। नियाजी पाकिस्तान को सौंपे जाने वाले अन्तिम युद्ध कैदी हैं।

इस सन्धि ने 13,000 वर्ग किमी से भी ज्यादा जमीन वापस कर दी जो युद्ध में भारतीय सेना ने पाकिस्तान में जब्त की थी, हालाँकि भारत ने कुछ रणनीतिक क्षेत्र (टूर्कू, धौथांग, टायकासी (पूर्वी तियाकी) और चोरबाट घाटी के चालुनका सहित) को बरकरार रखा है, जो कि 804 वर्ग किमी से अधिक था। भारतीय कट्टरपंथियों ने हालाँकि महसूस किया कि यह संधि राष्ट्रपति बेनजीर भुट्टो के लिए बहुत ही उदार थी, जिन्होंने उदारता के लिए अनुरोध किया था, उनका तर्क था कि अगर पाकिस्तान में नाजुक स्थिरता कम हो जाती तो समझौता पाकिस्तानियों द्वारा अत्यधिक कठोर होने के रूप में माना जाता था और वह आरोपी होगा पूर्वी पाकिस्तान के नुकसान के अलावा कश्मीर को खोने का। जिसके परिणामस्वरूप प्रधान मंत्री इंदिरा गांधी की भुट्टो की 'मीठी बात और झूठी शपथ' के विश्वास के लिए भारत के एक सेक्शन की आलोचना की गई, जबकि अन्य खण्ड ने दावा किया कि इसे 'वर्साइल सिंड्रोम' जाल में गिरने के लिए सफल नहीं होने के कारण।

विदेशी प्रतिक्रिया और अन्तर्भावितता

सोवियत संघ ने पूर्वी पाकिस्तान से सहानुभूति दिखाते हुए भारतीय सेना एवं मुक्ति वाहिनी द्वारा पाकिस्तान के विरुद्ध हमले का समर्थन किया क्योंकि व्यापक रूप से उसे लगा कि पूर्व पाकिस्तान की बाँग्लादेश के रूप में पहचान संघ के प्रतिद्वन्द्वियों संयुक्त राज्य एवं चीन की स्थिति को कमजोर कर देगी। सोवियत संघ ने भारत को युद्ध पूर्व कड़ा आश्वासन दिया था कि भविष्य में यदि इस युद्ध के कारण सं. राज्य या चीन से टकराव की स्थिति बनी तो वह भारत के समर्थन में उससे निबटने के उपाय करेगा। ये आश्वासन अगस्त 1971 में की गई भारत-सोवियत मैत्री एवं सहयोग संधि के रूप में सुरक्षित एवं सुनिश्चित किए गए थे।

हालाँकि भारत-सोवियत संधि के तहत भारत की प्रत्येक स्थिति के लिए सोवियत संघ की कोई प्रतिबद्धता नहीं थी, जबकि लेखक रॉबर्ट जैकसन के अनुसार संघ ने संघर्ष के दौरान भारत की स्थिति को स्वीकार कर लिया था। सोवियत संघ ने पाकिस्तान के प्रति मध्य-अक्तूबर तक अपना सहानुभूतिपूर्ण व्यवहार ही बनाए रखा था। अक्तूबर के मध्य में संघ ने पाकिस्तान को राजनीतिक समझौते कर मामले को सुलझाने पर

जोर दिया, जिसके उपरान्त ही वह पाकिस्तान को अपनी औद्योगिक सहायता जारी रखने की पुष्टि करेगा। नवम्बर 1971 में पाकिस्तान में सोवियत राजदूत ने एक गुप्त सन्देश (रोदियोनोव सन्देश) के द्वारा पाकिस्तान को सूचित चेतावनी दी कि 'यदि उपमहाद्वीप में तनाव और बढ़ता है तो वह पाकिस्तान के लिए एक आत्मघाती कार्यकलाप सिद्ध होगा।'

संयुक्त राज्य पाकिस्तान के प्रति नैतिक, राजनीतिक, आर्थिक एवं भौतिक रूप से समर्थन में रहा एवं तत्कालीन यू.एस राष्ट्रपति रिचर्ड निक्सन एवं उनके राज्य सचिव हेनरी किसिन्जर ने इस वृहत स्तर के सिविल युद्ध को रोकने हेतु हस्तक्षेप करने के लिए एक आशापूर्ण प्रयास से एकदम मना कर दिया। सं. राज्य इस भुलावे में रहा कि उन्हें दक्षिण एशिया में भारत के साथ सोवियत प्रभाव एवं अनौपचारिक मैत्री को इस प्रकार रोकने में पाकिस्तान की आवश्यकता होगी। शीत युद्ध के समय पाकिस्तान संयुक्त राष्ट्र का एक औपचारिक साथी रहा था उसके चीन के संग भी घनिष्ठ सम्बन्ध रहे थे, जिनके द्वारा सं. राज्य चीनी-अमरीकी मेल-मिलाप को बढ़ावा देने हेतु निक्सन फरवरी, 1972 में यहाँ की यात्रा करने को भी उत्सुक था। निक्सन को यह भय था कि पाक पर भारतीय आक्रमण इस क्षेत्र में सोवियत वर्चस्व को बढ़ावा देगा, जिससे सं. राज्य की वैश्विक सत्ता स्थिति पर एवं साथ ही अमेरिका की यहाँ क्षेत्रीय स्थिति पर और उनके नए साथी चीन के संग उनके सम्बन्ध पर विपरीत प्रभाव पड़ेगा। निक्सन ने जॉर्डन एवं ईरान को पाकिस्तान की सहायता के लिए सैन्य सहायता भेजने पर जोर दिया तथा चीन को भी पाकिस्तान के लिए हथियार भेजने पर जोर दिया, हालाँकि ये सभी आपूर्तियाँ बहुत सीमित रहीं। निक्सन प्रशासन द्वारा पाक सेना द्वारा पूर्वी पाकिस्तान में किए जा रहे नरसंहार की रिपोर्ट्स की भी अवहेलना की गई, जिसकी यूनाइटेड स्टेट्स काँग्रेस तथा अन्तरराष्ट्रीय प्रेस द्वारा कड़ी निन्दा की गई।

संयुक्त राष्ट्र में अमेरिकी राजदूत, जॉर्ज बुश सीनियर ने संयुक्त राष्ट्र सुरक्षा परिषद में भारत-पाक के बीच युद्ध-बन्दी करने और दोनों को अपनी-अपनी सेनाएँ हटाने के लिए एक प्रस्ताव रखा।

ऑपरेशन मेघदूत

ऑपरेशन मेघदूत, भारत के जम्मू कश्मीर राज्य में सियाचिन ग्लेशियर पर कब्जे के लिए भारतीय सशस्त्र बलों के ऑपरेशन के लिए कोड नाम था, जो सियाचिन संघर्ष से जुड़ा था। 13 अप्रैल, 1984 को शुरू किया गया यह सैन्य अभियान अनोखा

था क्योंकि दुनिया की सबसे ऊँचाई पर स्थित युद्धक्षेत्र में पहली बार हमला शुरू किया गया था। सेना की कार्रवाई के परिणामस्वरूप भारतीय सेना ने पूरे सियाचिन ग्लेशियर पर नियन्त्रण कर किया था। आज, भारतीय सेना की तैनाती के स्थान को वास्तविक ग्राउण्ड पॉजिशन लाइन (एजीपीएल) के रूप में जाना जाता है, कभी-कभी गलत तरीके से ऑपरेशन मेघदूत भी कहा जाता है। भारतीय सेना और पाकिस्तानी सेना प्रत्येक के दस पैदल सेना बटालियन, 6,400 मीटर (21,000 फीट) तक ऊँचाई पर सक्रिय रूप से तैनात किए जाते हैं।

सियाचिन ग्लेशियर, जुलाई, 1949 के कराची समझौता में उल्लिखित अस्पष्ट सीमाओं के बाद विवाद का एक कारण बन गया था, जो यह नहीं निर्दिष्ट करता था कि सियाचिन ग्लेशियर क्षेत्र पर किसका अधिकार था। भारतीय व्याख्या यह थी कि पाकिस्तानी क्षेत्र शिमला समझौता पर आधारित केवल साल्टोरो दर्रे तक विस्तारित है, जहाँ क्षेत्रीय रेखा के मार्ग की आखिरी सीमा 'एनजे 9842' के 'ग्लेशियरों के उत्तर तक' है। पाकिस्तान का मानना यह था कि उनका क्षेत्र 'उत्तर एनजे 9842' से उत्तर-पूर्व में काराकोरम दर्रा तक जारी रहा। नतीजतन, दोनों देशों ने बंजर भूमि और सियाचिन ग्लेशियर पर दावा किया। 1970 के दशक और 1980 के दशक में पाकिस्तान ने पाकिस्तानी छोर से सियाचिन क्षेत्र की चोटियों पर चढ़ने के लिए कई पर्वतारोहण अभियानों की अनुमति दी थी जोकि शायद इस क्षेत्र में उनके दावे को मजबूत करने की कोशिश थी। जैसा कि पाकिस्तान की सरकार से अनुमति प्राप्त अभियानों में पाकिस्तान के सेना का एक सम्पर्क अधिकारी इन टीमों के साथ रहता था।

1978 में, भारतीय सेना ने भी उन पर्वतारोहण अभियानों को ग्लेशियर तक पहुँचने की अनुमति दी थी जो भारत की और से चढ़ाई कर रहे थे। इनमें सबसे उल्लेखनीय, भारतीय सेना के कर्नल नरेन्द्र 'बुल' कुमार द्वारा टेराम काँगड़ी के लिए चलाया गया एक अभियान था, जिसमें चिकित्सा अधिकारी कैप्टन ए.वी.एस. गुप्ता इनके थे। भारतीय वायु सेना ने 1978 में रसद और रसद की आपूर्ति के माध्यम से इस अभियान में महत्त्वपूर्ण सहायता प्रदान की। ग्लेशियर पर पहले हवाई लैंडिंग 6 अक्टूबर, 1978 को हुई जब दो हताहतों, एसएपी एलडीआर मोंगा और फ्लाइंग ऑफिसर मनमोहन बहादुर को 'चेतक (हेलीकॉप्टर) द्वारा एडवांस बेस कैंप से निकाला गया। ग्लेशियर स्थित इन अभियानों के द्वारा दोनों पक्षों ने अपने अपने दावों पर जोर दिया।

विशेष रूप से, जब 1984 में पाकिस्तान ने एक महत्त्वपूर्ण चोटी (रिमो आई) को मापने के लिए एक जापानी अभियान की अनुमति दी थी, तब पाकिस्तान के अपने दावे को वैध बनाने के प्रयासों को सन्देह की दृष्टि से देखा जाने लगा। सियाचिन ग्लेशियर के पूर्वी और से अक्साई चिन, जिस पर चीन द्वारा कब्जा कर लिया गया है, पर नजर रखी जा सकती है। भारतीय सेना का मानना था कि इस अभियान ने पूर्वोत्तर चीन के काराकोरम रेंज से दक्षिण-पश्चिमी पाकिस्तानी तरफ एक व्यापार मार्ग के लिए एक लिंक बना सकता है जिससे पाकिस्तानी सशस्त्र बलों को फायदा होगा।

ऑपरेशन

भारतीय सेना ने 13 अप्रैल, 1984 को ग्लेशियर को नियन्त्रित करने की योजना बनाई थी, ताकि लगभग 4 दिनों तक पाकिस्तानी सेना को भुलावे में रखा जा सके, क्योंकि खुफिया जानकारी के अनुसार पाकिस्तानी सेना ने 17 अप्रैल तक ग्लेशियर पर कब्जा करने की योजना बनाई थी। इस ऑपरेशन के लिए, कालीदास द्वारा 4थी शताब्दी ईस्वी संस्कृत नाटक के दिव्य बादल दूत मेघदूत को नामित किया गया, ऑपरेशन मेघदूत ने जम्मू एवं कश्मीर के श्रीनगर में 15 कॉर्प के तत्कालीन जनरल ऑफिसर कमांडिंग लेफ्टिनेंट जनरल प्रेम नाथ हून की अगुवाई की। ऑपरेशन मेघदूत की तैयारी के लिए, भारतीय वायु सेना (आईएएफ) द्वारा भारतीय सेना के सैनिकों की हवाई यात्रा से शुरुआत की। भारतीय वायुसेना ने आई-06, ए एन-12 और ए एन-32 का उपयोग भण्डारण और सैनिकों के साथ-साथ हवाई अड्डों की आपूर्ति करने के लिए ऊँचाई वाले हवाई क्षेत्र में किया था। वहाँ से एमआई-17, एमआई-8 और एचएएल चेतक हेलीकॉप्टर द्वारा आपूर्ति सामग्री एवं सैनिकों को ले जाया गया।

ऑपरेशन का पहला चरण मार्च 1984 में ग्लेशियर के पूर्वी बेस के लिए पैदल मार्च के साथ शुरू हुआ। कुमाऊँ रेजिमेंट की एक पूर्ण बटालियन और लद्दाख स्काउट्स की इकाइयाँ, युद्ध सामग्री के साथ जोजिला दर्रे से होते हुए सियाचिन की ओर बढ़ी। लेफ्टिनेंट-कर्नल (बाद में ब्रिगेडियर) डी. के. खन्ना के कमान के तहत इकाइयाँ पाकिस्तानी रडारों द्वारा बड़ी सैनिकों की गतिविधियों का पता लगाने से बचने के लिए पैदल ही चले थे।

ग्लेशियर की ऊँचाइयों पर भारत के अनुकूल स्थिति स्थापित करने वाली पहली इकाई का नेतृत्व मेजर (बाद में लेफ्टिनेंट-कर्नल) आर. एस. संधू ने किया था।

कैप्टन संजय कुलकर्णी की अगुवाई वाली अगली इकाई ने बिलाफोंड ला को सुरक्षित किया। शेष तैनात इकाइयाँ कैप्टन पी. वी. यादव की कमान के तहत चार दिन तक चढ़ाई करते गए और साल्टोरो दर्रे की पहाड़ियों को सुरक्षित करने के लिए आगे बढ़े। 13 अप्रैल तक, लगभग 300 भारतीय सैनिकों को महत्त्वपूर्ण चोटियों में खंदकों में स्थापित किया गया था और जब पाकिस्तान के सैनिक इस क्षेत्र में आए, तो उन्होंने पाया कि भारतीय सेना ने सिया ला, बिलफॉंड ला पास के सभी तीन बड़े पर्वत और 1987 में गिआन ला और पश्चिम सल्टोरो दर्रे सहित सियाचिन ग्लेशियर के सभी कमांडिंग हाइट्स पर नियन्त्रण कर लिया था। अत्यधिक ऊँचाई और सीमित समय के कारण, पाकिस्तान केवल साल्थोरो दर्रे के पश्चिमी ढलानों और तलहटी को नियन्त्रित करने लायक रह गया था इस तथ्य के बावजूद कि उसके पास भारत के मुकाबले ज्यादा जमीनी पहुँच थी जबकि भारत मुख्यतः हवाई सहायता पर निर्भर था।

अपने संस्मरणों में, पूर्व पाकिस्तानी राष्ट्रपति जनरल परवेज मुशर्रफ ने कहा कि पाकिस्तान ने क्षेत्र का लगभग 900 वर्ग मील (2,300 किमी.) खो दिया है। टाइम (अंग्रेजी पत्रिका) के अनुसार भारतीय अग्रिम सैन्य पंक्ति ने पाकिस्तान द्वारा दावा किए गए इलाके के करीब 1,000 वर्ग मील (2,600 किमी 2) पर कब्जा कर लिया था। अस्थायी शिविरों को जल्द ही दोनों देशों के स्थायी शिविरों में परिवर्तित कर दिया था। इस विशेष ऑपरेशन के दौरान दोनों पक्षों की हताहतों की संख्या ज्ञात नहीं है।

बाद के घटनाक्रम

ऑपरेशन के रणनीतिक मूल्य पर भिन्न विचार हैं। कुछ इसे गैर-सामरिक भूमि पर एक निष्पक्ष कब्जे के रूप में देखते हैं जो भारत और पाकिस्तान के बीच विरोधाभासी सम्बन्धों का प्रकट करते हैं। बहुतायत में जानकार इस ऑपरेशन को भारतीय सैन्य द्वारा 'साहसी' सफलता के रूप में मानते हैं और जो यह सुनिश्चित करता है कि भारतीय सेना ने ग्लेशियर के पश्चिम में रणनीतिक साल्टोरो दर्रे पर सामरिक दृष्टि से महत्त्वपूर्ण हिस्से पर कब्जा किया। भारतीय सेना वर्तमान में 70 किलोमीटर (43 मील) लम्बे सियाचिन ग्लेशियर और इसके सभी उपनदी ग्लेशियरों के साथ-साथ ग्लेशियर, सिआ ला, बिलाफोंड ला, और गियांग ला के पश्चिम में सल्टोरो दर्रे के तीन मुख्य गुटों को नियन्त्रित करती है। इस प्रकार उच्च भूमि का सामरिक लाभ इसे मिलता है।

इस क्षेत्र में रसद की आपूर्ति, संचालन और रख-रखाव की लागत दोनों ही सेनाओं के लिए अत्यन्त खर्चीली है। 1987 में और फिर 1989 में पाकिस्तान ने

भारत द्वारा नियन्त्रित दर्रे पर कब्जा करने के लिए हमला किया। पहले हमले का नेतृत्व तब के ब्रिगेडियर-जनरल परवेज मुशर्रफ (बाद में पाकिस्तान के राष्ट्रपति) ने किया था और शुरू में कुछ पहाड़ियों को हासिल करने में कामयाब रहा था।

बाद में उसी वर्ष पाकिस्तान ने कम-से-कम एक प्रमुख पाकिस्तानी पोस्ट, 'कायदे' को खोया, जो भारतीय सेना के नियन्त्रण में 'बाना पोस्ट' बनी, जो कि बाना सिंह के नाम से जानी जाती है। एक महत्त्वपूर्ण ऑपरेशन, जिसका नाम ऑपरेशन राजीव था, बाना सिंह के नेतृत्व में, दिन के समय, 1500 फुट (460 मी.) बर्फ की चट्टान पर चढ़कर कब्जा करने के लिए बाना सिंह को भारत का सर्वोच्च वीरता पुरस्कार, परम वीर चक्र (पीवीसी) से सम्मानित किया गया। बाना पोस्ट दुनिया का सबसे ऊँचा युद्धक्षेत्र है जो समुद्र स्तर से 22,143 फीट (6,74 9 मीटर) की ऊँचाई पर है। 1989 में दूसरा हमला भी असफल रहा क्योंकि जमीन की स्थिति में बदलाव नहीं हुआ। सियाचिन क्षेत्र और बाद में असफल सैन्य अभियानों की हानि पर बेनजीर भुट्टो ने मुहम्मद जिया-उल-हक के लिए कहा था कि 'उन्हें बुरखा पहनना चाहिए क्योंकि वह अपनी मर्दानगी खो चुके हैं।'

हताहतों की संख्या

यद्यपि कोई विश्वसनीय डेटा उपलब्ध नहीं है परन्तु दोनों पक्षों ने मौसम और कठिन भू-भाग के कारण बहुत से जवानों को खो दिया व अनेकों हिमस्खलन के कारण हताहत हुए और मारे गए। सियाचिन ग्लेशियर ऑपरेशन मेघदूत में, 1984 से 18.11.2016 तक, 35 अधिकारी और 887 जेसीओ /ओआरएस ने अपनी जान गँवा दी है। यह जानकारी रक्षा राज्य मंत्री डॉ. सुभाष रामराव भामरे ने राज्य सभा में श्री माजिद मेमन को लिखित उत्तर में दी थी।

ऑपरेशन ब्लू स्टार

पंजाब समस्या की शुरुआत 1970 के दशक से अकाली राजनीति में खींचतान और अकालियों की पंजाब सम्बन्धित माँगों के रूप में हुई थी। 1973 और 1978 ई. में अकाली दल ने आनन्दपुर साहिब प्रस्ताव पारित किया। मूल प्रस्ताव में सुझाया गया था कि भारत की केन्द्र सरकार का केवल रक्षा, विदेश नीति, संचार और मुद्रा पर अधिकार हो जबकि अन्य विषयों पर राज्यों को पूर्ण अधिकार हों। वे भारत के उत्तरी क्षेत्र में स्वायत्तता चाहते थे। उनकी माँग थी कि चण्डीगढ़ केवल पंजाब की ही राजधानी हो, पंजाबी भाषी क्षेत्र पंजाब में शामिल किए जाएँ, नदियों के पानी के

मुद्दे पर सर्वोच्च न्यायालय की राय ली जाए, 'नहरों के हेडवर्क्स' और पन-बिजली बनाने के मूलभूत ढाँचे का प्रबन्धन पंजाब के पास हो, फौज में भर्ती काबिलियत के आधार पर हो और इसमें सिखों की भर्ती पर लगी कथित सीमा हटाई जाए, तथा अखिल भारतीय गुरुद्वारा कानून बनाया जाए। अकालियों का समर्थन और प्रभाव बढ़ने लगा। इसी बीच अमृतसर में 13 अप्रैल, 1978 को अकाली कार्यकर्ताओं और निरंकारियों के बीच हिंसक झड़प हुई। इसमें 13 अकाली कार्यकर्ता मारे गए। रोष दिवस में सिख धर्म प्रचार की संस्था के प्रमुख जरनैल सिंह भिंडरांवाले ने बढ़-चढ़कर हिस्सा लिया। अनेक पर्यवेक्षक इस घटना को पंजाब में चरमपंथ की शुरुआत के रूप में देखते हैं। भारत की तत्कालीन प्रधानमंत्री इंदिरा गाँधी पर सिख समुदाय में अकाली दल के जनाधार को घटाने के लिए जरनैल सिंह भिंडरांवाले को परोक्ष रूप से प्रोत्साहन देने का आरोप लगाया जाता है।

अकाली दल भारत की राजनीतिक मुख्यधारा में रहकर पंजाब और सिखों की माँगों की बात कर रहा था लेकिन उसका रवैया ढुलमुल माना जाता था। जरनैल सिंह भिंडरांवाले ने इन पर कड़ा रुख अपनाया और केन्द्र सरकार को दोषी ठहराना शुरू किया। वे विवादास्पद राजनीतिक मुद्दों और धर्म और उसकी मर्यादा पर नियमित तौर पर भाषण देने लगे। उन्हें एक तबके का समर्थन भी मिलने लगा।

पंजाब में हिंसक घटनाएँ बढ़ने लगीं। सितम्बर, 1981 में हिन्द समाचार 'पंजाब केसरी' अखबार समूह के सम्पादक लाला जगत नारायण की हत्या कर दी गई। जालन्धर, तरन तारन, अमृतसर, फरीदकोट और गुरदासपुर में हुई हिंसक घटनाओं में कई जानें गईं। भिंडरांवाले पर हिंसक गतिविधियों को बढ़ावा देने के आरोप लगे। पुलिस पर्याप्त सबूत नहीं होने की बात कहकर उनके खिलाफ कार्रवाई करने से बचती रही।

सितम्बर, 1981 में भिंडरांवाले के महता चौक गुरुद्वारे के सामने गिरफ्तार होने पर वहाँ एकत्र भीड़ और पुलिस के बीच गोलीबारी हुई और ग्यारह व्यक्तियों की मौत हो गई। पंजाब में हिंसा का दौर शुरू हो गया। कुछ ही दिन बाद सिख छात्र संघ के सदस्यों ने एयर इंडिया के विमान का अपहरण कर लिया।

भिंडरांवाले को जनसमर्थन मिलता देख अकाली दल के नेता भी उनके समर्थन में बयान देने लगे। 1982 ई. में भिंडरांवाले चौक महता गुरुद्वारा छोड़ पहले स्वर्ण मंदिर परिसर में गुरु नानक निवास और इसके कुछ महीने बाद सिखों की सर्वोच्च धार्मिक संस्था अकाल तख्त से अपने विचार व्यक्त करने लगे। अकाली दल ने सतलुज-यमुना लिंक नहर बनाने के खिलाफ जुलाई, 1982 में अपना 'नहर रोको

मोर्चा' छेड़ रखा था जिसके तहत अकाली कार्यकर्ता लगातार गिरफ्तारियाँ दे रहे थे। इसी बीच स्वर्ण मंदिर परिसर से भिंडरांवाले ने अपने साथी अखिल भारतीय सिख छात्र संघ के प्रमुख अमरीक सिंह की रिहाई के लिए नया अभियान शुरू किया। अकालियों ने अपने मोर्चे का भिंडरांवाले के मोर्चे में विलय कर दिया और धर्म युद्ध मोर्चे के तहत गिरफ्तारियाँ देने लगे।

हिंसक घटनाएँ और बढ़ीं। पटियाला के पुलिस उपमहानिरीक्षक के दफ्तर में बम विस्फोट हुआ। पंजाब के उस समय के मुख्यमंत्री दरबारा सिंह पर भी हमला हुआ। अप्रैल, 1983 में पंजाब पुलिस के उपमहानिरीक्षक ए.एस. अटवाल को दिन दहाड़े हरिमंदिर साहब परिसर में गोली मार दी गई। पुलिस का मनोबल गिरता चला गया। कुछ महीने बाद पंजाब रोडवेज की एक बस में घुसे बंदूकधारियों ने जालंधर के पास कई हिंदुओं को मार डाला।

इंदिरा गाँधी सरकार ने पंजाब में दरबारा सिंह की काँग्रेस सरकार को बर्खास्त कर दिया और राष्ट्रपति शासन लागू कर दिया। लेकिन पंजाब की स्थिति बिगड़ती गई। मार्च 1984 तक हिंसक घटनाओं में 298 लोग मारे जा चुके थे। इंदिरा गाँधी सरकार की अकाली नेताओं के साथ तीन बार बातचीत हुई। आखिरी चरण की बातचीत फरवरी 1984 में तब टूट गई जब हरियाणा में सिखों के खिलाफ हिंसा हुई। 1 जून को भी स्वर्ण मंदिर परिसर और उसके बाहर तैनात केन्द्रीय रिजर्व आरक्षी बल के बीच गोलीबारी हुई।

भिंडरावाले को ऐसा लग रहा था कि उनके नेतृत्व में पंजाब अपना एक अलग अस्तित्व बना लेगा। यह काम वह हथियारों के बल पर कर सकता है। इसमें उसे पाकिस्तान से सहयोग का भरोसा था। उसने पाकिस्तान की सीमा के निकट स्थित अमृतसर के सिक्खों के सर्वोच्च मन्दिर को अपने अभियान के लिए किले के रूप में प्रयुक्त करने की योजना बनाई। संत जरनैल सिंह, कोर्ट मार्शल किए गए। मेजर जनरल सुभेग सिंह और सिख स्टूडेंट्स फेडरेशन ने स्वर्ण मंदिर परिसर के चारों तरफ खासी मोर्चाबन्दी कर ली थी। उन्होंने भारी मात्रा में आधुनिक हथियार और गोला-बारूद भी जमा कर लिया था। 1985 ई. में होने वाले आम चुनाव से ठीक पहले इंदिरा गाँधी इस समस्या को सुलझाना चाहती थीं। अन्ततः उन्होंने सिक्खों की धार्मिक भावनाएँ आहत करने के जोखिम को उठाकर भी इस समस्या का अन्त करने का निश्चय किया और सेना को ऑपरेशन ब्लू स्टार करने का आदेश दिया।

तात्कालिक स्थिति

दो जून को हर मंदिर साहिब परिसर में हजारों श्रद्धालुओं ने आना शुरू कर दिया था क्योंकि तीन जून को गुरु अर्जुन देव का शहीदी दिवस था। उधर जब प्रधानमंत्री इंदिरा गाँधी ने देश को सम्बोधित किया तो ये स्पष्ट था कि सरकार स्थिति को खासी गम्भीरता से देख रही है और भारत सरकार कोई भी कार्रवाई कर सकती है। पंजाब से आने-जाने वाली रेलगाड़ियों और बस सेवाओं पर रोक लग गई, फोन कनेक्शन काट दिए गए और विदेशी मीडिया को राज्य से बाहर कर दिया गया।

भारतीय सैन्य अभियान

तीन जून को भारतीय सेना ने अमृतसर पहुँचकर स्वर्ण मंदिर परिसर को घेर लिया। शाम में शहर में कर्फ्यू लगा दिया गया। चार जून को सेना ने गोलीबारी शुरू कर दी ताकि मन्दिर में मौजूद मोर्चाबन्द चरमपंथियों के हथियारों और असलहों का अन्दाजा लगाया जा सके। चरमपंथियों की ओर से इसका इतना तीखा जवाब मिला कि पाँच जून को बख्तरबन्द गाड़ियों और टैंकों को इस्तेमाल करने का निर्णय किया गया। पाँच जून की रात को सेना और सिख लड़ाकों के बीच असली भिड़न्त शुरू हुई।

क्षति

भीषण खून-खराबा हुआ। अकाल तख्त पूरी तरह तबाह हो गया। स्वर्ण मंदिर पर भी गोलियाँ चलीं। कई सदियों में पहली बार वहाँ से पाठ छह, सात और आठ जून को नहीं हो पाया। ऐतिहासिक दृष्टि से इस कार्रवाई से सिख समुदाय की भावनाओं को बहुत ठेस पहुँची। स्वर्ण मंदिर पर हमला करने को बहुत से सिक्खों ने अपने धर्म पर हमला करने के समान माना। कई प्रमुख सिखों ने या तो अपने पदों से इस्तीफा दे दिया या फिर सरकार द्वारा दिए गए सम्मान लौटा दिए। महत्वपूर्ण सिख पुस्तकालय जल गया।

भारत सरकार के श्वेतपत्र के अनुसार 83 सैनिक मारे गए और 249 घायल हुए। 493 चरमपंथी या आम नागरिक मारे गए, 86 घायल हुए और 1592 को गिरफ्तार किया गया। लेकिन ये आँकड़े विवादित माने जाते हैं।

राजनीतिक प्रभाव

सिखों और काँग्रेस पार्टी के बीच दरार पैदा हो गई जो उस समय और गहरा गई जब दो सिख सुरक्षाकर्मियों ने कुछ ही महीने बाद 31 अक्टूबर को तब की प्रधानमंत्री इंदिरा गाँधी की हत्या कर दी। इसके बाद भड़के सिख विरोधी दंगों से काँग्रेस और सिखों की बीच की खाई और बड़ी हो गई।

इंदिरा गाँधी की हत्या

ऑपरेशन ब्लू स्टार के कारण आहत सिखों की धार्मिक भावनाओं का दुष्परिणाम 31 अक्टूबर, 1984 को इंदिरा गाँधी की नृशंस हत्या के रूप में सामने आया। उनके ही दो सिक्ख सुरक्षा प्रहरियों ने उन्हें गोलियों से छलनी कर दिया। इंदिरा गाँधी की मौके पर ही मृत्यु हो गई थी। लेकिन अपराह्न 3 बजे के आस-पास उनकी मृत्यु की सूचना प्रसारित की गई।

ऑपरेशन ब्लू स्टार : अहम् तारीख

1973 आनन्दपुर साहिब प्रस्ताव पारित। प्रस्ताव में केन्द्र को विदेश मामलों, मुद्रा, रक्षा और संचार सहित केवल पाँच दायित्व अपने पास रखते हुए बाकी के अधिकार राज्य को देने और पंजाब को एक स्वायत्त राज्य के रूप में स्वीकारने सम्बन्धी बातें कही गई थीं।

1977 जरनैल सिंह भिंडरावाले सिखों की धार्मिक प्रचार की प्रमुख शाखा, दमदमी टकसाल के प्रमुख चुने गए और अमृत प्रचार अभियान की शुरुआत की।

1978 अखण्ड कीर्तनी जत्थे, दमदमी टकसाल और निरंकारी सिखों के बीच अमृतसर में संघर्ष, 13 सिखों की मौत। अकाल तख्त साहिब ने सिखों के संत निरंकारी पंथ के खिलाफ हुक्मनामा जारी किया। लुधियाना में 18वीं अखिल भारतीय अकाली सम्मेलन का आयोजन जिसमें आनन्दपुर साहिब प्रस्ताव पर एक लचीला रुख अपनाते हुए दूसरा प्रस्ताव पारित किया गया।

1979 अकाली दल का दो धड़ों में विभाजन, पहले धड़े का नेतृत्व हरचंद सिंह लोंगवाल और प्रकाश सिंह बादल सँभालते हैं जबकि दूसरे धड़े का नेतृत्व जगदेव सिंह तलवंडी और तत्कालीन एसजीपीसी अध्यक्ष गुरचरण सिंह तोहड़ा।

1980 निरंकारी पंथ के प्रमुख गुरबचन सिंह पर छठा जानलेवा हमला–उस समय वे दिल्ली स्थित अपने मुख्यालय आ रहे थे। इस हमले में उनकी मौत हो गई थी।

1981 एक नए स्वायत्त खालिस्तान का झण्डा पंजाब स्थित आनन्दपुर साहिब पर फहराया गया। हिन्द समाचार समूह के प्रमुख जगत नारायण की हत्या मामले में जरनैल सिंह भिंडरावाले ने आत्मसमर्पण किया। उन्हें हिरासत में लेकर जेल भेज दिया गया। भिंडरावाले अपने मकसद के लिए हिंसा का रास्ता अपनाने को सही मानते थे। इसी महीने दल खालसा के गजिंदर सिंह और सतनाम सिंह पौंटा सहित पाँच सदस्य श्रीनगर से दिल्ली आ रहे इंडियन एयरलाइंस के विमान को हाईजैक कर लाहौर ले गए। अपहर्ताओं ने नकद रकम और भिंडरावाले को जेल से रिहा करने की माँग रखी। जरनैल सिंह भिंडरावाले जेल से रिहा कर दिए गए। इसी महीने शिरोमणि अकाली दल और दिल्ली की केन्द्र सरकार के बीच पहले दौर की बातचीत हुई, जिसमें शिरोमणि अकाली दल ने लचीला रुख अपनाकर अपनी माँगों को 45 से घटाकर 15 कर दिया। इनमें एक अहम थी भिंडरावाले की बिना शर्त रिहाई।

1982 शिरोमणि अकाली दल और केन्द्र सरकार के बीच तीसरे दौर की बातचीत। इस बातचीत को अकाली दल ने विफल बताया था। शिरोमणि अकाली दल अपने विरोध को आगे बढ़ाते हुए यमुना-सतलुज परियोजना का जोरदार विरोध करने का फैसला किया और नहर रोको मोर्चा खोल दिया। भिंडरावाले अमृतसर स्थित स्वर्ण मंदिर परिसर में गुरुनानक निवास के कमरा नम्बर 47 में आ जाते हैं। अकाली दल ने धर्म युद्ध मोर्चा की घोषणा की। दिल्ली से श्रीनगर जा रहे एक 126 यात्रियों वाले इण्डियन एअरलाइंस के विमान को हाईजैक कर लाहौर में उतारने की कोशिश की गई, लेकिन लाहौर से इसकी इजाजत नहीं मिली। इसके बाद विमान को अमृतसर में उतारा गया। अपहर्ता को अमृतसर में गिरफ्तार कर लिया गया। इसी महीने इंडियन एअरलाइंस के एक और विमान को जोधपुर के रास्ते मुंबई से दिल्ली आते वक्त हाईजैक कर लिया गया। इस विमान को भी लाहौर में उतरने की अनुमति नहीं मिली। इसके बाद अपहर्ता ने विमान को अमृतसर में उतारा। अमृतसर हवाई अड्डे पर कमांडो कार्रवाई में सिख अपहर्ता मुसीबत सिंह की मौत। दिल्ली में नौवें एशियाई खेलों के आयोजन के दौरान अकाली दल ने विरोध की अपील की। कई सिख राजधानी में दाखिल होने की कोशिश करते पकड़े गए। कुछ को प्रताड़ित किया गया। सिखों के उत्पीड़न के मामले मुख्य रूप से हरियाणा से सामने आए।

1983 पंजाब पुलिस के डीआईजी अवतार सिंह अटवाल की अमृतसर में स्वर्ण मंदिर के ठीक सामने हत्या कर दी गई। अकाली दल ने रेल रोको और काम रोको मोर्चा खोला। इससे आम जनजीवन और रेल यातायात बुरी तरह प्रभावित हुआ। दरबारा सिंह के नेतृत्व वाली पंजाब की कांग्रेस सरकार को भंग कर राज्य में राष्ट्रपति शासन लागू कर दिया गया। भिंडरावाले अब अमृतसर स्थित स्वर्ण मंदिर के गुरु नानक निवास से परिसर के सबसे अहम हिस्से यानी अकाल तख्त साहिब में पहुँच गए थे।

1984 पंजाबी के सर्वाधिक पढ़े जाने वाली मासिक पत्रिका, 'प्रीतलारी' के सम्पादक और वरिष्ठ पत्रकार सुमित सिंह शम्मी की हत्या कर दी गई। पूर्व विधायक और अमृतसर में भाजपा प्रमुख हरबंस लाल खन्ना की उनके अंगरक्षक समेत गोली मारकर हत्या। अगले दिन उनकी शवयात्रा में हिंसा भड़क गई। इसमें आठ लोग मारे गए और नौ घायल हुए थे। हिन्दू ब्राह्मण परिवार से आने वाले पंजाबी भाषा के प्रोफेसर विश्वनाथ तिवारी की उनकी पत्नी समेत हत्या कर दी गई। प्रोफेसर तिवारी की पत्नी पंजाबी थीं। दोनों गुटों, लोंगवाल और भिंडरावाले ने पर्चे बाँटकर एक-दूसरे पर सिख सम्प्रदाय के नीचे गिरने का कारण बनने के आरोप लगाए। हिन्द समाचार समूह के सम्पादक जगत नारायण की हत्या के बाद उनके बेटे रमेश चन्द्र ने जिम्मेदारी सँभाली थी उनकी भी जालंधर स्थित उनके कार्यालय में हत्या कर दी। अमृतसर स्थित दरबार साहिब यानी स्वर्ण मंदिर परिसर में भारतीय सेना ने प्रवेश किया। सेना ने स्वर्ण मंदिर को चारों ओर से घेर लिया। भारी गोलाबारी और संघर्ष में सैकड़ों लोगों की मौत हुई। मंदिर परिसर भी क्षतिग्रस्त। इस हमले में भिंडरावाले और लेफ्टिनेंट जनरल शहबेग सिंह सहित कई प्रमुख लोगों की मौत। इस अभियान को ऑपरेशन ब्लू स्टार का नाम दिया। देश के कई हिस्सों में सिख सैनिकों के विद्रोह की खबरें आती हैं। सिख रेजीमेंट के करीब 500 सैनिकों ने राजस्थान के गंगानगर जिले में ऑपरेशन ब्लू स्टार की खबरें सुनकर बगावत कर दी थी। बिहार के रामगढ़ (अब झारखण्ड) में, अलवर, जम्मू, थाणे और पुणे में सिख सैनिकों ने विद्रोह किया था। रामगढ़ में विद्रोही सैनिकों ने अपने कमाण्डर, ब्रिगेडियर एस.सी. पुरी की हत्या कर दी थी। भारत सरकार ने ऑपरेशन ब्लू स्टार पर एक श्वेतपत्र जारी किया, लेकिन उसे आलोचना का सामना करना पड़ा। ऑपरेशन ब्लू स्टार के चार महीने बाद ही इंदिरा गांधी की हत्या कर दी गई थी। तत्कालीन

प्रधानमंत्री इंदिरा गांधी के दो सिख अंगरक्षकों, सतवंत सिंह और बेअंत सिंह ने उनकी गोली मारकर हत्या कर दी। इंदिरा गांधी की हत्या के तुरन्त बाद देश के कई हिस्सों में सिख विरोधी दंगे भड़के उठे। इन दंगों में हजारों लोगों की जान गई।

1985 एअर इंडिया की उड़ान संख्या 182 का विमान आयरलैंड के पास नष्ट हो गया। इस हादसे में 329 लोगों की मौत हो गई। तत्कालीन प्रधानमंत्री राजीव गांधी और हरचंद सिंह लोंगवाल ने एक समझौते पर हस्ताक्षर किए। इसके बाद चंडीगढ़ पंजाब को मिला। एक गुरुद्वारे में भाषण देते वक्त हरचन्द सिंह पर हमला कर उनकी हत्या कर दी गई। अकाली दल को पंजाब में चुनाव में भारी जीत मिली। सुरजीत सिंह बरनाला राज्य के मुख्यमंत्री बने।

1986 स्वर्ण मंदिर यानी दरबार साहिब का नियन्त्रण एक बार फिर से शिरोमणि गुरुद्वारा प्रबन्धन कमेटी को सौंप दिया गया।

भारत की भागीदारी और हस्तक्षेप

भारतीय राज्य तमिलनाडु के भीतर तमिल आन्दोलन के प्रति मजबूत समर्थन की वजह से, शुरुआत में पहले इंदिरा गांधी और बाद में राजीव गांधी के नेतृत्व में भारतीय सरकार ने श्रीलंका में तमिल विद्रोह के साथ सहानुभूति प्रकट की। इस समर्थन से उत्साहित, तमिलनाडु में समर्थकों ने अलगाववादियों के लिए एक अभयारण्य प्रदान किया और श्रीलंका में हथियार और गोला-बारूद की तस्करी के लिए LTTE की बहुत सहायता की, जिसने उन्हें इस द्वीप पर सबसे मजबूत ताकत बना दिया। वास्तव में 1982 में, LTTE सुप्रीमो प्रभाकरण को अपने प्रतिद्वन्द्वी उमा महेस्वरण के साथ शहर के मध्य में गोलीबारी करते हुए तमिलनाडु की पुलिस ने गिरफ्तार कर लिया गया था। पुलिस ने उन दोनों को गिरफ्तार किया और बाद में उन्हें छोड़ दिया गया। इस गतिविधि की जाँच नहीं की गई क्योंकि भारत के क्षेत्रीय और घरेलू हित तमिलों व सिंहलियों के बीच एक नस्लीय मुद्दे के रूप में देखी जा रही समस्या में विदेशी हस्तक्षेप को सीमित रखना चाहते थे। इस तरफ, इंदिरा गांधी सरकार श्रीलंका के राष्ट्रपति ज्युनियस रिचर्ड जयवर्धने को यह स्पष्ट कर देना चाहती थी कि तमिल आन्दोलन के समर्थन में सशस्त्र हस्तक्षेप एक ऐसा विकल्प है जिस पर भारत तभी विचार करेगा जब कूटनीतिक समाधान विफल हो जाएगा।

नागरिक हिंसा का पहला दौर 1983 में भड़का जब श्रीलंका की सेना के 13

सैनिकों की हत्या ने तमिल विरोधी दल द ब्लैक जुलाई रॉएट्स (The Black July Roits) को भड़का दिया जिसमें 3000 से अधिक तमिल मारे गए थे। दंगों ने केवल जातीय सम्बन्धों की गिरावट में वृद्धि की। इस बार LTTE सहित आतंकवादी गुटों ने बड़ी संख्या में भर्ती की और लोकप्रिय तमिल विरोध का निर्माण करना जारी रखा और गुरिल्ला युद्ध पर कार्य करना शुरू कर दिया। मई 1985 तक, गुरिल्ला इतने मजबूत हो गए थे कि वे अनुराधापुरा पर हमला शुरू कर दें, बोधी ट्री मंदिर (Bodhi Tree Shrine), बौद्ध सिंहलियों का एक तीर्थ-स्थान पर हमला कर दें और उसके बाद शहर में हिसात्मक आचरण करें। कम-से-कम 150 नागरिकों की इस एक घण्टे लम्बे हमले में मौत हो गई।

राजीव गांधी की सरकार ने कूटनीतिक प्रयासों को व्यवस्थित रखते हुए श्रीलंका के विभिन्न गुटों के साथ फिर से मैत्रीपूर्ण सम्बन्ध स्थापित करने की कोशिश की जिससे इस संघर्ष का समाधान खोजा जा सके और तमिल लड़ाकों को मिलने वाली प्रत्यक्ष सहायता को सीमित किया जा सके।

तमिल विद्रोहियों को भारत से मिलनेवाले समर्थन में गिरावट का अनुमान होने पर, श्रीलंकाई सरकार ने बड़े पैमाने पर अपनी विद्रोही-विरोधी भूमिका के लिए पाकिस्तान, इसराइल, सिंगापुर और दक्षिण अफ्रीका के समर्थन के साथ खुद को सशस्त्र करने की कोशिश की। 1986 में उग्रवाद के खिलाफ अभियान तेज किया गया। 1987 में, लगातार बढ़ते हुए खूनी विद्रोही आन्दोलन के खिलाफ बदला लेने के लिए, जाफना प्रायद्वीप में LTTE के गढ़ों के खिलाफ वदामराच्ची ऑपरेशन (ऑपरेशन लिबरेशन) का शुभारम्भ किया गया था। आपरेशन में हैलीकॉप्टर जंगी जहाज और साथ ही जमीन पर हमला करने वाले विमान द्वारा समर्थित लगभग 4,000 सैनिकों को शामिल किया गया था। जून 1987 में श्रीलंकाई सेना ने जाफना शहर की घेराबन्दी की। इसके परिणामस्वरूप बड़े पैमाने पर नागरिक घायल हुए और मानवीय संकट की स्थिति निर्मित हो गई। जहाँ दक्षिण भारत में पर्याप्त तमिल जनसंख्या है, अपने घर में तमिल प्रतिघात की सम्भावना का सामना कर रहा था, अतः उसने किसी राजनैतिक समाधान पर पहुँचने के लिए आक्रमण को रोकने के बारे में श्रीलंकाई सरकार से बात की। हालाँकि, भारतीय के प्रयासों को अनसुना कर दिया गया था। इसके अतिरिक्त, पाकिस्तानी सलाहकारों की बढ़ती हुई भागीदारी को देखते हुए, भारतीय हित के लिए यह आवश्यक था कि वे अपने बल का शो आयोजित करें। संकट की समाप्ति के लिए श्रीलंका से कोई समझौता कर पाने में विफल रहने पर, 2 जून, 1987 को भारत ने घोषणा की कि वह उत्तरी श्रीलंका को

मानवीय सहायता प्रदान करने के लिए निहत्थे जहाजों का एक काफिला भेजेगा, लेकिन श्रीलंकाई नौसेना ने इसे बीच में ही रोक दिया और वापस जाने के लिए मजबूर कर दिया।

नौसैनिक मिशन में असफलता के बाद भारतीय सरकार ने यह निर्णय लिए कि वे जाफना शहर में घिरे नागरिकों की सहायता के लिए हवाई सम्भरण द्वारा राहत आपूर्ति आयोजित करेंगे। 4 जून, 1987 को, राहत प्रदान करने के लिए एक बोली में भारतीय वायु सेना ने ऑपरेशन पूमलाई (Operation Poomalai) की शुरुआत की। लड़ाकू विमानों के संरक्षण में पाँच एंटोनोव एन-32एस (Antonov An-32s) विमानों ने जाफना के ऊपर 25 टन सामग्री की हवाई-आपूर्ति करन के लिए उड़ान भरी और वे पूरे समय श्रीलंकाई रडार कवरेज की सीमा के भीतर रहे। उसी समय, नई दिल्ली में श्रीलंकाई राजदूत, बर्नार्ड तिलकरत्ना को के. नटवर सिंह, राज्य मंत्री, विदेश मंत्रालय द्वारा अविरत ऑपरेशन के बारे में सूचित करने के लिए विदेश कार्यालय बुलाया गया और यह भी संकेत दिया गया कि ऐसी उम्मीद की जाती है कि श्रीलंका की एयरफोर्स आपरेशन में बाधा नहीं पहुँचाएगी। आपरेशन का परम लक्ष्य श्रीलंका सरकार को सक्रिय हस्तक्षेप के लिए भारतीय विकल्प की पुनः पुष्टि करना और तमिल नागरिक जनसंख्या के लिए घरेलू तमिलों की गम्भीर चिन्ता दोनों को प्रदर्शित करना था।

भारत-श्रीलंका समझौता

ऑपरेशन पूमलाई के बाद, सक्रिय भारतीय हस्तक्षेप और किसी भी सम्भावित सहयोगी को खो देने की सम्भावना के कारण राष्ट्रपति जे. आर. जयवर्धने ने भावी योजनाओं पर राजीव गांधी सरकार से वार्ता की पेशकश की। जाफना की घेराबन्दी को जल्द ही हटा लिया गया था जिसके बाद बातचीत का एक दौर शुरू हुआ जिसके परिणामस्वरूप 29 जुलाई, 1987 को भारत-श्रीलंका समझौते पर हस्ताक्षर किए गए जिसने संघर्ष पर एक अस्थायी विराम लगा दिया। लेकिन महत्त्वपूर्ण बात यह थी कि बातचीत में वार्ता के लिए LTTE को एक पार्टी के रूप में शामिल नहीं किया गया था। 29 जुलाई, 1987 भारत-श्रीलंका समझौते पर हस्ताक्षर ने श्रीलंकाई नागरिक युद्ध पर एक अस्थायी विराम लगा दिया। समझौते की शर्तों के अन्तर्गत, कोलम्बो सत्ता का प्रान्तों में हस्तान्तरण करने के लिए सहमत हो गया, उत्तर में श्रीलंकाई सैनिकों ने अपनी बैरकों को वापस ले लिया था, तमिल विद्रोहियों को निःशस्त्र करना था।

IPKF के लिए जनादेश

भारत-श्रीलंका समझौते द्वारा अधोहस्ताक्षरित प्रावधानों में श्रीलंका सरकार द्वारा अनुरोध किए जाने पर भारतीय सैन्य सहायता की प्रतिबद्धता व साथ ही भारतीय शान्ति रक्षा सेना के प्रावधान 'युद्ध समाप्ति की गारण्टी और उसे क्रियात्मक रूप में लाना' की प्रतिबद्धता भी थी। इसके आधार पर और श्रीलंका के राष्ट्रपति जे.आर. जयवर्धने के अनुरोध पर ही भारतीय सैनिक उत्तरी श्रीलंका में नियुक्त किए गए थे। जे.एन. दीक्षित, कोलम्बो में तत्कालीन भारतीय राजदूत ने 2000 में rediff-com को एक साक्षात्कार में बताया कि जाहिरा तौर पर जयवर्धने ने भारत से सहायता करने के लिए अनुरोध करने का निर्णय राजधानी कोलम्बो सहित, दक्षिणी सिहंली के ज्यादातर क्षेत्रों के भीतर दंगों और हिंसा की बढ़त देखते हुए लिया जो जनथा विमुक्थी पेरामुना (Janatha Vimukthi Peramuna) और श्रीलंका फ्रीडम पार्टी (Sri Lanka Freedom Party) द्वारा शुरू किए गए थे जिसने व्यवस्था को बनाए रखने के लिए उत्तरी श्रीलंका के तमिल क्षेत्रों में से श्रीलंकाई सेना की वापसी को आवश्यक कर दिया।

भारतीय शान्ति रक्षा सेना

मूल रूप से छोटी नौसेना और वायु तत्त्वों के एक मजबूत प्रभाग के साथ, अपने चरम पर IPKF ने चार डिवीजनों और लगभग 80,000 सैनिकों को एक पहाड़ी (चौथे) और तीन इन्फैण्ट्री डिवीजनों (36वां, 54वां, 57वां) और साथ ही समर्थक हथियारों व सेवाओं को तैनात किया। संचालनात्मक तैनाती के चरम पर, IPKF ऑपरेशनों में बड़ी संख्या में भारतीय अर्ध-सैनिक बल (Indian Paramilitary Force) तथा भारतीय विशेष बलों (Indian Special Forces) के तत्त्व भी शामिल थे। दरअसल भारतीय नौसेना कमाण्डो के लिए श्रीलंका सक्रिय आपरेशन का पहला रंगमंच था। IPKF की मुख्य रूप से तैनाती उत्तरी और पूवी श्रीलंका में की गई थी। श्रीलंका से अपनी वापसी पर IPKF को 21वीं वाहिनी (21st Corps) नाम दिया गया था और इसका मुख्यालय भोपाल के निकट बनाया गया था और ये भारतीय सेना के लिए एक शीघ्र प्रतिक्रिया बल बन गई।

प्रतिरोधक परिचालन

IPKF को इस कार्रवाई में 1,255 लोगों की मौत का सामना करना पड़ा और कई हजार घायल हो गए। कई वर्षों के बाद, श्रीलंकाई सशस्त्र बलों को IPKF की

भूमिका का एहसास हुआ और उन्होंने श्रीलंका में मृत भारतवासियों के लिए एक स्मारक के निर्माण का प्रस्ताव रखा।

LTTE के घायलों की संख्या विश्वसनीय ढंग से ज्ञात नहीं है लेकिन कई हजारों लोग घायल हुए होंगे। कुछ अनुमान यह अभिव्यक्त करते हैं कि IPKF के साथ विभिन्न मुठभेड़ों में 7000 से अधिक कार्यकर्ता मारे गए।

खुफिया विफलताएँ

भारतीय खुफिया एजेंसियाँ बलों को लगातार सटीक जानकारी प्रदान करने में असफल रहीं। इसका एक उदाहरण जाफना के फुटबॉल मैदान का नरसंहार है। LTTE की दुष्प्रचार मशीनरी ने भारतीय सेना को यह जानकारी प्रदान की कि LTTE का नेता वेलुपिल्लाई प्रभाकरण जाफना विश्वविद्यालय के फुटबॉल मैदान के पास की एक इमारत में छिपा था। ऑपरेशन की योजना बनाई गई। जमीन पर कमाण्डो का हवाई सम्भरण करने का फैसला किया गया, जबकि यह सुनिश्चित किया गया कि टैंक निर्माण के अनुवर्ती आन्दोलन द्वारा प्रभाकरन जिन्दा पकड़ा जाएगा। कागज पर यह एक अच्छी योजना थी। गठन ने अपना स्थान छोड़ दिया। ऑपरेशन के लिए युद्ध-कठोर कमांडोज का चयन किया गया। कमांडोज ने हैलीकॉप्टर से नीचे आना शुरू किया। लेकिन जल्द ही पेड़ पर बैठे हुए LTTE के लड़ाकों और निशानेबाजों ने कमाण्डो पर गोलियों की बारिश करना शुरू कर दिया। हेलिकॉप्टर भी आग की चपेट में आ गए थे। पिन्सर गठन में जमीन पर चलने वाले टैंकों की किस्मत भी बहुत अलग नहीं थी। LTTE ने परिचालन क्षेत्र के अग्रणी रास्ते में टैंक-विरोधी विस्फोटक बिछा रखे थे। और फुटबॉल मैदान का नरसंहार पूर्ण हो गया। पूरी कहानी की विडम्बना यह थी कि वे जिस आदमी के शिकार के लिए आए थे उस कार्यवाही के दिन उस क्षेत्र के आस-पास कहीं था ही नहीं।

IPKF ने शिकायत की कि विभिन्न खुफिया एजेंसियों द्वारा परिचालन थिएटरों के सटीक नक्शे उन्हें उपलब्ध नहीं कराए गए थे।

एक और घटना भी हुई थी, जिसमें IPKF द्वारा लगाई गई घात में अनुसन्धान और विश्लेषण विंग (RAW) का एक एजेन्ट मारा गया। वह LTTE के साथ बैक चैनल कूटनीति और शान्तिवार्ता करने के आदेश पर कार्य कर रहा था।

प्रभाव

जबकि IPKF मिशन ने सामरिक सफलता प्राप्त कर ली थी, पर वह अपने

इच्छित लक्ष्य में सफल नहीं हो पाया था। 21 मई, 1991 को LTTE ने श्रीलंका में IPKF को भेजने में राजीव गांधी की भूमिका के लिए उनकी हत्या कर दी।

IPKF का प्राथमिक प्रभाव यह रहा है कि इसने भारत की आतंकवाद विरोधी तकनीकों और सैन्य सिद्धान्तों को आकार प्रदान किया है। अन्तरराष्ट्रीय परिदृश्य पर, इसे राष्ट्रीय या अन्तरराष्ट्रीय सैन्य इतिहास में महत्त्वपूर्ण उल्लेख नहीं मिला है। हालाँकि, राजनैतिक हार, IPKF के घायलों की संख्या तथा साथ ही अन्तरराष्ट्रीय सम्बन्धों में गिरावट ने श्रीलंकाई संघर्ष की दिशा में भारत की विदेश नीति का गठन किया।

राजीव गांधी की हत्या

श्रीलंका में IPKF को भेजने का निर्णय भारत के तत्कालीन प्रधानमंत्री, राजीव गांधी का था जिन्होंने 1989 तक कार्यालय का संचालन किया था। श्रीलंका में ऑपरेशन भी एक कारक है जिसके कारण 1989 में राजीव गांधी के नेतृत्व वाली कांग्रेस (I) सरकार का निष्कासन हुआ था।

21 मई, 1991 को श्रीपेरुंबुदुर की रैली में धनु नामक एक आत्मघाती हमलावर, जो LTTE का एक सदस्य था, ने राजीव गांधी की हत्या कर दी, जब वह 1991 के भारतीय सार्वजनिक चुनाव के दौरान चुनाव प्रचार कर रहे थे।

भारत की विदेश नीति

जब भी श्रीलंका की स्थिति बिगड़ने के लक्षण दिखाई दिए हैं और किसी मध्यस्थता का प्रश्न उठा है; या श्रीलंकाई राजनीति में (विशिष्टतः LTTE द्वारा) जब भी यह प्रस्तावित किया गया है कि इस द्वीप-राष्ट्र में शान्ति को बढ़ावा देने के लिए भारत या अधिक व्यापक रूप से, अन्य विदेशियों की कोई भूमिका होनी चाहिए, तब-तब श्रीलंका में मध्यस्थता के दौरान IPKF की पराजय की चर्चा भी भारतीय राजनैतिक प्रवचनों में की जाती रही है।

परिणामस्वरूप, भारत और श्रीलंका के बीच सम्बन्ध बहुत खट्टे हो गए और भारत ने दोबारा श्रीलंका को कोई भी सैन्य मदद न देने का निर्णय लिया। उसके बाद से यह नीति नहीं बदली है और भारत और श्रीलंका के बीच किसी रक्षा समझौते पर हस्ताक्षर नहीं किए गए हैं। प्रत्यक्ष रूप से भारत LTTE और श्रीलंका के बीच शान्ति वार्ता में कभी शामिल नहीं हुआ है लेकिन उसने नॉर्वे के प्रयासों का समर्थन किया है।

विवाद

श्रीलंकाई संघर्ष में IPKF की भूमिका को वहाँ और घर दोनों में बहुत बदनाम किया गया था। LTTE द्वारा मानव अधिकारों के उल्लंघन की घटनाओं में शामिल रहने का आरोप लगाया गया था। कुछ निष्पक्ष संगठनों ने यह आरोप लगाया कि IPKF और LTTE नागरिक सुरक्षा के लिए अल्प सम्बन्ध में लगे रहते हैं और मानव अधिकारों का उल्लंघन करते हैं। ये आरोप भारत और श्रीलंका के भीतर भयंकर विरोध और सार्वजनिक नाराजगी का कारण बने, विशिष्ट रूप से तमिलनाडु में जहाँ IPKF को एक हमलावर और विषादग्रस्त बल के रूप में देखा गया था।

भारतीय सेना को श्रीलंका के पूर्वोत्तर प्रान्त में प्रवास के दौरान नागरिक हत्याकाण्ड, अस्वैच्छिक गायब होने और बलात्कार में लिप्त होने के लिए आरोपित किया गया। घटनाओं में सहापराधिता शामिल है, जैसे वैल्वेत्तितुरै नरसंहार, जिसमें 2, 3 और 4 अगस्त 1989 को वल्वेत्तितुरै, जाफना में भारतीय शान्ति रक्षा सेना द्वारा 50 तमिलों की हत्या कर दी गई थी। हत्या के अलावा 100 से अधिक घरों, दुकानों और अन्य सम्पत्तियों को भी जलाया और नष्ट कर दिया गया। 22 अक्टूबर, 1987 को जाफना शिक्षण अस्पताल नरसंहार एक और उल्लेखनीय घटना थी, अस्पताल के निकट तमिल आतंकवादियों के साथ एक टकराव में IPKF जल्दी से अस्पताल परिसर में प्रवेश कर गई और 70 नागरिकों की हत्या कर दी। इन नागरिकों में रोगी, दो डॉक्टर, तीन नर्स और एक बाल चिकित्सा सलाहकार शामिल थे, जिनमें से सभी अपनी वर्दी में थे। इस नरसंहार के बाद अस्पताल कभी भी पूरी तरह से बहाल नहीं हो पाया। IPKF पर 1987 के त्रिंकोमाली नरसंहार में सिंहली नागरिकों की हत्या में मिली-भगत का भी आरोप लगाया गया था, जहाँ एशियन टाइम्स (Asian Times) के अनुसार अगस्त 1987 में बड़ी संख्या में सिंहली नागरिकों की हत्या की गई थी। इसके बाद तत्कालीन श्रीलंकाई सरकार ने त्रिंकोमाली जिले में तैनात मद्रास रेजीमेंट पर सहापराध का आरोप लगाया, हालाँकि भारतीय अधिकारियों ने इसकी जिम्मेदारी लेने से इनकार कर दिया और मद्रास रेजीमेंट त्रिंकोमाली जिले से वापस बुला लिया गया।

मालदीव में असफल तख्तापलट, 1988

मालदीव के तख्तापलट का प्रयास अब्दुल्ला लूथफी के नेतृत्व में मालदीव के एक समूह द्वारा किया गया था और श्रीलंका से पीपुल्स लिबरेशन ऑर्गेनाइजेशन ऑफ तमिल ईलम (PLOTE) से एक तमिल अलगाववादी संगठन के सशस्त्र आतंकवादियों द्वारा सहायता प्रदान करने के लिए, सरकार को उखाड़ फेंकने के लिए

द्वीप गणराज्य का मालदीव मालदीव सैनिकों की बहादुरी और भारतीय सेना के हस्तक्षेप के कारण तख्तापलट विफल रहा, जिसका सैन्य अभियान प्रयासों में भारतीय सशस्त्र बलों द्वारा ऑपरेशन कैक्टस नाम कोड था।

जबकि 1980 और 1983 में मौमून अब्दुल गयूम के राष्ट्रपति के खिलाफ तख्तापलट प्रयासों को गम्भीर नहीं माना गया था, नवम्बर, 1988 में तीसरे तख्तापलट प्रयास ने अन्तर्राष्ट्रीय समुदाय को चिन्तित किया। लगभग 80 सशस्त्र प्लेटो भाड़ेदार एक मालवाहक से स्पीडबोट्स पर सवार होने से पहले राजधानी माले में उतरा। आगंतुकों के रूप में प्रच्छन्न, एक समान संख्या पहले से ही घुसपैठ की गई थी भाड़े-सैनिकों ने बड़ी सरकारी भवनों, हवाई अड्डे, बंदरगाह और टेलीविजन और रेडियो स्टेशनों सहित पूँजी का नियन्त्रण शीघ्र प्राप्त कर लिया। भारतीय प्रधान मंत्री राजीव गांधी ने तुरन्त माले में शान्ति बहाल करने के लिए 1,600 सैनिकों को वहाँ भेज दिया।

ऑपरेशन कैक्टस

ऑपरेशन 3 नवम्बर, 1988 की रात को शुरू हुआ, जब भारतीय वायुसेना के इलीशुइन आई-76 विमान ने 50वीं स्वतन्त्र पैराशूट ब्रिगेड के तत्त्वों को पहुँचाया, जो पैराशूट रेजिमेंट के 6वें बटालियन ब्रिगेडियर फुरुख बलसेरा और 17वीं आगरा वायुसेना स्टेशन से पैराशूट फील्ड रेजिमेंट और उन्हें 2,000 किलोमीटर (1,240 मील) से अधिक नॉन-स्टॉप करने के लिए उन्हें माले अन्तरराष्ट्रीय हवाई अड्डे पर हुलहुले द्वीप पर उतरा। राष्ट्रपति गयूम की अपील के बाद नौ घण्टे में भारतीय सेना पैराट्रूपर्स हुलहुले पहुँचे। भारतीय पैराट्रूपर ने तुरंत हवाई क्षेत्र सुरक्षित कर लिया, कमांडर की गई नौकाओं के माध्यम से नदी को पार कर दिया और राष्ट्रपति गयूम को बचाया। पैराट्रूपर्स ने राजधानी गेयोम की सरकार को कुछ घण्टों में राजधानी का नियन्त्रण बहाल किया। कुछ किरायेदारों ने एक अपहृत मालवाहक विमान में श्रीलंका से भाग लिया। समय पर जहाज तक पहुँचने में असमर्थ लोगों को जल्दी से गोल किया गया और मालदीव सरकार को सौंप दिया गया। उन्नीस लोगों का कथित रूप से लड़ने में मृत्यु हो गई, उनमें से ज्यादातर भाड़े के सैनिक थे। मारे गए सैनिकों ने मारे गए दो बन्धकों को शामिल किया। भारतीय नौसेना ने गोदावरी और बेतवा को तराशे से श्रीलंका के तट पर मालवाहक को पकड़ लिया, और भाड़े के सैनिकों पर कब्जा कर लिया। सैन्य और सटीक खुफिया जानकारी द्वारा स्विफ्ट ऑपरेशन ने सफलतापूर्वक द्वीप राष्ट्र में प्रयास करने का प्रयास किया।

प्रतिक्रिया

भारत को ऑपरेशन के लिए अन्तर्राष्ट्रीय प्रशंसा मिली। संयुक्त राज्य के राष्ट्रपति रोनाल्ड रीगन ने भारत की कार्रवाई के लिए अपनी प्रशंसा व्यक्त की, इसे 'क्षेत्रीय स्थिरता में एक महत्त्वपूर्ण योगदान' कहा। ब्रिटिश प्रधान मंत्री मार्गरेट थैचर ने कथित तौर पर टिप्पणी की, 'भारत के लिए ईश्वर का आभार' राष्ट्रपति गयूम की सरकार बचाई गई है। लेकिन हस्तक्षेप ने दक्षिण एशिया में भारत के पड़ोसियों के बीच कुछ परेशानी पैदा की।

बाद के घटनाक्रम

जुलाई 1989 में, भारत ने मालदीव को अपहृत मालवाहक जहाज पर मालदीवों को मुकदमा चलाने के लिए तबादला कर दिया था राष्ट्रपति गयूम ने भारतीय दबाव के तहत उनके खिलाफ मौत की सजा को उम्रकैद में बदल दिया।

1971 के तख्तापलट में एक बार प्रमुख मालदीवियन अब्दुल्ला लूथफी नामक व्यवसायी थे, जो श्रीलंका के एक खेत का संचालन कर रहे थे। पूर्व मालदीव के राष्ट्रपति इब्राहिम नासिर पर आरोप लगाया गया था, लेकिन तख्तापलट में किसी भी तरह की भागीदारी से इनकार किया गया था। वास्तव में, जुलाई 1990 में, राष्ट्रपति गयूम ने आधिकारिक रूप से मालदीव की आजादी प्राप्त करने में उनकी भूमिका की मान्यता में अनुपस्थिति में नासीर को माफ किया।

आपरेशन भी मजबूत भारत-मालदीव सम्बन्धों के परिणाम के रूप में सफल बहाली के गयूम सरकार है।

कारगिल युद्ध

कारगिल युद्ध भारत और पाकिस्तान के बीच मई और जुलाई 1999 के बीच कश्मीर के करगिल जिले में हुए सशस्त्र संघर्ष का नाम है।

पाकिस्तान की सेना और कश्मीरी उग्रवादियों ने भारत और पाकिस्तान के बीच की नियन्त्रण रेखा पार करके भारत की जमीन पर कब्जा करने की कोशिश की। पाकिस्तान ने दावा किया कि लड़ने वाले सभी कश्मीरी उग्रवादी हैं, लेकिन युद्ध में बरामद हुए दस्तावेजों और पाकिस्तानी नेताओं के बयानों से साबित हुआ कि पाकिस्तान की सेना प्रत्यक्ष रूप में इस युद्ध में शामिल थी। लगभग 30,000 भारतीय सैनिक और करीब 5,000 घुसपैठिए इस युद्ध में शामिल थे। भारतीय सेना और वायुसेना

ने पाकिस्तान के कब्जे वाली जगहों पर हमला किया और धीरे-धीरे अन्तरराष्ट्रीय सहयोग से पाकिस्तान को सीमा पार वापस जाने को मजबूर किया। यह युद्ध ऊँचाई वाले इलाके पर हुआ और दोनों देशों की सेनाओं को लड़ने में काफी मुश्किलों का सामना करना पड़ा। परमाणु बम बनाने के बाद भारत और पाकिस्तान के बीच हुआ यह पहला सशस्त्र संघर्ष था।

पाकिस्तान में इस युद्ध के कारण राजनैतिक और आर्थिक अस्थिरता बढ़ गई और नवाज शरीफ की सरकार को हटाकर परवेज मुशर्रफ राष्ट्रपति बन गए। दूसरी ओर भारत में इस युद्ध के दौरान देश-प्रेम का उबाल देखने को मिला और भारत की अर्थव्यवस्था को काफी मजबूती मिली। भारतीय सरकार ने रक्षा बजट और बढ़ाया। इस युद्ध से प्रेरणा लेकर कई फिल्में बनीं जिनमें एल ओ सी कारगिल, लक्ष्य और धूप मुख्य हैं।

कारगिल का युद्ध क्यों हुआ?

पाकिस्तान के पूर्व प्रधानमंत्री नवाज शरीफ और सेना प्रमुख करामात के बीच 1998 के करीब मतभेद बढ़ गए थे। करामात की सेवानिवृत्ति के पश्चात् किसे सेना प्रमुख बनाया जाय, इस बात पर भी बहस चल रही थी। नवाज शरीफ ने एक आम सभा में अपने ऊपर टीका-टिप्पणी की। इस बात से गुस्सा होकर करामात ने सेना प्रमुख पद से इस्तीफा दे दिया। नवाज शरीफ ने जनरल परवेज मुशर्रफ को सेना प्रमुख के पद पर नियुक्त किया।

2016 सर्जिकल स्ट्राइक

29 सितम्बर, 2016 को भारतीय सेना ने पाकिस्तान अधिकृत कश्मीर में आतंकवादी लांच पैड्स पे सर्जिकल स्ट्राइक किया था।

क्या होता है सर्जिकल स्ट्राइक?

सर्जिकल स्ट्राइक एक ऐसी सैन्य कार्रवाई है जिसमें एक से अधिक सैन्य लक्ष्यों को नुकसान पहुँचाया जाता है और उसके पश्चात् हमला करने वाली सैनिक इकाई तुरन्त वापस लौट आती है। इस तरह की कार्रवाई में प्रयास किया जाता है कि गैर-सैनिक ठिकानों, जैसे—आसपास की इमारतें, बिल्डिंग, वाहन या सार्वजनिक आधारभूत संरचनाएँ, को कम-से-कम नुकसान पहुँचे।

दूसरे शब्दों में, सर्जिकल स्ट्राइक सटीक सैन्य कार्रवाई का एक रूप है। यदि इस प्रकार के आक्रमण में वायु-बल का इस्तेमाल किया जाता है तो उसमें भी यह कोशिश की जाती है कि सटीक बमबारी की जाए जिसमें आस-पास की इमारतें कम-से-कम क्षतिग्रस्त हों। 2003 में इराक युद्ध की शुरुआत में बगदाद की बमबारी एक सर्जिकल स्ट्राइक का उपयुक्त उदाहरण है।

भारतीय सेना ने बुधवार रात पाकिस्तान में घुसकर सर्जिकल स्ट्राइक को अंजाम देते हुए 7 आतंकी शिविरों को ध्वस्त कर दिया, साथ ही 38 आतंकियों को भी मार गिराया। इस प्रकार की स्ट्राइक की पहले से ही सम्भावना जताई जा रही थी। डायरेक्टर जनरल ऑफ मिलिट्री ऑपरेशंस लेफ्टिनेंट जनरल रनवीर सिंह ने प्रेस कॉन्फ्रेंस करके बताया कि भारतीय सेना ने सर्जिकल स्ट्राइक कर बुधवार की रात LOC के पार आतंकी ठिकानों को ध्वस्त किया है। इस ऑपरेशन के बाद सवाल ये उठता है कि आखिरकार सर्जिकल स्ट्राइक होती क्या है।

सर्जिकल स्ट्राइक

सर्जिकल स्ट्राइक सेना के द्वारा किया जानेवाला एक विशेष प्रकार का हमला होता है। इस हमले में सबसे पहले रणनीति तैयार की जाती है। इसमें समय, स्थान, कमांडोज की संख्या का विशेष तौर पर ख्याल रखा जाता है। इस अभियान की जानकारी बेहद गोपनीय रखी जाती है जिसकी सूचना सिर्फ चुनिन्दा लोगों तक ही होती है। हमले के दौरान ध्यान रखा जाता है कि जिस स्थान को टारगेट किया गया है वहीं पर हमला हो। साथ ही सिविलियन इलाकों में कोई नुकसान ना हो। इससे पब्लिक प्लेस, आधारभूत संरचना, आवागमन के साधन या आम जनता और उसके उपयोग से साधनों को कोई नुकसान नहीं पहुँचता है।

बता दें कि रणबीर सिंह ने कैबिनेट की सुरक्षा मामलों की समिति की बैठक के बाद प्रेस कॉन्फ्रेंस में ये जानकारी दी। उन्होंने कहा है कि सीमा पर पाकिस्तान लगातार सीज फायर का उल्लंघन कर रहा है। इस साल 20 बार घुसपैठ की गई है, लेकिन हमने सभी कोशिशों को नाकाम साबित कर दिया है।

डीजीएमओ ने बताया कि ये सभी आतंकी भारत पर बड़े हमले का प्लान बना चुके थे। हमने आतंकियों के ठिकानों की जानकारी इकट्ठा की। उन्होंने बताया कि ऑपरेशन खत्म हो चुका है। इसके साथ ही लेफ्टिनेंट जनरल ने पाकिस्तान को चेतावनी देते हुए कहा कि आतंकियों का डीएनए हम पाकिस्तान को भी सौपेंगे और कहा कि भारतीय सेना किसी भी सूरत में अपने नागरिकों पर हमले बर्दाश्त नहीं करेगी।

भारत ने बीती रात नियन्त्रण रेखा के पार स्थित आतंकी शिविरों पर सर्जिकल हमले किए जिनमें आतंकवादियों को भारी नुकसान पहुँचा है और अनेक आतंकवादी मारे गए हैं। सेना द्वारा आतंकवादियों को निशाना बनाने के लिए अचानक की गई इस कार्रवाई के बारे में घोषणा सैन्य अभियान महानिदेशक लेफ्टिनेंट जनरल रणवीर सिंह ने आनन-फानन में बुलाए गए संवाददाता सम्मेलन में की। संवाददाता सम्मेलन में विदेश मंत्रालय के प्रवक्ता विकास स्वरूप भी मौजूद थे।

सर्जिकल हमलों की अवधि या यह किस समय किए गए और किस स्थान पर किए गए, इस बारे में जानकारी तत्काल साझा नहीं की गई है। सिंह ने कहा, 'भारतीय सेना ने बीती रात नियन्त्रण रेखा के पार आतंकी लाँच पैडों पर सर्जिकल हमले किए।' उन्होंने यह भी कहा कि भारत किसी भी तरह की स्थिति के लिए तैयार है।

प्राकृतिक आपदा से निपटने में सेना की अहम् भूमिका

जम्मू-कश्मीर में पिछले कुछ दिनों में हुई भीषण बारिश के कारण यहाँ का जनजीवन अस्त-व्यस्त हो गया है। भीषण बाढ़ से मची तबाही के बीच सेना और एनडीआरएफ मिलकर अब तक करीब एक लाख से ज्यादा लोगों को सुरक्षित स्थानों तक पहुँचा चुकी है। हालाँकि लाखों लोगों को अब भी यहाँ मदद का इन्तजार है।

इसी बीच सेनाध्यक्ष ने भी साफ कर दिया है कि जब तक सेना के जवान आपदा में फँसे आखिरी व्यक्ति को सुरक्षित नहीं निकाल लेते, तब तक वे बैरक में वापस नहीं लौटेंगे। यह वक्तव्य प्रमाण है कि भारतीय सेना ने किस संकल्प-शक्ति के साथ खुद को बचाव कार्यों में झोंका है। सेना के लगभग 30 हजार जवान इन कार्यों में लगे हुए हैं जिनमें से 21 हजार जवान श्रीनगर में और 9 हजार जवान जम्मू क्षेत्र में नियुक्त हैं। जम्मू-कश्मीर के लोग अवश्य ही भारतीय सेना के शुक्रगुजार होंगे। फिलहाल वहाँ प्राकृतिक आपदा की मार झेल रहे लाखों लोगों के लिए उम्मीद की किरण सिर्फ सेना के जवान ही हैं। राज्य में अचानक तेज बारिश से बाढ़ का जैसा कहर टूटा, वहाँ की कई पीढ़ियों ने वैसा नहीं देखा था। पानी सेना की छावनियों में भी भरा। मगर सैन्य अधिकारियों और जवानों ने अपनी फिक्र नहीं की।

वायु सेना के हेलीकॉप्टर और विमान दिन-रात एक कर बाढ़ में फँसे लोगों को निकालने में लगे हुए हैं। भारतीय वायु सेना के बारह एएन-32, चार आईएल-76, पाँच सी-130जे और दो सी-17 परिवहन विमान के साथ लगभग 60 विमानों और हेलीकॉप्टरों को राहत और बचाव कार्य में लगाया गया है।

सेना ने राहत एवं बचाव अभियान के लिए अपनी 329 टुकड़ियाँ तैनात की हैं। जिनमें से 244 श्रीनगर क्षेत्र में और 85 जम्मू क्षेत्र में तैनात की गई हैं। इसके अलावा सेना बाढ़ प्रभावित क्षेत्रों में आवश्यक वस्तुएँ जैसे पानी, बिस्कुट और कम्बल बाँट रही है। सशस्त्र सेना चिकित्सा सेवाओं की 80 मेडिकल टीमें बाढ़ प्रभावित लोगों के उपचार में जुटी हैं। इसके अलावा नौसेना के मरीन कमांडो भी राहत कार्यों में लगे हुए हैं। बाढ़ प्रभावितों के लिए विमान के जरिए खाना, पानी और औषधियाँ पहुँचाई जा रहा है तथा राज्य के विभिन्न हिस्सों में राहत शिविर लगाए गए हैं। भारतीय वायु सेना के हेलीकॉप्टरों और विमानों ने बाढ़ प्रभावित क्षेत्रों में कई टन राहत सामग्री गिराई है।

बचाव अभियान में मदद करने के लिए नई दिल्ली से बाढ़ प्रभावित क्षेत्रों में इंजीनियर टास्क फोर्स भेजी गई है। ये अपने साथ नौकाएँ और जीवनरक्षक उपकरण ले गए। नई दिल्ली में आईडीएस के मुख्यालय में स्थिति पर लगातार नजर रखी जा रही है और पल-पल की जानकारी दी जा रही है।

रिपोर्टों से पता चला है कि कुछ अलगाववादी तत्त्व सेना द्वारा किए जा रहे राहत कार्यों में बाधा डालने के कोशिश में लगे हुए हैं और सेना और उसके उपकरणों को नुकसान पहुँचा रहे हैं। राज्य सरकार को चाहिए कि सेना द्वारा किए जा रहे राहत कार्य को सफल बनाने में वह सेना की मदद करे। जिससे कि इन शरारती तत्त्वों को सबक सिखाया जा सके और जो लोग इस आपदा से प्रभावित हुए हैं, उन्हें मदद मिल सके।

जहाँ तक जम्मू-कश्मीर के लोगों की बात की जाए तो वह सेना को मसीहा के रूप में देख रहे हैं। वह कह रहे हैं कि अगर सेना नहीं होती तो आज हम शायद जीवित नहीं रह पाते। यहाँ आए सैलाब ने उन लोगों की मानसिकता बदल दी है, जो कभी सेना पर पत्थर बरसाते थे। इस संकट की घड़ी में आज वह सेना को मसीहा मान रहे हैं।

प्रधानमंत्री ने सशस्त्र बलों और एनडीआरएफ कर्मियों के पूरे समन्वय के साथ किए जा रहे राहत और बचाव कार्य की सराहना की है। प्राकृतिक आपदा का जायजा लेने के लिए खुद 7 सितम्बर को प्रधानमंत्री नरेंद्र मोदी ने जम्मू-कश्मीर का दौरा किया। प्रधानमंत्री ने लोगों का दुख-दर्द साझा किया। राज्य के राज्यपाल एनएन वोहरा, मुख्यमंत्री उमर अब्दुल्ला और वरिष्ठ अधिकारियों ने बाढ़ से हुए नुकसान की जानकारी प्रधानमंत्री को दी। इस आपदा के कारण हजारों गाँव प्रभावित हैं।

प्रधानमंत्री के जम्मू कश्मीर दौरे से पहले गृह-मंत्री ने बाढ़ से हुई तबाही के बारे में प्रधानमंत्री को जानकारी दी थी। उन्होंने बताया कि राज्य के लोग किस बुरी स्थिति से गुजर रहे हैं। हालात की गम्भीरता के मद्देनजर प्रधानमंत्री ने कैबिनेट सचिव और अन्य वरिष्ठ अधिकारियों के साथ संकट की समीक्षा के लिए बैठक की।

प्रधानमंत्री ने आपदा स्थिति का जायजा लेने के बाद कहा कि यह राष्ट्रीय स्तर की आपदा है और केन्द्र सरकार संकट की इस घड़ी में राज्य सरकार और वहाँ की जनता के साथ कन्धे-से-कन्धा मिलाकर खड़ी है। प्रधानमंत्री ने अवलोकन किया कि त्रासदी की विकरालता के मद्देनजर राज्य आपदा राहत कोष के जरिए राज्य सरकार को उपलब्ध कराए जा रहे 11 अरब रुपये पर्याप्त नहीं होंगे।

उन्होंने कहा कि केन्द्र सरकार बाढ़ राहत और पुनर्वास के लिए राज्य सरकार को 10 अरब रुपये की अतिरिक्त विशेष परियोजना सहायता उपलब्ध कराएगी। उन्होंने कहा कि हालात का समुचित सर्वेक्षण करने के बाद जरूरी हुआ तो अतिरिक्त सहायता उपलब्ध कराई जाएगी।

इस आपदा में मारे गए प्रत्येक व्यक्ति के निकट सम्बन्धी को 2 लाख रुपए और गम्भीर रूप से घायल व्यक्ति को 50,000 रुपए दिए जाएँगे। यह राशि प्रधानमंत्री राहत कोष से उपलब्ध कराई जाएगी।

केन्द्रीय गृहमंत्री श्री राजनाथ सिंह ने जम्मू और कश्मीर में बाढ़ की स्थिति की समीक्षा करने के बाद राष्ट्रीय आपदा राहत बल (एनडीआरएफ) को बाढ़ प्रभावित क्षेत्रों में तत्काल और टुकड़ियाँ भेजने का निर्देश दिया। गृहमंत्री ने मंत्रालय को राहत कार्यों के लिए जम्मू और कश्मीर में लगभग 70 नौकाएँ भेजने का भी निर्देश दिया है।

राज्य में राहत और बचाव कार्यों की सक्रियतापूर्वक निगरानी और समन्वय करने के लिए श्रीनगर, जम्मू और नई दिल्ली में नियन्त्रण कक्षों की स्थापना की गई है। राजनाथ सिंह ने सभी सामाजिक संगठनों और गैर-सरकारी संगठनों से भी जम्मू और कश्मीर के बाढ़ प्रभावित क्षेत्रों के लिए अपने संसाधन जुटाने की अपील की है।

देश में जब कभी भी कोई प्राकृतिक आपदा आई है इससे निपटने में सेनाओं ने महत्त्वपूर्ण भूमिका निभाई है। सेनाओं का काम देश की रक्षा करना होता है और जब भी देश के ऊपर कोई भी खतरा पैदा होता है तो सेना उससे निपटने में कामयाब रही है। चाहे वह बाहरी आक्रमण हो या प्रकृति का कहर। सेनाओं ने हमेशा ही पूरी निष्ठा से अपने कर्तव्यों का निर्वाहन किया है।

परम वीर चक्र विजेता

भारत का सर्वोच्च वीरता पुरस्कार परमवीर चक्र प्राप्त करने वाले वीरों की सूची इस प्रकार है–

संख्या	नाम	रेजीमेंट	तिथि	स्थान	टिप्पणी
IC-521	मेजर सोमनाथ शर्मा	चौथी बटालियन कुमाऊँ रेजीमेंट	3 नवंबर, 1947	बड़गाम, कश्मीर	मरणोपरांत
IC-22356	लांस नायक करम सिंह	पहली बटालियन, सिख रेजीमेंट	13 अक्तूबर, 1948	टिथवाल, कश्मीर	
SS-14246	सेकेंड लेफ़्टीनेंट राम राघोबा राणे	इंडियन कार्प्स ऑफ इंजिनयर्स	8 अप्रैल 1948	नौशेरा कश्मीर	
27373	नायक यदुनाथ सिंह	पहली बटालियन राजपूत रेजीमेंट	फरवरी 1948	नौशेरा कश्मीर	मरणोपरांत
2831592	कंपनी हवलदार मेजर पीरू सिंह	छठी बटालियन, राजपूताना राइफल्स	17-18 जुलाई 1948	टिथवाल कश्मीर	मरणोपरांत
IC-8497	कैप्टन गुरबचन सिंह सलारिया	तीसरी बटालियन 1 गुरखा राइफल्स	5 दिसंबर 1961	एलिजावेथ विले काटंगा, कांगो	मरणोपरांत
IC-7990	मेजर धनसिंह थापा	पहली बटालियन, गुरखा राइफल्स	20 अक्टूबर 1962	लद्‌दाख	
JC-4547	सूबेदार जोगिंदर सिंह	पहली बटालियन, सिख रेजीमेंट	23 अक्टूबर 1962	तोंगपेन ला नार्थ ईस्ट फ्रंटियर एजेंसी, भारत	मरणोपरांत
IC-7990	मेजर शैतान सिंह	तेरहवीं बटालियन, कुमाऊँ रेजीमेंट	18 नवंबर 1962	रेजांग ला	मरणोपरांत
2639885	कंपनी क्वार्टर मास्टर हवलदार अब्दुल हमीद	चौथी बटालियन बाम्बे ग्रेनेडियर्स	10 सितंबर, 1965	चीमा, खेमकरण सेक्टर	मरणोपरांत
IC-5565	लेफ्टीनेंट कर्नल आर्देशिर तारापोर	द पूना हार्स	15 अक्टूबर 1965	फिलौरा सियालकोट सेक्टर, पाकिस्तान	मरणोपरांत

4239746	लांस नायक अलबर्ट एक्का	चौदहवीं बटालियन बिहार रेजीमेंट	3 दिसंबर 1971	गंगासागर	मरणोपरांत
10877F(P)	फ्लाईंग आफिसर निर्मलजीत सिंह सेखों	अठारहवीं स्क्वैड्रन, भारतीय वायुसेना	11 दिसंबर, 1971	श्रीनगर, कश्मीर	मरणोपरांत
IC-25067	लेफ्टीनेंट अरुण क्षेत्रपाल	पूना हार्स	16 दिसंबर 1971	जरपाल शकरगढ़ सेक्टर	मरणोपरांत
IC-14608	मेजर होशियार सिंह	तीसरी बटालियन बाम्बे ग्रेनेडियर्स	17 दिसंबर, 1971	बसंतार नदी शकरगढ़	
JC-155825	नायब सूबेदार बन्ना सिंह	आठवीं बटालियन जम्मू कश्मीर लाइट इनफेन्ट्री	23 जून, 1987	सियाचिन ग्लेशियर जम्मू-कश्मीर	
IC-32907	मेजर रामास्वामी परमेश्वरन	आठवीं बटालियन महार रेजीमेंट	25 नवंबर, 1987	श्रीलंका	मरणोपरांत
IC-56959	लेफ्टीनेंट मनोज कुमार पांडे	प्रथम बटालियन ग्यारहवीं गोरखा राइफल्स	3 जुलाई, 1999	जुबेरटाप, बटालिक सेक्टर	मरणोपरांत
2690572	ग्रेनेडियर योगेन्द्र सिंह यादव	अठारहवीं बटालियन द ग्रेनेडियर्स	4 जुलाई, 1999	टाइगर हिल्स कारगिल क्षेत्र	
13760533	राइफलमैन संजय कुमार	तेरहवीं बटालियन जम्मू कश्मीर राइफल्स	5 जुलाई 1999	फ्लैटटाप क्षेत्र, कारगिल	
IC-57556	कैप्टन विक्रम बत्रा	तेरहवीं बटालियन जम्मू कश्मीर राइफल्स	6 जुलाई, 1999	बिंदु 5140 बिंदु 4875 कारगिल क्षेत्र	मरणोपरांत

पिछले साल उत्तराखण्ड में भी प्रकृति ने अपना कहर बरपाया था उससे निपटने में भी सेना का अहम् योगदान रहा। इस आपदा के कारण कई सौ लोगों की जानें गईं और बड़ी मात्रा में जान-माल का नुकसान हुआ।

उस समय कहा गया था कि अगर मौसम विभाग की चेतावनी पर गौर किया जाता तो शायद इतना नुकसान होने से बचा जा सकता था और वही बात अब जम्मू कश्मीर के बारे में भी कही जा रही है। मौसम विभाग की ओर से जो पूर्व चेतावनी दी जाती है उस पर अमल करने की जरूरत है।

भारतीय थलसेना की संरचना

भारतीय थलसेना को 13 कोर के अन्तर्गत 35 प्रभागों में संगठित किया गया है। सेना का मुख्यालय, भारतीय राजधानी नई दिल्ली में स्थित है, और यह सेना प्रमुख (चीफ ऑफ दी आर्मी स्टाफ) के निरीक्षण में रहती है। वर्तमान में जनरल बिपिन रावत सेना प्रमुख हैं।

पैदल सेना (इन्फैंट्री)

अपनी स्थापना के समय, भारतीय सेना को ब्रिटिश सेना की संगठनात्मक संरचना विरासत में मिली, जो आज भी कायम है। इसलिए, अपने पूर्ववर्ती की तरह, एक भारतीय इन्फैंट्री रेजिमेंट की जिम्मेदारी न सिर्फ फील्ड ऑपरेशन की है बल्कि युद्ध मैदान और बटालियन में अच्छी तरह से प्रशिक्षित सैनिक प्रदान करना भी है, जैसे कि एक ही रेजिमेंट के बटालियन का कई दल, प्रभागों, कोर, कमान और यहाँ तक कि थिएटरों में होना आम बात है। अपने ब्रिटिश और राष्ट्रमण्डल समकक्षों की तरह, सैनिक अपने आवंटित रेजिमेंट के प्रति बेहद वफादार और बहुत गर्व करते हैं, जहाँ सामान्यतः उनका पूरा कार्यकाल बीतता है।

भारतीय सेना के इन्फैंट्री रेजिमेंट्स में नियुक्ति, विशिष्ट चयन मानदण्डों के आधार पर होती है, जैसे कि क्षेत्रीय, जातीयता, या धर्म पर; असम रेजिमेंट, जाट रेजिमेंट और सिख रेजिमेंट क्रमशः। अधिकतर रेजिमेंट तो ब्रटिश राज के समय के ही हैं, लेकिन लद्दाख स्काउट, अरुणाचल स्काउट्स और सिक्किम स्काउट्स, सीमा सुरक्षा विशेष दल, स्वतन्त्रता के बाद बनाए गए हैं। वर्षों से विभिन्न राजनीतिक और सैन्य गुटों ने रेजिमेंटों की इस अनूठी चयन मानदण्ड प्रक्रिया को भंग करने की कोशिश करते रहे हैं। उनका मानना था कि सैनिक का अपने रेजिमेंट के प्रति वफादारी या उसमे उसके ही जातीय के लोगों के प्रति निष्ठा, भारत के प्रति निष्ठा से ऊपर न हो जाए। और उन्होंने कुछ गैर-नस्लीय, धर्म, क्षेत्रीय रेजिमेंट, जैसे कि ब्रिगेड ऑफ गॉड्र्स और पैराशूट रेजिमेंट बनाने में सफल भी रहे, लेकिन पहले से बने रेजिमेंट्स में इस प्रकार के प्रयोग का कम ही समर्थन देखने को मिला है।

भारतीय सेना के रेजिमेंट, अपनी वरिष्ठता के क्रम में

रेजिमेंट	रेजिमेंट केंद्र	वर्ष
गार्ड ब्रिगेड	कम्पटी, महाराष्ट्र	1949
पैराशूट रेजिमेंट	बैंगलोर, कर्नाटक	1945
मैकेनाइजूड इन्फेंट्री रेजिमेंट	अहमदनगर, महाराष्ट्र	1979
पंजाब रेजिमेंट	रामगढ़ छावनी, झारखंड	1761
मद्रास रेजिमेंट	वेलिंगटन, उधगमंडलम	1758
द ग्रेनेडियर	जबलपुर, मध्य प्रदेश	1778
मराठा लाइट इन्फेंट्री	बेलगाम, कर्नाटक	1768
राजपूताना राइफल्स	दिल्ली छावनी, नई दिल्ली	1775
राजपूत रेजिमेंट	फतेहगढ़, उत्तर प्रदेश	1778
जाट रेजिमेंट	बरेली, उत्तर प्रदेश	1795
सिख रेजिमेंट	रामगढ़ छावनी, झारखंड	1846
सिख लाइट इन्फेंट्री	फतेहगढ़, उत्तर प्रदेश	1857
डोगरा रेजिमेंट	फैजाबाद, उत्तर प्रदेश	1877
गढ़वाल राइफल्स	लांसडाउन, उत्तराखंड	1887
कुमाऊं रेजिमेंट	रानीखेत, उत्तराखंड	1813
असम रेजिमेंट	शिलांग, मेघालय	1941
बिहार रेजिमेंट	दानापुर छावनी, पटना, बिहार	1941
महार रेजिमेंट	सागर, मध्य प्रदेश	1941
जम्मू कश्मीर राइफल्स	जबलपुर, मध्य प्रदेश	1821
जम्मू कश्मीर लाइट इन्फेंट्री	अवंतीपुर, जम्मू और कश्मीर	1947
नागा रेजिमेंट	रानीखेत, उत्तराखंड	1970
1 गोरखा राइफल्स (मालाओ रेजिमेंट)	सबाथु, हिमाचल प्रदेश	1815
3 गोरखा राइफल्स	वाराणसी, उत्तर प्रदेश	1815
4 गोरखा राइफल्स	सबाथु, हिमाचल प्रदेश	1857
5 गोरखा राइफल्स (फ्रंटियर फोर्स)	शिलांग, मेघालय	1858
8 गोरखा राइफल्स	शिलांग, मेघालय	1824
9 गोरखा राइफल्स	वाराणसी, उत्तर प्रदेश	1817
11 गोरखा राइफल्स	लखनऊ, उत्तर प्रदेश	1918
लद्दाख स्काउट्स	लेह, जम्मू और कश्मीर	1963
राष्ट्रीय राइफल्स		1990
अरुणाचल स्काउट्स	शिलांग, मेघालय	2010
सिक्किम स्काउट्स		2013

तोपखाना (आर्टिलरी)

तोपखाना रेजिमेंट (आर्टिलरी रेजिमेंट) भारतीय सेना का दूसरा सबसे बड़ा हाथ है, जोकि सेना की कुल ताकत का लगभग छठवाँ भाग है। मूल रूप से यह 1935 में ब्रिटिश भारतीय सेना में रॉयल भारतीय तोपखाने के नाम से शामिल हुआ था। और अब इस रेजिमेंट को, सेना को स्व-प्रचालित आर्टिलरी फील्ड प्रदान करने का काम सौंपा गया है, जिसमे बन्दूकें, तोप, भारी मोर्टार, रॉकेट और मिसाइल आदि भी सम्मलित हैं।

भारतीय सेना द्वारा संचालित लगभग सभी लड़ाकू अभियानों में, तोपखाना रेजिमेंट एक अभिन्न अंग के रूप में, भारतीय सेना की सफलता में एक प्रमुख योगदानकर्ता रहा है। कारगिल युद्ध के दौरान, वह भारतीय तोपखाना ही था, जिसने दुश्मन को सबसे ज्यादा नुकसान पहुँचाया था। पिछले कुछ वर्षों में, पाँच तोपखाना अधिकारी भारतीय सेना की सर्वोच्च पद, सेना प्रमुख के रूप में रह चुके हैं।

कुछ समय के लिए, आज की तुलना में तोपखाना रेजिमेंट सेना के कर्मियों के काफी बड़े हिस्से की कमान सँभालता था, जिनमें हवाई रक्षा, तोपखाना और कुछ विमानन सम्पत्तियों का रख-रखाव भी सम्मलित थे। फिर 1990 के दशक में सेना के वायु रक्षा कोर का गठन किया गया और विमानन सम्पत्तियों को सेना के विमानन कॉर्प्स को हस्तान्तरित कर दिया गया। अब यह रेजिमेंट अपना ध्यान फील्ड आर्टिलरी पर केन्द्रित करता है, और प्रत्येक परिचालन कमानों के लिए रेजिमेंट और बैटरी की आपूर्ति करता है। इस रेजिमेंट का मुख्यालय नासिक, महाराष्ट्र में है, इसके साथ यहाँ एक संग्रहालय भी स्थित है। भारतीय सेना का तोपखाना स्कूल देवलाली में स्थित है।

तीन दशकों से आधुनिक तोपखाने के आयात या उत्पादन में निरन्तर विफलताओं के बाद, अन्ततः तोपखाना रेजिमेंट 130 मिमी और 150 मिमी तोपों की अधिप्राप्ति कर ली है। सेना बड़ी संख्या में रॉकेट लांचरों को भी सेवा में ला रहा है, अगले दशक के अन्त तक 22 रेजिमेंट को स्वदेशी-विकसित पिनाका मल्टी बैरल रॉकेट लॉन्चर से सशत्र किया जाएगा।

अध्याय-12

भारतीय थल सेना

भारतीय थल सेना का इतिहास और अतीत अत्यंत गौरवपूर्ण है। सैन्य कर्मियों की संख्या के हिसाब से भारतीय थल सेना विश्व की दूसरी बड़ी सेना है (स्रोत–रक्षा मंत्रालय का वार्षिक प्रतिवदेन) वहीं विश्व की सामरिक जानकारी देनेवाली वेबसाइट ग्लोबल फायर पावर डाट कॉम के अनुसार भारतीय थल सेना दुनिया की तीसरी बड़ी थल सेना है। विविधतापूर्ण भौगोलिक स्थिति के कारण भारतीय थल सेना को अनेक प्रकार की स्थितियों में युद्ध का पर्याप्त अनुभव है। इसके साथ ही अंतरराष्ट्रीय स्तर पर संयुक्त राष्ट्रसंघ के शांति मिशनों में काम करने का गौरव प्राप्त है। भारतीय थल सेना का दायित्व विदेशी आक्रमण से भारत की प्रभुता और अखंडता की रक्षा करने और शांतिकाल में माँगे जाने पर नागरिक प्रशासन को कानून व्यवस्था, प्राकृतिक आपदाओं और अन्य अपरिहार्य स्थितियों में सहायता पहुँचाना है।

सात देशों से लगी भारत की सीमाएँ दूर-दूर तक फैली हैं। देश के सीमांत क्षेत्रों की भौगोलिक स्थिति विविधतापूर्ण है। जहाँ पर मौसम भी अलग-अलग है, जैसे पश्चिम में रेगिस्तानी इलाका, उत्तर में बर्फ से ढँके इलाके और पूर्व में भारी वर्षावाले पहाड़ी-जंगली इलाके, सेना अलग-अलग चुनौतियों का सामना करने के लिए हमेशा सजग-सतर्क रहती है। भारतीय थल सेना इसके अतिरिक्त, आंतरिक सुरक्षा में गड़बड़ी होने पर कानून व्यवस्था बनाए रखने और प्राकृतिक आपदाओं, जैसे–बाढ़, भूकंप और चक्रवात के दौरान राहत कार्यक्रम चलाने और जीवन उपयोगी अनिवार्य सेवाएँ सुचारु रूप से बहाल रखने में भी प्रायः सिविल प्रशासन को भी भरपूर सहयोग देती है। जम्मू-कश्मीर और देश के उत्तर-पूर्वी इलाकों में बगावतरोधी कार्रवाइयों में सैन्य टुकड़ियों की लगातार तैनाती के कारण सेना की जिम्मेदारियाँ कई तरह से बढ़ गई हैं।

भारत में थल सेना के वर्तमान स्वरूप का उद्भव आजादी के पूर्व ईस्ट इंडिया कंपनी के आगमन के साथ ही हुआ था। ईस्ट इंडिया कंपनी ने जब सन् 1612 में सूरत में अपना पहला मुख्यालय स्थापित किया तो उसे उसकी सुरक्षा की चिंता सताने लगी। ईस्ट इंडिया कंपनी ने इसके बाद मद्रास, बंबई अब मुंबई और बंगाल में कामकाज बढ़ाया, तब इन सभी स्थानों पर ब्रिटिश अधिकारियों के नेतृत्व में सौ-सौ सशस्त्र और वर्दीधारी सैनिकों की टुकड़ियों का गठन किया गया।

ईस्ट इंडिया कंपनी के बाद ब्रिटेन के साम्राज्य ने भारत के शासन को ही सीधे अपने हाथों में लिया। इसके बाद प्रथम एवं द्वितीय विश्वयुद्धों में भारत की सेनाओं ने ब्रिटिश सेनाओं का एक अंग बनकर भाग लिया। उस समय सेना में असाधारण शौर्य दिखानेवाले सैनिकों को विक्टोरिया क्रास से सम्मानित किया जाता था। प्रथम विश्वयुद्ध में ब्रिटेन की ओर से लड़ते हुए भारतीय सैनिकों ने 21 विक्टोरिया क्रास प्राप्त किए। देश आजाद होने के साथ ही थल सेना का दायित्व एवं नाम भी बदल गया। देश के आजाद होने के साथ ही भारतीय फौज को भारतीय थल सेना के तौर पर पहचाना जाने लगा।

स्वतंत्रता के पहले दशक में ही संख्या में कम होने के बावजूद थल सेना ने अपने आपको बड़ी कुशलता से संगठित किया और कश्मीर की चुनौती का सफलतापूर्वक मुकाबला किया। 15 जनवरी, 1950 को जनरल (अब फील्ड मार्शल) करियप्पा के सेनाध्यक्ष बनने के साथ ही थल सेना पूर्णतया भारतीय बनी। इस दशक में सेना के पास द्वितीय विश्वयुद्ध के जमाने के पुराने स्टुअर्टे, शरमन और चर्चिल टैंक, 5.5 इंच की बंदूकें, 0.303 रायफलें और 3 इंच के मोर्टार जैसे घिसे-पिटे हथियार ही थे। कमोवेश यही हालत सेना के इंजीनियरी और संचार व्यवस्था संबंधी उपकरणों की थी। सन् 1950 के दशक में शरमन और स्टुअर्ट टैकों का स्थान सेंचुरियन और एम. एक्स टैकों ने ले लिया।

सन् 1957-67 के दस वर्षों में सेना के विस्तार और आधुनिकीकरण पर जोर दिया गया। सन् 1962 के चीनी आक्रमण के तुरंत बाद ही सेना की गतिशीलता बढ़ाने और उसकी मारक शक्ति को विकसित करने के लिए लंबी अवधि के सुरक्षा-नियोजन की नीति की शुरुआत हुई। यह इन्हीं प्रयासों का फल था कि सन् 1965 में भारतीय सेनाओं ने जम्मू-कश्मीर में पाकिस्तानी आक्रमण को पूरी तरह विफल कर दिया। भारत में ही बने विजयंत टैकों ने पाकिस्तानी सेना के छक्के छुड़ा दिए। इस दशक में सेना में पी.टी.-76, टी.-54, टी.-55 श्रेणी के टैकों, उन्नत किस्म की रायफलें और हल्की मशीनगनों आदि हथियारों का समावेश हुआ। सेना की संचार

व्यवस्था के लिए 19 और 62 किस्म के वायरलैस सेटों के स्थान पर पी.आर.सी. -25 किस्म के उच्च फ्रीक्वेंसी वाले सेटों की व्यवस्था की गई। सन् 1967-77 के तीसरे दशक में सेना के विकास के हमारे प्रयासों की परिणति दिसंबर, 1971 के भारत-पाक युद्ध में भारतीय सेनाओं की निर्णायक विजय और बँगलादेश की मुक्ति के रूप में हुई। इसी दौरान सेना में मिसाइलों तथा कई अन्य अत्याधुनिक हथियारों के प्रयोग का श्रीगणेश हुआ। इंजीनियरों द्वारा पुल निर्माण के क्षेत्र में नई तकनीक और विकसित उपकरणों की वजह से सेना की गतिशीलता में वृद्धि हुई। सन् 1971 में संचार व्यवस्था के लिए सेना के लिए एक रेडियो नेटवर्क ऐरन योजना की परिकल्पना की गई। इसके लिए आवश्यक उपकरणों की व्यवस्था भी की गई।

सन् 1977-87 के दशक से सेना को आधुनिकतम बनाने और नई तकनीकों से उसे लगातार लैस करते रहने के कार्यक्रम सुनियोजित रूप से जारी हैं। लड़ाई के इलेक्ट्रॉनिक तरीकों और हवाई सेना के प्रयोग से सैनिक शक्ति को कई गुना बढ़ाने के तौर-तरीकों पर जोर दिया जा रहा है। सैनिक एवं युद्ध क्षेत्रों की लगातार निगरानी और सेना में कंप्यूटर के प्रयोग पर भी काफी ध्यान दिया जा रहा है। टी-72 किस्म के उन्नत टैंक प्राप्त किए गए और एम.बी.टी. अर्जुन परियोजना को बढ़ावा देने के साथ-साथ 125 एम.एम. की उन्नत स्वीडिश बंदूकें स्ट्रेला सैम प्रणाली के हथियारों से सेना को लैस किया गया। बख्तरबंद सेना के लिए भी मिलान और ईगाट जैसी दूसरी पीढ़ी की उन्नत मिसाइलों और अन्य अत्याधुनिक शस्त्रों की व्यवस्था की गई। सेना के संगठनात्मक ढाँचे को और मजबूर बनाया जा रहा है। इन्हीं प्रयासों का फल है कि मार्च, 1987 में आयोजित ब्रासटेक्स अभ्यासों ने बख्तरबंद सैनिक कार्रवाई के भारतीय उपमहाद्वीप के इतिहास को एक नया आयाम दिया। आज भारतीय थल सेना का जो संगठन है उसके अनुसार नई दिल्ली स्थित सेना के मुख्यालय में थल सेना की सहायता के लिए सह-सेनाध्यक्ष और सात अन्य प्रिंसिपल स्टाफ अफसर–दो उप-सेनाध्यक्ष, एडजुटेंट जनरल, क्वार्टर मास्टर जनरल, मास्टर जनरल ऑफ आर्डिनेंस, सैनिक सचिव और इंजीनियर इन चीफ कार्यरत हैं।

भारतीय सेना की संरचना

सेक्शन – यह सेना की सबसे छोटी टुकड़ी होती है। इसमें 8 से लेकर 11 तक सैनिक होते हैं।

प्लाटून – तीन सेक्शनों को मिलाकर एक प्लाटून का निर्माण किया जाता है। प्लाटून का अधिकारी एक जूनियर कमीशंड

अधिकारी/सेकेंड लेफ्टीनेंट/लेफ्टीनेंट होता है। प्लाटून की क्षमता 24 से 34 तक होती है।

कंपनी – एक कंपनी के अधीन तीन या उससे अधिक प्लाटून होती हैं, इसका नियंत्रण मेजर रैंक का अधिकारी करता है।

बटालियन – सेना की तीन-चार कंपनियों से मिलकर एक बटालियन का निर्माण होता है। इसका नियंत्रण कर्नल रैंक के अधिकारी के अधीन होता है।

ब्रिगेड – तीन या अधिक बटालियनों को मिलाकर एक ब्रिगेड का निर्माण किया जाता है, जिसका नियंत्रण अधिकारी ब्रिगेडियर होता है।

सब एरिया (उपक्षेत्र) – उपक्षेत्र की कमान ब्रिगेडियर रैंक के अधिकारी के अधीन होती है। यह एक स्थैतिक फॉर्मेशन संरचना है, जिसका गठन भौगोलिक आधार पर होता है।

डिवीजन – तीन या अधिक ब्रिगेडों को मिलाकर एक डिवीजन का निर्माण किया जाता है। डिवीजन का नियंत्रण अधिकारी मेजर जनरल रैंक का होता है।

एरिया (क्षेत्र) – स्थैतिक फॉर्मेशन क्षेत्र की कमान मेजर जनरल रैंक के जनरल कमांडिंग अफसर के हाथ होती है। इसका गठन भौगोलिक संरचना के आधार पर होता है।

कोर – तीन या अधिक डिवीजनों को मिलाकर कोर का निर्माण होता है। कोर का नेतृत्व व नियंत्रण लेफ्टीनेंट जनरल रैंक के अधिकारी द्वारा किया जाता है।

कमान – भौगोलिक रचना के आधार पर कमान का गठन किया जाता है। कमान का नियंत्रक अधिकारी लेफ्टीनेंट जनरल रैंक का होता है। इसके तहत कोर एवं अन्य सामरिक इकाइयाँ आती हैं।

सेना मुख्यालय – सेना का सर्वोच्च कार्यालय, सेना मुख्यालय का नियंत्रण जनरल रैंक के अधिकारी के तहत होता है।

भारतीय थल सेना का परिचालन कमानों के जरिए होता है। हर कमान लेफ्टीनेंट जनरल के ओहदे के जनरल अफसर कमांडिंग इन चीफ के अधीन होता है। भारतीय थल सेना में कुल छह कमानें हैं। इन कमानों को उत्तरी कमान (दिल्ली), दक्षिणी कमान (पुणे), मध्यवर्ती कमान (लखनऊ), पूर्वी कमान (कोलकाता), पश्चिमी कमान (चंडीगढ़) और दक्षिणी-पश्चिमी कमान (जयपुर) के तौर पर जाना जाता है। सेना

की महत्त्वपूर्ण मैदानी इकाइयाँ (फार्मेशन) कोर, डिवीजन और ब्रिगेड होती है, जो क्रमशः लेफ्टीनेंट जनरल, मेजर जनरल के ओहदे के अफसर और ब्रिगेडियर के अधीन होती है स्थैतिक फार्मेशन क्षेत्र (एरिया), स्वतंत्र उप-क्षेत्र और उप-क्षेत्रों में बँटी होती है। क्षेत्र की कमान मेजर जनरल के ओहदे के जनरल अफसर कमांडिंग के अधीन होती है, जबकि स्वतंत्र उप-क्षेत्र और उप-क्षेत्र की कमान ब्रिगेडियर रैंक के अधिकारी के अधीन होती है।

भारतीय थल सेना के कमान

नाम	मुख्यालय
उत्तरी कमान	ऊधमपुर
दक्षिणी कमान	पुणे
मध्यवर्ती कमान	लखनऊ
पूर्वी कमान	कोलकाता
पश्चिमी कमान	चंडीगढ़
दक्षिणी-पश्चिमी कमान	जयपुर
सेना प्रशिक्षण कमान	शिमला

(थल सेना की सबसे बड़ी कमान स्थापना 15 अप्रैल, 2005)

थल सेना की अनेक शाखाएँ और सेवाएँ हैं—बख्तरबंद कोर, तोपखाना रेजीमेंट हवाई रक्षा तोपखाना कोर, सेना विमानन कोर, इंजीनियर कोर, सिंगनल कोर, मेकेनाइज्ड पैदल सेना, पैदल सेना, सेना सेवा कोर, मिलिटरी नर्सिंग सेवा, सेना चिकित्सा कोर, सेना डोंटल कोर, सेना आयुध कोर, इलेक्ट्रिकल और मैकेनिकल इंजीनियर्स कोर, रिमाउंट और पशु चिकित्सा कोर, सैनिक फार्म सेवा, सेना शिक्षा कोर, गुप्तचर कोर, सैनिक पुलिस कोर, जज एडवोकेट जनरल विभाग, सेना शारीरिक प्रशिक्षण कोर, पायनियर कोर, सेना डाक सेवा, प्रादेशिक सेना और रक्षा सुरक्षा कोर, इनके अतिरिक्त सेना का अपना भर्ती संगठन रिकॉर्ड कार्यालय, डिपो, चयन केंद्र और प्रशिक्षण संस्थान भी हैं। भारत की सुरक्षा को अलग-अलग कई चुनौतियों का सामना करना पड़ता है। अनसुलझे सीमा विवादों, जम्मू-कश्मीर में चल रहे परोक्ष युद्ध, उत्तर-पूर्व में सिर उठाती पृथकतावादी ताकतों, देश के कई राज्यों में नक्सलवादियों की बढ़ती गतिविधियों के कारण सेना की मुश्किलें बढ़ती जा रही हैं और अब लगातार बढ़ते आतंकवाद तथा भारत की सुरक्षा को होनेवाले अनेक असैनिक खतरों से सेना की मुश्किलें और भी बढ़ गई हैं।

थल सेना का आधुनिकीकरण—भारतीय थल सेना का आधुनिकीकरण और उन्हें उन्नत करने के प्रयास चलते रहते हैं। भारतीय सेना की युद्ध क्षमता बढ़ाने के लिए इसे आवश्यक आधुनिक प्रौद्योगिकी और उपस्कारों से लैस किया गया है। आधुनिकीकरण की दिशा में मुख्य ध्यान नेटवर्क सेंटर युद्ध-पद्धति, एनबीसी सुरक्षा, संचालन क्षमता बढ़ाने, गोलाबारी की क्षमता बेहतर करने, निगरानी क्षमता और रात में युद्ध करने की क्षमता बढ़ाने पर दिया गया है। भारतीय सेना के आधुनिकीकरण की दिशा में निम्न क्षेत्रों पर प्रमुख ध्यान है—

1. गोलाबारी मारक क्षमता और संचलन को बढ़ावा।
2. हर मौसम में युद्ध क्षेत्र की निगरानी की क्षमता।
3. रात्रि में युद्ध की क्षमता।
4. विशेषीकृत सेना की क्षमता।
5. युद्ध-पद्धति की क्षमता।

उपर्युक्त ध्येयों को पाने के लिए बीते सालों में प्रमुख कार्य किए गए, वे इस प्रकार हैं—

यंत्रीकृत सेना—रात में देखने की क्षमता बढ़ानेवाले तरह-तरह के यंत्र खरीदकर मैकेनाइज्ड सेना की रात में काम करने की क्षमता बढ़ाने पर प्राथमिकता के आधार पर काम किया जा रहा है। टी-72 टैंकों का पॉवर पैक और ग्लोबल पोजिशनिंग सिस्टम जी.पी.एस. और एडवांस लैंड नेविगेशन सिस्टम ए.एल.एन.एस. उन्नत करके इन टैंकों की संचालन और मार्ग-निर्देशी क्षमताओं को बेहतर बनाया जा रहा है।

सेना हवाई सुरक्षा—सेना हवाई सुरक्षा के लिए नई-नई गनें (स्टैटिक स्वचालित) खरीदी जा रही हैं, साथ ही मौजूदा हथियार प्रणालियों को भी उन्नत बनाया जा रहा है। स्वचालित नियंत्रण और रिपोर्टिंग प्रणाली निर्धारित समय से पहले ही तैयार कर ली गई है, जो कि एक महत्त्वपूर्ण उपलब्धि है। आजकल सेना में हवाई रक्षा के लिए इन उपकरणों का इस्तेमाल किया जा रहा है—रडार फ्ले कैचर, स्ट्रेला 10 एल, (इस्सा) (आई.एस.पी.टी.ए.) लक्ष्य, जैड यू-23, एम.एन.-2 बी गन, इग्ला-1 एम मिसाइल और क्वाडरेंट मिसाइल सिस्टम।

सेना विमानन—सेना विमानन को मजबूत करने के लिए वर्तमान में प्रयोग किए जा रहे हेलीकॉप्टरों की जगह अधिक क्षमतावाले हेलीकॉप्टरों का इस्तेमाल करने और विशेष कार्रवाइयों के लिए हथियारबंद हेलीकॉप्टर और सामरिक युद्ध सहायक हेलीकॉप्टर प्राप्त करके सेना विमानन की क्षमताएँ बढ़ाई जा रही हैं।

इंजीनियरिंग—अत्याधुनिक माइन मार्क-11 खरीदकर हमारे सुरंग क्षेत्रों की निवारक क्षमता बढ़ाई गई है। सेना ने रेडियोलॉजी, रासायनिक और जैव-वैज्ञानिक संदूषण का पता लगाने और उनकी मात्रा का आकलन करने की क्षमता भी हासिल कर ली है, ताकि सैन्य टुकड़ियों को पर्याप्त सुरक्षा मुहैया कराई जा सके।

सिंगनल—संचार व्यवस्था को कारगर बनाने के लिए देश-भर में निम्नलिखित संचार नेटवर्क बिछाए गए हैं, ताकि रणनीतिक, संक्रियात्मक और सामरिक स्तर पर संचार व्यवस्था को मजबूत किया जा सके—

(क) सेना वाइड एरिया नेटवर्क,

(ख) मोबाइल सेटेलाइट स्टेशन हब,

(ग) लार्ज वेरी स्मॉल अपर्चर टर्मिनल-पहला चरण,

(घ) सेना स्टैटिक स्विच संचार नेटवर्क (एस्कॉन)—तीसरा चरण।

इंफैंट्री—हाल के सालों में भारतीय सेना की आधुनिक इंफैंट्री बटालियन को अधिक घातक और अधिक रेंजवाली तथा अचूक निशाना लगानेवाली अत्याधुनिक हथियार प्रणालियों, थर्मल इमेजिंग यंत्रों, बुलेट और माइन-प्रूफ वाहनों तथा सुरक्षित रेडियो सेटों से लैस किया गया है, जिससे इसकी युद्ध करने की क्षमता, निगरानी और पृथकतावादी ताकतों के खिलाफ कार्रवाई की क्षमताएँ बढ़ गई हैं।

गोला-बारूद और विस्फोटकों की डिब्बाबंद पैकिंग—गोला-बारूद और विस्फोटकों को डिब्बे में पैक करके उन्हें सुरक्षित लाने-ले जाने के लिए कंटेनर कॉर्पोरेशन ऑफ इंडिया लिमिटेड (कॉन्कोर) को इसका ठेका दिया गया है। अब गोला-बारूद, विस्फोटक और अन्य संवेदनशील समान को सीलबंद डिब्बों में बेहतर सुरक्षा उपाय अपनाकर एक जगह से दूसरी जगह लाया-ले जाया जा रहा है। सभी अनिवार्य सुविधाओं से लैस बख्तरबंद एस्कार्ट इन ज्वलनशील सामान के डिब्बों के साथ चलते हैं।

आंतरिक सुरक्षा व्यवस्था में सेना—देश की आतंरिक सुरक्षा व्यवस्था सँभालने के लिए बुलाया जाने पर और सरकार के निर्देश पर सेना, नागरिक प्राधिकारियों की भरपूर सहायता करती है।

जम्मू-कश्मीर—गत वर्षों की तुलना में जम्मू-कश्मीर में परोक्ष युद्ध की मौजूदा हालत पहले से बेहतर है। वहाँ कुछ ऐसे बाहरी और घरेलू कारण बन गए हैं, जिनसे राज्य में आतंकवाद का निर्णायक समाधान निकालने का मौका मिल गया है।

सीमाओं पर छुट-पुट विवादों के बावजूद युद्ध विराम जारी है। मतभेदों का समाधान ढूँढ़ने और सीमा पर तनाव कम करने के लिए स्थानीय स्तर पर फ्लैग मीटिंग को प्रोत्साहित किया जा रहा है, ताकि शरारती तत्त्वों के दुर्भावनापूर्ण कृत्यों

के कारण भारत-पाक शांति प्रक्रिया विफल न हो, परंतु अभी भी सीमाओं पर आतंकवादियों को मिलनेवाली बुनियादी सुविधाओं को नष्ट होने का कोई संकेत नहीं है।

असम—राष्ट्रीय जनतांत्रिक बोडोलैंड मोरचा (एन.डी.एफ.बी.) और यूनाइटेड पीपुल्स डेमोक्रोटिक सालीडेरेटी (यू.पी.डी.एस.) के साथ (ऑपरेशन विराम) संबंधी समझौतों से असम के अधिकांश हिस्सों में अपेक्षाकृत शांति और स्थिरता की शुरुआत हुई है, वहीं सेना द्वारा की गई कार्रवाई में उल्फा को भारी नुकसान पहुँचा है। इससे उल्फा का प्रभाव दिन-प्रतिदिन कम होता जा रहा है। यह असम के केवल कुछ उन ही जिलों में सक्रिय रह गया है, जो शुरू से इनके गढ़ रहे हैं। आम जनता द्वारा फिरौती की राशि देने से इनकार करने और उल्फा द्वारा फैलाई जा रही हिंसा का विरोध करने की घटनाएँ बढ़ती जा रही हैं।

नागालैंड—नागालैंड में भारत सरकार द्वारा किए जा रहे प्रयासों से शांति का माहौल विकसित हुआ है। एन.एस.सी.एन. (आई.एम.) के साथ अनिश्चितकाल के लिए युद्ध विराम लागू है। दूसरे गुट एन.एस.सी.एन. (के) के साथ युद्ध विराम 20 अप्रैल, 2008 तक लागू था। इसके बावजूद नागालैंड में एन.एस.सी.एन. के दोनों गुट एक-दूसरे का खात्मा करने के लिए लगातार लड़ते रहते हैं, जिससे फैली हिंसा के कारण वहाँ सुरक्षा का माहौल खराब होता जा रहा है।

मणिपुर—मणिपुर में सोलह दलों के साथ (ऑपरेशन विराम) से संबंधित समझौतों पर हस्ताक्षर किए गए। यह एक महत्त्वपूर्ण उपलब्धि है। अधिक-से-अधिक दलों को देश की मुख्य धारा में शामिल होने के लिए प्रेरित किया जा रहा है। मणिपुर के दक्षिणी जिलों में इन कार्रवाइयों को सफलतापूर्वक अंजाम देने के फलस्वरूप उन इलाकों में स्थिति धीरे-धीरे सामान्य होती जा रही है।

अन्य राज्य—अरुणाचल प्रदेश, मेघालय और मिजोरम में स्थिति कमोबेश शांतिपूर्ण है। सुरक्षा बल आतंकवादी संगठनों पर प्रभावी दबाव बनाए हुए हैं।

नक्सली हिंसा—नक्सलवादी हिंसा से निपटने में सेना की कोई सीधी भूमिका नहीं है। फिर भी नक्सली हिंसा के पनपने के कारण देश की सुरक्षा के लिए एक और चुनौती पैदा हो गई है। इस चुनौती का सामना करने के लिए सेना, नक्सलवाद-रोधी कार्रवाइयों, आई.ई.डी. रोधी कार्रवाइयों को और प्रशिक्षकों को प्रशिक्षण देने के लिए पुलिस बलों और केंद्रीय अर्द्धसैनिक बलों को प्रशिक्षित करके अपनी क्षमता बढ़ाने में जुटी हुई है।

❑ ❑ ❑